高职体育与健康教程

主　编　钱雪龙　孙亚军　蒋安宁
副主编　朱　红　孟　磊　朱海霞　陈相平

湖南师范大学出版社

图书在版编目(CIP)数据

高职体育与健康教程 / 钱雪龙,孙亚军,蒋安宁主编. —长沙:湖南师范大学出版社,2019.7 (2022重印)
ISBN 978-7-5648-3618-4

Ⅰ.①高… Ⅱ.①钱… ②孙… ③蒋… Ⅲ.①体育—高等职业教育—教材 ②健康教育—高等职业教育—教材 Ⅳ.①G807.4 ②G717.9

中国版本图书馆 CIP 数据核字(2019)第 154762 号

GAOZHI TIYU YU JIANKANG JIAOCHENG

高职体育与健康教程

钱雪龙 孙亚军 蒋安宁 主编

责任编辑 | 廖小刚
责任校对 | 蒋旭东

出版发行 | 湖南师范大学出版社
地址:长沙市岳麓山 邮编:410081
电话:0731-88853867 88872751
传真:0731-88872636
网址:http://press.hunnu.edu.cn/
经　　销 | 湖南省新华书店
印　　刷 | 湖南雅嘉彩色印刷有限公司

开　　本 | 787mm×1092mm 1/16
印　　张 | 17.75
字　　数 | 420 千
版 印 次 | 2019 年 7 月第 1 版 2022 年 8 月第 3 次印刷
书　　号 | ISBN 978-7-5648-3618-4

定　　价 | 42.00 元

前　言

为了贯彻落实《国家学生体质健康标准》的有关要求，我们在具体教学实施过程中，根据学校特殊教学方式、体育课程设置、课程安排和课程内容等方面的情况，组织了此次《高职体育与健康教程》教材的编写工作。本教材以“健康第一”为指导思想，始终坚持以教育性、知识性、健康性、发展性、实用性为原则。

本教材内容共分三篇：第一篇是体育健身理论篇，系统概述体育锻炼与身体健康、体育锻炼的科学营养、高职学生的体质与健康测定；第二篇是体育运动技能篇，分别介绍了大球运动（足球、篮球、排球）、小球运动（乒乓球、羽毛球、网球）、田径运动、游泳运动；第三篇是体育休闲保健篇，分别介绍了武术运动、形体运动、休闲体育运动、运动与保健。

根据大学生身心发展规律和特点，本书从实际需求出发，理论联系实际，充分体现《国家学生体质健康标准》中的相关精神。全书结构合理、实用性强、图文并茂、通俗易懂，不仅可以作为教学指导用书，还可以作为日常锻炼和健身的参考用书。

本教材由苏州信息职业技术学院钱雪龙、孙亚军、蒋安宁担任主编，朱红、孟磊、朱海霞、陈相平担任副主编。教材的框架设计由钱雪龙老师负责，统稿工作由孙亚军、蒋安宁老师负责。各章编写分工如下：第一章、第二章、第三章由钱雪龙老师编写；第四章、第五章由孙亚军老师编写；第六章、第七章由蒋安宁老师编写；第八章由朱红老师编写；第九章由孟磊老师编写；第十章由朱海霞老师编写；第十一章由陈相平老师编写。编者在编写过程中参阅了大量相关书籍，借鉴了某些学校课程健康和教学改革的成功经验，在此一并致以诚挚的谢意！由于编者水平所限，教材中有不当之处在所难免，敬请专家和读者指正。

编者

2019 年 6 月

目　录

体育健身理论篇

体育运动技能篇

体育休闲保健篇

体育健身理论篇

第一章　体育锻炼与身体健康

第一节　体育与健康概述

一、体育的概述

（一）体育的概念和组成

体育，自古以来伴随着人类文明的进步而发展。在古代，体育只是从劳动中演变而来的身体运动和谋生手段；在近代，体育成了强身健体和娱乐身心的一种方式；在现代，体育已成为现代文明的重要象征，成为人们生活的重要组成部分。随着人类社会的进步和体育事业的发展，体育的概念也有了广义和狭义之分。

广义“体育”是指以身体练习为基本手段，以增强人的体质，促进人的全面发展，丰富社会文化生活和促进精神文明为目的的一种有意识、有组织的社会活动。它是社会总文化的一部分，其发展受一定社会的政治和经济的制约，并为一定社会的政治和经济服务。

狭义“体育”是通过身体练习，传授锻炼身体的知识、技能，以达到增强体质、培养道德和磨砺意志的目的，它是培养全面发展型人才的重要手段，是教育的重要组成部分。

“体育”在《现代汉语词典(第 7 版)》中的解释是“以发展体力、增强体质为主要任务的教育”。在“体育”一词出现前，世界各国对体育这一活动过程的称谓并不统一。在古希腊、欧洲各国和日本用“体操”来表示；在我国古代，是用“养生”“导引”“武术”来表示。据世界体育资料记载，“体育”一词，是法国人于 1760 年首先运用。随着西方文化的不断涌入，到 1902 年，我国学校首次运用了“体育”一词，1923 年，在《中小学课程纲要草案》中，正式把“体操课”改为“体育课”。

随着社会进步和体育科学的发展，世界各国体育学术界逐渐明确了“体育”的真谛。在此对“体育”这一概念作如下定义：

体育是一种特殊的社会现象，它是以发展身体、增强体质、娱乐身心、丰富生活、拼搏进取、超越自我为基本特征的教育过程和社会文化活动。它包括学校体育、社会体育和竞技体育三方面的内容。

1. 学校体育

学校体育是关系到全民族未来体质健康的大事，需要全民族共同关注。它既是学校教育的重要组成部分，又是学校教育的重要手段，也是全民体育的基础和重点。学校体育以“育人”为宗旨，以“发展身体”为核心，以“健康第一”为指导思想。其主要目的是增强学生体育与健康的意识和能力，培养学生良好的体育锻炼习惯，提高学生的体育素养，促进身心健康和谐发展；为丰富学生课余文化生活、加强校园精神文明建设和全面推进素质教育奠定良好的基础。

2. 社会体育

社会体育也称大众体育或群众体育，是指以社会全体成员为对象和以健身、娱乐、休闲、医疗和康复为目的的体育文化活动。它是学校体育的延伸。生活中经常提到的“娱乐体育”“休闲体育”“医疗体育”等均属于此范畴。社会体育的参与对象主要为一般民众，活动领域遍及整个社会，堪称是活动内容最广、表现形式最新、趣味性最强、参加人数最多的一项群众性体育活动。

随着生活水平的提高，人们参加体育活动的热情日趋高涨，旅游、健身正在成为新的生活时尚。健身房、大众健身器材、各种体育场馆日益增多，这为社会体育的发展提供了有利条件。随着“全民健身运动”的开展，社会体育事业必将蓬勃发展。

3. 竞技体育

竞技体育，也有人称之为“精英体育”，它是在全面发展身体素质的基础上，最大限度地挖掘体能、智能和运动才能，以取得优异运动成绩为目标而进行的科学训练和各种竞赛活动。激烈的对抗性、高度的竞争性、超人的技艺性和超越自我、勇攀高峰的拼搏精神，是竞技体育的主要特征。它令人振奋、催人奋进，极易吸引广大民众参与。它在丰富社会文化生活、振奋民族精神、提高国际威望、促进民族团结等方面，越来越体现出重要影响和特殊功能。奥运会是人类历史上最伟大的体育盛会，以奥林匹克为核心的世界竞技体育，主导了竞技体育的发展，成为当代竞技体育的主体。

学校体育、社会体育和竞技体育这三者属于不同范畴，既有共性也有特性，既有区别又有联系，相辅相成，协调发展，从而构成了现代体育的一个整体。

(二)体育的产生和发展

早在远古时代，人类便知道了体育对生存的重要性。原始人为了生存和保卫自身安全，必须经常与凶禽猛兽和自然灾害进行斗争，其中狩猎就是人类最古老的生产活动。原始人迫于谋生的需要，为寻找食物而跋山涉水，为追捕野兽而爬坡越沟，为杀伤猎物而掷石投棍，为逃避自然灾害而跋涉迁徙，从而发展了走、跑、跳、投掷、攀爬、游水、格斗等身体基本活动能力，这些就是人类最初的运动方式，原始体育是在人类求生存的本能活动中萌生和发展的。综上所述，原始人类在生产劳动和生存竞争中的身体活动，就是原始体育的最初形态，它是人类生存不可或缺的行为，是人类社会发展的必然产物，有着非常深厚的社会底蕴。归根结底，体育从它产生的原始社会起，就伴随着人类社会的历史进程而产生和发展。

随着生产工具的改进、生产力的发展、剩余产品和私有制的出现，人类历史进入奴隶社会，奴隶主阶级出于统治的需要，人类社会生活中就逐渐出现了教育、文化、艺术、宗教、军事、娱乐和国家等复杂的社会现象。人的身体活动同这些社会现象相结合，体育随之发展，从而奠定了体育产生的社会基础。

在漫长的发展进程中，我国劳动人民以其聪明才智和辛勤劳动，创造了光辉灿烂的文化，体育就是我国文化宝库中的一朵奇葩。我国古代体育发源很早，有人追溯到黄帝时代，即公元前 2500 年，先后创造发明了蹴鞠、摔跤、射箭、武术、导引术、气功、围棋、投壶等丰富多彩的体育活动项目。周朝时的贵族教育体系称为“六艺”，即礼、乐、射、御、书、数，其中射和御都带有体育教育的性质。从秦代到宋代又先后出现了达摩祖师的十八罗汉手、百戏、五禽戏，宋代岳飞编制了一套健身操叫“八段锦”，至今仍在流传。

随着人类古老文化的发生和发展，无论是我国的封建社会，还是中世纪的欧洲，基于强权统治的需要，体育在东西方国家各自发展的历史进程中，两者都注重体育的实践性和教育性，并把体育作为一种富国强民的重要手段来对待。此时，由战争刺激起来的“军事体育”、供统治阶级观赏与消遣的“娱乐体育”、修身养性的“养生体育”和平民百姓在节日闲时开展的“民间体育”等，致使体育的社会性不断被拓宽，成了强身健体和娱乐身心的手段。

在欧洲，古希腊人是最热衷于体育运动的民族，他们信奉神灵，在祭祀活动中，带有宗教色彩的竞技运动受到人们的喜爱，角力、赛跑、拳击、格斗、射箭、掷石饼等竞技运动，逐渐形成了全希腊规模性的体育竞技赛会和宗教性的祭神集会，每四年举行一次。从公元前 776 年至公元 393 年，共举行过 293 届，历时 1169 年，被后人称之为“古代奥林匹克运动会”，简称“古代奥运会”，在世界体育发展史上占有重要位置。

17 世纪中叶，伴随着英国工业文明而迅速发展起来的体育运动，也随着资本主义经济的蓬勃兴起和对外扩张而发展迅速。于是，英国的户外运动、娱乐体育和竞技项目，逐渐在世界许多国家得到传播。体育运动已开始具有强烈的竞赛性和较广泛的国际性，这一时期体育运动的项目和规模都远远超过了奴隶社会和封建社会。

现代体育，在国际体育界一致公认起源于 19 世纪的英国。1828 年，英国教育家托马斯·阿诺德开办了一所橄榄球学校，第一个把体育列入学校课程，这对现代体育的产生和发展起到了决定性作用，他是现代体育的创始人。在英国的影响下，1844 年在柏林举行了大学生田径运动会。1857 年又成立了田径协会，并在剑桥大学举办了世界第一次大学生田径比赛，这对世界现代体育的产生和发展，影响极为深刻。1863 年，产生了起源于英格兰的现代足球运动。现代足球运动从它诞生的时刻起，就以其独特的魅力赢得了人们的喜爱，并在短短一百多年的时间里征服了世界，成为世界第一运动。现代奥林匹克运动的创始人、奠基人——法国著名社会活动家皮埃尔·德·顾拜旦先生，他所倡导的现代奥林匹克运动，已成为全球规模最大的综合性体育盛会，这对于促进体育的国际化和推动现代体育的迅速发展都具有重大的影响。美国现代体育的兴起稍晚于英国，但发展迅速，对现代体育的发展和完善，也起到了良好的影响和促进作用。

现代体育的兴起是文明社会的标志之一。随着科学技术的进步和社会生活的需要，体育已成为现代社会的国际普遍现象。目前，凡是经济发达的国家无不重视发展体育，因为体育是社会发展的必然产物，是人类生存不可或缺的，还能对社会发展起到积极的促进作用。现代体育的社会功能已大大超过增强人民体质的范围，成为改善生产方式和提高生活质量不可缺少的因素。总之，现代社会不能没有体育，未来社会更加需要体育。这是因为社会对体育的需求越来越迫切，体育日益成为人们生活中不可缺少的重要组成部分。

（三）体育的功能

体育是人类文明进步的重要标志，它是一项利国利民的崇高、伟大而光荣的事业，它的

崇高在于它代表了人民的意愿和国家的利益；它的伟大在于其“生命、健康、竞争、奉献”的精神体现在实际的行动中。体育作为直接体现“以人为本”的基础性、终身性和公益性的阳光事业，在人类历史和现代舞台上发挥着越来越重要的作用，也是全面建设小康社会的重要内容。随着社会现代化程度的不断提高，体育的社会价值和地位将日益凸显。文明孕育了体育，体育推动了文明。现代体育的发展，使体育服务于社会的功能在增强、内涵在丰富、外延在扩大。体育的功能主要体现在以下几个方面。

1. 健身功能

不言而喻，强身健体是体育最主要的本质功能，体育的其他功能都是由它派生出来的。体育是通过身体运动的方式进行的，它要求人体直接参与活动，这个特点就决定了体育有健身功能。从医学的角度讲，学生经常参加体育运动，能有效地促进身体的正常生长发育，提高人体各个器官系统的机能水平，增强体质，增进健康，塑造健美的体态，有利于提高人体对外界环境的适应能力；另外，还能全面提高身体素质，对增强力量、速度、耐力、灵敏等“行动体力”都有十分明显的功效。“生命在于运动”这句名言就已深刻地揭示了体育运动对于增强体质的重要意义。

人们体质的增强是多种因素综合作用的结果，遗传、营养、锻炼、环境等诸多因素对人体的健康关系极大，特别是锻炼。过去，因营养和医疗缺乏，传染性疾病，如结核病、霍乱、伤寒等“贫困型”疾病很多；而现今，高血压、冠心病、糖尿病、肥胖症及神经衰弱等“富裕型”疾病（又叫“现代文明病”）的发病率明显上升。一些医学专家认为，导致疾病类型迅速“脱贫致富”的一个重要因素，就是现代社会在给人类带来美好幸福生活的同时，也给人们带来一些负面影响。体力活动减少，使得因营养过剩而引发“现代文明病”的发病概率急剧增大。人类的免疫系统只有经常得到锻炼，才能发挥其抗御外邪的功能，而适度的运动就是一种锻炼免疫功能的有效方法。常听到的一句话“健康的身体是家庭幸福和事业成功的保证”，说的就是这个道理。

2. 教育功能

体育的教育功能同样是其最本质的功能，从原始社会出现体育的萌芽时起，体育就一直是作为教育的手段之一。当今世界任何一个国家，体育都是教育的一个不可分割的重要组成部分，“德、智皆寄于体”的教育名言已尽人皆知。现代体育教育的意义已不仅是促进生长发展，增强学生体质，掌握体育技能，还需要培养终身体育锻炼的兴趣和习惯，改善生活方式，提高生活质量，以适应现代社会的需要。

体育的教育功能并不只限于学校体育，伟大的教育家顾拜旦恢复奥林匹克运动的出发点就是教育。他有一句名言“对人生而言，重要的不是凯旋而是奋斗”，从中我们可以体会到，在竞赛中胜负是一种体验，也是一种教育过程。因此“更快、更高、更强”这一格言，正是为了激励人们，不断追求、不断进取、不断战胜自我、永远向上。同样，“为国争光、无私奉献、科学求实、遵纪守法、团结协作、顽强拼搏”的中华体育精神，已成为中华民族精神的重要组成部分，发挥着教育人、鼓舞人、塑造人的巨大功能，能够为社会主义现代化建设提供精神动力，能够为建设和谐社会发挥独特的作用。

就社会教育意义而言，由于体育所独具的健身性、技艺性、竞争性、观赏性、国际性和礼仪性等特点，它作为一种传播体育价值观的理想载体，在激发爱国热情、振奋民族精神及培养社会公德等方面，能产生不可估量的社会教育作用。观赏奥运会和重大国际比赛，无疑就是一堂深刻的、生动的、强烈的爱国主义教育课。当获奖运动员和观众在赛场上一次次听到庄严的《义勇军进行曲》奏响和看到五星红旗一次次升起时，那激动的心情和强烈的民族自豪感便油然而生，极大地激发了全国各族人民的爱国热情，极大地增强了全体中华儿女的民族自信心，再一次向全世界展示了中华民族自强不息、奋发有为的精神风貌，展示了新世纪中华儿女积极进取、蓬勃向上的朝气和活力。运动员们爱国奉献、奋发进取的体育精神，就是爱国主义精神具体而生动的体现。奥林匹克运动的精髓和本质就是教育。作为现代奥林匹克运动的创始人顾拜旦就是一位著名的教育家，他通过奥林匹克运动，把体育同文化教育融为一体。在《奥林匹克宪章》中，就有这样一段话："奥林匹克主义是将身、心和精神方面的各种品质均衡地结合起来，并使之提高的一种人生哲学……奥林匹克主义所要开创的人生道路是以奋斗中所体验到的乐趣、优秀榜样的教育作用和对一般伦理基本原则的尊重为基础的。"可见，奥林匹克运动能够发展到今天，并对不同国度的人们产生如此重大的影响，关键在于它对人类具有重大的教育作用。前国际奥委会主席萨马兰奇也精辟地指出："离开了教育，奥林匹克主义就不可能达到其崇高的目标。"

3. 娱乐功能

体育运动当然是娱乐的。娱乐身心是被挖掘和利用较早的体育社会功能，它也是体育的本质功能。现代奥林匹克之父顾拜旦在其《体育颂》中就写道："啊，体育，你就是乐趣！想起你，内心充满欢乐，血液循环加剧，思路更加开阔，条理更加清晰。你可使忧伤的人散心解闷，你可使快乐的人生活更加甜蜜！"因为体育本身就蕴含着丰富的游戏性、技艺性和消遣性，使它具有娱人娱己的功能。如今，遍布我国城乡的各类体育娱乐场所，为人们提供着丰富多彩的体育娱乐项目，特别是在"全民健身"活动中，体育表现出内容丰富、自由度大、随意性强、趣味性高等特点，正因为体育如此富有魅力，使它像滚雪球一样愈来愈受到人们的青睐和关注。

体育运动在国内外都是很好的休闲方式。随着社会的进步，余暇时间的增多，现代人如何适应紧张、快节奏的工作与生活，已成为一个摆在人们面前的社会现实问题。一个丰富多彩、健康文明的余暇生活不仅可以使人在繁忙的学习、工作、生活之余获得积极的休息，而且还可以陶冶情操、愉悦身心，培养高尚的品格。"余暇体育"就是一种最健康、最理想、最富有朝气的生活内容，如健美操、交谊舞、台球、乒乓球、羽毛球、网球、保龄球等，特别是一些户外活动，如慢跑、步行、郊游、远足、野营、骑自行车、沙滩排球等，能使你享受到大自然的乐趣，如果亲朋好友们一起锻炼，更别有一番快乐。应该指出，有些娱乐项目已转向体育项目，如体育舞蹈、艺术体操、冰上芭蕾、花样游泳等都是集舞蹈、音乐、体育为一体的运动项目，观赏这些项目更是一种美的欣赏和艺术享受，使现代体育的娱乐功能更加突出。

随着参与意识的增强，人们已清楚地认识到，无论是参加还是观赏体育活动，都能达到娱乐身心的作用，这是实现体育娱乐功能的两个基本途径。当你参加了自己喜爱和擅长的运动，在完成各种动作时已寓乐于其中了。而观赏体育比赛已经形成了一种"看台文化"。奥运会是人类文明史上规模最大的社会文化现象，四年一届的奥运会和世界杯足球赛所形成的体育"冲击波"，有如盛大的"世宴"，令全世界数以亿计的人为之激动万分。

在国外，很多成熟的世界大赛和职业联赛，已经将体育和娱乐很好地融为一体，无论是奥运会、世界杯还是NBA，在比赛的娱乐成分上都下了很大的功夫。可以说在一定程度上，体育的娱乐化是体育真正市场化的必由之路，体育和娱乐融合所带来的乐趣，与其激烈的竞技成分一样，都是吸引观众眼球的重要因素。

4. 竞争功能

培养人的竞争意识是体育运动的特殊功能。运动竞赛具有强烈的竞争性，这是现代体育的特点和灵魂。

人类的生活如同在竞技场上的比赛，大到与自然竞争，小到与对手竞争，无一不是在竞争中不断地完善和超越自我。人类现代社会提倡公平竞争，而运动竞赛场无疑为人们提供了培养竞争意识的最佳场所和途径。应当看到，体育是一个竞争十分激烈的领域，体育竞赛更是社会的一个缩影。竞技体育的魅力就在于公平公正的竞争。现代体育的竞争不仅是体能、技能上的拼搏，更是智慧和心理等综合素质的较量。不同肤色、不同信仰的人都在均等的机会和裁判的执法下，站在同一起跑线上，通过实力的竞争，取得胜利和突破。

奥林匹克运动"更快、更高、更强"的格言就充分表现出了体育的竞争意识，它是体育运动永远追求的目标。先进的体育文化蕴含着强烈的竞争意识和顽强拼搏、永不服输的奋斗精神。胜不骄、败不馁，拼搏进取，奋发向上，是对运动员的要求和必备素质。在竞技场上，竞技体育不讲门第、不叙尊卑，不承认除个人身体和心理以外的任何不平等。竞技体育最讲法制，不徇私情；最讲现实，不论资历；最求务实，不图虚名。这就要求每个竞技者积极向上、顽强拼搏凭自己的实力去竞争。

人类现代社会提倡的公平竞争，体现着敢于拼搏、敢于进取和"更快、更高、更强"的体育精神，它的追求是自强和超越，它的魅力在于活力与激情，永不言败，永不自满，不登高峰誓不休。诚然，体育竞赛是以取胜为目的的一种运动方式，人们在体育竞赛（或者说竞争）中，通过奋力拼搏，以夺取金牌为手段，真正的目的是通过这一竞争手段达到教育人类、不断地完善和超越自我这样一个最终结果，体育竞赛的意义远胜于夺取金牌，比金牌更重要的，是奥林匹克精神，这就是现代体育的精神实质。

5. 经济功能

体育作为社会的一种文化现象，它是上层建筑的一部分，受经济基础的制约，反过来又促进社会经济发展，这就是体育的经济功能。

体育对经济的发展有直接的促进作用。首先，伴随着体育社会化、娱乐化、终身化程度的不断提高，为满足体育人口不断扩大的需求，各种运动器材、场馆设施、体育用品的生产，乃至体育健身、体育娱乐和体育旅游业都在迅速发展，体育作为新的经济增长点，已逐渐形成一个庞大的产业。显而易见，体育产业作为潜力无限的朝阳产业，在国民经济中正占有越来越重要的地位。其次，体育可以促进市政建设，提高城市的综合形象。那些举办过奥运会的城市，它们的城建、餐饮、宾馆、交通、通信、环保、旅游等的发展都已全方位地向前推进了10～20年，体育产业的发展大大加快了城市建设的步伐。

放眼当今世界，体育产业化是现代体育的显著特征之一，它与经济紧密的融合，在国民经济中正在占有越来越重要的地位。体育产业既是体育自身发展的要求，又是体育与市场经济相互作用的结果。从市场营销学的角度看,体育市场可以分为体育物质产品市场和体育服务产品市场两类,体育服务产品包括体育娱乐市场、体育表演市场、体育中介市场、体育博彩市场、体育旅游市场、体育媒体市场和体育保险市场。竞技体育、群众体育的快速发展,必然带动包括体育产业在内的经济和其他社会事业的相应发展,为经济建设和社会进步做出卓越贡献。体育产业以劳务的形式向社会提供服务,采取多种途径追求经济效益。诸如出售比赛电视转播权、出让冠名权、发行纪念币、体育彩票、组织门票收入、收纳广告费等。在日常体育活动中增加收入的措施有:提高体育设施利用率、举办娱乐体育和竞技比赛、发展体育旅游、谋求赞助等。

6.政治功能

体育的政治功能是客观存在的。从体育诞生的那一刻起,它就注定要与政治结下不解之缘。体育与政治就存在着复杂的、互动的深刻关系。体育作为社会文化教育的组成部分,不是孤立存在的,它总是和政治密切联系着。当今世界,体育与经济、政治相互交融、相互渗透。体育的力量,不仅深深熔铸在民族的生命力、创造力和凝聚力之中,而且越来越成为综合国力和国际竞争力的重要组成部分。国家的发展和强盛、民族的振兴和独立、人民的幸福和未来,都离不开强大体育文化的支撑。

正如萨马兰奇所说:"体育能够把金钱、政治、艺术融合在一起,成为人类最通用的语言。"现代社会,全球性和地区性的体育比赛层出不穷,它已成为和平时期国与国竞争的舞台,成为展示一个国家政治、经济和文化水平的窗口,体育竞争实际上就是综合国力的竞争,人们已把比赛的胜负和国家的荣辱联系起来,所以现代各国无不重视体育的政治功能。

体育是达到和塑造民族勇于进取的精神与民族性的手段之一,1984 年许海峰摘得中国奥运首枚金牌,自此之后,中华体育健儿奋勇争先:女排的"五连冠";2000 年悉尼奥运会,中国代表团收获 28 枚金牌,取得了金牌榜和奖牌榜均名列第三的佳绩;2004 年雅典奥运会,中国代表团更是将金牌总数扩增到 32 枚,位列金牌榜第 2 位;而 2008 年,奥运会大幕在中华大地上拉开,中国队这次勇夺 51 枚金牌,名列金牌榜第一,创历史新高。对这些光辉成绩,中国人民无不振臂高呼,"扬眉吐气,民族之光""振兴中华,扬我国威""民族的英雄,使我感到身为中国人的光荣"。体育比赛取得的成就,能振奋整个民族精神,影响之大,时空之广,远远超过一个民族、一个国家的范围。

此外,体育还能为国家外交服务。1971 年的"乒乓外交",用和平的方式促使中美两国关系的正常化。对于多民族国家而言,通过运动会的组织形式,可以加强各族人民之间的相互了解,增进友谊,对国内政治统一、安定国家政治局势和宣传政治思想有着积极的作用。

(四)我国体育事业的发展

具有悠久历史和灿烂文化的中华民族,有着丰富多彩的体育传统。但是,自 1840 年鸦片战争开始,中国沦为半殖民地半封建社会。清末的腐败、民国的战乱、经济的落后、男人吸鸦片、女人裹小脚,劳动人民的生活身处水深火热之中,衣不蔽体、食不果腹,根本谈不上体育运动。体育只是供少数人消遣娱乐的手段,体育运动得不到广泛开展,技术水平低下,在世界性体育竞赛中默默无闻,谈不上创世界纪录夺奥运会冠军。1932 年第 10 届美国洛杉矶奥运会,"中国奥运第一人"短跑选手刘长春一人参赛,形单影只、"单刀赴会",预赛中即被淘

汰；1936 年第 11 届奥运会，1948 年第 14 届奥运会，中国又两度参赛，但均未获得决赛资格。新中国成立前参加的三届奥运会均空手而归，被帝国主义耻称为“东亚病夫”。“东亚病夫”初指“国力衰弱”，后渐指“国民体质虚弱”，最终演变成“中国体育落后”的代名词。

历史终于掀开了新的一页。中华人民共和国成立以来，领导人都十分重视体育工作，做出了许多重要指示，为体育事业的健康发展指明了方向，并采取了一系列有力措施。经过几十年不懈努力，我国体育战线取得了国人敬仰、世人瞩目的辉煌成就。旧中国国贫民弱的那个“东亚病夫”的屈辱形象一去不复返了。尤其是改革开放以来，更是中国体育蓬勃发展的黄金时代。经济快速发展，综合国力显著增强，体育事业蒸蒸日上。目前，我国体育正在实施“全民健身”和“奥运争光”两大计划。

在现代社会中，体育事业乃民生大计，直接关系到广大人民群众的身心健康和幸福程度，关系到文化的繁荣与社会的和谐。我国自改革开放以来，大力发展体育事业，开展全民健身运动，人民的身体素质不断改善。我国体育事业以“发展体育运动，增强人民体质”为宗旨。在我国目前已开展的 101 个体育项目中，奥运项目只有 28 个，大众体育仍是主体。1995 年 6 月 20 日，国务院颁布《全民健身计划纲要》，同年 8 月，全国人大常委会以全票通过《中华人民共和国体育法》。在党中央、国务院的正确领导下，在全社会的大力支持和广大人民群众的积极参与下，我国的全民健身事业已是硕果满枝，呈现出勃勃生机。人民群众体育与健康意识明显增强，“全民健身计划”的各项工程稳步推进，体育健身已经成为一种时尚的生活方式。坚持以人为本，坚持全民健身与奥运同行，以筹备北京奥运会为重大契机，掀起群众体育新高潮，求真务实，努力构建“亲民、便民、利民”的全民健身的服务体系，充分支持群体活动“健身、健心、睦邻、乐群”的基本功能，努力实现群众体育全面、协调、可持续发展。人们热爱体育，参与体育，科学健身已成为新的时尚，城乡居民体质和健康状况有了很大改善，一个群众性的健身热潮正在中华大地蓬勃兴起。特别是全民在经历了抗击“非典”的考验之后，人们更深刻地认识到，体育是小康生活的一个重要组成部分，它是“生命工程”中的“基础建设”。因此人们进行体育锻炼的自觉性、积极性和经常性空前高涨，到户外、绿地、阳光下去健身，增强体质、抵御疾病，倡导健康的生活方式，已成为广大群众追求的目标，全民健身氛围日益浓厚。如今，遍布我国城乡的各类体育娱乐场所，为人们提供着多姿多彩的体育娱乐项目。我国的体育人口迅速增长，据有关资料统计，我国现有体育人口约占总人口的三成，大大高于发展中国家的平均水平。在经济发达地区，人们已逐步形成了“花钱买健康”的新理念。体育场馆建设也取得了长足的进步。学校体育、职工体育、农民体育、社区体育、民族体育、老年人体育、残疾人体育等推动了群众体育事业的全面发展。

竞技体育成就举世瞩目：中华人民共和国成立近 70 年来，广大体育工作者和运动员艰苦奋斗、勇攀高峰。目前，我国已有三分之一的运动项目达到或接近世界先进水平，我国的竞技体育已开始跻身世界竞技体育强国之列。在国际上为我国争了光，提高了我国的国际威望，加深了同各国人民之间的交流和友谊；在国内振奋了民族精神，是振兴中华的一股强大的精神力量；同时高水平的体育比赛、表演，还是丰富人民精神生活的一项重要内容。

二、健康的概述

健康是人的自我责任，已日益成为社会发展的重要标志和潜在动力；健康是物质文明建设的保证，是精神文明建设的体现；健康是生命存在的最佳状态，是21世纪现代医学的追求；健康是生活质量的基础，是人类拥有的最重要的素质和财富，是人类生存和发展的第一需要。

历史上许多伟大的思想家对“健康”都做过精辟的论述。马克思把健康称为人的第一权利、一切人类生存的第一前提。毛泽东同志在写给教育部部长的信中曾明确提出“健康第一，学习第二”的号召。法国物理学家居里夫人指出，科学的基础是健康的身体。美国哲学家爱默生认为，健康是人生的第一财富。英国教育家洛克强调，若没有健康，就不可能有什么幸福而言。俄国文豪车尔尼雪夫斯基说，生命是美丽的，对人体来说，美丽不可能与人们的健康分开。俄国著名诗人马雅可夫斯基也曾写道：“世界上没有任何一件衣裳能比健康的皮肤和发达的肌肉更美丽。”德国哲学家叔本华则更形象地指出，健康的乞丐比有病的国王更幸福。的确，正如世界卫生组织前总干事马勒博士所说：“健康并不代表一切，但失去了健康，便丧失了一切。”

（一）健康的概念

从古至今，健康长寿是人类社会一直追求的理想，然而长期以来，人们普遍认为，健康就是不生病，这种理解是表面的、不科学的。其实，健康是一种综合状态。1948年，在世界卫生组织的宪章中，首先提出了“健康”的含义：“健康不仅是免于疾病和虚弱，而且是保持身体上、精神上和社会适应方面的完好状态。”1978年，世界卫生组织（WHO）又强调指出“健康是基本人权，达到尽可能高的健康水平，是世界范围内一项重要的社会性指标”，要求人们重视健康的价值，树立“人人为健康、健康为人人”的正确观念。这是人类对自身健康认识的一次飞跃，也是医学发展的重要成果。1989年，世界卫生组织又进一步深化了健康的概念，认为健康包括身体健康、心理健康、社会适应良好和道德健康。把“道德健康”也列入健康范畴，即从道德观念出发，每个人不仅对个人健康负有责任，同时也应对家庭健康、社会健康承担义务，如减少吸烟、保护环境、协助社会克服危害健康的行为和因素等，从而把人们对健康的认识又提高到一个崭新的水平。目前，世界各国学者公认它是一个全面的、明确的、广泛适用的、科学的健康概念。

随着科学研究地不断深入，人类对于健康的认识已发生了深刻的变化，对于健康的要求也越来越高。在世界卫生组织推动下，健康的新概念在全球得到了传播并日益为人所接受，普遍认识到健康不再仅仅是没有疾病或不虚弱，而是生理的、心理的健康和社会适应的整体完美状态，这就是生理—心理—社会三维健康观。

现代意义的健康包括三个层面：身体健康、心理（精神）健康和社会适应健康。身体健康，是指一般体能正常、功能正常的状态；心理健康，是指一种内心世界丰富、充实、和谐、安宁的状态；社会适应健康，是指与社会的各个层面相容性良好。应该指出，身体健康在其中起了基础性的作用。

世界卫生组织还提出了人体健康的十条标志：

（1）有充沛的精力，能从容不迫地应付日常生活和工作。

（2）处事乐观，态度积极，勇于承担责任。

（3）善于休息，睡眠良好。

(4)应变能力强,能适应外界的各种变化。

(5)能抵抗一般性的感冒和传染病。

(6)体重合适、体形匀称而挺拔。

(7)眼睛明亮,反应敏锐。

(8)牙齿清洁,无龋齿,无疼痛,无出血,且颜色正常。

(9)头发光泽,少头屑。

(10)肌肉、皮肤富有弹性,走路轻松。

健康标准的自我鉴定:

(1)体重稳定,一个月内体重增减不超过4公斤。

(2)体温基本在36~37℃,每日的体温变化不超过1℃。

(3)脉搏75次/分左右,一般不少于60次/分,不多于100次/分。

(4)正常成年人呼吸16~20次/分,少于10次/分或多于24次/分为不正常。

(5)成年人正常血压为收缩压低于140毫米汞柱,舒张压低于90毫米汞柱。

(6)大便基本定时,每日1~2次,若连续3天以上不大便,或一天4次以上为不正常。

(7)一昼夜的尿量为1500毫升左右,若连续3天尿量多于2500毫升,或一天内尿量少于500毫升为不正常。

(8)每日进食量保持在1~1.5千克左右,连续一周进食量超过3倍或少于1/3为不正常。

(9)成年女性月经周期在28天左右,超前或推后15天以上为不正常。

(10)正常成年男女结婚后,夫妻生活在一起未避孕,3年内不育为不正常。

(11)每日能按时起床,睡眠6~8小时,不足4小时或超过15小时为不正常。

(二)亚健康状态

健康是社会发展的重要标志和潜在动力,是物质文明建设的保证和精神文明建设的体现,是人类最重要的素质和最为关注的问题,也是21世纪医学的追求。然而,现代文明也是一把双刃剑,它在带给人们充分物质享受的同时,也给人类的健康带来了新的威胁。由于精神紧张、营养过剩、运动不足、环境污染等因素和不良生活方式的影响所引发的非传染性疾病在全球不断蔓延,处于“亚健康状态”的人群规模不断地扩大。

“亚健康”是介于健康与疾病之间生理功能低下的一种非健康状态,既不是完全健康,又达不到疾病的诊断标准和程度。国外十分重视这种状态,医学上称之为亚健康,又叫“第三状态”或“潜病期”,国内有学者将处于这种状态的人称为“半健康人”,也就是健康向身体亮起了“黄灯”。

亚健康在临床上经常被诊断为“慢性疲劳综合征”,其症状多达30余种,如疲乏无力、精神不振、神经衰弱、失眠多梦、反应迟钝、食欲缺乏、记忆力减退、烦躁易怒、活动时气短、易出汗、肌肉酸痛等。在这种状态下,人的机能、免疫功能已有所下降,容易罹患疾病,它也是诱发某些疾病的前期或潜伏期。健康与疾病并无截然分界,是一个由量变到质变的过程,是处于动态的过程中,既可以转变为健康,又可以转变为疾病。向疾病转化往往是自发的过程,而向健康转化,则如逆水行舟,需要主动保健养生,自觉采取防范措施,所以亚健康状态是防病保健的重点。现代社会竞争激烈，长期从事压力大、节奏快的工作，且生活饮食不规律的白领一族、中年知识分子和经常参加宴请应酬的阶层中占到60%～70%，他们是亚健康的高发人群。另据报道，公务员的亚健康状态也相当普遍，"机关病"现象日显突出。亚健康不是病，但处于亚健康状态的人是不健康的。

不健康和亚健康状态的形成与很多因素有关，比如遗传基因的影响，环境的污染，竞争的日趋激烈，超负荷的紧张节奏，心理承受的压力过大，不良的生活方式和行为习惯，缺少体育锻炼和人的自然衰老等等，都可以使健康的人免疫系统机能降低，逐渐转变为亚健康状态。

21世纪人们面临的一大挑战就是亚健康。要想真正摆脱亚健康，科学积极的健身活动是首要选择，合理的营养搭配是远离亚健康的基础和保障。医学和健康专家提出的21世纪健康格言：最佳的医生是自己；最好的药物是时间；最好的运动是步行；最好的心情是宁静。

（三）影响健康的因素

1.环境因素

环境是影响人体健康的重要因素。自然环境是人体生存的物质基础，对人体健康有促进作用。大自然在为人类提供各种营养物质的同时，还能传播对人体健康有害的物质，如广泛存在的有害微生物（细菌、病毒）、空气中的污染物、溶于水中的有害成分等。另外，气候的突变（如酷暑、严寒、气压、空气湿度异常等）也会影响人体健康。社会环境对人体健康也有重大影响。一方面随着经济的发展和科学技术水平的提高，人们的劳动条件和营养状况越来越好，物质文化生活越来越丰富，极大地提高了人们的健康水平。另一方面社会生产的发展（如现代工业发展的同时带来了废水、废气、废渣、噪声等）也会对人体健康造成危害。

2.生物因素

影响人体健康的生物因素主要指遗传和各种病原微生物、寄生虫等。遗传是指亲代的特征通过遗传物质传递给后代的过程，DNA（脱氧核糖核酸）是遗传的物质基础，具有遗传效应的DNA片段称为基因。遗传基因决定了人体各种遗传性状。目前已发现5 000多种遗传病。随着科学技术的发展，各基因功能的明确，遗传病也是可以治愈的。

3.心理因素

心理因素与人类健康关系密切，消极的心理因素能引起许多疾病，积极的心理状态是保持和增进健康的必要条件。医学临床实践和科学研究证明，消极情绪如焦虑、怨恨、悲伤、恐惧、愤怒等可以使人体各系统机能失调，导致失眠、心动过速、血压升高、食欲减退、月经失调等。积极的、乐观的、向上的情绪，能经得起胜利和失败的考验。

4.行为和生活方式因素

行为和生活方式对人体的影响具有潜袭性、累积性、经常性、广泛性和持久性。不良的行为和生活方式范围广泛，如不合理饮食、吸烟、药物依赖等。不良的行为、生活方式所引起的疾病，称为行为方式疾病，如艾滋病、癌症等。改变不良的行为和生活方式，养成健康的行为和生活方式，是保证身心健康、预防现代疾病的重要因素。

5.卫生服务因素

卫生服务可分为两类：一类是公共卫生服务，另一类是医疗服务。它们的主要工作是向个人和社区提供范围广泛的促进健康、预防疾病的医疗与康复服务，以保护和改善人体健康。健全的医疗卫生机构、完备的服务网络、一定的卫生投入以及合理的卫生资源配置，可以促进健康。我国正进行的医疗机构改革，实行职工医疗保险制度，提供社会医疗保障，以保证人人享有卫生保健权利。

第二节 体育锻炼对个体健康的影响

一、体育锻炼可促进个体生理健康

体育锻炼中，适宜的运动负荷对人体的刺激，会使机体各组织、器官、系统产生一系列的适应性变化。这些变化能有效地增强生理功能，从而提高人的生命质量。

（一）对心血管系统的积极影响

经常参加体育锻炼有利于心脏功能的改善和提高，主要表现在以下几个方面。

1.心脏运动性肥大（心脏营养性肥大）

经常参加体育锻炼的人，可使心肌壁增厚、心肌力增强、心脏体积和容积增大。心肌壁较厚而有力，每搏输出量就多。所以，运动员的心脏体积和容积较一般人大，这种现象称为“心脏运动性肥大”或“心脏营养性粗壮”。

一般人心脏与经常参加体育锻炼者对比，一般人心脏重量 300 克，经常参加体育锻炼者心脏重量 400～450 克；一般人心脏容积 700～780 毫升，经常参加体育锻炼者心脏容积 1 000～1 025 毫升；一般人心脏横切面 11～12 厘米，经常参加体育锻炼者心脏横切面 13～15 厘米。

2.运动性心动徐缓

经常参加体育锻炼的人，由于心肌收缩强而有力，每搏输出量多，因而安静时心跳频率比一般人低。一般人安静时心跳每分钟 70～80 次，经常参加体育锻炼的人安静时心跳每分钟 50～60 次；优秀运动员每分钟 30～40 次。由于运动员的心脏收缩有力，使每搏输出量增加，如果一般人每搏输出量为 60 毫升，则每分钟要跳 75 次。而经常参加体育锻炼的人，每搏输出量为 90～120 毫升，心脏每分钟只要搏 50 次就能满足需要。由此可显示出运动员良好的心脏机能。

3.心脏工作的“节省化”

进行轻度运动时，在运动量相同的情况下，经常参加体育锻炼的人，心跳频率和血压变化幅度比一般人小，不易疲劳，而且恢复较快。但一般人就需要较大幅度地提高心跳频率，从而使心脏休息时间缩短，既容易疲劳，恢复时间也较长。究其原因是经常参加体育锻炼的人，心脏收缩能力强，每搏输出量大，只要稍增加心跳频率就能满足需要。由于体育锻炼使心血管保持很好的弹性，在剧烈运动时，训练有素的运动员，每分钟心跳可高达200次左右，这是一般人做不到的。体育锻炼使心脏具备了承担紧张工作的潜在能力，一旦需要就可以承担高强度工作。与此同时，经常锻炼的强有力的心脏，进行轻度运动或工作时，在负荷相同的条件下，心脏和血压的变化却又小于一般人，这叫心脏工作"节省化"现象，是身体锻炼给机体带来的好处。

4. 血管弹性增加

体育锻炼可以增加血管壁的弹性，这对老年人来说是十分有益的。老年人随着年龄的增加，血管壁弹性逐渐下降，因而可诱发老年性高血压等老年性疾病。老年人通过体育锻炼，可增加血管壁的弹性，以预防或缓解老年性高血压症状。

5. 对血液成分的影响

血液包括细胞和液体两部分。细胞部分是指血液的有形成分，总称为血细胞，液体部分称为血浆。血浆具有维持渗透压、保持正常血液酸碱度、防御和体液调节等多种功能。血细胞分为红细胞、白细胞和血小板。

(1)体育锻炼对红细胞数量可产生良好的作用，主要表现在可使红细胞偏低的人红细胞含量增加。但人体内的红细胞数量并不是越多越好，红细胞数量过多，会增加血液的黏滞性，加重心脏负担，对机体也是不利的。因此，体育锻炼可使红细胞数量偏少的人有所回升，但不会使红细胞数量过多。

(2)体育锻炼对白细胞数量和免疫机能的影响。体育锻炼能否提高机体的抗病能力主要与白细胞数量及免疫蛋白含量有关。研究证实，合理的体育锻炼可以提高白细胞的数量和功能。特别是可以提高白细胞分类中具有重要作用的淋巴细胞的数量，这对于提高机体的预防疾病能力是至关重要的。体育锻炼还可以提高体内的免疫球蛋白水平，亦可有效地提高机体抗病、防病的能力。

(二)对呼吸系统的积极影响

呼吸系统由呼吸道(鼻、咽、喉、气管和各级支气管)和肺组成。其中肺是气体交换的主要场所，呼吸道是气体交换的通道。

1. 呼吸肌得到锻炼

呼吸肌主要有膈肌、肋间肌以及腹壁的肌肉。在深呼吸时，肩部、背部的肌肉都为辅助作用。因此，经常参加体育锻炼的能使呼吸肌增强，胸围增大。由于呼吸肌发达，强壮有力，进而提高了呼吸功能。呼吸的深度与胸廓有关，呼吸肌发达，胸围显著增加，如一般人的胸围呼吸差只有5～8厘米；经常参加体育锻炼的人，呼吸慢而深，胸围呼吸差可达到9～16厘米。

2. 肺活量增大

一般人肺活量只有3 000～4 000毫升，而经常参加体育锻炼的人，肺活量能达到5 000毫升。不经常运动的人，呼吸肌不发达，肺活量小，是因为肺泡中有一部分没有参加呼吸，是肺泡的"死角"；而经常参加体育锻炼的人肺活量大，是因为肺脏能扩大到最大限度，空气无处不到，"死角"也就会消除，因而细菌的生存条件就不存在，这样的肺脏就能保持健康。根

据瑞典学者安德森等人的研究，在青春期接受游泳训练的女孩，较一般女孩肺总容量可增长12％，肺活量可增长13.4％，最大吸氧量可增长10.2％。

3.呼吸深度加深

从呼吸频率看，由于深度不同，呼吸的频率也不同。一般人的呼吸短而急促，每分钟约17～19次，这样呼吸肌易疲劳且工作不能坚持长久；经常参加体育锻炼的人，呼吸深、缓、畅，每分钟约8～12次，由于吸进的氧气多，就能使呼吸肌有较长时间休息。在紧张而剧烈的运动时，肌肉工作大量需氧，一般人靠增加呼吸频率来供应氧气的需要，运动时常气喘吁吁，而运动员由于呼吸系统机能好，呼吸慢且深，因此在同等条件下，只要呼吸频率稍稍加强，就可以满足气体交换的需要。

（三）中枢神经系统的积极影响

通过体育锻炼，能使神经系统得到锻炼，提高神经工作过程的强度、均衡性、灵活性和神经细胞工作的耐久力；能使神经细胞获得更充足的能量物质和氧气的供应，从而使神经系统在紧张的工作过程中获得充分的能量物质保证。据研究表明，当脑细胞工作时，大脑耗氧量占全身耗氧量的20％～25％。体育锻炼能使大脑的兴奋与抑制过程合理交替，避免神经系统过度紧张，可以消除疲劳，使头脑清醒，思维敏捷。

随着神经系统机能的改善，有机体内各器官系统尤其是运动系统的控制和调节能力也可得到不断提高和完善。经常参加体育锻炼的人，神经系统的兴奋性和灵活性显著提高，使各项动作协调有序，不必要的多余的动作就会消失，对外界刺激的反应会更快、更准确；能够有效地节省体力和减少体能的消耗，使之从容不迫而又迅速地完成各种动作。

（四）对运动系统的积极影响

人体的运动系统是由骨骼、关节和肌肉组成的。骨骼是人体运动的杠杆，关节是运动的枢纽，肌肉提供运动中收缩的动力。

1.体育锻炼对骨的积极影响

人体长期从事体育锻炼，通过改善骨的血液循环，加强骨细胞的新陈代谢，使骨径增粗、骨质增厚、骨质排列规则整齐，并对骨形态结构有积极影响，表现在骨的抗折、抗弯、抗压缩等方面的能力有较大提高。

人体从事体育锻炼的项目不同，对人体各部分骨的影响也不同。经常从事以下肢活动为主的项目，如跑、跳等，对下肢骨的影响较大；而从事以上肢活动为主的项目，如举重、投掷等，对上肢骨的影响较大。体育锻炼的效果并不是永久的，当体育锻炼停止后，对骨的影响作用也会逐渐消失，因此体育锻炼应经常化。同时，体育锻炼的项目要多样化，以免造成骨的畸形发展。

2.体育锻炼对关节的影响

科学、系统的体育锻炼，既可以提高关节的稳定性，又可以增加关节的灵活性和运动幅度。体育锻炼可以增加关节面软骨和骨密质的厚度，使关节周围的肌肉发达、力量增强、关节囊和韧带增厚，因而可使关节的稳固性加强，使关节能承受较大的负荷。在增加关节稳固性的同时，由于关节囊、韧带和关节周围肌肉的弹性和伸展性提高，关节的运动幅度和灵活性也大大增加。

3. 体育锻炼对肌肉的影响

(1)肌肉体积增加。体育锻炼可使肌纤维变粗、体积增大、弹性增加、肌肉活动的能力和耐力相应提高，经常锻炼者肌肉比较发达。一般人肌肉体积只占体重的40%左右，而经常参加体育锻炼的人可达50%。

(2)肌肉力量增加。体育锻炼可以增加肌肉力量已被大量实验所证实，而且体育锻炼增加肌肉力量的效果也是非常明显的，数周的力量练习就会引起肌肉力量的明显增加。

(3)肌肉弹性增加。有良好体育锻炼习惯的人，在运动时经常从事一些牵拉性练习，可使肌肉的弹性增加，这样可以避免人体在日常活动和体育锻炼过程中由于肌肉的剧烈收缩而造成各种运动损伤。

(五)对消化系统的积极影响

消化道由口腔、咽、食管、胃、小肠、大肠、肛门组成。消化道的运动起着接受食物、将食物磨碎、搅拌，使食物与消化液充分混合，并不断向肛门方向推送的作用，这种作用称为物理性(机械性)消化。

消化腺包括唾液腺、胃腺、胰腺、肝、肠腺等，分泌各种消化液，其中主要含有各种消化酶，将食物中糖、脂肪、蛋白质等水解成为可吸收的物质，这种作用称为化学性消化。人体必须不断地从外界摄取营养物质，供给新陈代谢的需要，才能维持生命活动。消化系统的功能就是消化食物，吸取营养物质，排出糟粕。所以消化作用是保证人体新陈代谢正常进行的重要环节。

经常参加体育活动，对胃肠及其消化腺功能有极为良好的作用。它可使胃容量增加，排空时间缩短；使胃肠蠕动增强，促使消化液分泌增多，食欲增加，提高消化吸收能力，有利于人体的生长发育。

二、体育锻炼可促进个体心理健康

(一)心理健康的标准

人们对心理健康的理解存在一定的差异，并且他们对心理健康的评价规范也受社会风俗习惯的影响，因此，心理健康标准也迥然不一。著名的美国心理学家马斯洛等人提出了10条心理健康的标准：①有充分的安全感；②充分了解自己，并能对自己的能力做出恰当的估计；③生活目标、理想的确定切合实际；④与现实环境保持接触；⑤能保持个性的完整和谐；⑥具有从经验中学习的能力；⑦能保持良好的人际关系；⑧适度的情绪控制和表达；⑨在不违背集体利益的前提下，有限度地发展个性；⑩在不违背道德规范的情况下，适当满足个人的基本需要。

我国心理学工作者刘协和(1993)提出的5条心理健康的标准：①没有心理异常；②正常发育的智力；③健全的人格；④充沛的精力；⑤丰富的情感生活。

综合国内外专家的观点，我们认为大学生心理健康的标准主要包括下面5个方面。

1. 智力正常

智力是人的各种能力的总和，包括观察能力、记忆能力、思维能力、想象能力和实际操作能力，它是人进行生活、学习和工作的最基本的心理条件，也是一个人与周围环境取得动态平衡最重要的心理保证。同时，智力正常者才有可能挖掘潜能，充分实现自我。

2. 适当的情绪控制能力

人们的情绪是所有心理活动的背景条件和伴随其他心理过程的体验。正如体温可作为生理健康与否的标志之一，情绪也是反映人的心理健康与否的晴雨表。心理健康的大学生能经常保持愉快、开朗乐观、满足的心境，对生活和未来充满希望。虽然也有悲伤、哀愁等消极体验，但能主动调节，同时能适度地表达和控制情绪。

3. 对自己能做出恰当的评价

正确认识和客观评价自己，是对目前自我所处状态和环境、自我未来的发展方向有一个清醒的认识，摆正自我的位置，自信、自觉地发展自我。如果一个人没有发展目标，整天浑浑噩噩，或妄自尊大、好高骛远，或自轻自贱、悲观厌世，自然不能算心理健康。

4. 能保持良好的人际关系

人际关系最能体现和反映人的心理健康状况。心理健康的学生乐于与他人交往，能用尊重、信任、友爱、宽容、理解的态度与人相处，能接受、给予爱和友谊，与集体保持协调的关系，能与他人同心协力，合作共事，乐于助人。

5. 心理行为符合年龄特征

在人的生命发展的不同年龄阶段，都有相应的心理行为表现。心理健康的人，其认识、情感、言行、举止都符合他所处的年龄段。心理健康的大学生应该是精力充沛、勤学好问、反应敏捷、喜欢探索的。过于老成、过于幼稚、过于依赖都是心理不健康的表现。

(二)体育锻炼对心理健康的积极影响

1. 改善情绪状态

情绪状态是衡量体育锻炼对心理健康影响的最主要的指标。人生活在错综复杂的社会中，经常会产生忧愁、紧张、压抑等情绪反应，体育锻炼则可以转移个体不愉快的意识、情绪和行为，使人从烦恼和痛苦中摆脱出来。大学生常因名目繁多的考试、相互间的竞争以及对未来工作分配的担忧而产生持续的焦虑反应，经常参与体育锻炼可使自己的焦虑反应降低。

2. 提高智力水平

经常参加体育锻炼可以提高自己的智力水平，不仅使锻炼者的注意、记忆、反应、思维和想象等能力得到提高，还可以使其情绪稳定、性格开朗、疲劳感下降，这些非智力成分对人的智力具有促进作用。

3. 确立良好的自我概念

自我概念是个体主观上对自己的身体、思想和情感等的整体评价，它是由许许多多的自我认识组成的，包括“我是什么人”“我主张什么”“我喜欢什么”“我不喜欢什么”等等。由于坚持体育锻炼可使体格强健、精力充沛，因此，体育锻炼对于改善人的身体表象和身体自尊至关重要。

身体表象是指头脑中形成的身体图像。身体表象障碍在正常人群中是普遍存在的，据报告称，54%的大学生对他们的体重不甚满意。与男性相比，女性倾向于高估她们的身高和低估她们的体重，而且，身体肥胖的个体更可能有身体表象和身体自尊方面的障碍。身体自尊主要包括一个人对自己运动能力的评价、身体外貌（吸引力）的评价，以及对自己身体的抵抗力和健康状况的评价。身体表象和身体自尊与整体自我概念有关（见图1-1），无论男性还是女性，对身体表象的不满意会使个体自尊变低（自尊指自我概念的积极程度），并产生不安全感和抑郁症状。有研究表明，肌肉力量与身体自尊、情绪稳定性、外向性格和自信心呈正相关，并且加强力量训练会使个体的自我概念显著增强。

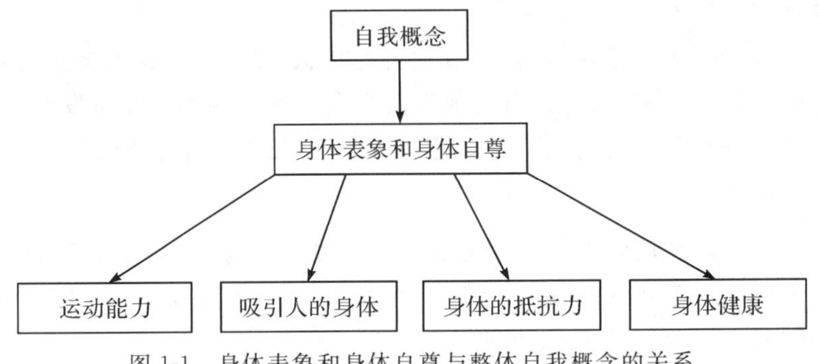

图1-1　身体表象和身体自尊与整体自我概念的关系

4.培养坚强的意志品质

意志品质指一个人的果断性、坚韧性、自制力以及勇敢顽强和主动独立等精神，意志品质既是在克服困难的过程中表现出来的，又是在克服困难的过程中培养起来的。在体育锻炼中会碰到客观困难（如气候条件的变化、动作的难度或意外的障碍等）和主观困难（如胆怯和畏惧心理、疲劳和运动损伤等），锻炼者越能努力克服主、客观方面的困难，也就越能培养良好的意志品质。从锻炼中培养起来的坚强意志品质能够迁移到日常的学习、生活和工作中去。

5.消除疲劳

疲劳是一种综合性症状，与人的生理和心理因素有关，当一个人的情绪消极，或任务超出个人能力时，生理上和心理上都会很快地产生疲劳。如大学生持续紧张的学习压力极易造成身心疲劳和神经衰弱，保持良好的情绪状态和参加中等强度的体育锻炼则可以使他们的身心得到放松。

6.治疗心理疾病

体育锻炼被公认为是一种心理治疗方法。美国的一项调查显示，1 750名心理医生中，80%的人认为体育锻炼是治疗抑郁症的有效手段之一，60%的人认为应将体育锻炼作为一种治疗方法来消除焦虑症。在大学生中，有不少人由于学习和其他方面的挫折而引起焦虑症和抑郁症，通过体育锻炼可以减缓或消除这些心理疾病。

(三)决定体育锻炼产生良好心理效应的因素

决定体育锻炼产生良好心理效应的因素很多，主要有以下4点。

(1)喜爱体育锻炼并从中获得乐趣。这是体育锻炼产生良好心理效应的最重要因素，如果不喜爱或者不能从中获得乐趣，就不可能产生满足感和良好的情绪体验。

(2)体育锻炼应以有氧活动为主，避免激烈的运动。有氧活动包括散步、跑步、游泳、骑自行车、跳绳、健美操等。当然，对于年轻人或大学生来说，从事自己所喜欢的球类运动也是很有益的。

(3)运动量应以中等强度为宜。研究表明，在体育锻炼过程中，心率最好控制在最大心率的60%～80%，每次活动时间不少于20～30分钟，每周3次或3次以上，这样才有利于心理健康。

(4)持之以恒地进行体育锻炼。体育锻炼对心理健康的积极效应只有在有规律的锻炼基础上才能显示出来。有人在查阅了80篇研究报告后指出，随着身体练习总时间的增加，体育锻炼所产生的良好心理效应就会随之得到增强。

三、体育锻炼可促进个体社会健康

(一)社会健康的概念与标准

社会健康也称社会适应，是指个体与他人及社会环境相互作用、具有良好的人际关系和实现社会角色的能力。有此能力的个体在交往中有自信感和安全感，与人友好相处，心情舒畅，少生烦恼，他知道如何结交朋友、维持友谊，知道如何帮助他人和求助他人，能聆听他人的意见、表达自己的思想，能以负责的态度行事并在社会中找到自己合适的位置。社会健康不像生理健康那样有客观的评价标准，但也有主观的评价方法。综合国内外的一些研究成果，可以从以下8个方面对一个人的社会健康状况做出评价。

(1)能接受与他人的差异。

(2)与家庭成员和睦相处。

(3)有1到2个亲密的朋友。

(4)共同工作时，能接受他人的思想与建议。

(5)能与同性、异性交朋友。

(6)当自己的意见与多数人的意见不同时，能保留意见，继续工作。

(7)主动与他人交往，有稳定而广泛的人际关系。

(8)交往中客观评价他人，取人之长，补己之短。

社会健康水平低的个体与他人交流时往往只倾诉自己的不满，没有耐心听取他人的劝告或建议，拒绝从另一角度考虑问题。也有社会健康水平低的个体，其行为指向内部，如避免与他人接触、具有社交焦虑情绪等。

(二)社会健康对身心健康的影响

社会健康水平低会对人的身心健康产生消极的影响。社会健康水平低的人常因人际关系的矛盾而产生心理上的烦恼，并持续地出现焦虑、压抑、愤怒等不良情绪反应，而不良的情绪反应可使人的免疫能力下降，使生理疾病发生的可能性大大增加。我国著名的医学心理学家丁瓒教授说："人类的心理适应，最主要的就是对于人际关系的适应，所以人类的心理病态，主要是由于人际关系的失调而来。"另外，研究表明，交际越广泛，寿命也越长。在美国，有一项调查对 6 900 名成人进行了为期 9 年的观察，结果发现，社会交往少的人死亡比例大(占总人数的 30.8%)，而社会交往多者的死亡率只有 9.6%。调查结果还表明，社会交往频繁与否，对男子死亡率的影响要比女子大。

因此，为了保持身心健康，人们既需要营养、体育锻炼、休息和其他生理方面的满足，也需要通过安全、友谊、爱情、亲情、支持、了解、归属和尊重等人际关系获得心理方面的满足。从一定意义上讲，良好的人际关系是人的生命所需的非常宝贵的滋补剂，善与人相处是一个人诸多能力中最重要的、不可缺少的能力之一。因此，为了学习进步、为了家庭幸福、为了事业成功、为了健康长寿，应该努力培养和提高与人相处的能力。

(三)体育锻炼对促进社会健康的作用

体育锻炼对于提高人的社会健康水平具有重要的促进作用，这是由体育活动的社会特性所决定的。人在体育锻炼时，既需要交往与合作，又存在相互竞争的现象。这种在体育锻炼过程中形成的交往、合作和竞争的意识和行为会迁移到日常的生活、学习和工作中去。

1.体育锻炼有助于人际交往

人际交往是指在社会活动中人与人之间进行信息交流和情感沟通的联系过程。体育锻炼能增加人与人接触和交往的机会。通过参与体育活动，你可以忘却烦恼和痛苦，消除孤独感，并逐渐形成与人交往的意识和习惯。有研究表明，外向性格者比内向性格者的社会交往需要更强烈，这种社交需要通过集体性的体育活动得到满足。性格内向者更应该参与集体性的体育活动，使个性逐步得到改变。

研究表明，个体坚持体育锻炼的一个重要原因是为了与他人交往或参与群体活动。布拉尼(Brawley)认为个体参与群体活动可增加群体认同感、社会强化、刺激性及参与活动的机会。参与体育活动者要比中途退出者更能与他人形成亲密的关系。

女性坚持体育锻炼似乎更与体育活动的社会特性有关。美国的一项研究显示，62%的女性喜欢与朋友一起进行锻炼，而男性只有 26%。25%的女性和 18%的男性认为，与同伴一起练习是自己坚持体育锻炼的重要原因之一。斯蒂芬(Stephens)等人研究指出，在他们所调查的加拿大被试中，18%的女性和 12%的男性认为，不与他人一起练习就会阻碍自己继续参加活动。此外，35%的女性和 24%的男性将社会交往看成是坚持体育锻炼的重要原因。

一些研究认为，青少年参与运动的程度与家庭成员、好友参与运动的程度紧密相关；好友比家庭成员更能影响青少年参与运动的程度；对个体参与运动的程度而言，同性别家庭成员要比异性成员更能影响青少年的运动参与程度；家庭、好友喜欢体育锻炼的青少年更易形成朋友支持网络，并形成良好的人际关系。

由此可见，体育锻炼不仅能促进人的社会交往活动，而且体育活动的社会交往特性又会吸引人参与和坚持体育锻炼。

2.体育锻炼有助于培养合作精神

合作是建立在团体成员对团体目标认识相同的基础上的。在合作的社会情景中,个人所得有助于团体所得。合作的优越性体现在个人与他人一起工作时所获得的社会效益,如增加交流、相互信任等。在一些相互依赖性的任务(如篮球运动等)中,合作会使活动变得更为有效,因为团体要获得成功,团体成员就必须相互协作、共同努力。

现代社会需要合作精神,一个人的力量微不足道,一个人要想在社会中取得成功和成就,就需要与他人合作,需要得到他人的帮助,孤军奋战,难成大业。

合作能力既是体育活动参与者必备的素质,也是通过体育活动需要发展的一种能力。从事体育活动,特别是从事集体性的体育活动,需要你与他人通力合作,这不但能使集体的目标得以实现,而且个人的作用也能充分地发挥。经常性参与体育活动,特别是参与集体性的体育活动,有助于你加强合作意识,有助于你培养团队精神。

3.体育锻炼有助于形成竞争意识

竞争是指为了自己的利益和需要而同他人争胜的行为。在竞争的社会情景中,一方的得益会引起另一方利益的损失,而且个人对个体目标的追求程度高于对集体目标的追求程度。一般而言,在独立性的任务中,竞争有优越性,因为在这样的任务中,对成员间相互协作的要求不是很高,个体的活动目标不是击败他人,而是指向任务的成功。现代社会竞争日趋激烈,努力培养竞争意识和能力有助于你走出校门、走向社会后能更好地适应社会。

竞争是体育运动的主要特性之一。在体育运动过程中,时时处处都充斥着竞争,既有对自己运动能力的挑战,也有与他人的争胜;既有人与人之间的竞争,也有团体与团体之间的竞争。需注意的是,在运动中与他人竞争时,要有良好的体育道德,争胜主要是靠自己的能力,而不是不择手段地通过伤害他人来达到目的。要通过竞争来培养自己积极进取、顽强拼搏的精神。

第三节 体育锻炼的方法与原则

一、科学锻炼的概述

体育锻炼(亦称身体锻炼)是人们运用各种身体练习和方法,并结合自然力和卫生因素,以发展身体、增强体质、调节精神、丰富文化生活为主要目的的身体活动。大学生从事体育锻炼,必须学习和掌握一定的知识和技能,以科学理论为依据,遵循人体发育和发展的规律,有目的地选择和运用体育锻炼的原则、内容和方法以指导运动实践。

(一)大学生体育锻炼特点

1.大学生身体素质发展特点

身体素质包括力量、速度、耐力、灵敏性、柔韧性等。各种素质增长的速度有快有慢,出现高峰的时间有早有晚。男生一般在力量、耐力、速度、灵敏等方面优于女生,而女生在柔韧性、协调性和平衡方面优于男生。

2. 大学生运动能力特点

大学生身体形态发展处于青春发育后期到基本成熟期之间，发展速度较慢，但骨骼肌正处在重要发育阶段，通过合理科学的体育活动加强肌肉力量、协调、灵敏等练习，能使身体形态得到很好的改善。大学期间是心血管系统和呼吸系统发展的重要阶段，重视心肺功能的锻炼，加强耐力训练，提高心肺功能，有利于提高大学生的运动能力。

3. 身体锻炼与竞技体育的区别

身体锻炼与竞技体育的区别如表 1-1 所示。

表 1-1　身体锻炼与竞技体育

项目	身体锻炼	竞技体育
目的	强身健体，追求身心健康的实际效果	提高技术水平，创造优异成绩
对象	不同性别，不同年龄	各类、各层次运动员
组织形式	灵活多样，个人或集体均能进行	在教练员的指导下，按严格的规则进行训练或比赛
内容	按参加者的兴趣、爱好、能力，自己选择	以正式比赛项目为主
运动负荷	以对健身有益的适当负荷为主	以提高运动成绩，有效地高强度负荷为主
效果评定	用自我测定的手段，以客观和主观指标为标准	以提高技术水平，取得优异成绩为标准，并被公众承认

（二）科学锻炼的作用

科学地进行体育锻炼，能达到“健身、健心、健美”的效果。科学锻炼的作用主要表现在以下 9 个方面。

(1)防病治病，推迟衰老，延年益寿。

(2)促进人体形成良好的体型、健壮的体格，增强体质。

(3)调节情感，丰富精神生活，使身体得到积极的休息，精力充沛。

(4)促进人体正常发育和发展。

(5)促进人体技能，提高基本活动的能力。

(6)掌握体态锻炼的知识和技能。

(7)提高适应外界环境的能力。

(8)陶冶情操，培养意志、促进人的心理健康。

(9)促进社会交往，增进友谊。

二、科学锻炼的基本原则

体育锻炼的原则是体育锻炼客观规律的反映，是练习者从事锻炼实践、选择锻炼内容、运用锻炼方法必须遵循的基本准则。在体育锻炼过程中，只有正确地理解和运用体育锻炼的原则，才能使体育锻炼获得最佳效果。

(一)全面性原则

全面性原则是指身体锻炼应全面发展身体的各个部位、各器官系统的机能、各种身体素质和活动能力,追求身心的和谐发展。体育锻炼不仅应包括不同身体部位的活动,更重要的是应该包括多种项目和不同性质的活动,以加强全面锻炼。身体各系统都是相互联系、相互制约的,身体某一方面的发展必然会影响到其他方面的发展;而全面发展,就能相互促进,共同提高。大学生年龄多处在 17～23 岁,是身体发育逐渐成熟的阶段,具有一定的可塑性。因此,在体育锻炼中贯彻全面性原则尤为重要。从体育项目对人体锻炼的作用来看,也应有所侧重。如短跑主要是发展速度,投掷、举重主要是发展力量,长跑则侧重于发展耐力,球类运动则以发展灵敏性、协调性为主。进行体育锻炼,也能以某一项为主,辅助其他锻炼项目,不要过分注重单一性锻炼。进行全面锻炼,能使身体素质获得全面发展,使个体能更快地掌握运动技术和技能,增强体质。

(二)体育锻炼的 FIT 原则

FIT 是次数(Frequency)、强度(Intensity)和时间(Time)这三个英文单词首字母的简写。FIT 原则是人们从事以健康为目的的运动所必须采取的基本监控原则。要想在安全的锻炼过程中取得良好的效果,必须科学地控制锻炼次数、强度和时间。

1. 次数

表示每周进行体育锻炼的次数。要想获得良好的体育锻炼效果,每周至少应该进行 3～5 次体育锻炼。

2. 强度

有氧运动的强度控制可以通过测量心率来实现。在进行有氧运动时,心率应该控制在最大心率的 60%～80%。运动强度大小的监测必须遵守循序渐进的原则,必须充分考虑自己目前的身体状况和健康水平。

3. 时间

这里指每次运动的持续时间。为提高心肺循环系统的耐力,每次有氧运动应持续 20～30 分钟。教师教授中长跑课时所采用的手段就是控制运动强度和运动时间,有时要求学生在固定的时间里进行持续有氧运动(控制时间),有时要求学生在固定的时间内完成特定的距离(控制强度)。

(三)体育锻炼的超负荷原则

超负荷原则是指在进行体育锻炼时,身体或特定的肌肉受到的刺激程度强于不锻炼时或已适应的刺激程度。在进行体育锻炼时只有遵循超负荷原则,身体健康素质才能逐渐得到提高。要提高有氧耐力水平,可以通过增加每周的练习次数、延长每次练习的持续时间和加大每次练习的强度来实现。肌肉力量练习的超负荷,可通过增加器械的重量、增加练习的次数或组数以及缩短每组练习的间歇时间来实现。

超负荷原则同样适用于发展关节和肌肉的柔韧性,可通过增加肌肉的拉伸长度、延长拉伸持续时间和加大关节活动的幅度来实现。虽然超负荷锻炼可以使身体健康素质逐渐得到提高，但这并不意味着每次必须练到筋疲力尽。事实上，即使不进行超负荷的练习，一般性的锻炼也能保持和提高身体健康水平，只不过要花更长的时间进行锻炼才能取得良好的锻炼效果。

（四）循序渐进原则

循序渐进原则是指体育锻炼必须根据人体身心发展规律和个人实际情况，在锻炼的内容、方法、运动负荷等方面逐步提高，使机体功能不断得到改善和提高。循序渐进是人体适应的基本规律，人体对内、外环境变化的适应是一个缓慢的由量变到质变的过程。只有遵循这个规律，才能取得良好的锻炼效果，否则非但不能增强体质，还可能引起机体损伤和运动性疾患，损害身体健康。青年人争强好胜，违背体育锻炼的渐进规律，鲁莽从事，使机体超负荷运转，这样容易造成机体损伤。年轻时生命力旺盛，可能暂时看不到什么反应，但久而久之就会留下隐患。因此，进行体育锻炼不能急于求成。坚持循序渐进原则要做到以下 3 个方面。

1. 选择合理的锻炼内容

在锻炼的内容上，要根据自己的身体状况合理选择，体质不同锻炼起点也不同。体质较好的人，可以选择比较剧烈的运动方式，如各种竞技运动项目；体质较弱的人，开始锻炼时可以选择比较缓和的运动，如慢跑、徒手操、武术、乒乓球等；患慢性疾病的人，可选择保健体育的一些内容，如太极拳、散步等。当体质逐渐变好时，锻炼内容也可以逐步由缓和变为较剧烈的运动。

2. 运动量逐步加大

机体对运动量的承受能力有个缓慢的适应过程，锻炼时运动量由小到大，逐步增加。开始锻炼，时间要短，运动量不要过大，待机体适应后再逐步加大。如果运动量长期停留在一个水平上，机体的反应能力就会越来越小。机体机能的提高是按照“刺激—适应—再刺激—再适应”的规律有节奏地上升的，运动量也应随着节奏来安排。病后或中断锻炼后再进行锻炼，尤其要注意循序渐进，以免发生意外。

3. 每次锻炼过程也要循序渐进

每次锻炼前要做好准备活动，锻炼后要做好整理活动，如长跑前先进行 5～10 分钟的慢跑，长跑后也不要马上停下来。

（五）体育锻炼的安全性原则

安全性原则要求锻炼者在体育锻炼的过程中保护好自己，做到安全第一。安全性原则的主要内容包括以下 6 点。

（1）在制定或实施锻炼计划前，一定要进行体检，得到医生的许可。如果患有某种疾病或有家族遗传病史，就需要找医生咨询，在有医务监督的条件下按照医生的建议进行锻炼。

（2）在有条件的情况下，请运动医学专家根据你的体质健康状况开运动处方，他可以指导你有目的、有计划地进行安全、科学的锻炼。

(3)每次锻炼前必须做好充分的准备活动，克服内脏器官的生理惰性，防止出现运动损伤。

(4)饭后、饥饿或疲劳时应暂缓锻炼；疾病初愈不宜进行较大强度的锻炼。

(5)每次锻炼后，要注意做好整理、放松活动。这有利于促进身体的恢复。

(6)在锻炼过程中不要大量饮水，以免加重心脏的负担或引起身体及肠胃的不适。运动后不宜立刻洗冷水澡。

(六)体育锻炼的环境监控原则

1.太阳射线对人体的影响

在体育锻炼时，强烈的阳光会对暴露在外的皮肤造成很大的伤害。紫外线可使局部皮肤毛细血管扩张充血，使表皮细胞遭到破坏，导致皮肤发红、水肿，出现红斑；过量紫外线照射还会引起光照性皮炎、眼炎、白内障、头痛、头晕、体温升高及精神异常等症状。红外线的穿透能力较强，常用于消炎、镇痛、改善局部营养、治疗运动创伤、神经痛和某些皮肤病。但是，过强的红外线照射会对机体有害，它会使局部组织温度变高，甚至造成灼伤。当头部受强烈阳光照射时，红外线可使脑组织的温度上升而引起全身机能失调。因此，要尽量避免在强烈阳光下进行体育锻炼，同时还要选择在反射率低的场所进行锻炼。

2.热环境中的体育锻炼

人体运动时，不管外界的温度如何，体内产热量都会大幅度增加，剧烈运动时的产热量比平时增加100倍以上。体内产生的这么多热量，在高温环境下很难短时间向外散发，便会蓄积在体内，使体温升高，引起一系列的机能失调，甚至死亡。因此，在热环境中进行体育锻炼，必须采取防暑措施，否则就会有患热辐射病的危险。应尽量避免在酷暑下锻炼，在热环境下锻炼时一定要及时补充水分，通过增加排汗量来促进体内热量的散发；其次要控制练习的强度和时间，还要穿合适的服装，既要保护皮肤不被红外线灼伤，又要通风透气，保证体热的散发，防止热病的发生。

3.冷环境中的体育锻炼

在寒冷的环境条件下进行锻炼，可以提高人体对外界环境变化的适应能力和对疾病的抵抗能力。但是，冷环境可使肌肉的黏滞性增大，伸展性和弹性降低，工作能力下降，容易出现运动损伤。为了避免冷环境给运动带来不利影响，在运动前首先要做好准备活动并延长准备时间，保证体温进一步升高；其次，不要张大嘴呼吸，避免冷空气直接刺激喉咙而引起呼吸道感染和咳嗽等；再次，注意耳、手、足的保温，防止这些部位被冻伤。另外，在运动时不要穿太厚的服装以免在运动中出汗较多，导致运动后感冒；运动后要及时穿好衣服保持体温。

4.湿度对体育锻炼的影响

在气温适中时，空气的湿度对人体的影响不大，而在高温和低温时，较大的湿度对人体十分不利。湿度越大，人体通过蒸发散热的途径就越容易受到阻碍，人体产热和散热的平衡就会被打破，机体的正常功能将受到不良影响。

在一般情况下，适宜的湿度为40％～60％。在气温过高或过低的情况下，空气湿度越低越好；当气温高于25℃时，空气湿度以30％为宜。

5.避免在空气污染的环境中进行锻炼

大气污染物的种类很多，有一百多种，其中对人类有较大威胁的是烟雾尘、硫化物、氮化物、卤化物、有机物等。大气中的污染一般通过呼吸系统进入人体，也可以通过接触（皮肤、黏膜、结膜等）危害人体。大气中的臭氧和一氧化碳是影响体育锻炼效果的两种重要污染物，它们可导致胸腔发闷、咳嗽、头痛、眩晕及视力下降等，严重的还会导致支气管哮喘。

一氧化碳可减少血液中血红蛋白的数量，降低血液的运输能力，从而直接影响锻炼效果。汽车排放的尾气中含有大量一氧化碳，因此，因避免到车流量大的马路边散步或跑步。出现沙尘暴、可吸入颗粒物较多或大雾天气时，也应停止户外训练。

三、科学锻炼的基本方法

体育锻炼的方法是根据人体发展规律，运用各种身体练习和自然因素来发展身体的途径和方式。体育锻炼的方法是贯彻体育锻炼原则、达到体育锻炼目的的桥梁。在运用过程中，应从实际出发，灵活应用，要注意锻炼的方法可以相互补充，交替结合，但应有主有从。

（一）重复锻炼法

在运动锻炼的过程中，多次重复同一练习，两次（组）练习间安排相对充分的休息，从而增加负荷的锻炼方法叫重复锻炼法。此方法关键是两次练习间时间相对充分，这样可有效地提高锻炼者的无氧、有氧混合代谢能力，提高各种技术应用的熟练性与机体的耐久性。重复次数的不同，对身体的作用就不同；重复次数越多，身体对运动反应的负荷量就越大。如果重复次数不断增加，会使身体的负荷超过极点，乃至破坏有机体的正常状态而造成伤害。重复锻炼则是从锻炼学生身体、增强学生体质的目标出发为追求必要的负荷一次又一次地反复做动作的过程。这个过程其中心是负荷程度，而不在于改正错误动作。因此，运用重复锻炼方法的关键是掌握好有效价值范围，并据此调节重复次数。在重复锻炼中，对负荷如何控制和怎样才能达到理想效果的负荷强度，应视情况而定。通常认为，普通大学生的合格心率在130～170次/分钟是较适宜的，在这个范围内，心室血液充盈，每搏输出量以及氧气的运输量等均达到最佳状态，并且可以持续地运动；低于130次/分钟则健身效果不大，应增加重复次数；超过170次/分钟则需要减少次数，或安排足够的时间间歇。

运用重复锻炼方法还要注意根据锻炼项目的不同特点和个人的不同体验随时加以调整，以免机械呆板，从而产生厌倦情绪。

（二）间歇锻炼法

在运动的过程中，对多次锻炼间歇时间做出了严格规定，使机体处于不完全恢复状态下反复进行锻炼的方法叫间歇锻炼法。该方法的关键是严格控制时间，使机体处于不完全恢复状态，要求每次练习的负荷时间较长，负荷强度适中。此方法可使锻炼者的心脏功能明显增强，通过调节负荷强度，可以使机体各机能锻炼项目相匹配的适应性变化，提高有氧代谢供给能力，增强体质。

间歇锻炼法同重复锻炼法一样，间歇的时间也要依据负荷的有效价值标准而定。一般来说，当负荷反应（心率）指标低于有效价值标准时，应缩短间歇时间；而高于有效价值标准

时，则可延长间歇时间。一般心率在 130 次/分钟左右时，可再次开始锻炼。间歇时，不要做静止休息，可边活动边休息，如慢速走步、放松手脚、伸伸腰腿或做深而慢的呼吸等。轻微活动可使肌肉对血管起到按摩作用，帮助血液回流，排出代谢所产生的废物。

(三)连续锻炼法

在运动锻炼的过程中，为了保持有价值的负荷量而不间断地连续进行运动的方法称连续锻炼法。此方法要求负荷强度较低，负荷时间较长，无间断地连续进行运动。从增强体质出发，需要间歇就停一会儿，需要连续就接二连三地进行下去，而不能仅讲究间歇，还要讲究连续。连续、间歇、重复都是在整个锻炼过程中实现的。连续、间歇、重复等因素各有作用，连续的作用在于持续负荷量不下降，维持在一定的水平上，使身体充分地受到运动的作用。

连续的作用在于持续负荷量不下降，维持在一定的水平上，使身体充分地受到运动的作用。连续锻炼时间的长短，同样要根据负荷价值有效范围而定。通常认为，心率在 140 次/分钟左右时连续锻炼 20～30 分钟，可使机体的各个部位都长时间地获得充分的血液和氧的供应，因而能有效地发展有氧代谢能力。

(四)循环锻炼法

循环锻炼法由几个不同的练习点组成。当一个点上的练习一经完成，练习者就迅速转移到下一个点，练习者完成了各个点上的练习，就算完成了一次循环。循环练习法对技术的要求不高，且各项目都采用比较轻度的负荷练习，因此练起来既简单有趣，又能进行综合锻炼，可以获到全面发展的良好效果。

(五)变换锻炼法

变换锻炼法可以有效地调节生理负荷，增强兴奋性，强化锻炼意识，克服疲劳和厌倦情绪，提高锻炼效果。刚参加锻炼时，可多做些诱导性练习和辅助性练习。随着锻炼水平的提高，可加大练习的难度，如用越野跑代替在田径场的长跑等。由于锻炼条件的变化，可使锻炼者的大脑皮质不断产生新异的刺激，增强兴奋性，激发锻炼的兴趣，从而提高机体的承受能力，提高锻炼效果。另外，对锻炼的内容、时间、动作速率等不断提出新的要求，可有效地调节生理负荷，使机体不断产生适应性变化，进而达到更好地锻炼身体的目的。

(六)游戏锻炼法

游戏锻炼法是指采用游戏的形式锻炼身体的方法。这种方法可以提高兴奋性，激发学生对运动的兴趣，在嬉笑娱乐中锻炼身体、愉悦身心，有助于减轻学生的学习压力，释放激情。采用游戏锻炼法时，运动量可以根据锻炼者的实际情况而有所不同。

(七)竞赛锻炼法

竞赛锻炼法是指在近似模拟或真实的比赛条件下，按比赛的规则和方式锻炼身体的方法。锻炼者在竞赛条件下，可以相互交流经验，有助于全面提高技战术水平，增强心理承受能力，培养意志品质，形成积极向上、敢于拼搏的生活态度。

第二章　体育锻炼的科学营养指导

第一节　大学生的营养需求

一、营养的概念

“营养”一词早已为人们日常生活所熟悉。“营”在汉字里是谋求的意思，而“养”有养身或养生之意，“营养”即“谋求养生”。从现代行为学角度认识，“营养”的定义是：生物或使生物从外界吸取适量有益的物质（如动物的食料、植物的肥料、人类的食物等）和避免吸取有害的物质以谋求养生的行为或作用。

食物中的营养物质又称营养素，人体需要的营养素有 40 多种，共 6 类，包括蛋白质、脂类、碳水化合物、维生素、矿物质和水。各营养素的主要功能及在人体中所占比例，如表 2-1 所示。

表 2-1　各营养素主要功能及在人体中所占比例

营养素	在人体中所占比例/%	主要功能
糖	1～2	供给热量
脂肪	10～15	供给热量
蛋白质	15～18	构成机体组织
水	55～60	调节生物功能
矿物质	4～5	调节生物功能
维生素	微量	调节生物功能

（一）糖类

糖类是由碳、氢、氧三种元素组成的一类化合物，也称碳水化合物。糖类在人体内最主要的生理作用是供给机体能量，是人体内来源最广泛、最经济且分解最完全的供能物质。

1. 糖类分类

糖类按其分子构成，可分为以下 3 种。

（1）单糖，如葡萄糖、果糖、半乳糖，其味甜，易被人体吸收。

（2）双糖，如蔗糖、麦芽糖、乳糖，经消化酶作用，可分解为单糖。

（3）多糖，如淀粉、糖原、纤维素，可酶解为葡萄糖。

2. 糖类来源

糖类的主要来源是谷类和根茎类食物，如大米、小米、面粉、玉米、黄豆、蚕豆、栗子、花

生、土豆和红薯等;其次还来自各种纯糖,如红糖、白糖、蜜糖、麦芽糖等。此外蔬菜、水果中除含少量单糖外,还是纤维素和果胶的主要来源。

3. 人体内糖的储备量

糖在人体内有三种存在形式,即肌糖原、肝糖原和血糖。糖在人体内总贮量为500g左右,其中肌糖原贮量约400g,肝糖原贮量约100g,血糖贮量约5g。

4. 糖类的生理学功能

(1)供能。糖类是人体内最主要的供能物质。每克葡萄糖完全氧化可释放16.7kJ能量,即使在缺氧条件下也能通过糖酵解作用供能。它不但是肌肉活动时最快捷有效的燃料,也是心肌收缩时的应急能源,且脑组织和红细胞也需依靠血液中的葡萄糖供能。

(2)构成机体成分和参与细胞活动。由糖参与构成的糖蛋白、黏蛋白、糖脂和核酸等构成细胞核、细胞膜、细胞间质和结缔组织等,某些糖还是组成抗体、酶和激素等功能物质的成分。

(3)调节脂肪代谢。三羧酸循环是糖、脂肪、蛋白质分解代谢中彻底氧化释放能量的共同途径。若缺乏糖,脂肪分解不能经三羧酸循环而完全氧化,易造成酮中毒(酮体物质丙酮、β-羟丁酸和乙酰乙酸在血液中达到一定浓度);而体内糖代谢正常,则会减少酮体生成。

(4)节省蛋白质。当蛋白质与糖一起被摄入时,氮在体内的滞留量比单独摄入蛋白质时要多。因糖氧化会增加ATP形成,利于氨基酸活化及蛋白质合成。当能量不足时,保留的氮会被作为能量物质重新利用。

(5)保肝解毒。当肝糖原储备较充足时,肝脏对某些化学毒物如四氯化碳、酒精、砷等有较强解毒能力;对各种细菌毒素的抵抗力增强。摄入足够的糖可使肝脏中肝糖原丰富,在一定程度上保持肝脏免受有害因素损害。

(6)增加饱腹感。摄入含糖食物,易增加饱腹感,能延长饥饿到来时间。

(二)蛋白质

蛋白质是由氮、碳、氢、氧等元素所组成的高分子化合物,是生命存在的主要形式,也是人体内部进行各种代谢活动的物质基础,它提供原材料氨基酸,促成细胞、肌肉和组织产生或更新,人体内蛋白质占体重的16%～19%。

1. 蛋白质的组成及分类

蛋白质的基本组成成分是氨基酸,人体所需氨基酸约22种,分为以下三大类。

(1)非必需氨基酸,可通过人体自身的合成功能从其他的来源中合成。

(2)必需氨基酸,不能在人体中合成,须从食物营养中摄取。人体所需8种必需氨基酸为赖氨酸、色氨酸、苯丙氨酸、苏氨酸、甲硫氨酸、亮氨酸、异亮氨酸及缬氨酸。

(3)半必需氨基酸,人体合成这类氨基酸的能力较低,一般在人的生长发育阶段需从食物中摄取补充。

2. 蛋白质的来源

主要从动物性食物(肉、蛋、奶)中获取的蛋白质称为完全蛋白质,它几乎包含所有的必需氨基酸;从植物性食物(蔬菜、粮食、水果)中获取的蛋白质称为不完全蛋白质。两类食物混合搭配食用，即可满足人体对蛋白质的需求。

3.蛋白质每日需求量

一般成人蛋白质每日需求量为1.2～1.5g/kg体重，占总能量的12%～14%。研究表明，每天补充足量蛋白质是十分必要的，但每次摄入蛋白质必须含定量且比例适当的各种氨基酸，补充过量蛋白质会造成肝脏和肾脏负担过重。

4.蛋白质的生理学功能

(1)供能。蛋白质氧化供能主要用于满足高强度、长时间运动后期对能量的需求，且p糖类和脂肪供能能力不足或摄入氨基酸过多时，蛋白质可以氧化分解释放出能量。每克蛋白质在体内氧化可产生16.7kJ热能。

(2)构成机体组织。蛋白质是细胞的主要组成成分，占细胞内固体成分80%以上，如肌肉、肌腱、血红蛋白、骨、软骨等；体内破损组织，也须由蛋白质修复。

(3)维持机体渗透压和酸碱平衡。蛋白质是体内缓冲体系的组成成分，利于维持酸碱平衡，而血浆蛋白质在维持机体渗透压方面具有一定作用。

(4)催化酶作用。生物体内的化学反应几乎都在酶的催化下完成，而目前1 000多种酶的化学本质都是蛋白质。

(5)防御保护作用。生物体内存在一类可防御异体侵入功能的蛋白质，如免疫球蛋白能识别外源物质如病毒、细菌和异种蛋白等，并能与之结合，使其失去生物活性，从而预防各种疾病发生。

(6)激素及信息传递作用。蛋白质类激素对生物体生理活动起重要的调节控制作用。口服胰岛素可降低血糖，胰高血糖素可促进糖原分解和糖异生作用，提高血糖浓度。

(三)脂类

脂类是油脂、脂肪及类脂的总称。脂类广泛存在于动、植物体内，是人体重要的组成成分。脂肪在常温下有固态脂肪和液态脂肪之分。动物脂肪为固态，称为脂；植物脂肪为液态，称为油。植物脂肪的营养价值高于动物脂肪。

1.脂类分类

脂类可分为脂肪、复合脂和类脂三类。膳食脂类包括甘油三酯、磷脂和胆固醇，主要存在于细胞原生质和细胞膜结构中。磷脂主要有卵磷脂和脑磷脂，是神经细胞“营养因子”，又称脑黄金，在坚果中含量丰富。关于胆固醇的利弊争论颇多，如胆固醇可引起心脑血管疾病，危害人体健康等，但胆固醇也具有重要的生理功能，如转化为雄性激素、雌性激素、维生素D、胆汁酸等活性物质。

2.膳食中脂肪需求量

一般认为，每日膳食中摄入50g脂肪，占每日需要能量的17%～20%，即能满足日常需求。但应注意适当控制脂肪含量，特别是动物性脂肪；尽量选择熔点低、消化吸收率高和含脂溶性维生素丰富的植物性油脂。

3.脂肪的生理学功能

(1)供能。每克脂肪在体内可供给37.62kJ能量，比等量蛋白质和糖类的产热能大一

倍。一般膳食中所含总能量约17%～30%来自脂肪。脂肪富含能量，是一种比较浓缩的食物，可缩小食物体积，减轻胃肠负担。脂肪在胃中停留时间较长，则具有较强的饱腹感。

(2)促进脂溶性维生素的吸收。膳食中含有一定量的脂肪可促进脂溶性维生素A、D、E、K的吸收。

(3)脂肪是组成人体组织细胞的重要成分。细胞膜具有由磷脂、糖脂和胆固醇组成的类脂层，脑和外周神经组织都含有鞘磷脂。

(4)保护脏器。在肾脏、心脏周围沉积着一层脂肪垫，具有隔热保温和支持、保护这些脏器及关节等免受振荡和运动损伤的作用。

(5)供给必需脂肪酸。亚油酸、亚麻油酸、花生四烯酸等不饱和脂肪酸为人体所必需，在体内不能自行合成，须由食物中脂肪供给，故称“必需脂肪酸”。它们在细胞膜和线粒结构的维持，胆固醇代谢和运输，毛细血管壁的完整性，生长发育及保护皮肤和降低胆固醇等方面起着重要的生理作用。

(四)水

水是人体必不可少的生命之素，占人体体重的50%～70%，分布于机体所有的组织细胞中。

1.水平衡

正常情况下，成人每日有2.0～3.0升的水摄入和排出身体，进行循环式流动代谢。即人体每日摄入和排出水量应保持基本平衡，称为水平衡。

(1)水摄入途径。人体中水分来源有三条途径：一是糖类、脂肪、蛋白质三大营养素代谢过程中产生的氧化水约300毫升；二是食物中含有的水分约1 000毫升；三是饮用水提供的水分约1 200毫升，其中饮用水是人体所需水的主要来源。保证成人每天摄入的水量约2 500毫升。

(2)水的排出途径。每日排尿量约1 400毫升，皮肤蒸发水为500～700毫升，经呼吸道排出的水约为300毫升，在正常情况下经肠道随粪便排出的水约为100毫升。

2.水的生理学功能

水的生理学功能包括以下6个方面。

(1)生物介质。水是生命体内各种化学反应的介质，同时它也参与反应。水的溶解性、流动性强，利于物质运输。另外，从物质消化、吸收、生物氧化以至排泄都需要水参与代谢。

(2)调节体温。水的比热高、汽化热高、导热性强，是调节体温的最佳媒介。

(3)维持腺体正常分泌。各种腺体均可在水环境中正常分泌腺液。

(4)维持血容量。血液含水量约占80%，剧烈、长时间运动大量失水可减少血容量，引起低血压，从而影响各器官组织机能的正常活动。

(5)润滑剂。水是人体组织和器官润滑剂，对关节、肌肉、体腔等起到一定的缓冲及保护作用。

(6)维持脏器形态和机能。体内结合水与蛋白质、黏多糖和磷脂等相结合，使脏器维持一定的形态和坚实性。

（五）维生素

维生素是维持人体正常生理机能和新陈代谢活动所必需的低分子化合物。虽然人体对其需求甚微，但它对人体生命活动所起的作用却是必不可少的。

1. 维生素分类

人体所需维生素约20多种，主要分为脂溶性与水溶性两大类。其中脂溶性维生素有维生素A、D、E、K等；而水溶性维生素有维生素B_1、B_2、B_6、B_{12}、C、烟酸、叶酸等。

2. 维生素的生物学功能

维生素是维持人体生命活动的必需物质，维生素在体内含量较少，但是不可或缺。多数维生素不能在人体内合成或合成量不足，因此通过每日膳食补充维生素十分必要。维生素主要从新鲜蔬菜与水果等植物性食物中获取，以帮助其他营养物质完成生化反应。表2-2列举了常见的维生素的功能、来源及每日需求量。

表2-2　维生素功能、来源及每日需求量

种类	功能	来源	日需求量(男/女)
维生素B_1	参与糖代谢，维持神经系统功能正常	谷物、杂粮、坚果、瘦肉	1.5mg/1.1mg
维生素B_2	参与能量代谢，与肾上腺功能有关	牛奶、酸奶、奶酪等	1.7mg/1.3mg
维生素B_3	促进细胞内能量产生	瘦肉、鱼、禽类、谷物	19.0mg/15.0mg
维生素B_6	辅助蛋白质吸收，促进红细胞生成	瘦肉、蔬菜、谷物	2.0mg/1.6mg
泛酸	辅助蛋白质、脂肪、糖的代谢	谷物、深绿色蔬菜等	4～7mg/4～7mg
叶酸	合成核酸和蛋白质，促进血细胞形成	绿色蔬菜、豆类、小麦	200μg/180μg
维生素B_{12}	参与核酸合成和红细胞形成	只存在于动物性食物中	2μg/2μg
生物素	脂肪酸合成和糖原形成的辅酶	蛋黄、深绿色蔬菜等	30～100μg/30～100μg
维生素C	抗氧化，维护细胞组织、血管等	柑橘、辣椒、番茄等	60mg/60mg
维生素A	维持视力，保护皮肤、黏膜	胡萝卜、黄油、肝脏等	1 000μg/800μg
维生素D	辅助骨、牙齿的生长发育和钙吸收	蛋、肝脏、强化牛奶等	5μg/5μg
维生素E	抗氧化，防止细胞膜损害等	植物油、绿叶蔬菜等	10mg/8mg
维生素K	参与血液凝固过程	土豆、豌豆、绿叶蔬菜等	80μg/65μg

（六）矿物质

矿物质又称无机盐，是人体所需无机物的总称。人体必需的无机盐有20余种，其在人体内含量很少，约占体重的5%，是维持机体正常生命活动不可缺少的物质。矿物质主要通过膳食来提供，吸收部位主要在小肠。人体矿物质代谢主要通过尿、汗液和粪便等形式排出体外。

1. 矿物质分类

矿物质根据在人体内含量多少可分为宏量元素和微量元素两类。

(1)宏量元素，含量超过体重的0.01%，如钠、钾、钙、磷、氯、硫等。

(2)微量元素，含量低于体重的0.01%，如铁、铜、锌、硒、碘等。

2. 矿物质的生理学功能

矿物质在体内虽不提供能量，但是对维持机体正常生理功能具有重要作用：构成机体组织的重要成分，如骨骼、牙齿等；维持体液酸碱平衡和渗透压，保持机体内稳态；维持神经肌肉兴奋性，保持正常应激能力；体内某些激素和酶的重要组成成分等。表 2-3 列举了常见矿物质的功能、来源及每日需求量。

表 2-3　常见矿物质的功能、来源及每日需求量

种类	功能	来源	日需求量(男/女)
钙	骨骼、牙齿等组成成分	牛奶、深色蔬菜、坚果等	800mg/800mg
钠	维持神经肌肉功能、水电解质平衡等	食盐	500mg/500mg
镁	促进骨生长，辅助酶发挥功能等	坚果、海产品、谷物、绿叶蔬菜	350mg/280mg
磷	骨、牙齿组成成分等	肉、蛋、奶、豆类等	800mg/800mg
钾	与神经肌肉功能有关	新鲜蔬菜水果、奶、肉类等	2 000mg/2 000mg
铬	与糖代谢有关	肉类、肝脏、谷物等	0.05～0.2mg/0.05～0.2mg
铜	辅助酶的功能等	肉类、坚果、谷物等	1.5～3mg/1.5～3mg
氟	促进骨和牙齿的生长	饮用水、鱼、牛奶等	1.5～4mg/1.5～4mg
碘	合成甲状腺激素	碘盐、海产品	150μg/150μg
铁	红细胞组成成分，促进酶活性等	肉、蛋、肝脏、豆类、绿叶蔬菜	10mg/15mg
锰	促进酶的活性	肉类、豆类、谷物等	0.075～0.25mg/0.075～0.25mg
硒	协同维生素 E 的作用	肉、蛋、鱼、谷物等	70μg/55μg
锌	合成酶，参与生长发育	肉、酵母、贝类、谷物等	15mg/12mg

二、膳食平衡与健康

所谓膳食平衡是指膳食中的营养素能满足人体的需要，既不缺乏，也不过剩。平衡膳食应该由大约 58%的糖、30%的脂肪和 12%的蛋白质组成。这些营养素是供给机体能量的基础物质。表 2-4 列举了三大营养素的食物来源和能量含量。

表 2-4　三大营养素的食物来源和能量含量

糖	蛋白质	脂肪
谷物	肉类	奶酪
水果	鱼类	人造奶油
蔬菜	家禽	油
浓缩糖果	蛋类	
面包	奶类	
豆类	豆类	
	米饭	

此外，矿物质、维生素也是维持人体健康的重要物质。

三、膳食平衡的基本原则

(一)保持三大营养成分供热的最佳比例

每日饮食中三大营养成分所提供热能量最佳比例为:50%的热量来自碳水化合物,20%应来自蛋白质,30%应来自脂肪。这条原则简称为50∶20∶30最佳热能量来源比例原则。

(二)合理安排一日三餐

一日三餐的食物分配应与学习、运动和休息相适应,高蛋白食物应在学习、运动和工作前摄取,不应在睡眠前摄取,这是因为蛋白质消化比较慢,会影响睡眠。

1. 早餐

早餐热能摄入占全天的25%~30%,蛋白质和脂肪食物应多一些,以便满足上午学习、工作的需要。有些同学早餐分配偏低,仅占全日总量的10%~15%,甚至不吃早餐,这与上午学习、工作的热能消耗是很不适应的,既影响健康,又影响学习效果。

2. 午餐

午餐热能摄入占全天的40%,糖、蛋白质和脂肪的供给均应增加,因为午餐既补偿饭前的热能消耗,又储备饭后学习、运动和各种的需要,所以在全天各餐中应占热能最多。

3. 晚餐

晚餐热能摄入应占全天的30%~35%,以多供给含糖多的食物为宜。所以晚餐可多吃些谷类、蔬菜和易于消化的食物,富有蛋白质、脂肪和较难消化的食物应少吃。

(三)食物力求多样化

因为任何一种食物都不能包含肌体所需要的全部营养物质,为了保证营养充足、均衡,进食食物要多样化,绝不能偏食。

(四)节食减肥不可压缩维生素的摄入

为减肥而进行节食,不能压缩含有丰富维生素食物的摄入,如水果和蔬菜。为了防止肌肉总量减少和促进沉积脂肪燃烧,同时还要参加运动锻炼。

(五)大运动量的饮食

参加耐力性运动的人,当运动量较大时,可适当补充一些碳水化合物食品。一般的健身运动,则只需要多加一杯低糖饮料即可。

四、体脂与女性健康

女性体内的脂肪约占体重的28%,较男子(18%)为多。女性皮下脂肪较多,使身体显得丰满圆润。女性身体脂肪含量的多少决定生殖器官的发育和月经初潮的时间,其体脂总量若少于体重的17%以上,就会影响性器官的发育,进而推迟性成熟的时间和月经来潮的时

间。因此，要维持正常的月经及体内性激素水平，必须设法使女性体脂含量保持在22%以上。对那些正处于生长发育时期和体重并未超过正常标准的女性来说，减肥节食的做法是十分有害的。为了健康，女生的饮食切勿单一，适当吃些含脂肪高的食物不仅无害，反而会使你更加美丽健康。

第二节　不同运动项目的膳食特征

一、篮球运动的膳食

（一）篮球运动的专项特点

(1)对抗性强：对力量、速度和技术要求高。

(2)技巧性高：优秀运动员不看球也能熟练运球；依靠精确的“时间感觉”与“空间感觉”跳起投篮；依靠敏锐的观察力进行整体配合。

(3)运动量大：激烈的篮球比赛中，运动员在场上往返奔跑180～200次，距离在5 400～6 000米，强度大、密度高、时间长。运动员心率可达180～210次/分，心血管系统负担很重。

（二）篮球运动员的能量代谢

比赛中跳投、上篮、盖帽、扣篮等技术动作，要求篮球运动员既要利用有氧供能又要利用无氧供能，因此该项目属于间歇性无氧供能为主的混合供能项目，运动强度较大，能量消耗较多。

中国篮球运动员每天能量供给推荐值为3 700～4 700千卡(平均4 200千卡)。篮球运动员的能量需求个体差异较大，具体应用时需注意观察运动员体重和体脂的变化。另外，很多运动员通过膳食摄入的能量不能满足运动需要，也要注意监测和预防。

（三）篮球运动员日常训练中总的营养策略

对篮球运动员来说提高运动能力有两个营养要点。

1.使糖原的耗竭最小化

针对篮球运动的间歇特点，碳水化合物是最重要的能量来源。一旦机体内碳水化合物的供应耗竭，球员在训练比赛中就会疲劳，伴随而来的是速度、反应明显减慢以及耐力、判断力和注意力显著下降。因此，运动员应明确运动中必须要有充足的碳水化合物供给和持续地再补充的本质对维持运动能力来说非常重要。

碳水化合物的主要来源有水果、蔬菜、谷类食品。例如，富糖食物有香蕉、橘子、干果、胡萝卜、豌豆、意大利面、烤土豆、全麦面包、麦片等。由于碳水化合物的重要性，比赛中球员要拒绝专门设计的低糖饼干和食品。

2.在运动前、中、后保持充足的水分

仅仅丢失1%～2%的体液就会对运动能力产生副作用，并导致脱水。教练员和球员应该了解和掌握每一堂训练课和每一场比赛中水分利用的重要性及一系列补水策略。教练员和队伍的管理人员应该帮助每一个球员在训练和比赛中配备个人饮水瓶以达到上述目的。

(四)重视铁的补充

铁对成长十分重要。在比赛中篮球运动员的互相冲撞或是人与地面的碰撞都会增加红细胞的损伤,从而增加铁损失。有些运动员会出现身体缺铁的问题,尤其是那些较少摄入铁的女性运动员,有可能会导致运动性低血色素的发生。可采取的措施有以下几点。

(1)吃更多的红色瘦肉;进食肉类时不喝茶或咖啡;早餐饮橙汁;用铸铁炊具烹调。常吃混合膳食,因为当肉类和蔬菜一起食用时,更多的非血红素铁可从蔬菜中吸收,这比单独吃蔬菜吸收的铁要多。

(2)膳食中应注意加强含铁食物、蛋白质、维生素 C、维生素 B_{12}、叶酸的补充,充分保证造血物质的每日摄入量。这些食物包括动物肝脏和血、牛奶、蛋黄、豆制品、绿色蔬菜、海带、紫菜、黑木耳等。

(3)选择适当的营养品进行强化补充,着重于铁、蛋白质、氨基酸、维生素、微量元素的均衡补充。补铁制剂与补钙制剂要分开,因为后者抑制非血红素铁的吸收。

二、足球运动的膳食

(一)足球项目的训练、比赛特征

足球属于同场对抗性的集体球类运动项目,运动剧烈、对抗性强、变化复杂。要求运动员技术能力、战术意识、身体素质和心理素质全面发展。

职业运动员一场正式比赛要消耗体内 90% 的肌糖原,大多数时间的心率都维持在 85% 最大心率以上。正式比赛中,每名运动员平均失液量为 1～2 千克,而如果在潮湿环境下进行比赛,运动员的失液量会达到平时的两倍。

(二)足球运动员的能量需求特点

在整场的足球比赛中平均每个队员要奔跑 9 千米,所以不论在训练还是比赛当中,运动员消耗的热量很高。在训练进度中,运动的强度和个人的年龄决定了能量的需求量。男性队员每天需要 47～60 卡/千克体重,女性队员每天需要 45～50 卡/千克体重。国内足球运动员每天能量摄入的推荐值是 3 700～4 700 千卡(平均 4 200 千卡)。

(三)足球运动员的营养需求

1. 糖

糖是足球运动员最好的能量来源,摄入碳水化合物可以为你的肌肉提供所需的能量,选择得当的高碳水化合物食品和饮品将会关系到比赛的胜负。

为了得到充足的能量,参赛选手每天应该得到 8～10 克/千克体重的糖。全麦面包、谷类食品、水果、蔬菜都是碳水化合物的不错来源。

2. 蛋白质

足球运动员每天需要摄入1.2～1.4克/千克体重的蛋白质。在重点进行力量训练时，蛋白质含量的百分比应该增到每千克体重摄入2克。蛋白质可以修复肌肉损伤并且提高免疫能力。蛋白质也可以为身体提供能量，但是它无法像碳水化合物那样立竿见影。良好的蛋白质来源如表2-5所示。

表2-5　蛋白质来源

食物名称	蛋白质含量(克/100克食物)	食物名称	蛋白质含量(克/100克食物)
奶酪	20	瘦猪肉	25
鸡胸脯	27	脱脂牛奶	4
鸡蛋	12	大豆	37
鸡蛋白	7	豆腐	11
鱼	19	金枪鱼	25
牛肉	27	火鸡胸脯	30
小牛肉	30	花生酱	4.5(每勺)
小羊羔	28	低脂肪水果酸奶	4

3. 脂肪

对于足球运动员来说，脂肪供能比例应占总热能的15%～20%，每天需要1克/千克体重的脂肪即可。要选择对心血管健康无害的脂肪，如芥花籽油、橄榄油和坚果等。

由于脂肪在体内代谢过程中耗氧量大，摄入过多可使运动后体内丙酮酸、乳酸浓度增加，同时高脂血可使血流缓慢，影响氧的供给，脂肪摄入过多还会导致体内脂肪含量增加，运动能力受到影响，因此需要控制脂肪摄入量。

(四)富含维生素和矿物质食物的选择

维生素和矿物质均属于微量营养素，它们的需要量很少，而且也不是能量代谢的燃料。但是，有了它们才能使机体内许多复杂的生物化学反应顺利进行，以维持组织的正常功能及机体的正常代谢，足球运动员可根据表2-6、表2-7所示内容来选择食物。

表2-6　重要维生素的主要功能和食物来源

维生素	主要功能	来源
A	维持正常的视力；对皮肤、黏膜的健康和机体的生长是必需的	牛奶、黄油、奶酪、肝、鱼肝油、胡萝卜、深绿色蔬菜、西红柿、青椒、南瓜、杏、橘子
C	促进损伤部位的恢复和对铁的吸收；与构成组织，与骨骼的蛋白质材料的合成有关；抗氧化	新鲜水果，特别是柑橘类和绿色蔬菜
D	促进钙和磷的吸收，是维持骨骼和牙齿健康的必需物质	海鱼、肝、蛋黄、奶油、干酪、强化早餐谷类食物
E	抗氧化，抵抗自由基对细胞膜的损伤	植物油、核桃、蔬菜、杏仁、花生、芝麻
B_1	与碳水化合物的能量释放有关；对中枢神经系统十分重要	谷类、坚果、根茎类蔬菜、豆类
B_2	与蛋白质和脂肪的能量释放有关	肝脏、牛奶、奶酪、酸奶、蛋类、绿色蔬菜
B_{12}	是构成血细胞和神经纤维必不可少的物质	肝脏、肉类、蛋类、牛奶、蛤、牡蛎

表 2-7 重要矿物质的主要功能和食物来源

矿物质	主要功能	来源
钙	构成骨与牙齿并维持其健康；与血液凝固、神经功能和肌肉收缩有关	牛奶、奶酪、酸奶、深绿色叶状蔬菜、面包、海带、小虾皮、豆类、豆制品
钠	与神经功能和调节体液平衡有关	食盐
钾	参与所有细胞的构成，与体内所有神经活动有关	除糖、脂肪、油脂以外存在于所有食物中；未加工食物的钾含量高于被加工食物
镁	与细胞的能量释放有关，可增强酶的活性和肌肉收缩力	大多数食物含镁，如完整的谷物、坚果、菠菜、糙米、绿叶菜、坚果、燕麦、豌豆、大豆、肉类、海产品
磷	存在于骨和牙齿中，是所有身体细胞的基本成分	牛奶、奶酪、蛋、肉、鱼
锌	对生长、组织细胞的修复、性成熟是必需的；与酶的活性、味觉和感觉有关	牛奶、奶酪、牡蛎等海产品
硒	抗氧化、保护细胞膜；抵抗放射线引起的损伤	肝、肾、海产品、蛋、肉类、芝麻、大蒜、洋葱、蘑菇、糙米、香蕉、橙
铁	存在于血红蛋白中；与酶的活性和线粒体的能量产生有关	海带、黑木耳、紫菜、香菇、早餐谷物、肝、肾、心、瘦肉、动物血、鱼、红枣、葡萄干

三、排球运动的膳食

（一）排球项目的特点

排球项目对运动员灵敏性、速度、力量、爆发力、耐力以及对周围情况的判断能力都有较高要求。该项目的特点有以下几点。

(1)比赛时间较长，一场紧张激烈的比赛有时长达 3 小时。

(2)对抗性很强。

(3)比赛中球不能落地，不能在手中停留。一方队员只能触球 3 次，这就要求集体配合默契，运动员需要完成大量的无球技术动作，如起动、制动、移动、跳动等半蹲位动作。

（二）排球项目的供能特点

排球项目的供能特点定位在以最大无氧阈速度为基础，以无氧代谢为主的耐乳酸能力。由于有氧代谢能力是无氧代谢的基础，两种无氧代谢供能系统（磷酸原系统和糖酵解系统）的快速恢复必须有良好的有氧代谢参与，因此在排球项目比赛中，要持久保持运动能力，就必须提高和发展有氧代谢系统供能水平。

排球运动的训练和比赛中，运动强度较大，能量消耗较多。中国优秀排球运动员每天能量平均需要量为 3 700～4 700 千卡(平均 4 200 千卡)。

（三）排球运动员的日常营养策略

排球运动员日常的营养目标是保持足够的能量摄入以满足训练和比赛期的需求。

排球运动员需要按 6～8 克/千克体重的标准摄入碳水化合物以满足运动中的能量需求。在运动中需要大约 50%～65%的高糖膳食来提供燃料。排球运动员选择含糖食物时应

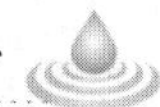

将目光放在全麦食物、水果、蔬菜、面包、面食、土豆和低脂乳制品上。

排球运动员10%～25%的能量由蛋白质提供，以利于肌肉的修复和力量的增长。他们每日摄入蛋白质的推荐值应为1.0～1.5克/千克体重。这类食物像红肉、禽类、鱼、奶制品、豆类和坚果都是排球运动员摄取蛋白质的来源。

膳食脂肪摄入量的供能比应占每天总热能的20%～30%。有一些必需脂肪酸是机体无法自身合成的，必须从膳食中获得。最好的建议是尽量避免摄入肉眼可见的油脂（烹调用油、含脂肪多的肉食），而要选择健康脂肪（如橄榄油、鱼油、坚果和果实等）。

（四）富含维生素和矿物质食物的选择

维生素和矿物质均属于微量营养素，它们的需要量很少，而且也不是能量代谢的燃料。但是，有了它们才能使机体内许多复杂的生物化学反应顺利进行，以维持组织的正常功能及机体的正常代谢，排球运动员可根据表2-8、表2-9所示内容来选择食物。

表2-8　重要维生素的主要功能和食物来源

维生素	主要功能	来源
A	维持正常的视力；对皮肤、黏膜的健康和机体的生长是必需的	牛奶、黄油、奶酪、肝、鱼肝油、胡萝卜、深绿色蔬菜、西红柿、青椒、南瓜、杏、橘子
C	促进损伤部位的恢复和对铁的吸收；与构成组织，与骨骼的蛋白质材料的合成有关；抗氧化	新鲜水果，特别是柑橘类和绿色蔬菜
D	促进钙和磷的吸收，是维持骨骼和牙齿健康的必需物质	海鱼、肝、蛋黄、奶油、干酪、强化早餐谷类食物
E	抗氧化，抵抗自由基对细胞膜的损伤	植物油、核桃、蔬菜、杏仁、花生、芝麻
B_1	与碳水化合物的能量释放有关；对中枢神经系统十分重要	谷类、坚果、根茎类蔬菜、豆类
B_2	与蛋白质和脂肪的能量释放有关	肝脏、牛奶、奶酪、酸奶、蛋类、绿色蔬菜
B_{12}	构成血细胞和神经纤维必不可少的物质	肝脏、肉类、蛋类、牛奶、蛤、牡蛎

表2-9　重要矿物质的主要功能和食物来源

矿物质	主要功能	来源
钙	构成骨与牙齿并维持其健康；与血液凝固、神经功能和肌肉收缩有关	牛奶、奶酪、酸奶、深绿色叶状蔬菜、面包、海带、小虾皮、豆类、豆制品
钠	与神经功能和调节体液平衡有关	食盐
钾	参与所有细胞的构成，与体内所有神经活动有关	除糖、脂肪、油脂以外存在于所有食物中；未加工食物的钾含量高于被加工食物
镁	与细胞的能量释放有关，可增强酶的活性和肌肉收缩力	大多数食物含镁，如完整的谷物、坚果、菠菜、糙米、绿叶菜、坚果、燕麦、豌豆、大豆、肉类、海产品
磷	存在于骨和牙齿中，是所有身体细胞的基本成分	牛奶、奶酪、蛋、肉、鱼
锌	对生长、组织细胞的修复、性成熟是必需的；与酶的活性、味觉和感觉有关	牛奶、奶酪、牡蛎等海产品
硒	抗氧化、保护细胞膜；抵抗放射线引起的损伤	肝、肾、海产品、蛋、肉类、芝麻、大蒜、洋葱、蘑菇、糙米、香蕉、橙
铁	存在于血红蛋白中；与酶的活性和线粒体的能量产生有关	海带、黑木耳、紫菜、香菇、早餐谷物、肝、肾、心、瘦肉、动物血、鱼、红枣、葡萄干

因此，排球运动员应该摄取平衡膳食(即能量充足和多样化的膳食)，增加蔬菜和水果的摄入量，这样才能保证维生素和矿物质的摄入量，满足运动训练的需要。

四、田径类运动的膳食

(一)田径赛短距离项目

1. 田径赛短距离项目的特点

短距离项目是以肌肉工作为主的周期性速度力量型项目，属于极限强度运动，主要特点是速度快、强度大、运动持续时间短。比赛的特点是要求运动员在最短的时间内发挥自己最大体能，表现出最大速度、最大强度。短距离项目主要依靠无氧供能系统(包括磷酸原和糖酵解供能)，呼吸、循环机能在运动后的变化非常显著。另外，该类项目对速度、力量(尤其是爆发力)以及体脂百分比的要求非常高。

2. 田径短距离项目训练期的营养特点

(1)短跑运动员在高强度训练阶段必须摄入足够的碳水化合物以维持每日的训练强度。但是需求量可低于耐力型项目运动员的供给量水平。

(2)短跑项目运动员适当增加高蛋白膳食有助于力量和爆发力的提高，如瘦肉、去皮鸡肉、鸡蛋、低脂奶产品、豆类等。

(3)需要降低体脂水平的短跑运动员平时应避免摄入过多的热量，尤其是控制高脂肪食物的摄入。

(4)膳食要求营养密度较高，最好是通过摄入各种高营养密度碳水化合物来源的饮食来获得，如面包、谷类、水果、蔬菜和含糖奶制品等。

(5)膳食中的糖、蛋白质和脂肪的供热比例分别占55%～65%、12%～15%和25%～30%。

(6)良好的平衡膳食应包括各种食物，并能全面保证运动员能量、维生素和微量元素的需要。

3. 田径短距离项目比赛期的营养特点

(1)赛前饮食。比赛日的营养是保持较好的水合状态，同时维持血糖水平和避免饥饿。赛前不能吃得过饱，否则会引起胃部不适，影响比赛的发挥。赛前饮食应以碳水化合物为基础，但不需要进行严格的碳水化合物填充。比赛前几天及比赛当日可以适当补充高碳水化合物食物，使肝糖原储存量达到运动员平时安静状态水平以上。

(2)赛中饮食。如果两场比赛的间隔时间比较短，可以选择一些易消化的含水和碳水化合物比较充足的食物作为加餐，例如运动饮料和能量棒等，在炎热的天气下比赛时应确保饮用足够的液体。

(3)赛后恢复。赛后饮食营养以高糖、低脂肪、适量的蛋白质、容易消化的食物为主，可以适量补充运动饮料。比赛后两三天内的膳食，仍应维持较高的热量和丰富的营养素，因为比赛时所消耗的热量和营养素不可能在一天内就得到恢复。

(二)田径赛中等距离项目

1. 田径中等距离项目的特点

中等距离项目包括中长跑(800 米、1 500 米)等,比赛的特点与短距离项目类似,项目特点是速度比较快、运动持续时间比较长,对于速度耐力有极高的要求。田径中等距离项目的运动员通常属于中等身高、比较瘦但肌肉相对比较发达,同时也需要有一个相对较低的体脂水平。

中等距离项目强度略低于短距离项目但时间持续较长,功率输出仅次于短距离项目。能量供应属于从无氧代谢为主的混合代谢过程向以有氧代谢为主的混合代谢过程过渡。无氧供能的比例虽比短距离项目小但持续时间较长,将耗尽全部无氧供能能力。

2. 田径中等距离项目比赛期的营养特点

(1)赛前饮食。赛前一餐最好是在赛前 2～3 小时,以便于胃的排空。应选择进食高碳水化合物食物,如谷物早餐、面包、米饭、意大利粉和饼干等。如果胃部不适无法进食大量食物,可选用流质食物或者运动饮料。

(2)赛中饮食。比赛中不必补水。在两场比赛中间可以选择一些易消化的含糖食物作为加餐,例如水果、果酱面包、运动饮料和能量棒等,在炎热的天气下比赛时应确保饮用足够的液体。

(3)赛后饮食。赛后以高糖、低脂肪、适量的蛋白质、容易消化的食物为主,可以适量补充运动饮料。比赛后两三天内的膳食,仍应维持较高的热量和丰富的营养素,因为比赛时所消耗的热量和营养素不可能在一天内就得到恢复。

(三)田径赛长距离项目

1. 田径长距离项目特点

此类项目是一种长距离、中等强度的周期性耐力项目,对于运动员的耐力素质特别是有氧耐力有极高的要求。主要包括中长跑(3 000 米、5 000 米、10 000 米)、马拉松、竞走等。现代五项和铁人三项含有多种比赛项目,但是总体来说属于耐力性项目,因此营养需求上与田径长距离项目类似,可以参考田径长距离项目的营养补充。长距离项目以糖原有氧供能能力为主,比赛时间长,机体负荷大,因此赛后疲劳明显,恢复时间长,通常需要 3 天左右的时间甚至更长。

长距离项目的运动员大多体重和体脂水平较低、身高适中、肌肉量较少,尤其是上半身。运动开始阶段主要依靠糖供能,后期阶段 95%以上由脂肪供能,运动中血糖浓度下降而游离脂肪酸浓度明显上升。提高糖的储备量和改善糖的有氧代谢能力是运动员提高长距离项目运动能力的关键。

2. 田径长距离项目比赛期的营养特点

(1)赛前饮食。

①如果是上午比赛时间比较早,那么赛前一餐可以简单补充一些高碳水化合物食物,如果胃肠道不舒服或是过度紧张,可以适当补充运动饮料。

②如果当天的比赛稍晚时开始，那么应该在赛前3～4小时进一次正餐。不要忘记液体补充，特别是当天气比较热时。

(2)赛中饮食。

此类项目比赛过程中最重要的是液体的补充，这有利于运动员提高运动能力及避免脱水的发生。补液应该坚持少量多次的原则，最好选用运动饮料。

(3)赛后饮食。

通常比赛后食欲受到限制，饮用液体食物将比选择固体食物好，因此必须准备足够量的易消化食物以及含高血糖指数的糖饮料。最好是能做到以下几点：

①在赛后的2个小时内，以液态食物的形式摄入100克糖。在24小时内达到摄入10克/千克体重的糖的总量。

②摄入中到高血糖指数的糖以加速恢复。

五、持拍类项目的膳食

(一)持拍类项目的特点

持拍运动是间歇运动，包括上下肢肌肉参与相对短时间的爆发性活动，并伴有随后的休息。每争夺一分的往返击拍平均持续时间为4～12秒，但是一场比赛的时间取决于所打的局数，短则不到一小时，长则几小时。这些项目的运动可划分为中等强度直到高强度的运动，最大心率的范围为60%～90%，最大摄氧量为50%～80%。

持拍运动的肌肉代谢主要依赖于肌糖原，尤其是在较长时间的比赛中。在运动员的血浆中可见甘油和游离脂肪酸的增加，这与比赛时间的长短有关，表明脂肪分解作用加强。

乒乓球、羽毛球、网球运动员平时训练量大，要消耗大量的能量，国内优秀乒乓球、羽毛球和网球运动员每日热能供给推荐值均为2 700～4 200千卡(平均为3 500千卡)。

(二)持拍项目运动员日常的饮食原则

持拍项目要想得到合理的膳食营养，应从两方面入手逐渐形成良好的饮食习惯。

1.合理的膳食调配

坚持膳食多样、全面、适量的基本原则。

按照“金字塔”食物结构坚持“四多”：主食多、蔬菜多、水果多、奶制品(或豆制品)多；“三少”：油脂少、肉类少、油炸食品少的原则。

适量的摄入蛋白质(热能供给比例占12%～15%)。

通过控制烹调用油、选择低脂肪含量肉食降低脂肪的摄入量(热能供给比例占25%～30%)。

多吃水果、蔬菜以增加维生素和膳食纤维的摄入。

2.合理的膳食制度

注重早餐和训练中加餐。大多数运动员早上都要训练，因而要吃早餐。在对乒乓球队的调查中发现，不少运动员忽视早餐的存在，导致全天的能量供应不足，表现为在上午的训练课进行到过半时，就有运动员出现头晕眼花、恶心等症状。

进餐间隔时间不宜过长，也不宜太短。因一般混合性膳食在胃里停留时间为4～5小时，因此三餐间隔以4～5小时为宜。

注意一日三餐的分配。通常早餐摄入的能量应占全天总能量的25%～30%，午餐占40%，晚餐占30%～35%。

（三）持拍项目运动员比赛期的膳食原则

比赛阶段的膳食必须提供身体需要的所有能量，使体能充分发挥。机体对能量的需求随运动强度和运动时间的不同而改变。

建议在比赛时每隔15～30分钟喝少量的水。不要等到口渴了才喝水，因为感觉到口渴时，机体已经处于脱水状态。如比赛时间超过2.5小时，除喝水外，还需要补充含有能量的固体食物，如谷类、水果。

（四）营养补充的注意事项

1. 防治神经紧张

持拍项目运动员在训练过程中神经活动紧张，动作多变，对于协调性、速度和技巧要求都较高，其膳食营养要求有以下几点。

(1)食物应提供充足的蛋白质，其中优质蛋白质至少应占到1/3以上。

(2)食物应含有丰富B族维生素、钙、磷等营养。维生素B_1多见于粗粮、瘦肉、内脏、花生、核桃、芝麻、豆制品等食物。维生素B_2的主要摄取来源是瘦肉、肝、蛋黄、糙米及绿叶蔬菜（如雪里蕻、油菜、菠菜、青蒜等）。

(3)持拍运动员训练过程中视力活动紧张，应保证充足的维生素A的供给，每日摄入量应达到6 000IU（国际单位），其中大部分应来自动物性食物，如肝脏、鱼肝油、全奶等，或者进食一些含β-胡萝卜素较多的有色蔬菜，如胡萝卜、青菜、菠菜等。

2. 防治神经中枢疲劳

由于持拍项目在训练和比赛中的往返击拍次数很多，对球的关注度非常高，所以运动员的神经活动紧张易出现中枢疲劳。注重合理的营养搭配和特殊营养补充，能够推迟中枢疲劳的发生。

(1)充分补糖。“糖”是大脑的唯一能量来源，可避免发生中枢疲劳，运动员应该在运动前、中、后补充足够的糖以保证训练、比赛所需的能量以及运动后机体糖原的快速再合成。

(2)补充支链氨基酸。运动员可摄入一些富含支链氨基酸的食品，或口服少量的支链氨基酸（每小时0.01克/千克体重），以防止中枢疲劳的发生。

(3)补充优质蛋白质。这类蛋白质最多见的是乳清蛋白，含有大量的亮氨酸，可以预防中枢疲劳。

(4)补充松果体素、刺五加等。刺五加片、松果体素等是消除中枢疲劳类的营养补剂，可促进运动员缓解紧张、抑郁的心理状态，帮助提高运动员的睡眠质量，促进运动员的恢复。

(5)建议持拍类项目运动员多食用对脑细胞营养有益的食物，这些食物富含卵磷脂、维生素C、维生素B_1、维生素E、钙、锌、铁等，如鱼类、牛奶、黑芝麻、大枣、核桃、蛋类等。

3. 防治缺铁性贫血

有些运动员会出现身体缺铁的问题，尤其是那些较少摄入铁的女性运动员，有可能会导致运动性低血色素的发生。可采取的措施有以下几点。

(1)吃更多的红色瘦肉。

(2)进食肉类时不喝茶或咖啡。

(3)早餐饮橙汁。

(4)用铸铁炊具烹调。

(5)常吃混合膳食，因为当肉类和蔬菜一起食用时，更多的非血红素铁可从蔬菜中吸收，这比单独吃蔬菜吸收的铁要多。

(6)膳食中应注意加强含铁食物、蛋白质、维生素 C、维生素 B_{12}、叶酸的补充，充分保证造血物质的每日摄入量。这些食物包括动物肝脏和血、牛奶、蛋黄、豆制品、绿色蔬菜、海带、紫菜、黑木耳等。

(7)选择适当的营养品进行强化补充，着重于铁、蛋白质、氨基酸、维生素、微量元素的均衡补充。

(8)补铁制剂与补钙制剂要分开，因为后者抑制非血红素铁的吸收。服用维生素 C 的运动员应该在进食时服用以增加铁的吸收。

六、表现难美型运动的膳食

表现难美型运动主要包括体操、艺术体操、蹦床、跳水、花样游泳等。

(一)表现难美型运动的特征

体操、艺术体操、跳水等项目的运动员需要对身体姿态有较强的控制能力，视、听、触觉及本体感觉准确、灵活；在身体素质方面，对力量、柔韧、灵敏、动作速度和专项耐力要求较高。

除艺术团体操比赛之外，比赛的所有项目均不超过 90 秒，归类为高强度无氧运动，运动员主要依赖于磷酸肌酸和碳水化合物(葡萄糖和糖原)。

(二)表现难美型运动员的能量需求

该类项目运动员的年龄偏小，多为少年人群，有控制体重、维持体形等需求，他们的每日能量摄入推荐值是：体操(女)、艺术体操、跳水为 2 200～3 200 千卡(平均为 2 700 千卡)；体操(男)、花样游泳为 2 700～4 200 千卡(平均为 3 500 千卡)。跳水运动员的每日推荐摄入热量为2 200～3 200 千卡(平均为 2 700 千卡)；花游项目运动员每日推荐热量稍高一些，为 2 700～4 200千卡(平均为 3 500 千卡)。

(三)表现难美型运动的营养策略

(1)合理的膳食方案以增加摄入复合的碳水化合物为起点。

(2)需要特别注意的是，组织中糖原过多时，水的潴留也会增加(每增加 1 克糖的同时增加了 2.7 克水)，可能会使肌肉发僵，感觉沉重，这对柔韧性影响较大。因此，运动员必须在日常生活中养成摄入复合碳水化合物的习惯，而不是仅仅在赛前才使用糖原填充法使组织

中的碳水化合物得以超量补偿。

(3)通过食物中的肉类蛋白使肌酸储存量增加。

(4)限制总的脂肪摄入。要限制吃油炸食品、肉眼可见的脂肪(黄油、人造奶油、肉食脂肪等)和油腻的奶制品。

(5)能量物质分配比例:总能量的20%～25%来自脂肪,15%来自蛋白质,60%～65%来自碳水化合物。

(6)在比赛和训练前应避免摄入纤维性蔬菜,因为它们会产气使运动员腹胀而感到不舒服。

(7)应该主要依靠食物而不是维生素和矿物质制剂来获取必需的营养素,但在某些情况下,建议摄入某些矿物质补充品(特别是钙和铁)。

(8)努力保持有规律的饮食,以免出现致病性摄食紊乱。推荐点心类加餐及少吃多餐,这样可维持代谢速率和血糖,增加总的能量和营养素摄入。

(9)应不断摄入液体以维持最佳的水合状态,避免口渴是最重要的,补充液体以运动饮料为宜。

(四)营养摄入

1.维生素A和B族

体操和艺术体操运动员可通过选择以下食物补充各种维生素。

(1)维生素A的主要摄取来源有胡萝卜、黄绿色蔬菜、蛋类、黄色水果、鱼肝油、牛奶等。

(2)富含维生素B_1的食物有粗粮、瘦肉、内脏、花生、核桃、芝麻、豆制品。

(3)维生素B_2多见于瘦肉、肝、蛋黄、糙米及绿叶蔬菜(如油菜、菠菜、青蒜等)。

2.钙

(1)虽然体操训练可以刺激钙在骨骼中的沉积,表现为体操运动员的骨密度高于同年龄的普通人,但是现实中运动员的钙摄入仍然不足。

(2)体操运动员虽然骨密度相对较高,但同时存在影响骨骼发育的多种危险因素,包括月经不调、皮质醇水平高、低钙摄入、低体重和低身高。

(3)体操运动员虽然骨密度高,但是其瘦体重的水平也高,因此骨骼仍然不能支持高水平的肌肉力量,这也是体操运动员骨骼损伤发生率高的原因之一。

(4)鼓励运动员每日至少摄入1 200毫克的钙,尤其是女运动员需要摄入更多的钙(1 500毫克/天)有益于骨骼的发育并减少骨折发生的危险程度。

3.铁

推荐量11～24岁女性为15毫克/天,男性为12毫克/天。膳食调查发现,体操类项目运动员每日铁的摄入量仅为6.2～12.0毫克。摄入量不足会给运动员抵抗疾病带来许多不利,同时也不利于运动员的生长发育和集中注意力的能力。

运动员可通过以下方法补铁。

(1)吃更多的红色瘦肉;进食肉类时不喝茶或咖啡;早餐饮橙汁;用铸铁炊具烹调;常吃混合膳食,因为当肉类和蔬菜一起食用时,更多的非血红素铁可从蔬菜中吸收,这比单独吃蔬菜吸收的铁要多。

(2)膳食中应注意加强含铁食物、蛋白质、维生素C、维生素B_{12}、叶酸的补充，充分保证造血物质的每日摄入量。

(3)这些食物包括动物肝脏和血、牛奶、蛋黄、豆制品、绿色蔬菜、海带、紫菜、黑木耳等。选择适当的营养品进行强化补充，着重于铁、蛋白质、氨基酸、维生素、微量元素的均衡补充。

(4)补铁制剂与补钙制剂要分开，因为后者抑制非血红素铁的吸收。服用维生素C的运动员应该在进食时服用以增加铁的吸收。

4. 肌酸

补充肌酸对从事高强度无氧训练的运动员是有益的，因此补充基酸可以提高体操运动员的无氧功和无氧耐力水平。

为保证肌酸的使用效果和避免出现副作用，必须遵从几条原则。

(1)严格掌握肌酸补充的剂量。①冲击量：每天20克，服5～7天；②维持量：每天2～5克。训练后即刻肌肉摄取肌酸的能力增加，这时服用吸收率较高。

(2)使用肌酸的同时服用含糖饮料将有助于肌肉摄取更多的肌酸，从而提高肌酸补充的效果。

(3)使用肌酸的运动员，尤其是在热湿环境下训练的运动员要注意液体的补充，防止肌肉痉挛和拉伤的发生。一般建议运动员服用肌酸时同时服用水(1～2升)、蛋白质(50克)、碳水化合物(50克)。

第三节　运动与营养

一、运动与营养平衡

人们参加体育锻炼的目的主要有两方面：一是通过体育锻炼增进健康、增强体质、调节精神、丰富文化生活、娱乐身心；二是通过体育锻炼保持体重的相对恒定，健美体型。

(一)能量平衡评估

对于在校大学生来说，以每天的能量摄取和能量消耗来估算能量平衡的确是不容易做到的事情，因为我们每一天的生活内容都不尽相同，我们吃的东西和吃的时间以及运动方式和时间都有很大的差异。请大家记住，如果你要减轻体重就请改变一下生活方式，多进行一些体育锻炼，即多消耗一些能量；如果你要增加体重，就请多吃一些食物，即增加一些能量的摄入。总之，能量就是增加或减轻体重的关键所在。

(二)体育活动的能量消耗

不同运动的能量消耗如表2-10所示。

表 2-10　不同运动的能量消耗

项目	每千克体重能耗 /(J·min^{-1})	项目	每千克体重能耗 /(J·min^{-1})	项目	每千克体重能耗 /(J·min^{-1})
射箭	0.066	曲棍球	0.134	滑雪(越野)	0.163
羽毛球	0.097	垂钓	0.062	滑雪(下坡)	0.146
棒球	0.068	高尔夫	0.086	滑水	0.115
篮球	0.139	体操	0.066	潜水(尽力)	0.275
台球	0.040	手球	0.139	潜水(中等)	0.207
拳击(练习)	0.137	远足	0.093	足球	0.130
划船(休闲)	0.044	散步	0.042	壁球	0.212
划船(比赛)	0.104	冰球	0.209	乒乓球	0.068
爬山	0.121	慢跑	0.152	网球	0.110

注:此表选自 Prentice WE. 于 1990 年建立的健康生活方式自评量表

二、体育锻炼与营养补充

大学生经常参加体育锻炼,就会消耗大量的能量和营养,如果不及时补充,将对身体健康产生不良的影响。不同体育运动需要补充的营养如表 2-11 所示。

表 2-11　不同的体育运动项目与营养补充

运动项目	营养补充特点
耐力型运动项目(长跑、马拉松)	需要充分的能量营养素、水、无机盐和维生素的平衡,碳水化合物应为总量的60%以上
力量型运动项目(举重、投掷、短跑等)	注意补充优质、充足的高蛋白食品,蛋白质的热量应占总热量的 15%,并增加蔬菜、水果的摄入,以提高体内的碱储备
技巧型运动项目(体操等)	营养摄入时应注意减少脂肪的摄入,并增加钙、磷,维生素 A、C、E、B_2 和泛酸的摄入,以提高应激水平,利于身体的恢复
球类运动项目(篮球、排球、足球、羽毛球等)	应注意补充维生素 B_1、C、A 和钙、钾盐和磷等微量元素,提高肌肉活动的强度,促进神经系统的功能,扩大视野,增强色觉分辨,提高迅速适应环境的能力和精力集中度等

当人体长期缺乏某种或某些营养素时,会出现各种病症,常见营养缺乏症及可能缺乏的营养素如表 2-12 所示。

表 2-12　常见营养缺乏症的自我检查

病症表现	可能缺乏的营养素
发育矮小、消瘦、食欲缺乏、易感冒、胃易疲劳等	蛋白质、热量、钙、磷、铁、锌,维生素 A、B、C
头发缺乏光泽、稀疏而少、易脱落	维生素 A、E,蛋白质等
脱斑、眼结膜干燥、角膜软化、畏光、睑缘炎、角膜血管增生、角膜周围充血、暗适应能力下降	维生素 A、B_2,铁,蛋白质等
面色苍白,鼻、唇缺乏油脂等	维生素 B_2、蛋白质等
口角炎、口角糜烂、唇炎等	维生素 B_2

（续表）

病症表现	可能缺乏的营养素
牙龈肿胀、海绵状出血	维生素 C
舌裂、猩红等	维生素 B_2、烟酸
颅骨软化、下肢弯曲、骨骺增大串珠等	维生素 D
皮肤干燥、毛囊角化、瘀点、瘀斑、糙皮性皮炎、阴囊性皮炎等	维生素 A、B_2、C
凹形甲、匙状甲、舟状甲等	铁
肌肉萎缩、肌肉无力等	蛋白质、糖
营养性多发性神经炎、活动减弱及可能的膝腱与跟腱反射消失等	维生素 B_1
粗脖子症	碘

不仅营养缺乏会导致一些病症，营养过剩也会导致一些病症，常见的营养过剩的表现如表 2-13 所示。

表 2-13　常见的营养过剩的表现

种　类	症状表现
蛋白质过剩	食欲缺乏、大便干燥，加重肾脏、肝脏负担等
碳水化合物过剩症	龋齿、肌肉松软、易生脓疖等
脂肪过剩症	消化不良、腹泻、食欲缺乏；肥胖、动脉硬化；还将引起高脂血症、冠心病等
铁过剩症	食欲缺乏、呕吐、腹泻、大便异常
钙过剩症	妨碍磷的吸收；可引起胆结石、早衰等
磷过剩症	妨碍钙的吸收
钠盐过剩症	口渴、肾功能受损、加重或产生高血压、加重或产生水肿、增加心脏负担
维生素过剩症	头昏、头疼、呕吐、毛发稀少
维生素 C 过剩症	食欲减退、乏力、精神困倦、消化不良等
维生素 D 过剩症	食欲不振、血钙过高、组织钙化、高脂血症、中毒等
氟过剩症	可引起氟斑牙、骨质异常等

注：表 2-11～表 2-13 均选自邹继豪《全国普通高等学校体育教材——理论教程》，大连理工大学出版社，2001 年。

三、合理营养的原则

目前，我国大学生普遍缺乏营养知识，其饮食搭配基本处于盲目状态，因而普遍存在着营养不良和营养过剩的现象，有营养失调肥胖症、节制饮食厌食症、长期素食引起的营养缺乏症、暴饮暴食过剩症和挑肥拣瘦偏食症等。大学生要懂得营养，吃得科学，了解营养不足与过剩对身体的危害，讲究平衡膳食，使饮食更符合健康要求。

（1）平衡性原则：营养不良和营养过剩可引起体重减轻和肥胖等其他疾病。

（2）合理性原则：是指人体所摄取的各种营养成分的配比要合理，在全面和均衡的基础上进行适当的饮食搭配。

（3）全面性原则：是指人体摄取的各种营养成分要全面，不能偏食。

（4）针对性原则：根据每个人不同的遗传因素、身体状况、所处的年龄阶段、生活环境、营养状况等，在营养摄入和补充方面应区别对待。

第三章　高职学生的体质与健康测定

第一节　体质与健康的概念

世界卫生组织在1977年根据全世界的卫生状况和人类健康水平提出了“2000年人人享有卫生保健”的战略目标。人类为追求更高层次的健康，已踏上了新的征途。增强人民体质、提高健康水平，是我国体育运动的根本目的。要实现这一根本目的，必须对体质与健康的概念评价指标、影响体质与健康的因素等有明确的认识。同时，还要根据体育教育的目的、任务和要求，对体质与健康教育的任务和研究范围有相应了解。

一、体质

（一）体质的概念

体质就是人体的质量，它是在遗传性和获得性基础上表现出来的人体形态结构、生理功能和心理因素综合的、相对稳定的特征。

遗传是人类体质形成的重要因素，对其发展提供了可能性，而体质的发展与强弱在很大程度上取决于后天环境和自觉主动的塑造。人所处的自然条件、生态平衡、物质生活条件、劳动和教育状况、体育锻炼水平等，都对人的机体和质量产生直接或间接的作用。因此，不同的群体及个体的体质状况间存在着巨大的差异，即便是同一个人，在不同年龄阶段也有差异，从而表现出不同的体质水平。人体体质的形态结构、生理功能、身体素质和运动能力（简称体能）、心理发育（或发展）以及对外界环境的适应能力是不可分割的五个重要因素，它们之间相互依存、相互影响、相互制约。身体的形态结构是体质的物质基础，生理功能、体能和心理条件是体质的主、客观表现，对内外环境的适应能力是它们的综合反映。因为一定的形态结构必然表现为一定的生理功能。体能又是各器官系统的机能能力在人体运动过程中的客观反映。发展和提高体能的过程，又会相应地引起机体一系列形态结构、生理功能的变化，而伴随着形态结构、生理功能的变化及体能的发展提高，又会产生一定的心理过程和个体心理特征，从而促进人的心理发展。

（二）体质的范畴

1982年8月，我国体育科学学会体质研究会划定的体质范畴，主要包括以下几个方面。

（1）身体形态发育水平。体格、体型、身体姿势、营养状况、身体组成成分等。

（2）生理功能水平。机体的新陈代谢水平及各器官系统功能。

(3)身体素质和运动能力发展水平。速度、力量、耐力、灵敏、柔韧、协调等身体运动素质和走、跑、跳、投、攀登、爬越等身体基本活动能力。

(4)心理发育(即精神因素)发展水平。智力、情感、行为、个性、性格、意志、人体感知能力等。

(5)适应能力。对各种环境的适应能力和对疾病的抵抗力。

人的机体是一个统一的、互相协调的整体。体质则是该整体各种能力的一种综合体现。它是人们生活、劳动的物质基础,在其形成、发展和消亡的过程中具有明显的阶段性。不同种族、地域及不同性别、年龄的人群和个体,其体质发展既有规律性,又有特殊性。体质的概念和范畴在承认遗传因素作用的同时,强调了后天塑造的重要性,以及体质是人体身心两方面发育密切联系的结果。身体素质和运动能力是体格发育与生理功能水平的主要外在表现,科学合理的体育锻炼对促进体格发育和生理功能的提高能起到积极的能动效应。

(三)理想体质

理想体质,是指人体具有的良好质量,它是在遗传潜力充分发挥的基础上,经过后天的努力,达到人体形态结构、生理功能、心理素质以及对内外环境适应能力全面发展的、相对良好的状态。同时,理想体质也具有明显的人群与个体差异(例如地域、性别、年龄、职业等)。

理想体质的主要标志是:

(1)身体健康,主要内脏器官无疾病。

(2)身体发育良好,体格健壮,体形匀称,体姿正确。

(3)心血管系统、呼吸系统及运动系统具有良好的功能。

(4)有较强的运动与劳动等身体活动能力。

(5)心理发育健全、情绪乐观、意志坚强,有较强的抗干扰、抗不良刺激的能力。

(6)对自然和社会环境有较强的适应能力。

二、健康

(一)健康的概念

联合国世界卫生组织于1948年在《组织法》中明确提出:“健康不仅是免于疾病和衰弱,而且是保持身体方面、精神方面和社会适应方面的完美状态。”从此,健康概念大大超出了无病的范围,这无疑是一个极大的进步。但是世界卫生组织并不满足于这个定义,1989年又为健康的概念注入了新的内容——道德健康。至此,现代健康观包括躯体健康、心理健康、社会适应和道德健康。

(二)现代健康观的内涵

1. 躯体健康

从一般意义上理解,躯体健康就是要有一个发育正常而又强壮的体魄,没有疾病和不虚弱;发育正常、体重合适、身体匀称而挺拔;有良好的食欲和睡眠;精力充沛、脸色好;能很好地进行日常活动,消除疲劳快;能抵抗普通感冒和传染病;眼睛明亮、反应敏捷;头发具有光

泽而少头屑；牙齿清洁无龋，牙龈无出血且颜色正常；肌肤具有弹性，走路轻松有力。

关于躯体健康，在公众的心目中常以是否有疾病作为分界线，有病为不健康，无病则为健康。现代对健康的科学定义是指机体与自然环境和社会环境的动态平衡，是一种身体、精神和社会的完美状态。实际上，大多数人不同程度上处于不完全健康又没有患病的状态。这种既不完全健康又不患病的状态，医学上称之为“第三状态”或“亚健康状态”。“第三状态”是健康与疾病的交接地带，是健康与疾病相互转化的“分界点”。有资料显示，有50%～60%的人群处于轻度失调和慢性病的潜伏期，即“第三状态”或“亚健康状态”。因此，要预防疾病就必须采取有效措施，延缓“第三状态”的出现，以利于人体健康。

2.心理健康

现代健康不仅要求躯体健康，还要心理健康。这是因为人不只是具有生物性的有机实体，而是具有各种复杂心理活动的社会成员。心理健康到目前为止还没有一个世界公认的、一致的标准。然而心理健康的人也有一些基本的特征，归纳起来有以下三点。

(1)具有健康心理的人，人格是完整的，自我感觉是良好的，情绪是稳定的，积极情绪多于消极情绪，有较好的自控能力，能保持心理上的平衡，能自尊、自爱、自信，而且有自知之明，能正确评价自己。

(2)在自己所处的环境中有充分的安全感，且能保持正常的人际关系，能受到别人的欢迎和信任。

(3)对未来没有恐惧感，有明确的生活目标，切合实际，不断进取，有理想和追求。

心理因素的异常改变可诱致自主神经系统和内脏机能的变化，表现出某一器官或组织的功能性改变，称为心身症，如果进一步发展就会导致躯体的功能失调，同时发生组织结构损害，可引起心身疾病，如溃疡病、高血压病、偏头痛、支气管哮喘、甲状腺功能亢进、口吃、神经性皮炎，甚至癌症等都属于心身疾病的范畴。因此，保持心理健康对人体健康是非常重要的。

3.社会健康

社会健康是健康组成中最活跃、涉及范围最广泛和最不确定的一部分。最活跃是因为社会的每个发展和变革都会注入新的内容；涉及范围最广是因为社会健康不仅涉及每个个体，还涉及一个群体乃至整个社会的健康评价，并受到社会环境各方面的影响；最不确定性是因为每一个特定条件下的社会都有不同的政治、经济、文化、道德观，在全球范围内难以形成一个公认的、统一的评价标准。

人有自然人和社会人的双重属性，现代健康观强调人体的整个统一性，既考虑人的自然属性，又强调人的社会属性。人体的一切疾病和生命活动不仅是一种生理现象，更重要的是一种十分复杂的社会现象。因此，人体健康必须包含对社会的适应。社会适应良好是指个体对所处的社会环境有一个正确的认识，使自我与社会环境之间保持良好的协调和均衡关系。处理好人与人之间的关系、人与环境的关系是社会适应良好的主要表现。扮演好各种社会角色，如同窗、朋友、邻居、恋人、配偶、子女或父母等，并承担起相应的责任，是处理好人际关系的基础。

4.道德健康

道德健康是指人与人交往过程中应遵循的健康行为准则，它着重于健康的维护和促进。

人体的道德健康不仅要求对自己健康的维护和促进负责，如建立良好的生活方式、保持良好的心境等，而且还要求个体应对他人的健康负有责任，将维护和促进整个人群的健康行为转化为自觉的行为，如为拯救他人的生命，自觉履行公民献血义务；为维护他人的健康，不在公共场合吸烟吐痰等。能否保障社会的存在和发展，满足每个人的需要，是衡量行为是否道德的基本原则。一个道德健康者起码应在不伤害社会和他人利益的前提下，满足自己的需要和发展自己的个性。在竞争激烈的经济社会里，提倡公平竞争是符合道德原则的，否则个人乃至整个社会都将付出沉重的代价。例如，不注意时间或地点、无节制地进行各种娱乐活动而影响到他人的歇息和睡眠等均会遭到旁人的厌恶和批评。

第二节　体质与健康的影响因素

体质是人的生命活动和劳动工作能力的物质基础。它在形成、发展和消亡过程中具有明显的个体差异和阶段性，从而反映出最佳状态到严重疾病和功能障碍等不同的健康水平。在这一过程中受到许多相互交叉渗透、制约因素的影响，只有弄清体质与健康的各种因素，才能有选择地利用有利因素，避免有害因素的影响，以促进体质的增强和健康水平的提高。人的体质状况和健康水平受先天的遗传因素和后天各种因素相互交叉、相互渗透的影响。

一、先天因素的影响

遗传是人的体质发展变化的先天条件。所谓遗传，就是指亲代的特征通过遗传物质传递给后代的过程，是指人体在生长、发育、繁殖、衰老和死亡的过程中，按照亲代所经过的发育过程和方式，产生与亲代相似的后代，也是指亲代的性状在其后代体现的现象。其遗传方式是由基因携带遗传信息，以染色体作为基因的载体向后代传递。遗传对人的体质与健康有着重要的影响。

在体质方面，遗传对身体形态的决定性影响，可从几种“数量性状遗传力”的估计中看到。据有关资料统计，男子身高的遗传力为75%，女子则高达92%；腿长的遗传力，男子为77%，女子为92%；臂长的遗传力，男子为80%，女子为87%；如果父母均为肥胖者，其子女肥胖的可能性则为一般孩子的10倍；而父母为消瘦无力型，则子女身体肥胖者仅占7%。人体生理机能水平受多种因素的影响，其中，遗传因素是最基本的。父母为子女身体各器官系统生理机能的发展提供了可能性的物质基础。据有关资料统计，最大摄氧量的遗传力为70%～75%；肺通气量的遗传力为73%；最大心率的遗传力为86%。运动素质的强弱同样也受多方面因素的影响，其中遗传因素是不可忽视的。国外的研究结果表明，反应速度的遗传力为75%，动作速度的遗传力为50%，而无氧代谢能力受遗传因素的影响更大，其遗传力达70%～99%。遗传对人类的健康也有很大的影响，现代发现的遗传病有两三千种之多。而遗传病种类多、发病率高(约占一般疾病的20%)，虽然有治疗方法可以纠正或缓解一些临床症状，或防止发病，但目前尚无有效的根治方法；而且，遗传性疾病不仅影响个体终生，也是重大的社会问题，在家庭、伦理、道德、法制和医疗康复等方面，成为很大的难题。因此，重视遗传对健康的影响具有特殊的意义，许多先进国家大力发展康复医学，但是重要的是要加

强预防措施，如提倡科学婚姻，优生、优育、计划生育，提倡适龄婚配，适龄、适时生育，用法制来管理婚姻和生育，这是关系一个民族世代繁衍、增强人民体质、获得健康美好生活的基本措施之一。

二、后天因素的影响

保健专家将后天因素归纳为四类：一是环境（含自然环境和社会环境）；二是生物学因素（含机体的生物学和心理学因素）；三是生活方式；四是保健设施。

美国布鲁姆（Blum. H. L.）于 1976 年提出了一个决定个体或人群健康状态的公式：

$$HS=f(E)+B+LS+ACHS$$

式中，HS（Health status）代表“健康状态”；

“f”是一个函数；

E（Environment）代表“环境”；

B（Biological factors）代表“生物学因素”；

LS（Life Style）代表“生活方式”；

ACHS（Accessibility to Health Service）代表“保健设施的易获得性”。

（一）环境因素

环境是人类赖以生存的地方。它是生物有机体周围一切因素的总和，包括自然环境和社会环境。当环境构成和状态受到破坏时，人的健康就不可避免地受到不同程度的影响。因此，关注环竞、保护环境、创造良好的生活环境是每一个人的职责。

1. 自然环境

我国古代医学家早在 2000 年前就知道自然、气候与人的心理和生理健康有关，提出“天与人应”“天人合一”“人以天地之气生，四时之法成”的说法。环境中的空气、水、土壤等的正常化学组成都是相对稳定的，这种化学组成相对稳定的环境，是保证人类正常活动的必要条件。充足的阳光和适宜的气候、安逸的生活空间是人类生存的必要条件。环境中气象条件的各种变化以及阳光中电磁（电离）辐射线、噪声等物理因素均与人类健康密切相关。自然界生物系统中的各种生物之间相互依存、利用，以摄食和被摄食的关系逐级传递物质和能量，以此形成一条食物链，如绿色植物利用日光进行光合作用，从空气、土壤、水中吸取营养和储存能量；动物则依靠绿色植物提供能量和营养物质。但是，自然界也存在着传播危害人体健康的东西，如某些致病的微生物（细菌、病毒），被污染水体中的有害成分，被污染空气中的一氧化碳等。气候的酷暑严寒，空气的湿度、气流、气压的突变，都影响着人体的健康。在自然界，生物与环境之间保持着密切联系，彼此影响，相互适应和制约。这种生物与环境的相互作用构成了自然界的生态平衡。如果由于自然的或人为的因素使环境的构成或状态发生变化，扰乱、破坏了生态平衡和人类的生活环境，就会造成环境污染。环境污染物主要来源于生活、生产（如工业三废，即废气、废水、废渣）、交通，其种类繁多，可以是气体、液体、固体、生物（致病微生物等）、噪声、放射线等。目前，空气、水、食物、噪声、土壤等的污染已经对人类的健康造成了很大的伤害。人类已面临环境污染的严峻挑战，环境污染如果不控制，人类的生存就将成为问题。因此，人们应对自己依存的环境给予愈来愈多的关注，保护环境并实施综合治理，强调人类整体行为，广泛开展宣传教育，创造优美的自然环境。

2. 社会环境

社会是人类共同生活的大集体。它包括社会组织结构和社会意识结构。社会组织结构主要是指家庭、生产合作体（生产机关和工作机关）、医疗保健设施以及其他社会集团。社会意识结构主要是指政治思潮、道德观念、风俗习惯、文化生活及政策法令等。以上为健康的外部因素，它们可能成为有益或有害于健康的因素，如温馨的家庭气氛、良好的道德风尚、丰富的文化生活、先进的医疗保健设施等都将有利于人类的体质与健康；相反，不良的风俗习惯、有害的意识形态、强大的竞争压力等都将给个人和群体的健康带来不利的影响。据研究，当前有些多发病、某些精神病、神经官能症，都与不健康的社会因素有关。因此，随着现代社会文明的不断进步，生活水平不断提高，为了有效地增强体质和健康，每个公民都应自觉地维护社会风气，创造良好的生活工作环境，参加丰富的文化娱乐等社会活动，减少精神压力，提高社会适应能力。

（二）机体的生物学因素

人类虽然同其他物质一样，也是由种种元素构成的，最普通的氢、氧、碳、氮四种元素就占了99.4%。人体这些元素以特定的排列方式构成了分子、细胞、组织、器官和系统，最后构成了复杂的人体。人体一方面与外界环境不断地进行种种物理的、化学的、信息的交换，维持内外的相对平衡；另一方面，机体自身完成一系列生命现象——新陈代谢、生长发育、防御侵袭、免疫反应、修复愈合、再生代偿等，并严格按照亲体的遗传模式进行世代繁殖。

（三）生活方式

随着社会的发展，生产和生活节奏的加快，人们的工作和生活方式也发生了改变，威胁人体健康的已不只是生物因素导致的传染性疾病，还有与社会心理因素、生活方式和人们自身行为密切关系的非传染性慢性疾病。后者已经成为全球多数国家人口死亡和劳动力丧失的最主要原因。20世纪初，一些工业较发达的国家就针对心脏病等慢性病日渐增多的现状，进行了病因调查分析，结果发现：许多慢性病的发病与流行，与人们的生活方式和行为有关，不良的生活方式和行为是许多疾病发生和引起死亡的重要原因。为此，世界卫生组织1991年向全世界发出呼吁："必须强调疾病与不良生活方式和不良行为相联系的危险性，而不要光强调疾病的治疗和康复。"我国也提出根据疾病的各个环节特点，采取不同的"三级预防"措施。

对于生活方式的内涵，目前尚无一致定义，因为，生活方式是一个复杂的综合概念，是同一定社会生活条件相适应的人们各种生活活动的典型方式与特征的总和。它包括人们的物质生活、政治生活、精神文化生活、社会交往、日常家庭生活以及学习生活等，即除了物质生产本身外一切行为方式。狭义地讲，生活方式是指人们衣、食、住、行、用、玩等日常生活的方式。像吸烟、酗酒、不合理的饮食、不运动、社会心理适应不良、不注意个人和公共卫生等行为方式，称之为"不良的生活方式"。由不良生活方式导致的各种疾病，称之为"生活方式病"。人们自身的不良行为生活方式已经给个人、群体乃至社会的健康带来直接或间接的危害，它对机体的影响具有潜袭性、累积性和广泛性影响的特点。一种不良生活方式可以导致

多种生活方式疾病，一种生活方式疾病可由多种不健康的行为方式所致，各种危险因素可以相互强化与协同。不良的生活方式和行为并非一朝一夕所为，而是有一个量变到质变的过程，病程大多呈慢性过程。但是，生活方式中的大多数病因并非不可避免，而是完全可以自我控制的，重要的是人们要建立科学、文明、健康的生活方式和行为，将疾病危险因素的产生及其危害作用控制在最低限度，从而达到防治疾病的目的。

群体行为干预与个体行为转变是防治生活方式疾病的最佳对策。目前，我国学生不良的生活习惯和行为主要表现为不良的饮食和缺乏运动。在大学生中常见的不良饮食行为主要有以下几点。

(1)进食不规律，有时暴饮暴食，有时忍饥挨饿。

(2)饮食结构不合理、营养不全面、偏食等原因造成某些营养素的缺乏。

(3)追求瘦长体型，过分减肥导致体内营养物质匮乏而出现种种功能障碍或疾病，这种情况女生居多。

(4)不卫生的共食现象，极易造成某些疾病的传播。

因此，选择合理的饮食行为、了解营养框架、追求科学合理的营养是维护和促进学生健康的关键。

科学合理的体育锻炼是增强体质、提高健康水平的重要手段。学生正处于青春发育时期，是人生长发育的第二个高峰期，也是人的一生中提高体质最为重要的时期，这一时期的发育是否健全，对成年后的体质、健康、智力和劳动能力都有着直接的影响，同时与人体的衰老、寿命也有一定的关系，因此，青春期是生命的重要阶段。目前，学生由于学习压力大、竞争强而大大减少了体育锻炼时间。根据资料显示，自 1985 年以来，我国学生体质健康状况连续呈下降趋势。针对这一情况，我国出台了以“健康第一”为宗旨的学生体质健康状况干预措施。这项涉及我国 2.3 亿学生的“干预工程”，是由团中央、教育部、国家体育总局联合实施的。《国家学生体质健康标准》通过对每一个学生的健康状况进行系统分析研究，提出了更加科学和个性化的锻炼方法，在一定程度上纠正了过去仅仅以某种体育单项内容来衡量学生体质的偏差。

(四)卫生保健设施因素

保健是包括对疾病患者进行治疗在内的康复训练、普查疾病、促进健康、预防疾病、预防伤残以及健康教育等一系列活动的总和。显然，健全的社会保健制度是维护和促进健康的重要保障。社会保障制度涉及多个方面，而其中最重要的是建立和健全初级卫生保健制度。初级卫生保健是最基本的卫生保健制度。它的特点是能针对本区域人群中存在的主要卫生问题，相应地提供增进健康、预防疾病、治疗伤病以及促进身心健康等方面的卫生服务。例如，开展针对妇幼保健和计划生育，对地方病的预防和控制，对常见病和外伤的妥善处理，对主要传染病的免疫接种，提供基本药物等。这样，就使所有个人和家庭在能接受和能提供的范围内，享受到基本的卫生保健。

初级卫生保健的内容包括：保健教育；供给符合营养要求的食品；供给安全用水和基本环境卫生设施；妇幼保健和计划生育工作；开展预防接种；预防常见疾病；采取适当的治疗方法；提供基本药物。

第三节 《国家学生体质健康标准》测试

《国家学生体质健康标准》是由国家教育部、国家体育总局共同组织研制并正式颁布的，是《国家体育锻炼标准》的组成部分。

为了正确认识自身的体质健康状况，以便通过体育运动等各种手段进一步提高自身的体质健康水平，采用科学的体质健康测评体系、定期进行体质健康测评是十分必要的。

2014 年 7 月 18 日，教育部公布了最新修订的《国家学生体质健康标准》。学生体测成绩达到或超过良好，才有资格参与评优与评奖。

以往，学生的体测按学段分组，每组除了身高、体重、肺活量必测外，还有一些可选项目。新《标准》取消选测。在分组上，小学、初中、高中按每个年级为一组；大学一、二年级为一组，三、四年级为一组。在各组中，身高、体重、肺活量、50 米跑、坐位体前屈都是必测项目。在大学生和中学生中，男生必须测 1 000 米跑和引体向上，女生必须测 800 米跑和 1 分钟仰卧起坐。

《国家学生体质健康标准》还指出，体测的学年总分由标准分与附加分之和构成，满分为 120 分。标准分由各单项指标得分与权重乘积之和组成，满分为 100 分；附加分根据实测成绩，对 1 分钟跳绳、引体向上、仰卧起坐等加分指标进行加分，满分为 20 分。

各组学生按总分评定等级，90 分及以上为优秀，80 分至 89.9 分为良好，60 分至 79.9 分为及格，59.9 分及以下为不及格。

每个学生每学年评定一次，学生毕业时的成绩和等级，按毕业当年学年总分的 50%与其他学年总分平均得分的 50%之和进行评定。学生测试成绩评定达到良好及以上者，方可参加评优与评奖；成绩达到优秀者，方可获体育奖学分。对于测试成绩评定不及格的学生，在本学年度准予补测一次，补测仍不及格，则学年成绩评定为不及格。普通高中、中等职业学校和普通高等学校学生毕业时，《国家学生体质健康标准》测试的成绩达不到 50 分者按结业或肄业处理。

一、《标准》的概述

（一）体质的概念

体质，即人体的质量。它是在遗传性和获得性的基础上表现出来的人体形态、生理功能和心理因素的综合的、相对稳定的特征。其影响因素是多方面的，其中遗传、营养、体育锻炼三方面起了重要的作用。

体质在其形成和发展过程中，具有明显的个体差异和阶段性。不同人体质的差异，主要表现在形体发育、生理功能、心理状态、身体素质、运动功能以及对环境的适应和对疾病的抵抗力等方面；从水平上来说，包括了从最佳功能状态到严重疾病和功能障碍的多种不同的水平。同时，人在不同的生长发育阶段，如儿童期、青少年期、中老年期，体质的状况是不断发展和变化的，既有共同的特征，又有不同年龄阶段的特殊特征。人们可以通过改善生活条

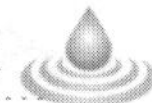

件、建立健康的生活方式和采取有目的、有计划、科学的身体锻炼等手段，来保持良好的体质状况，不断增强体质。

体质的范畴，主要包括以下五个方面。

(1)身体形态发育水平。即体型、姿势、营养状况、体格及身体营养成分等。

(2)生理功能水平。即机体新陈代谢水平以及各器官、系统的工作能力。

(3)身体素质和运动能力的发展水平。即心肺耐力、柔韧性、肌肉力量和耐力、速度、爆发力、平衡、灵敏、协调、反应等素质，以及走、跑、跳、投、攀、爬等身体活动能力。

(4)心理发育水平。即本体感知能力、个性、意志等。

(5)适应能力。即对内、外环境条件的适应能力、应急能力和对疾病的抵抗力。

这五个方面的综合状况是否处在相对稳定的状态，决定着人们的不同体质水平。

(二)《大学生体质健康标准》

《大学生体质健康标准》(以下简称《标准》)是由教育部、国家体育总局最新修订的，公布于 2014 年 7 月 18 日。《标准》适用于普通高等学校的在校学生，《标准》测试是“促进学生体质健康发展、激励学生积极进行身体锻炼的教育手段，是学生体质健康的个体评价标准，也是学生毕业的基本条件之一”。

根据《标准》要求，大学生需要进行的测试项目共计 7 项，男女生都必测的 5 项包括身高、体重、肺活量、50 米跑、坐位体前屈；除此之外，男生的必测项目还有 1 000 米跑和引体向上，女生的必测项目还有 800 米跑和 1 分钟仰卧起坐。

1. 身高标准体重

(1)身高标准体重是指身高与体重两者的比例应在正常的范围内。它通过身高与体重一定的比例关系，反映人体的围度、宽度和厚度以及密度。身高标准体重主要用来评价身体匀称度，间接反映身体成分。如果你所测得的身高标准体重数值小于或大于同年龄段的身高标准体重的范围，就说明你身体的匀称度欠佳，需要通过调整饮食结构或积极参加体育运动来增加肌肉组织或减少体内多余脂肪。

(2)身高标准体重测量方法。立正姿势站在测试器踏板上，上臂下垂，足跟并拢，足尖分开，约成 60°，躯干自然挺直，头部保持正直。测试人员站在受试者右侧，将水平压板轻轻沿立柱下滑，轻压于受试者头顶。测试人员读数时双眼应与压板水平面等高进行读数，记录员复述后进行记录。以厘米为单位，精确到小数点后一位。测试误差不得超过 0.5 厘米。在测量身高的同时，体重数据也被仪器自然读出。

2. 肺活量

(1)肺活量可以反映肺的容积和扩张能力，是评价人体呼吸系统机能好坏的一个重要指标，常用于评价人体生长发育水平和体质状况，科学家指出：“肺活量低的人难以与肺活量高的人一样同享高寿。”肺活量的大小与体重、身高、胸围等因素有着密切的关系。

它的计算公式为：

肺活量体重指数＝肺活量(毫升)/体重(千克)

(2)肺活量测试方法。目前采用的是电子肺活量测试仪，使用干燥的塑料吹嘴(每次使用过的吹嘴都必须经过消毒)。测试同学深吸一口气后,向吹嘴处慢慢呼出至不能再呼出为止。吹气完毕后,液晶屏上最终显示的数字即为肺活量毫升值。共测两次,每次间隔 15 秒,记录最大值作为测试结果。以毫升为单位,不保留小数。

3. 50 米跑

(1)50 米跑成绩可综合反映神经过程的灵活性、身体的协调性、关节和肌肉的柔韧性,以及肌肉的力量和耐力。它既能部分地反映身体运动的综合素质,也是人从事体育活动、学习运动技能所必须具备的身体基本素质。

(2)50 米跑测试方法。受试者至少两人一组测试。站立起跑,受试者听到“跑”的口令后开始起跑。发令员发出口令的同时要摆动发令旗。计时员视旗动开表计时,受试者躯干部到达终点线的垂直面停表。以秒为单位记录测试成绩,精确到小数点后一位,小数点后第二位数按非零进 1 原则进位,如 10.11 秒按 10.2 秒记录。

4. 坐位体前屈

坐位体前屈测试反映的是关节和肌肉的柔韧性。柔韧性差意味着相应的关节和肌肉缺乏运动。长时间缺乏发展柔韧性的练习,可导致关节或关节周围软组织发生变性、挛缩,甚至黏连,因而限制了关节的运动幅度,牵拉时必然产生疼痛,所以扩大关节运动的幅度即扩大了人体活动的无痛范围。

5. 1 000 米/800 米跑

1 000 米、800 米跑是一种有氧无氧跑的项目。对有氧供能和无氧供能的要求都很高,因此,训练既要改善心脏和循环系统功能,增强有氧供能能力;又要改善肌肉工作能力,增强无氧供能的能力。目前,教育部已出新规男生 1 000 米跑、女生 800 米跑成必测项目。

6. 引体向上/1 分钟仰卧起坐

(1)引体向上适用于男生,是最基本的锻炼背部的方法,也是衡量男性体质的重要参考标准和项目之一。引体向上可分为静力引体和借力引体两种。

静力引体。用背阔肌的收缩力量将身体往上拉起,当下巴超过单杠时稍作停顿,静止一秒钟,使背阔肌彻底收缩。然后逐渐放松背阔肌,让身体徐徐下降,直到回复完全下垂,重复再做。

借力引体。两手正握杠,将身体悬垂于空中,摆动身体,借摆动身体急停的力,双手向上拉杠,将下巴高于杠面,下杠时双臂缓慢弯曲,身体慢慢还原到启动状态,然后顺势将双膝盖弯曲,再借力完成下一个动作。

(2)1 分钟仰卧起坐测试适用于女生,是评价力量和耐力的方法之一。它能比较安全地测试肌肉的力量和耐力,同时在做仰卧起坐时主要是腹肌在起作用,髋部肌肉也参与工作,因此这种测试既评价了人腹肌的耐力,也反映了髋部的耐力。由于女生这两部分肌肉的力量和耐力与其某些生理功能有密切的联系,因此将仰卧起坐单独列为女生的一个选测项目。测试人员发出“开始”口令的同时开表计时,记录 1 分钟内完成的次数。1 分钟到时,受试者虽已坐起,但肘关节未达到双膝者不计该次数,精确到个位数。

二、《标准》的评价指标与分值

《标准》里设置了符合我国学校实际情况、简便易行的测试项目，它们的可靠性、有效性、客观性、可操作性等在多年来的学校体育实践中得到了证明。这些测试项目涵盖了人体形态、机能、身体素质和运动能力等多个方面。

(一)大学生健康体质测试单位指标与权重

根据《标准》要求，学年总分由标准分与附加分之和构成，满分为120分。标准分由各单项指标得分与权重乘积之和组成，满分为100分。附加分根据实测成绩确定，即对成绩超过100分的加分指标进行加分，满分为20分；大学的加分指标为男生引体向上和1 000米跑，女生1分钟仰卧起坐和800米跑，各指标加分幅度均为10分。各项评价分数的权重系数，如表3-1所示。

表 3-1　各项评价分数的权重系数

测试对象	单项指标	权重(%)
大学一年级至四年级	体重指数(BMI)	15
	肺活量	15
	50米跑	20
	坐位体前屈	10
	立定跳远	10
	引体向上(男)/1分钟仰卧起坐(女)	10
	1 000米跑(男)/800米跑(女)	20

注：体重指数(BMI)＝体重(千克)/身高^2(米^2)

《标准》的学年总分由标准分与附加分之和构成，满分为120分。根据学生学年总分评定等级：90.0分及以上为优秀，80.0～89.9分为良好，60.0～79.9分为及格，59.9分及以下为不及格。具体评价得分与等级对应，如表3-2所示。

表 3-2　具体评价得分与等级

得分	等级
90.0分及以上	优秀
80.0～89.9分	良好
60.0～79.9分	及格
59.9分及以下	不及格

(二)大学生健康体质测试单项指标评分表

1.体重

(1)男生体重指数(BMI)单项评分表(见表3-3)。

表 3-3 男生体重指数(BMI)单项评分表(单位:千克/米²)

等级	单项得分	大学生
正常	100	17.9～23.9
低体重	80	≤17.8
超重	80	24.0～27.9
肥胖	60	≥28.0

(2)女生体重指数(BMI)单项评分表(见表 3-4)。

表 3-4 女生体重指数(BMI)单项评分表(单位:千克/米²)

等级	单项得分	大学生
正常	100	17.2～23.9
低体重	80	≤17.1
超重	80	24.0～27.9
肥胖	60	≥28.0

2.肺活量

(1)男生肺活量单项评分表(见表 3-5)。

表 3-5 男生肺活量单项评分表(单位:毫升)

等级	单项得分	大一、大二	大三、大四
优秀	100	5 040	5 140
	95	4 920	5 020
	90	4 800	4 900
良好	85	4 550	4 650
	80	4 300	4 400
及格	78	4 180	4 280
	76	4 060	4 160
	74	3 940	4 040
	72	3 820	3 920
	70	3 700	3 800
	68	3 580	3 680
	66	3 460	3 560
	64	3 340	3 440
	62	3 220	3 320
	60	3 100	3 200
不及格	50	2 940	3 030
	40	2 780	2 860
	30	2 620	2 690
	20	2 460	2 520
	10	2 300	2 350

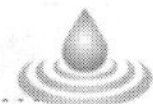

(2)女生肺活量单项评分表(见表 3-6)。

表 3-6　女生肺活量单项评分表(单位:毫升)

等级	单项得分	大一、大二	大三、大四
优秀	100	3 400	3 450
	95	3 350	3 400
	90	3 300	3 350
良好	85	3 150	3 200
	80	3 000	3 050
及格	78	2 900	2 950
	76	2 800	2 850
	74	2 700	2 750
	72	2 600	2 650
	70	2 500	2 550
	68	2 400	2 450
	66	2 300	2 350
	64	2 200	2 250
	62	2 100	2 150
	60	2 000	2 050
不及格	50	1 960	2 010
	40	1 920	1 970
	30	1 880	1 930
	20	1 840	1 890
	10	1 800	1 850

3. 立定跳远

(1)男生立定跳远单项评分表(见表 3-7)。

表 3-7　男生立定跳远单项评分表(单位:厘米)

等级	单项得分	大一、大二	大三、大四
优秀	100	273	275
	95	268	270
	90	263	265
良好	85	256	258
	80	248	250
及格	78	244	246
	76	240	242
	74	236	238
	72	232	234
	70	228	230
	68	224	226
	66	220	222
	64	216	218
	62	212	214
	60	208	210
不及格	50	203	205
	40	198	200
	30	193	195
	20	188	190
	10	183	185

(2)女生立定跳远单项评分表(见表3-8)。

表3-8 女生立定跳远单项评分表(单位:厘米)

等级	单项得分	大一、大二	大三、大四
优秀	100	207	208
	95	201	202
	90	195	196
良好	85	188	189
	80	181	182
及格	78	178	179
	76	175	176
	74	172	173
	72	169	170
	70	166	167
	68	163	164
	66	160	161
	64	157	158
	62	154	155
	60	151	152
不及格	50	146	147
	40	141	142
	30	136	137
	20	131	132
	10	126	127

4.50米跑

(1)男生50米跑单项评分表(见表3-9)。

表3-9 男生50米跑单项评分表(单位:秒)

等级	单项得分	大一、大二	大三、大四
优秀	100	6.7	6.6
	95	6.8	6.7
	90	6.9	6.8
良好	85	7.0	6.9
	80	7.1	7.0
及格	78	7.3	7.2
	76	7.5	7.4
	74	7.7	7.6
	72	7.9	7.8
	70	8.1	8.0
	68	8.3	8.2
	66	8.5	8.4
	64	8.7	8.6
	62	8.9	8.8
	60	9.1	9.0
不及格	50	9.3	9.2
	40	9.5	9.4
	30	9.7	9.6
	20	9.9	9.8
	10	10.1	10.0

(2)女生 50 米跑单项评分表(见表 3-10)。

表 3-10 女生 50 米跑单项评分表(单位:秒)

等级	单项得分	大一、大二	大三、大四
优秀	100	7.5	7.4
	95	7.6	7.5
	90	7.7	7.6
良好	85	8.0	7.9
	80	8.3	8.2
及格	78	8.5	8.4
	76	8.7	8.6
	74	8.9	8.8
	72	9.1	9.0
	70	9.3	9.2
	68	9.5	9.4
	66	9.7	9.6
	64	9.9	9.8
	62	10.1	10.0
	60	10.3	10.2
不及格	50	10.5	10.4
	40	10.7	10.6
	30	10.9	10.8
	20	11.1	11.0
	10	11.3	11.2

5. 坐位体前屈

(1)男生坐位体前屈评分表(见表 3-11)。

表 3-11 男生坐位体前屈评分表(单位:厘米)

等级	单项得分	大一、大二	大三、大四
优秀	100	24.9	25.1
	95	23.1	23.3
	90	21.3	21.5
良好	85	19.5	19.9
	80	17.7	18.2
及格	78	16.3	16.8
	76	14.9	15.4
	74	13.5	14.0
	72	12.1	12.6
	70	10.7	11.2
	68	9.3	9.8
	66	7.9	8.4
	64	6.5	7.0
	62	5.1	5.6
	60	3.7	4.2
不及格	50	2.7	3.2
	40	1.7	2.2
	30	0.7	1.2
	20	−0.3	0.2
	10	−1.3	−0.8

(2)女生坐位体前屈评分表(见表 3-12)。

表 3-12 女生坐位体前屈评分表(单位:厘米)

等级	单项得分	大一、大二	大三、大四
优秀	100	25.8	26.3
	95	24.0	24.4
	90	22.2	22.4
良好	85	20.6	21.0
	80	19.0	19.5
及格	78	17.4	18.2
	76	16.4	16.9
	74	15.1	15.6
	72	13.8	14.3
	70	12.5	13.0
	68	11.2	11.7
	66	9.9	10.4
	64	8.6	9.1
	62	7.3	7.8
	60	6.0	6.5
不及格	50	5.2	5.7
	40	4.4	4.9
	30	3.6	4.1
	20	2.8	3.3
	10	2.0	2.5

6.1 000 米/800 米跑

(1)男生 1 000 米跑单项评分表(见表 3-13)。

表 3-13 男生 1 000 米跑单项评分表(单位:分秒)

等级	单项得分	大一、大二	大三、大四
优秀	100	3′17″	3′15″
	95	3′22″	3′20″
	90	3′27″	3′25″
良好	85	3′34″	3′32″
	80	3′42″	3′40″
及格	78	3′47″	3′45″
	76	3′52″	3′50″
	74	3′57″	3′55″
	72	4′02″	4′00″
	70	4′07″	4′05″
	68	4′12″	4′10″
	66	4′17″	4′15″
	64	4′22″	4′20″
	62	4′27″	4′25″
	60	4′32″	4′30″
不及格	50	4′52″	4′50″
	40	5′12″	5′10″
	30	5′32″	5′30″
	20	5′52″	5′50″
	10	6′12″	6′10″

(2)女生 800 米评分表(见表 3-14)。

表 3-14　女生 800 米评分表(单位:分秒)

等级	单项得分	大一、大二	大三、大四
优秀	100	3′18″	3′16″
	95	3′24″	3′22″
	90	3′30″	3′28″
良好	85	3′37″	3′35″
	80	3′44″	3′42″
及格	78	3′49″	3′47″
	76	3′54″	3′52″
	74	3′59″	3′57″
	72	4′04″	4′02″
	70	4′09″	4′07″
	68	4′14″	4′12″
	66	4′19″	4′17″
	64	4′24″	4′22″
	62	4′29″	4′27″
	60	4′34″	4′32″
不及格	50	4′44″	4′42″
	40	4′54″	4′52″
	30	5′04″	5′02″
	20	5′14″	5′12″
	10	5′24″	5′22″

7. 引体向上/1 分钟仰卧起坐

(1)男生引体向上评分表(见表 3-15)。

表 3-15　男生引体向上评分表(单位:次)

等级	单项得分	大一、大二	大三、大四
优秀	100	19	20
	95	18	19
	90	17	18
良好	85	16	17
	80	15	16
及格	78	—	—
	76	14	15
	74	—	—
	72	13	14
	70	—	—
	68	12	13
	66	—	—
	64	11	12
	62	—	—
	60	10	11
不及格	50	9	10
	40	8	9
	30	7	8
	20	6	7
	10	5	6

(2)女生 1 分钟仰卧起坐评分表(见表 3-16)。

表 3-16　女生 1 分钟仰卧起坐评分表(单位:次)

等级	单项得分	大一、大二	大三、大四
优秀	100	56	57
	95	54	55
	90	52	53
良好	85	49	50
	80	46	47
及格	78	44	45
	76	42	43
	74	40	41
	72	38	39
	70	36	37
	68	34	35
	66	32	33
	64	30	31
	62	28	29
	60	26	27
不及格	50	24	25
	40	22	23
	30	20	21
	20	18	19
	10	16	17

三、《标准》的操作

(一)身高

1. 测量仪器

身高测量仪。

2. 测试方法

受试者赤足,立正姿势站在调整好的身高计的底板上,上肢自然下垂,足跟并拢,足尖分开成 60 度,足跟、骶骨部及两肩胛区第三点与立柱相接触,躯干自然挺直,头部正直,两眼平视,耳屏上沿与两眼眶下沿最低点呈水平位,测试人员站在受试者右侧,将水平压板轻轻沿立柱下滑,轻压于受试者头顶。测试人员读数时双眼应与压板水平面等高进行读数,测试结果以厘米为单位,精确到小数点后一位。测试误差不得超过 0.5 厘米。

3. 注意事项

(1)严格掌握“三点靠立柱”“两点呈水平”的测量要求,测试人员读数时两眼要与压板等高。

(2)水平压板与头部接触时,松紧要适度。

(3)测量身高前,受试者不应进行体育活动和体力劳动。

(二)体重

1. 测量仪器

杠杆称或电子体重秤。

2. 测量方法

测试时,将杠杆称放在平坦地面上,调整"0"点至刻度尺水平位。受试者赤足,男性受试者着短裤,女性受试者身着短裤、短袖衫,站于称台中央。测试人员放置适当砝码并移动游标刻度尺至平衡。读数以千克为单位,精确到小数点后一位。电子体重计显示读数即可。测试误差不超过0.1kg。

3. 注意事项

(1)测量体重前,受试者不得进行体育活动或体力劳动。

(2)受试者站在秤台中央,上下杆秤动作要轻。

(3)每次使用时均需校正。测试人员每次读数前都应校对砝码重量,避免差错。

(三)肺活量

1. 测量仪器

电子肺活量计或桶式肺活量计。

2. 测试方法

各种肺活量计在每次使用前都必须进行测试检验,仪器误差不得超过3%。使用电子肺活量计时,首先将肺活量计接上电源,按下电源开关,肺活量通电并进入工作状态。测试时先将吹嘴装在文氏管的进气口,受试者手捂文氏管,保持导压软管在文氏管上方位置(以免口水或杂物堵住气道),面对肺活量计站立,头部略后仰,尽力深吸气,直至再不能吸气为止。然后将嘴对准吹嘴,以中等速度和力度深呼气直到不能呼出为止。此时液晶显示器上显示的数字即为肺活量毫升值。测试两次,选取最大值作为测试结果。记录结果以毫升为单位,不保留小数。

使用桶式肺活量计时,注意待浮筒停稳后再进行读数。

3. 注意事项

(1)测试前受试者应了解测试方法和工作要领,可做必要练习。

(2)受试者吸气和呼气均应充分,呼气不可过猛,并防止从嘴与吹嘴接触部位漏气,防止用鼻呼气。呼气时允许弯腰,但呼气开始后不得再吸气。测试人员应注意观察,防止因呼吸不充分、漏气或再吸气而影响测试结果。

(四)立定跳远

1. 场地器材

沙坑、丈量尺。沙坑应与地面平齐,也可在土质松软的平地上进行。起跳线至沙坑近端不得少于30厘米。起跳地面要平坦,不得有凹坑。

2. 测试方法

受试者两脚自然分开站立于起跳线后，脚尖不得踩线，然后两脚原地同时起跳，不得有垫步或连跳动作。丈量起跳线至最近着地点后沿之间的垂直距离。每人试跳三次，记录其中最好一次的成绩。记录结果以厘米为单位，不计小数。

3. 注意事项

发现犯规时，此次成绩无效。三次试跳均无成绩者，再跳，直至取得成绩为止。

(五)50 米跑

1. 场地器材

50 米跑道若干条，地面平坦，地质不限，跑道线径清晰。发令旗一面，口哨一个，秒表若干块(一道一表)，使用前需要矫正。

2. 测试方法

受试者至少两人一组测试，站立式起跑。受试者听到"跑"的口令后开始跑。发令员在发出口令的同时要摆动发令旗，计时员视旗动开表计时。受试者躯干部分达到终点线的垂直面时停表，记录单位为秒。

3. 注意事项

(1)受试者测试时最好穿运动鞋或平底鞋，赤足亦可，但不得穿钉鞋、皮鞋和塑料鞋。
(2)发现有抢跑者，要当即召回重跑。
(3)如遇风时一律顺风跑。

(六)坐立体前屈

1. 测量仪器

坐立体前屈测试计。

2. 测试方法

受试者上体垂直坐，两腿并拢伸直，两脚平蹬测试纵板，两脚尖分开为 10～15 厘米，上体前屈，两臂伸直向前，用两手指尖轻轻向前推动游标，直到不能前推为止，保持这一姿势 3 秒。测量 3 次，取最大值，以厘米为单位，数值精确到小数点后一位。

3. 注意事项

(1)测试前应做短时间的热身活动。
(2)测试中动作要缓慢，以免受伤。
(3)身体前屈，两臂向前推游标时用力要均匀，两腿不能弯曲。

(七)1 000 米跑(男)、800 米跑(女)

1. 场地器材

地面平坦，地质不限，但必须丈量准确；发令旗一面；秒表若干，使用前需矫正。

2. 测试方法

受试者至少两人一组进行测试，站立式起跑。当听到“跑”的口令后开始起跑。发令员在发出口令的同时要摆动发令旗，计时员视旗动开表计时。受试者躯干到达终点线的垂直面时停表，记录单位为秒。

3. 注意事项

(1)受试者测试时最好穿运动鞋或平地布鞋，赤足亦可，但不得穿钉鞋、皮鞋和塑料鞋。

(2)发现有抢跑者，要当即召回重跑。

(3)如遇有风时一律顺风跑。

(八)引体向上

1. 场地器材

准备高单杠或高横杠若干，杠的粗细以受试者手能握住为准。

2. 测试方法

受试者面向单杠，自然站立；然后向后摆动双臂，跳起，双手分开与肩同宽，正握杠，身体呈直臂悬垂姿势。待身体停止晃动后，两臂同时用力，向上引体(身体不能有任何附加动作)；当下颌超过横杠上缘时，还原，呈直臂悬垂姿势，为完成1次。测试人员记录受试者完成的次数。以次为单位。

3. 注意事项

(1)受试者应双手正握单杠，待身体静止后开始测试。

(2)引体向上时，身体不得做大的摆动，也不得借助其他附加动作撑起。

(3)两次引体向上的间隔时间超过10秒停止测试。

(九)1分钟仰卧起坐

1. 场地器材

垫子若干块，并铺放平坦。

2. 测试方法

受试者全身仰卧于垫上，两腿稍分开，屈膝呈90°左右，两手指交叉贴于脑后。另一同伴压住其踝关节，固定下肢。受试者起坐时，两肘触及或超过双膝为完成一次。仰卧时两肩胛必须触垫。测试人员发出“开始”口令的同时开表计时，记录1分钟内完成次数。1分钟到时，受试者虽已起坐但肘关节未达到双膝者不计该次数，精确到个位。

3. 注意事项

(1)如发现受试者借用肘部或者臀部起落的力量起坐时，该次不计数。

(2)测试过程中，观测人员应向受试者报数。

(3)受试者双脚必须放于垫上。

体育运动技能篇

第四章　大球运动——足球、篮球、排球

第一节　足球运动

一、足球运动的概述

足球是足球运动或足球比赛的简称，也指足球比赛中的用球，被誉为“世界第一大运动”。

足球运动是一项古老的健身体育活动，源远流长。最早起源于我国古代的一种球类游戏“蹴鞠”。2004 年 7 月 15 日，国际足联主席布拉特说道：中国是足球的故乡，足球最早起源于山东淄博。

现代足球运动起源于英国，1863 年 10 月 26 日，在英国伦敦成立了世界上第一个足球运动组织——英格兰足球协会，并统一了规则，现代足球运动正式确立。1904 年在法国巴黎圣奥诺雷大街 229 号 7 个欧洲国家的足球代表成立了足球国际性组织——国际足球联合会，总部设在苏黎世。自 1904 年起，每四年举办一次世界杯足球赛，标志着现代足球运动步入了高速发展的正轨。

足球运动具有整体性、大局性、对抗性等特点，经常进行足球运动，不仅能增强体质，还能有效培养坚忍的意志和良好的集体精神。

二、足球的基本技术

（一）踢球

踢球是足球技术中最基本的技术动作，也是足球技术中最重要的技术，在比赛中运用得最多，主要用于传球和射门。踢球的方法主要有脚内侧踢球、脚背内侧踢球、脚背正面踢球、脚背外侧踢球、脚尖踢球和脚跟踢球。在这 6 种踢球方法中，尤以脚背正面踢球、脚背内侧踢球和脚背外侧踢球最为常用。但不管使用哪个部位踢球，其动作结构相同，均由助跑、支撑脚站位、踢球腿前摆、脚触球和踢球的随前动作五个环节组成。

1.脚背正面踢球

踢定位球时，直线助跑，支撑脚踏在与球平行且距球一脚距离的左右侧方，脚尖正对出球方向，膝稍屈，同时踢球腿向后摆起，膝弯屈。踢球腿前摆时，应用大腿带动小腿，当大腿前摆至垂直地面位置时，小腿加速前摆，在脚触球刹那，脚背绷直，并稍收腹，以正脚背部位触球的后中部。踢球后，身体继续向前跨出一两步。具体动作如图 4-1 所示。

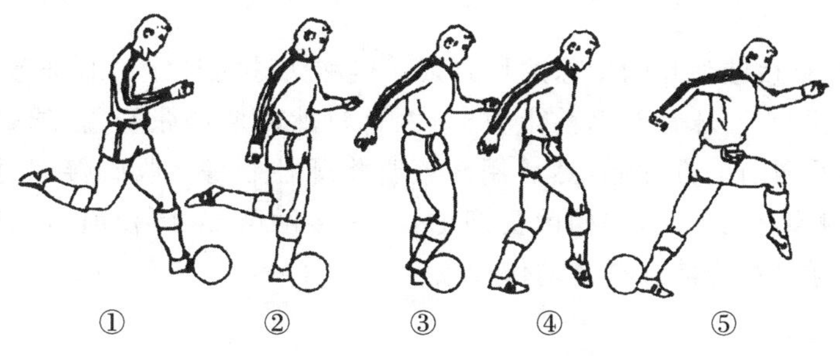

图 4-1 脚背正面踢球

2. 脚背里侧踢球

沿着与球呈 45°的斜线助跑，支撑脚踏在球的侧后方约两脚处，膝弯曲，以脚掌外侧着地支撑身体中心，上体稍向支撑脚一侧倾斜，踢球脚自然后摆。踢球时，以大腿带动小腿，呈弧形迅速前摆，脚稍向外转，脚面绷直，脚趾扣紧，脚尖斜指前下方，以脚背内侧触球的后中部，踢球后，腿随球摆出。具体动作如图 4-2 所示。

图 4-2 脚背里侧踢球

3. 脚背外侧踢球

动作要领与脚背正面踢球基本相同，只是用脚背外侧触球，在踢球的一刹那，脚背要绷直，脚趾用力下扣，脚尖内转，踢球的后中部。具体动作如图 4-3 所示。

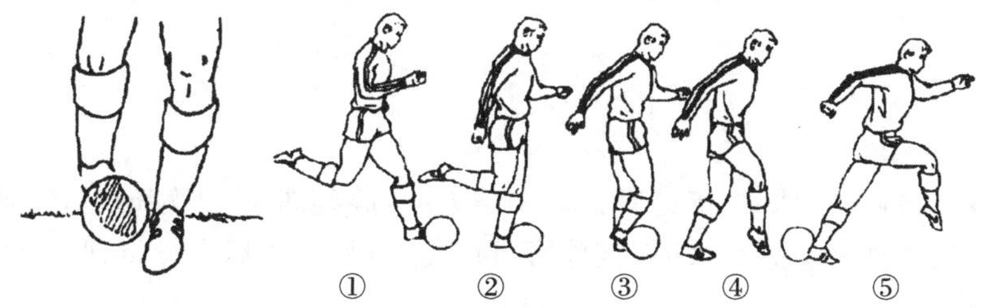

图 4-3 脚背外侧踢球

（二）接球

接球技术即停球技术，是指有意识地将球停接下来，控制在自己的活动范围内，以便更好地处理球。按接球的身体部位不同，可将接球方法分为脚掌接球、脚弓接球、外脚背接球、正脚背接球、大腿接球、胸部接球和头部接球。根据球的活动状态可分为接地滚球、接反弹球和接空中球。

1. 胸部接球

胸部接球分挺胸接球和收胸接球两种方式。挺胸接球时身体正对来球，两脚前后开立，两膝弯曲，上体稍后仰，当球到头部前上方时，两臂自然向两侧张开，在球触及胸部时，要挺胸憋气，使球触胸后向前上方弹起，然后用头或脚将球控制好。收胸接球时，准备姿势同挺胸接球，接球时，胸部对准来球，并稍前挺迎球，球一接触胸部，两臂前引，迅速收胸、收腹缓冲来球力量，将来球接在身前。具体动作如图 4-4 所示。

图 4-4　胸部接球

2. 脚掌接球

此种接球方法常用于接正面地滚球和反弹球。接地滚球时，身体正对来球方向，支撑腿微屈，上体稍前倾，保持身体平衡，接球脚提起，高度不超过球的高度，屈膝，脚尖跷起高过脚跟；当球滚到脚前侧时，脚掌轻轻下压，以脚前掌将球接在脚下。具体动作如图 4-5 所示。

图 4-5　脚掌接球

3. 脚弓接球

以接地滚球为例。接球时，支撑脚正对来球方向，膝稍屈；当接触球时，接球脚向前下轻压，将球接于身前。如来球力量大时，接球脚可后撤，以缓冲来球力量将球接在脚下。

4. 接反弹球

接反弹球时，首先要准确判断来球的落点，并向前迎接球，以接球脚所用部位对来球的反弹方向和路线，待球落地反弹的瞬间，即刻以适当的力量向前方下压，以缓冲来球的力量将球停控在所需要的前方。

5. 接空中球

用接球部位对准来球，在触球的瞬间，特别是遇到力量较大的来球时，要先迎后撤。如遇较高来球时，也可跳起做以上动作，以增加接球的高度。一般有脚内侧接空中球、脚背正面接空中球、胸部接球（挺胸接球和收胸接球）、头部接球等。

（三）运球

运球技术指用身体某一部位触球，使球能随运球者一起运动。在足球运动中，还涉及如何正确灵活地运用各种运球技术带球越过对方防守的问题，因此，必须较为熟练地掌握运球技术。常用的运球技术包括脚内侧运球、脚背正面运球、脚背外侧运球和脚背内侧运球。

1. 脚内侧运球

运球前进时支撑脚始终领先于球，位于球的侧前方，肩部指向运球方向，支撑腿膝关节微屈，重心落在支撑腿上，另一条腿提起屈膝，用脚内侧推球前进，然后运球脚着地，这种技术多用于运球寻找配合传球或有对方阻拦需用身体掩护时。

2. 脚背正面运球

运球时身体为正常跑动姿势，上体稍前倾，步幅较小，运球腿提起，膝关节稍屈，髋关节前送，提踵，脚尖下指，在着地前用脚背正面部位触球后中部推送球前进。

3. 脚背外侧运球

运球时身体保持正常跑动姿态，上体稍前倾，步幅较小，运球腿提起，膝关节稍屈，髋关节前送，提踵，脚尖绕矢状轴向内侧旋转，使脚背外侧正对运球方向，在运球脚落地前用脚背外侧推拨球的后中部。

4. 脚背内侧运球

身体稍侧转并自然协调放松，步幅小，上体前倾，运球腿提起外展，膝微屈外转，提踵，脚尖外转，使脚背内侧正对运球方向，在运球脚落地前用脚背内侧推拨球，使球随身体前进。

在比赛中可以将运球灵活地运用起来，例如利用运球来突破对方的堵截。

(1)变向运球过人。变向运球过人的常用动作有拨球、扣球、拉球和挑球等。运球时身体重心稍低，运球脚突然以踝关节的内外抖动拨球，使球发生方向的变化，身体迅速跟上，从而超越防守者。一般以脚背内侧拨球动作俗称“里拨”，以脚背外侧拨球的动作俗称“外拨”。运球过人时，在拨球前一般是向拨球方向的反方向运球，诱使防守者身体重心偏离。这样，拨球过人效果会更好。扣球动作一般是用于方向变化较大的情况。以脚背内侧扣球动作俗称“内扣”，以脚背外侧扣球动作俗称“外扣”。

(2)假动作过人。当防守者正面抢球时，持球者可先用右（左）脚内侧佯装向左（右）拨球，引诱对手也向该方向移动堵截，然后突然改用左（右）脚的外侧拨球，并身体随球变向迅速移动，摆脱对手。做此动作时也可以辅以身体的虚晃，使假动作更为逼真。此动作俗称“内引外拨”。当防守者在身后追抢时，可做跨步假动作，即运球者用左（右）脚在球上方或让球在裆下跨步迈过，佯装向跨步方向运球，身体也随之向前，诱使身后的防守者也向同一方向移动或堵截，然后运球者突然以左（右）脚撑地，并以脚掌为轴向反方向转身，用右（左）脚内侧扣球，再快速推球前进，把对手抛在身后。当防守者堵在身体侧面并排追抢球时，运球者可用“假停真推”的方法。即在运球中，用运球脚在球上晃动一下，使防守者误以为停球而放慢自己的速度，然后突然向前推球并加速摆脱对手。

（四）头顶球

头顶球在比赛中是争夺空中球的有效手段，在进攻和防守时都有重要作用，在加快进攻速度和完成战术配合中也有重要的意义。头顶球技术按顶球的部位，可分为前额正面顶球和前额侧面顶球。

1.前额正面顶球

（1）原地顶球。原地顶球时，正面来球，双腿自然开立，上体后仰。当球运动到头前上方时，蹬地收腹、颈部紧绷，用前额顶撞球的后中部；同时，顶球后要有随前动作。

（2）跳起顶球。跳起顶球时，要选好起跳位置，把握好起跳的时机。起跳时，双脚蹬跳发力，手臂协调向上提摆，以加强起跳的力量和协调身体平衡。

2.前额侧面顶球

（1）原地顶球。原地顶球时，身体稍侧对来球，双脚开立同肩宽，触球侧支撑脚在前，身体侧后微屈，使重心落在后腿上；双臂自然张开，眼睛注视来球。顶球时，后脚向来球方向猛力蹬伸，身体随之向来球方向转动侧摆；同时，颈部侧甩发力，用前额侧面将来球击出。

（2）跳起顶球。跳起顶球的动作类似于前额正面跳起顶球的动作，区别在于，前者在起跳阶段，上体需向来球的相反方向回旋转体。当重心上升至最高点时，上体向出球侧加速转动，摆体侧甩，可利用脚下的侧下蹬加快侧摆速度，用前额侧部将来球顶出。

（五）掷界外球

掷界外球不受越位的限制，是组织进攻的有利机会。如果掷球既远又准，就能加快进攻速度，占据对抗的有利地位。

1.原地掷界外球

面对出球方向，两脚前后（左右）开立、膝弯曲，上体后仰成背弓，重心移到后脚上（左右开立，重心在两脚间），两手自然张开，拇指相对，呈八字形，持球侧后部，屈肘将球置于脑后。掷球时，后脚猛力蹬地，两腿迅速伸直，身体重心由后脚移到前脚，收腹屈体，同时两臂急速前摆。当两臂摆到头上，用力甩腕将球掷入场内。需要注意的是，在掷球时两脚均不可离地或踏入场内。

2.助跑掷界外球

双手持球于胸前，在助跑迈出最后一步时，上体后仰成背弓；同时，将球举至头后，掷球时的动作与原地掷球相同。

（六）射门

射门技术是足球运动中最主要的得分技术，能否在最后将球射进对方球门，是比赛胜负的关键。下面向大家介绍几种最基本的射门技术。

1.正脚背射门

起跑点、足球和射门目标成一直线，向目标处轻松助跑几步后支撑脚站在足球侧后方，

自然向后提起踢球腿小腿，双目注视足球顶部，锁紧支撑腿脚跟，挥动踢球腿小腿抽向足球中央点，击球后身体顺势追前完成整个射门动作。

2.脚外侧射门之外弯香蕉球

斜线碎步跑向足球，当支撑腿站在足球侧近时，提腿扭摆身体，锁紧支撑腿脚跟，用脚外侧抽击足球偏外三分之一处，射门后顺势收膝以完成射门动作。

3.脚内侧射门之撞射

轻松跑向足球，射球前保持身体平衡，朝足球顺势提腿，当支撑腿站在足球侧近的时候，轻扭身体膝向外转，锁紧支撑腿脚跟，用脚内侧撞击足球中央，将球射出。

4.脚内侧射门之内弯香蕉球

斜线碎步跑向足球，当支撑腿站在足球侧近时，提腿扭摆身体，锁紧支撑腿脚跟，用脚内侧触及足球偏外二分之一处，击球过程中顺势扭动身体，使所射足球自然形成内弯香蕉球。

三、足球的基本战术

足球战术是指在比赛中，双方队员为战胜对手，各自根据比赛中的实际情况，所采取的个人和集体配合行动的总称。足球比赛是由进攻和防守组成的，通过比赛中攻防技术与方法的不断变化和发展，逐步形成和不断发展了个人和集体的进攻与防守的配合行动体系，即进攻与防守的战术系统。

（一）战术阵型

1.比赛阵型

(1)“433”阵型

“433”阵型(变化后也有“4123”和“4213”)的中场3个队员有明确分工，根据情况可以一个侧重防守，两个侧重进攻。

2.“442”阵型

“442”阵型的中场4名队员，基本上是一字型横向排开或菱形排列两种。其分工是一名为进攻型前卫，一名为防守型前卫，另两名为边前卫。

3.“532”阵型

“532”阵型的后场由五名后卫组成，侧重防守，一般较适合打防守反击战术。进攻时，边后卫可插上助攻，增强进攻力，但必须回位；如果回位不及时，前卫与后卫之间要相互协调，互相补位。

（二）基本进攻战术

1.个人进攻战术

(1)传球。传球是集体配合的基础，它是完成战术配合，创造射门机会的主要手段。选择传球目标、控制传球力量和掌握传球时机是传球的主要战术内容。

传球按距离可分为短传(15米以内)、中传(15～29米)和长传(30米以外)；按传球的高度可分为地滚球、低平球和高空球；按传球的方向可分为直传、斜传、横传和回传。

①传球目标，一般可分为向脚下传和向空当传两种。比赛中向空当传，特别是向前方空当传可以增加进攻速度，能有效地渗透防守线，给对方威胁最大，是主要形式。但比赛实际也需要向脚下传和横传、回传。这些传球的目的是为了更好地控制球，掌握比赛的节奏，为有效地向前、向空当传做好准备。过多地向脚下传和横传、回传虽能控制球，但给对方威胁甚小；而单一地向前、向空当传虽推进速度快，却易被对方识破而降低进攻成功率。所以两者必须有机结合、灵活应用，才能达到最佳战术效果。比赛中，当控球者同时可向几个队员传球时，应传给给对方威胁最大的队员，一般向前、向空当跑的队员威胁较大，就应及时、准确地将球传向这些空当。

②传球力量，应既能不利于防守队员的抢截，又有利于接球队员处理球。当向被对手紧逼的同伴传脚下球时，传球力量要大些；向空当传球时，由于要求球到人到，传球速度应与同伴到空当跑速相吻合；向前方空当传球时，若突破队员速度快，防守的补位队员也较远，对方守门员不易出击截球的情况下，传球力量可大些，以利发挥突破队员的速度优势。

③传球时机。一种是传球在先，跑位接球在后，即传球指挥跑位。这种传球主要是控球者通过传球，指挥接应者按传球路线进行跑位接球来实施战术意图。如转移进攻，当一侧边路进攻时，能吸引对方大量队员在该区布防，这时控球者突然又将球转移到另一侧边路，另一侧队员及时插向该空当进行快速进攻。又如快速反击，控球队员截得球后，快速将球传向防守队员身后空当，接球队员快速插向空当接球，实施射门。这种传球，一定要突然、快速，接球队员也应快速跑向传球点，否则易被对方识破，战术也难以奏效。另一种是跑位在先，传球在后，即跑位引导传球。这种传球主要是指多个接应者各自同时跑向空当，控球者应选择最有威胁空当进行传球。如前卫队员在中场得球后，相邻前卫靠拢接应，边后卫从边路插上，中锋回撤接应，另一中锋插向该中锋拉出的身后空当，这时控球队员选择中后卫身后的空当进行传球。这种类型传球的最好时机，是在同伴疾跑将要超越对手的刹那，若传早了，同伴还未靠近对手，则防守队员可及时转身先得球；若传晚了，则可能造成同伴等球，防守队员能及时转身截球；若该防守队员是倒数第2位对方队员，还会造成同伴越位。

以上两种传球，一般来说，第一种传球属单点单线，虽隐蔽性较差，但只要传球突然、快速、准确，仍有一定的威胁；第二种传球属多点多线，传球者有充分选择的余地，有较大的隐蔽性，防守者不易防守，战术成功率较高，是主要传球形式。

④传球注意事项。传球前要注意观察，预见同队队员和防守队员的意图；传球时尽量快速、简练；传球时要隐蔽自己的意图使对手出其不意，防不胜防；后场少做横传或回传，特别在雨天比赛更应谨慎。

(2)射门。足球比赛的最终目的是射门进球。任何进攻，不论组织得如何漂亮，但没有把球射进球门，也就失去了意义。

射门必须准确、突然、有力。准确是射门的前提，在准确的基础上，要射得突然，它往往能使对方守门员猝不及防。射门力量也是很重要的一个因素，尤其在远射时，力量更能显示其威力。

①利用防守失误射门。足球比赛中，射门进球率一般是很低的，然而有很多得分的球，往往是从防守队员的失误中获得的。所以，进攻队员需要随时注意利用对方的失误“捡漏”

射门，同时还应尽量造成对方防守的失误，并抓住瞬时出现的射门机会。

②创造机会射门。射门机会的获得除了利用对方队员防守上的某些失误，或者依赖同伴的传球，更重要的是应该通过积极主动的跑位，摆脱防守来制造射门机会。

③射门的应变能力。足球比赛是一项持续不断和变化无常的运动。虽然各队都有组织进攻的计划，但比赛中在很大程度上会受到对方的制约，这一点比其他运动项目尤为明显。因此，运动员要善于应对射门时遇到的各种情况。队员必须有良好的应变能力。

总之，当今足球比赛中，队员很少有机会在准备充分的情况下射门。因此，队员只有熟练地掌握各种射门技术，才能对临场出现的各种来球采取应变措施，以便捕捉射门机会。

2.局部进攻战术

局部配合是指在局部地域2名或3名队员，通过传带球、跑位配合，突破1名或2名防守队员的方法。局部配合有二人进攻配合和三人进攻配合。

(1)二人局部进攻配合方法。比赛中经常采用的二人局部进攻配合有传切配合、掩护配合和“二过一”配合。局部二人配合是整体进攻战术的基础。在任何一个场区，任何2名同队队员（守门员除外）都可以采用。完成二人配合的能力强弱，直接反映球队的进攻战术的质量。而二人配合的质量与队员的技术水平及其配合的默契程度密切相关。

①传切配合。斜传直插配合：进攻队员做斜传，直接插到对方的身后空当接球，突破对方的防守。直传斜插配合：进攻队员直线传球，接球队员从对方防守队员的内线空当斜线插入到他身后空当接球。要求：控球队员用运球或其他动作诱使防守者上前阻截，这就为传球创造了条件。插入的队员突然快速起动接球。但要注意起动时间，避免越位。

②交叉掩护配合。在足球运动中，所谓的交叉掩护二过一战术是指两名进攻队员通过运球和身体的掩护突破一名防守队员的配合方法。对持球队员的要求：用远离防守者的脚带球，将身体置于球与对手之间保护球。与同伴交接球时可以做出运球的假动作而不触及皮球。此最终的目的还是将对方的防守队员撤离开防守位置，为突破对手创造机会。完成配合后要继续跑位进攻。进攻要保持一种持续的状态，才能够给对手更大的压力，所以接应者在完成配合后应该继续跑位做出其他的战术配合，多种战术配合的有机结合，才能给对手致命的打击。对接球切入队员要求：靠近运球的队友假装做出接球之势以迷惑对手。“交叉掩护二过一”战术中，接球队员才是真正的进攻力量，所以，为了迷惑对手，接球队员应该对自己进行伪装，使防守队员无法猜测进攻队员的真实想法。这样才能更好地完成进攻的任务。选择有利时机突然起动，接带球突破对手的防守。足球“交叉掩护二过一”战术对进攻队员的技术要求相对较低，而对队员之间的相互默契要求较高，想要熟练运用这样的技术还要在平时的训练中多加练习，并且提高自己的战术素养，避免比赛中单打独斗的个人英雄主义。

③踢墙式“二过一”配合方法。“二过一”配合是在局部地域，2名进攻队员通过两次传球越过1名防守队员的战术手段。踢墙式“二过一”，进攻队员带球向前逼近后向另一队员脚下传球，该队员接球后直接将球传至防守队员背后空当，接应队员快速切入接球。

④回传反切“二过一”配合方法。进攻队员回撤迎球，防守队员紧逼，接应队员接球后再回传，立即反身切入防守队员身后。要求：运用回传反切“二过一”时要有一定的纵深距离，特别是在罚球区前中间地区更要估计到守门员可能出来截断的情况。

(2)三人进攻局部配合方法。三人进攻配合战术,一般是指在比赛中局部地域出现 3 名进攻队员攻击 2 名防守队员(三打二)的有利局面时,所采用的战术手段。它与二人配合比进攻面要广,传球的点与路线一般有两个以上,所以战术变化比二人配合要多,对防守的威胁也较大。但由于其配合是由三人构成,其复杂和困难程度比二人配合要大,因而对队员的要求也相应高些。三人配合归纳起来大致可分以下两种。

①第二空当。1 名队员跑向一个有利的空当,牵制 1 名防守队员,使在该地域出现空当,第二个队员迅速插向该空当与控球队员利用传切配合战胜另一防守队员。

②连续“二过一”。进行“三过二”配合时,应做到:3 个队员基本是呈三角形,当 1 名队员控球时,另外 2 名队员应一拉一插或一接一插,不能重叠插和接,在时间上要有先后;控球者在接传球前应注意观察,便于选择最有威胁的进攻配合。

3. 全队进攻战术

全队进攻战术较之上面提到的小组进攻战术涉及的球员人数更多,涉及球场的面积更广,在具体的配合方法上也变化较多。从进攻发生的场域可将全队进攻战术分为边路进攻战术和中路进攻战术;从进攻发生的方式可将全队进攻战术分为快速反击进攻和阵地进攻。

(1)边路进攻战术。球队在边路发起攻击的原因在于中路一般都密集了对方大部分的防守力量,从中路进行直接攻击的难度较大;另一方面如果在中路进攻失败就可能给对手直接反击的机会,所以边路进攻就成了一种选择。

边路进攻的主要方式有边路传中和由边路向中路渗透转为中路进攻两种。无论是边路进攻方式或是直接的中路争顶或是中间球员接边路传球后进行中路进攻都离不开中路球员的支持接应。总之,所谓的边路进攻也不外乎是谋求中路进攻的一种手段和方式。

(2)中路进攻战术。球场的中路是实施进攻的开阔地,一般球队在中路都安排有较多的球员,中场队员相互之间距离较近可以运用一些小组进攻战术。但是纯粹的中路进攻因为防守技术的提高、防守战术的运用而在现代足球中已经变得越来越难了,经常可以在比赛中看到的是进攻方将球从中路进攻转到边路进攻然后再从边路将球传至中路,利用不停地扯动对方的防守阵形寻找防守空当或利用防守中的失误进行中路进攻。

(3)快速反击进攻。所谓快速反击进攻,是指一个队在获得球权后利用对方还来不及组织严密的防守阵形时,快速将球传给中、前场有利位置的球员。这种快速反击的机会在突然地抢断或在瓦解对方的一次进攻后就会出现,相对于下面要提到的阵地进攻,快速反击进攻的效率更高、效果更好,而其所花费的时间和进攻力量更少。

(4)阵地进攻。阵地进攻是指在对方已经建立起严密的防守阵形后,进攻球队从后场利用传接球层层推进至前场的进攻方式。这种进攻方式的难度较之快速反击进攻要大得多,其所花费的时间和进攻力量也要大得多,较难获得进球。在阵地进攻时需要利用上面提到的边路进攻和中路进攻相结合的方式。

4. 定位球进攻战术

定位球战术包括任意球、角球、界外球、球门球、开球和罚点球。特别是被世界足坛越来越重视的角球和罚球区附近的任意球战术。原因是比赛的结果常常以一个定位球决定了关键性比赛的胜负。有人统计 40%左右的进球源于定位球,因此必须重视定位球战术的训练。

(1)任意球。一般说来战术配合简练,成功的可能性就会大些。能给对方构成较大威胁的是发生在罚球弧处的任意球,但是比赛的实际告诉我们这个地域的任意球机会较少,而罚球区两侧的任意球机会较多。为此,以下着重叙述前场 30 米罚球区附近的任意球。

①直接射门。无论在场地中间或两侧获得任意球的机会时,只要有可能射门,最好的办法就是直接射门,随着守队排墙人数的增加,直接射入对方球门变得更加困难,因此,射手更需要掌握高超的踢弧线球的技术。同时攻方队员常采用在对方人墙的两侧或中间"夹塞"的办法,或者在罚球点自行排成人墙,以此在射门前阻挡守门员的视线,使其看不清罚球队员的动作,而在射门时这些队员迅速让出空当,使射出的球通过空当。

②配合射门。在罚球区的侧角和两边,当不可能直接射门时,应进行配合射门,经常有采用短传配合和长传配合两种。但配合的传球次数宜少不宜多、宜简不宜繁。传球和射门配合要默契。为避开人墙要用声东击西的假动作分散对方注意力。

(2)角球。随着技术的提高和角球战术的发展,使得角球的威胁大增。角球进攻战术可分为短传角球和长传角球。

(3)界外球。足球比赛中掷界外球的次数很多,特别是在前场的界外球,它已接近了角球对双方所产生的影响和效果。

①直接回传:由接球者直接或间接回传给掷球者,由掷球者组织进攻。

②摆脱接球:用突然的变速变向摆脱防守,接应或插入接球,展开进攻。

③长传攻击:由擅长掷球的队员掷出长传球,由同伴在对方门前配合攻击是经常使用的方法。如掷球给跑动中的同伴,接球后用头顶后蹭传球;另 2 名队员配合同时包抄抢点攻门。

(4)球门球。长传和短传方式:直接将球踢出;组织进攻。通过守门员和后卫的配合,由守门员再发球进攻。

(5)开球。组织推进:利用开球进行控制球、倒脚,寻找进攻机会。

长传突袭:利用比赛刚开始对方思想不集中,站位不好,出现明显空当时,采用长传突袭,使对方措手不及。这种战术即使不能成功,也会给对方造成心理上的压力。

(6)罚点球。主罚队员以射准为主,以力射为辅,射球门的底角和上角最优,但要留有余地;心态要稳定,有必进的信心;先看守门员位置,决定射门方向,不能轻易改变决定。

(三)基本防守战术

1.个人防守战术

选位:防守队员选择位置,原则上是站在对手与本方球门中心所构成的一条直线上,与对手的距离要根据场区以及球所处的位置来决定。

盯人:盯人是指防守队员本身所处的位置能够限制、看守对手的活动达到及时封堵对手接球或传球路线的目的。

2.局部防守战术

(1)补位。补位是足球比赛中局部地区集体配合进行防守的一种方法。当防守过程中一名防守队员被对手突破时,另一名队员则立即上前进行堵封。

(2)围抢。围抢是指比赛中在某局部位置上，防守一方利用人数上的相对优势(通常是两三名队员)同时围堵对方的持球队员，以求在短暂时间内达到抢断或破坏对方的目的。

(3)造越位战术。造越位战术是利用规则而设计的一种防守战术，是一种以巧制胜的省力打法，因而成为一种重要的防守手段。但由于其配合难度较大，搞不好会适得其反，让对手钻空子，因此该战术往往是为水平较高的球队所采纳，但在一场比赛中也不是多次运用。

3. 全队防守战术

全队防守战术要求发挥集体的力量，对方进攻时，场上的每一名队员都应积极参与防守，并形成一定的防守队形，全队防守战术包括：人盯人防守、区域防守和混合防守。

(1)人盯人防守。人盯人防守是指比赛中由攻转守时每名防守队员盯守一名进攻队员，封锁对方的进攻路线，控制对手的活动和传控球时机的配合方法。人盯人防守时分工明确，但是某一点一旦被突破，就会使整个防线出现大漏洞，体力消耗也较大。所以，通常在后场设 1 名自由中卫，以便随时补防。

(2)区域防守。在防守时，场上队员根据自己的位置分布，每名队员负责防守一个区域，当某一进攻队员跑入本区时，就积极防守，限制对方的进攻活动。但是采取区域防守时，对方可以自由换位，而造成以多打少的局面，所以单纯地采取区域防守是不可取的。

(3)混合防守。混合防守是指人盯人防守和区域防守相结合的一种防守方法。在比赛中，通常都是人盯人防守和区域防守相结合，具体来说就是，对有球队员要紧逼盯人，对有球的区域要紧逼盯人，距球远的防守队员可进行区域防守，对特别有威胁的进攻队员可派专人盯防。2 名拖后中卫，盯人中卫负责盯防对方的中锋，拖后中卫(自由人)负责保护与补位。距离本方球门越近越要紧逼，特别是在罚球区附近更是不能松动。对方插入与切入的队员，前卫一定要回防并紧逼盯人，帮助边卫进行人盯人防守。

4. 定位球防守战术

以下主要介绍几种常见的定位球防守。

(1)角球。对方踢角球时，可由 10～11 人参加防守。由 1 名队员离球 8～9 米，封堵和限制对方角球的有效落点。

(2)界外球。在掷球局部要紧逼，特别是有可能接球者，要死盯；对比较危险的区域和有可能出现的空当要重点防守和保护；对手在前场掷球时，应采取相应的防守对策，派人在掷球者前面影响掷球的远度和准确性，重点对象要盯紧，选择防守的有利位置。

(3)球门球。球门球的防守：对方大脚发球时要严密控制落点，紧逼盯人并做好保护；本队进攻结束，对方踢球门球时，除前锋队员干扰对方配合，延缓进攻速度外，其他队员也应回防到位。

(4)开球。主要是全队思想集中，选好位置，严防对方偷袭。当对方采用短传推进时，按防守原则行动，力争尽快地夺得控球权。

(5)罚球。守门员防守应有必胜的信心，心态要稳定，因为对方主罚队员更紧张，守门员守不住不会受到更多的指责；可以采用故意放大一侧的方法，或者用假动作迷惑干扰对手；掌握对手惯用的脚法和射门方位等特点，有针对性地防守；不论射向哪个方向，总是向某一底角扑出，因为单纯靠反应扑救是来不及的。

四、足球的规则与判罚

(一)基本规则

1. 国际比赛场地

国际比赛的场地长度不得多于 110 米或少于 100 米，宽度不得多于 75 米或少于 64 米，足球场所有线的宽度不超过 12 厘米。

2. 球门

宽 7.32 米，高 2.44 米。

3. 球

圆周为 68～70 厘米；质量 410～450 克；压力为 0.6～1.1 个大气压(60 795～111 458 帕)。

4. 队员

上场比赛的两个队每队队员人数不得超过 11 人。每队必须有一名守门员。每队在比赛时可有 3 名替补队员，如果是“友谊比赛”，可以有 5 名以下的替补队员。经裁判员同意后，在比赛暂停时，替补队员可替换在场队员。只有在被替补队员下场后，替补队员才能上场。任何其他队员都可与守门员互换位置，但须事先通知裁判员，并应在比赛成死球时互换。未经裁判员同意，任何队员不得上场或下场。

5. 装备

上场队员必需的装备是：运动上衣、短裤、护袜、护腿板和足球鞋(如穿紧身内裤，必须与短裤的主色相同)；上场队员不得穿戴可能危及其他运动员的任何物件；护腿板必须由护袜全部包住，而且应是由适当的材料制成(橡胶、塑料、聚氨酯或其他类似的材料)；守门员的服装颜色必须有别于其他上场队员和裁判；替补队员进入比赛场地，即成为场上队员，同时被替换出场的队员不再是场上队员，至此替补结束。

6. 比赛时间

比赛时间应分为两个相等的半场，每半场 45 分钟。特殊情况双方同意另定除外，并按下列规定执行：在每半场中由于替补、处理伤员、延误时间及其他原因损失的时间均应补足，这段时间的多少由裁判员决定；在每半场时间终了时或全场比赛结束后，如执行罚球点球，则应延长时间至罚完为止；除经裁判员同意外，上下半场之间的休息时间不得超过 15 分钟。

7. 球门球和角球

若足球越过底线(非进球)，最后触球的球员为攻方球员，则守方球队可获得球门球。反之，若最后触球的为守方球员，则攻方球队获得角球，而角球应在足球越过底线的一方的角球点上开出。

(二)比赛通则

比赛时，每队上场人数不得多于 11 人，其中 1 人为守门员。每场比赛时间为 90 分钟，分上、下两个半时，各45分钟，中场休息不得超过15分钟。射门时，球的整体从两根门柱间及横梁下越过球门线外沿的垂直面，即为胜一球，在一场比赛中进球多者为胜。如全场踢成平局，应加时30分钟，15分钟交换场地，中间不休息。加时赛采取“突然死亡法则”，先进球的队获胜。如双方仍未进球，则以点球决定胜负。

1. 越位

进攻球员在传球时，同队接球队员在对方半场中，队员较球更接近于对方端线，并且该队员站于防守一方的球门线之间，防守球员不足两名，则该队员便处于越位位置。判罚越位犯规必须具备以下四个条件：①进攻队员处在对方半场；②进攻队员处在球的前面；③在进攻队员与对方球门线之间，对方队员不足两人；④接同伴的球或干扰比赛，获得利益。

队员遇下列情况，不属于越位犯规：①直接接球门球；②直接接界外球；③直接接角球。

2. 直接任意球

直接任意球是可以直接射入对方球门得分的球。以下情形判直接任意球：①踢或企图踢对方队员；②绊摔或企图绊摔对方队员；③跳向对方队员；④冲撞对方队员；⑤打或企图打对方队员；⑥推对方队员；⑦在抢截对方队员控制的球时，于触球前触及对方队员；⑧拉扯对方队员；⑨向对方队员吐唾沫；⑩故意手球。

3. 间接任意球

间接任意球要求球在进对方球门之前必须触及除主罚队员外的其他任一队员才有效。以下情形判间接任意球：①守门员违例，持球超过6秒仍未发出球，二次触球，用手接回传球(头球回传球除外)，用手触及队员直接掷入的界外球；②危险动作；③阻挡对方队员；④阻挡对方守门员发球；⑤连踢犯规(角球、开球、点球、球门球、任意球、掷界外球时连踢)；⑥擅自进、退场；⑦越位犯规。

4. 罚球点球

当比赛进行中，一个队员在本方罚球区内违犯了可判为直接任意球的十种犯规之一而被判罚的任意球，应执行罚球点球。罚球点球时除主罚队员外，其他队员都应在比赛场地内、罚球区外、罚球点后及罚球弧外。守门员保持在本方球门柱间的球门线上。

5. 掷界外球

球出边线，由最后触球队员的对方球员在球出界的地点掷界外球。掷界外球的球员，双足不得越过边线，并由双手持球从头后颈经头顶掷出。

6. 黄牌警告

以下情形判黄牌警告：①犯有非体育道德行为；②以语言或行动表示异议；③持续违反规则；④延误比赛重新开始；⑤当以角球或任意球重新开始比赛时，不退出规定距离；⑥未得到裁判员许可，进入或重新进入比赛场地；⑦未得到裁判员许可故意离开比赛场地。

7. 红牌罚下

以下情形判红牌罚下：①严重犯规；②暴力行为；③向对方或其他任何人吐唾沫；④故意手球，破坏对方进球或明显的进球得分机会；⑤用犯规破坏对方明显的进球机会；⑥使用无礼、侮辱性或辱骂性的语言及动作；⑦在同一场比赛中被第二次黄牌警告。

第二节 篮球运动

一、篮球的概述

篮球运动是广大学生最喜爱的运动项目之一。篮球运动始于1891年，是美国马萨诸塞州斯普林菲尔德市基督教青年会训练学校的体育教师詹姆士·奈·史密斯所创。他是受当地儿童摘核桃投入小篮子游戏的启发，所以将这种游戏取名“篮球”。

由于篮球运动的游戏性、趣味性和较好的健身作用，从20世纪三四十年代开始在全世界传播，并逐渐受到各国青年人的欢迎。1932年，国际业余篮球联合会在日内瓦成立，并初步制定了13条规则。1936年的第十一届奥运会上，男子篮球成为正式体育竞赛项目。1976年，女子篮球被列为第二十一届奥运会比赛项目，这标志着现代篮球运动进入了全面发展时期。1992年，在西班牙举办的第二十五届奥运会上，美国“梦之队”的精彩表现，展示了当时世界最高水平的篮球运动技艺，引起了全世界的关注，进一步推动了篮球运动进入一个全新发展的时期。

篮球运动具有竞争激烈、集体性好和独立性并存等特点，经常进行篮球运动，对提高身体素质、培养勇敢果断的意志等有积极的意义。

二、篮球的基本技术

（一）步法

移动是篮球运动的基础，没有快速敏捷的移动步法，将无法很好地施展单项技术。篮球移动步法可分为进攻步法和防守步法。下面将介绍篮球运动中的主要移动步法。

1. 起动

起动是队员在球场上由静止状态变为运动状态的一种脚步动作，在进攻中突然快速的起动，是摆脱防守的有效手段；防守时迅速起动是保持或抢占有利位置，防住对手的首要环节。从基本站立姿势开始，起动时，以后脚或异侧脚掌短促有力蹬地，同时上体迅速前倾或侧转，向跑动方向移动重心，手臂协调摆动，两脚连续交替蹬地，充分利用蹬地的反作用力，在最短的距离内把速度充分发挥出来。

2. 跑

跑是队员在球场上改变位置和变换速度的重要方法，也是比赛中运用最多的一种移动动作。篮球比赛中的跑，不仅要求跑的速度快，而且要求经常变换速度，改变方向，做出急停、转身、起跳动作，在跑的过程中完成控制球的动作。

跑动时，两膝要自然弯曲，重心稍微下降，用前脚掌或全脚掌着地，上体微向前倾，两臂自然摆动，眼睛注意观察场上情况，随时准备接球。在篮球比赛中，使用频率最高的跑有变速跑、变向跑、侧身跑和后退跑。

(1)变速跑。这是球员在跑动中利用速度的变换来争取主动的一种动作。加速跑时,双脚突然蹬地而短促有力,同时上体前倾与手臂相应摆动加以配合;减速跑时,前脚掌用力抵地来减缓快跑的冲击力,同时上体直立,保证身体重心后移。

(2)变向跑。这是球员利用变向跑动来摆脱防守或堵截进攻球员的一种动作。变向跑(以从右向左变方向为例)时,最后一步右脚着地,脚尖稍向内扣,用前脚掌内侧用力蹬地,屈膝,腰部随之左转,快速转移重心,左脚快迈,上体前倾,加速跑动。

(3)侧身跑。这是球员在向前跑动中为了观察球场情况,侧转上体,进行攻守行动的一种动作。上体侧身转肩,脚尖向前,上体与双臂放松,看球跑动。

(4)后退跑。这是球员在球场上背对前进方向的一种动作,是为了观察球场上的防守情况。用两脚的前脚掌交替蹬地,小腿积极后收,向后跑动,同时提踵和两臂屈肘相应摆动,保持身体平衡,并抬头注意场上情况,慢跑时稍向后倾,随着速度的加快而加大后倾度。

3.转身

转身是篮球比赛中运用较广泛,经常与其他技术动作组合运用的改变身体方向的一种动作,包括前转身和后转身。

(1)前转身。由移动脚向中枢脚前方跨出以改变身体位置与方向。背向防守队员时,可利用前转身衔接下一个进攻动作。

(2)后转身。由移动脚向中枢脚后方撤步以改变身体位置与方向。利用后转身,可摆脱对方防守球员,但必须紧贴防守球员,以便转身后获得有利位置。

4.滑步

滑步可分为侧滑步、前滑步和后滑步三种,它属于防守的基本步法。

(1)侧滑步。两脚平行站立,向左侧滑步时,左脚向左(移动方向)迈出的同时,右脚蹬地滑动,跟随左脚移动,并保持屈膝降低重心的姿势,上体微向前倾,两臂张开(根据进攻者的情况),抬头注视对手。注意身体不要上下起伏,两脚不要交叉,重心要保持在两脚之间。

(2)前滑步。由前后站立姿势开始,向前滑步时,前脚向前迈出一步,着地的同时,后脚紧随着向前滑动,保持开立姿势,注意屈膝以降低身体重心。

(3)后滑步。后滑步动作方法与侧滑步相同,只是向后滑动。在滑步练习时应谨记脚的蹬跨要协同有力,滑动时身体要平稳,两臂尽量伸展。

5.急停

急停是球员在跑动中突然制动速度的一种动作方法,也是各种脚步动作衔接和变化的过渡动作。急停包括跨步急停和跳步急停。

(1)跨步急停,又称两步急停。在快速跑动中采用急停时,先向前跨出一大步,用全脚掌抵住地面,迅速屈膝,同时身体稍后倾,转移重心,减缓向前冲力,然后连贯地跨出第二步。脚着地时,脚尖稍向内转,用前脚掌内侧蹬地,两膝弯曲,身体侧转(右脚跨出第一步,身体右转),微向前倾,重心落在两脚之间,两臂自然张开,协助维持身体平衡。

(2)跳步急停,又称一步急停。在跑动中,用单脚或双脚起跳(离地不高),上体稍后仰,两臂自然摆动,两脚同时平行(略比肩宽)落地。落地时用全脚掌着地(或先用脚跟着地,然后迅速过渡到全脚掌着地),两膝弯曲,两臂屈肘微张,保持身体平衡。

(二)传、接球

传球技术是篮球比赛中进攻队员之间有目的地转移球的方法。接球则是获得球的动作,亦是抢篮板球和抢断球的基础。传球技术和接球技术又可细分为多种,本书简要介绍几种接传球方法。

1.传球

传球动作有双手传球和单手传球两种主要的动作方法。双手传球以双手胸前传球为基本的动作方法,而单手传球则以单手肩上传球为基本动作方法,此处向大家介绍双手胸前传球和单手肩上传球的动作要领与练习方法。

(1)双手胸前传球。这是篮球比赛中最基本、最常见的一种传球,具有传球快速有力、准确性高等优点。持球时,两手五指自然分开,拇指相对呈八字形,用指根以上部位握球的侧后方,掌心空出,两肘自然弯曲于体侧,将球置于胸前。肩、臂、腕肌肉放松,两眼注视传球目标,身体成基本姿势。传球时,后脚蹬地,身体重心前移,同时两臂前伸,手腕由下向上翻转,同时拇指用力下压,食指、中指用力弹拨,将球传出,出球后,手心和拇指向下(见图 4-6)。以上动作要领可概括为:蹬(地)、伸(臂)、翻(腕)、抖(腕)和拨(指)。注意动作应协调连贯,双手用力均匀。

图 4-6　双手胸前传球

(2)单手肩上传球(以右手持球为例)。这是一种用于中远距离传球的方法,一般用于长传快攻的战术中。持球方法同双手胸前传球,两脚平行开立,右手传球时,左脚向传球方向跨出半步,同时双手将球引至右肩侧上方,右手上臂与地面近似平行,前臂与地面近似垂直,手腕后屈,右手持球的后下方,身体重心落在右脚尖上。出球时,右脚蹬地的同时转体带动上臂,前臂迅速前甩,手腕前扣,最后通过食指、中指、无名指的弹拨下压动作将球传出。具体动作如图 4-7 所示。

图 4-7　单手肩上传球

(3)反弹传球。这是球员为防止传球被对方球员截住,通过击地反弹的方式,将球传出。具体动作如图 4-8 所示。

图 4-8　反弹传球

2. 接球

接球是篮球运动中转移球的主要技术之一，主要分为双手接球和单手接球两种接球方法。

(1)双手接球。双手接球是篮球运动中最基本和最常用的接球方法。双手接球时，双眼注视来球，两臂伸出迎球，手指自然分开，拇指相对呈八字形，手指向前上方，两手成一个半圆形；手指触球后，两臂顺势屈肘随球后引，缓冲来球力量，双手握球于胸腹间，成基本站立姿势。注意动作应协调连贯，伸出手主动迎球，收臂后引缓冲。双手前伸的高度亦与来球高度相应有所变化。

(2)单手接球。单手接球控制的范围较大，可接不同方向的来球，但稳定性不如双手接球。以右手接球为例，当使用右手接球时，右脚向来球方向迈出，双眼注视来球；接球时，手掌呈勺形，手指自然分开，右臂向来球方向伸出；当手指触球时，手臂顺势将球向后引，左手立即握住球，双手将球握于胸腹间，成基本站立姿势。

(三)运球

运球是篮球运动中非常重要的个人进攻术之一，也是篮球比赛中携带球在场上移动的方法。它是持球队员在原地或行进中，用单手连续按拍由地面反弹起来的球的一类动作。运球有高运球、低运球、运球急停急起、体前变速变向运球、背后运球。通过不同运球动作的交替组合与变化，可使运球具有突然性、攻击性和实效性，从而为得分创造良好的条件。下面主要介绍高运球、低运球、运球转身、体前变向运球和胯下运球。

1. 高运球

抬头，目视前方，上体稍前倾，以肘关节为轴，用手按拍球的后侧上方，球的落点在身体侧前方，球反弹的高度在胸、腰之间，一般拍一次球跑两步。具体动作如图 4-9 所示。

图 4-9　高运球

2. 低运球

抬头，目视前方，两腿迅速弯曲，降低身体重心，上体前倾，靠近防守队员的一侧，用身体

和腿保护球。同时，用手短促地按拍球，控制球从地面反弹的高度在膝部以下，以便摆脱防守继续前进。具体动作如图 4-10 所示。

图 4-10　低运球

3. 运球转身

以右手运球为例，当对手堵截运球路线时，运球队员将球控制在身体右侧，左脚向前跨出一步为中枢脚，置于对手两脚之间，然后右脚用力蹬地后撤，顺势做后转身动作；在转身的同时，右手按拍球的右前方，将球拉引至身体的侧后方落地，转身后换用左手推拍球，从对手的身体右侧突破。为减小球的转动半径，须使上臂紧贴躯干，同时使运球手臂提拉球的动作和脚的蹬地、跨步、转身动作紧密结合。转身时应加力运球，以加大球的反作用力，延长手触球的时间，有利于拉引球动作的顺利完成。具体动作如图 4-11 所示。

图 4-11　运球转身

4. 体前变向运球

运球队员要从对手右侧突破时，先向对手左侧快速运球，当对手向左侧转移身体重心准备堵截时，运球队员突然变换运球的方向，用右手按拍球的右侧上方，并靠近身体向左侧拍球，使球的落点靠近左脚，向身体左侧反弹，同时右脚向左前方跨步，上体左转侧肩，以臂、腿、上体保护球，换左手按拍球左侧上方，从对手右侧突破。具体动作如图 4-12 所示。

图 4-12　体前变向运球

5. 胯下运球

以右手运球为例。面对对手左脚在前，右手拍球经胯下地面弹向身体左侧，同时右肩向左前方倾出，做超越对手状。此时若对手相应侧滑步堵位，左手即再拍球经胯下地面弹回身体右侧，同时左肩迅速向右前方倾出，迈右脚换左手运球快速超越对手。具体动作如图 4-13 所示。

图 4-13　胯下运球

(四)投篮

投篮是将球投进篮圈的一种专门动作,它是篮球比赛中唯一的得分手段,是所有进攻技术的最终目的和攻守矛盾的焦点所在。没有精准的投篮技术,便无法得分,也无法获得比赛的最终胜利。投篮的种类有很多种,从参与投篮的手来说,可分为单手投篮和双手投篮;从投篮时球离手的点与身体的关系来说,可分为头上投篮、肩上投篮、低手投篮和勾手投篮等;从投篮者所处的状态来说,可分为原地投篮、行进间投篮和跳起投篮等。

1.原地单手投篮

以右手持球为例,右脚在前,左脚稍后,两膝微屈,重心落两脚掌上;右手五指自然分开,翻腕持球的后部稍下部位,左手扶在球的侧下面,将球举到头部右侧上方位置,目视球篮,大臂与肩关节平行,大、小臂约呈 90°角,肘关节内收。投篮时,由下肢蹬腿发力,身体随之向前上方伸展,同时抬肘向投篮方向伸臂,用手腕前屈和手指拨球动作,使球柔和地从食指、中指端投出。球离手时,手臂要随球自然跟送,脚跟提起。具体动作如图 4-14 所示。

图 4-14　原地单手投篮

2.双手胸前投篮

投篮的准备姿势与双手胸前传球的准备姿势基本一致,投篮前将球置于胸前,目视篮圈,两肘自然下垂,两脚前后或左右开立,两膝微屈,重心落在两脚掌上。投篮时,两脚蹬地,腰腹伸展,两臂向前上方伸出,两手腕同时外翻,拇指稍用力压球,使球通过拇指、食指、中指端投出。球出手后,脚跟提起,腿、腰、臂随出球方向自然伸展。具体动作如图 4-15 所示。

图 4-15　双手胸前投篮

3.行进间单手投篮

行进间单手投篮又称三步上篮，是篮球比赛中常采用的投篮方法之一，它可分为行进间单手肩上投篮和行进间单手低手投篮。

(1)行进间单手肩上投篮。以右手持球为例，右脚向前跨出时接球，接着迅速上左脚起跳，右腿屈膝上抬，同时举球至头右侧，腾空后，上体稍后仰，当身体跳到最高点时，右手臂伸直，用手腕前屈和手指力量将球投出(见图 4-16)。此动作有一口诀：一跨大步接球牢，二跨小步用力跳，三要翻腕托球举球高，四要指腕柔和用力巧。

图 4-16　行进间单手肩上投篮

(2)行进间单手低手投篮。以右手持球为例，行进间单手低手投篮的跑动步法与行进间单手肩上投篮基本相同，只是在接球后的第二步要继续加快速度，用力蹬地向前上方起跳，腾空时间要短。投篮手的五指自然分开，托球的下部，手心朝上，手臂向上伸展，接近篮圈时，用指腕上挑的力量，使球向前旋转投向篮圈。注意第二步投篮出手前保持单手低手托球的稳定性。具体动作如图 4-17 所示。

图 4-17　行进间单手低手投篮

4.跳起单手投篮

以右手持球为例，双手持球于胸腹之间，两脚左右(或前后)开立，两膝微屈，身体重心落在两脚间，上体放松，眼睛注视篮圈；起跳时两膝适当弯曲，接着脚掌蹬地发力，提腹伸腰，向上迅速摆臂举球并起跳，球高度为肩上或头上，持球方法同原地单手肩上投篮；当身体升至最高点或接近最高点时，用暴发性力量屈腕、压指，将球投出，球离手后身体自然落地，屈膝缓冲。具体动作如图 4-18 所示。

图 4-18　跳起单手投篮

5.接球急停跳起投篮

在快速移动中接球用跨步或跳步急停，两膝弯曲，重心下降。两脚突然快速有力蹬地起跳，同时持球上举，当腾空接近最高点时，投篮出手，动作同原地跳起单手肩上投篮。具体动作如图 4-19 所示。

要点：接球、急停时，要控制好身体重心；因起跳突然，急停与起跳要紧密衔接。

图 4-19　接球急停跳起投篮

6.运球急停跳起投篮

在快速运球中，运用跳步或跨步急停，紧接迅速蹬地跳起的同时，双手抄球上举。当身体腾空接近最高点时，投篮出手，动作同原地跳投。具体动作如图 4-20 所示。

要点：运球、急停、抄球与起跳动作衔接要连贯协调，起跳突然，空中保持身体平衡。

图 4-20　运球急停跳起投篮

（五）持球突破

突破是持球队员运用脚步动作和运球技术迅速超越对手的一项攻击性很强的技术。突破技术不仅是个人的战术行动，而且还是整体战术配合的基础。比赛中，掌握好突破时机，合理地运用突破技术，既能直接切入篮下得分，又能打乱对方的防守部署，创造更多的攻击机会，增加对手的犯规。如能把突破与中投、分球结合运用，进攻就更加机动灵活，效果更为显著。

持球突破可分为侧（顺）步突破、交叉步突破、转身突破（后、前转身突破）等。

1.侧（顺）步突破

以左脚作中枢脚为例。两脚左右开列，两膝微屈，身体重心降低，持球于胸腹之间。突破时，右脚向右前方跨出一步，向右转体探肩，重心前移，右手运球，左脚前脚掌迅速蹬地，向右前方跨出，突破防守。具体动作如图 4-21 所示。

要点：蹬跨积极，转探肩保护球，第二只脚迅速积极蹬地。

图 4-21　侧步突破

2. 交叉步突破

以左脚作中枢脚为例。准备姿势同顺步突破一样，突破时，右脚前脚掌内侧迅速蹬地，身体稍左转，右肩向前下压，重心向左前方移动，右脚向左侧前方跨出，将球引于左侧，接着运球，中枢脚蹬地向前跨出迅速超越防守。具体动作如图 4-22 所示。

要点：蹬跨积极，转探肩保护球。

图 4-22　交叉步突破

3. 后转身突破

以左脚作中枢脚为例。背向球篮站立，两脚平行开立，两腿弯曲，重心降低，两手持球于腹前。突破时以左脚为轴转身，右脚向右侧后方跨步，上体右转，脚尖指向侧后方，右手向右脚前方放球，左脚前脚掌内侧迅速蹬地，向球篮方向跨出，运球突破防守。具体动作如图 4-23所示。

要点：要控制重心平稳，右脚向右侧后方跨出时的脚尖方向要正确，左脚前脚掌内侧积极有力蹬地。

图 4-23　后转身突破

4. 前转身突破

以左脚作中枢脚为例。突破前的准备动作与后转身准备动作相同。突破时重心移至左脚上，右脚前脚掌内侧蹬地，左脚为轴，右脚随着前转身而向球篮方向跨出，左肩向球篮方向压，右手运球后左脚蹬地，向前跨出，突破对手。具体动作如图 4-24 所示。

要点：移重心，蹬地运球动作连贯。

图 4-24　前转身突破

(六)抢篮板球

抢篮板球技术可分为抢进攻篮板球与抢防守篮板球技术两大类。

1. 抢进攻篮板球

当同伴或自己投篮时,处在近篮区的进攻队员首先应判断球的反弹方向,然后先向相反方向的侧前方跨步,做身体虚晃的假动作,诱开身前的防守队员,利用绕跨步挤到对手的前面或侧前面,抢占有利位置,借助跨步或助跑起跳,至最高点补篮或抢篮板球。具体动作如图 4-25 所示。

图 4-25　抢进攻篮板球

2. 抢防守篮板球

保持正确的站位姿势,即两膝弯曲,上体稍前倾,重心放在两脚之间,两臂屈肘侧张占据较大面积。当对方投篮出手后,应注意对手的动向,并根据当时与进攻队员所处的位置和距离的远近,运用上步、撤步和转身抢占有利位置,把进攻队员挡在身后,同时还要判断球的落点准备起跳。具体动作如图 4-26 所示。

图 4-26　抢防守篮板球

(1)抢占位置,要设法抢占在对手与球篮之间的有利位置上。抢进攻篮板球时要判断球的落点,利用各种假动作冲抢;抢防守篮板球时要注意用转身挡人的动作先挡人后抢篮板球。不论抢进攻篮板球还是防守篮板球,都要抢占在对手与球篮之间的位置上。

(2)起跳动作,起跳前两腿微屈,重心降低,上体稍前倾,两臂屈肘举于体侧,重心置于两

脚之间,注意观察判断球的反弹方向,及时起跳。起跳时两脚用力蹬地,同时两臂上摆,手臂上伸,腰腹协调用力,充分伸展身体,并控制身体平衡。

(3)抢球动作,分双手、单手和点拨球。双手抢篮板球时,指端触球瞬间,双手用力握球,腰腹用力,迅速将球拉入胸腹部位,同时两肘外展,以保护球。单手抢篮板球,跳起达到最高点时,指端触球后,迅速屈指、屈腕、屈肘收臂,将球下拉,另一只手扶球护球于胸腹部位。点拨球是在跳起到最高点时,用指端点拨球的侧方、侧下方或下方。进攻抢到篮板球时或补篮或投篮,或迅速传球给同伴重新组织进攻;防守抢到篮板球,或在空中将球传出,或落地后迅速传出,或运球突破后及时传给同伴。

(七)防守

防守战术基础配合是指在篮球竞赛中,防守队员两三人之间所采用的协同防守配合的方法。

1.防守持球队员

(1)防投篮。防守时站在对手与球之间,防守的距离要根据对手离篮的远近而有所不同,对手持球在外围,一般是以伸臂能触及球为宜,多采用斜步防守,前脚同侧的手臂向斜上方伸出,另一臂侧伸,以便向侧移动,阻止对手突破。对手在篮下得球后,一般要贴近对方,微屈膝、两臂微伸于肩上,准备跳起封盖。要避免过早举起双臂,以防对方转身投篮或突破。

(2)防突破。防对手持球突破,要根据对手习惯、技术特点来采取相应对策。

(3)防运球。当对手在离篮 7 米以外持球,投篮的准确性又较差时,进攻队员往往运球逼近球篮,这时,防守者的任务主要是防运球。

(4)防传球。当对手善于传球助攻时,防守队员要积极阻挠其传球。

(5)抢球。抢球是从进攻队员手中夺取球的方法,常在防守者离持球者近,而且持球者保护球不好时运用。

(6)打球。打球是指击落对方手中球的方法,包括打原地持球队员的球、打运球队员手中的球和打行进间投篮队员手中的球三种。

(7)盖帽。进攻队员投篮或上篮时,当球刚离手的一刹那,防守队员立即跳起将球打落,称为"盖帽"。盖帽前要根据进攻队员的投篮动作和身高、弹跳等特点,降低重心,迅速移动,选择有利位置,准确判断对手起跳及出球时机。

2.防守无球队员

(1)强侧防守。防守离球较近的对手时,要靠近对方,选择略偏向有球一边的位置。防守的姿势是面向对手,侧对持球队员,靠近球一侧的手和脚在前,封锁对方的接球路线。重点是不让对手方便接球,迫使对方持球队员越区传球。

(2)弱侧防守。防守离球较远的对手时,距离对手要远一些,防守时偏向有球一侧的角度要大,既能控制对手,又能回缩篮下进行协同防守,先控制篮下腹地。防守的姿势是侧对无球队员,两脚平行站立,重心下降,两臂自然屈于体前,随时准备出击抢断与阻截。

3.断球

断球是截获对方传接球的方法。根据传球方向和防守队员断球前所处的位置,一般分为横断球、纵断球和封断球三种。

三、篮球的基本战术

篮球基本战术是在篮球比赛中队员两三人之间有目的、有组织、协调行动的简单攻守配合方法。

(一)进攻战术基本配合

1. 传切配合

传切配合是指进攻队员之间利用传球和切入技术所组成的简单配合。它包括一传一切和空切配合。

(1)一传一切配合,是指队员传球后,利用起动速度或假动作摆脱防守,向篮下切入接回传球投篮的配合。

动作要领:⑤传球给④后做向左切入的假动作,然后突然从右侧切入,侧身面向球接④的传球投篮。具体动作如图 4-27 所示。

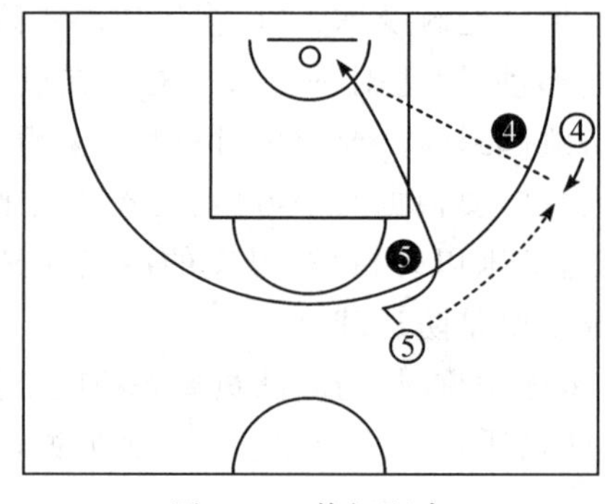

图 4-27　传切配合

(2)空切配合

空切配合是指无球的队员掌握时机,摆脱对手,切向防守空隙区域接球投篮或做其他进攻动作。

动作要领:⑤传球给④时,⑥利用❻未及时调整位置的机会,突然横切或沿底线切向篮下接④的传球投篮。具体动作如图 4-28 所示。

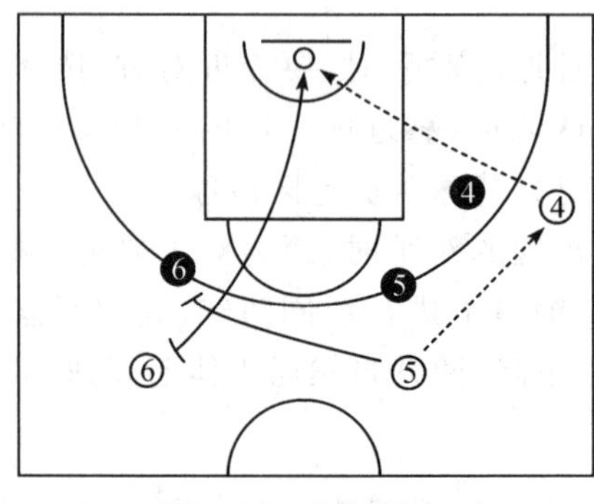

图 4-28　空切配合

2. 掩护配合

掩护队员采取合理的行动，用自己的身体挡住同伴防守者的移动路线，使同伴借以摆脱防守，或利用同伴的身体和位置使自己摆脱防守的一种配合方法。

动作要领（以侧掩护为例）：侧掩护是指掩护队员站在同伴防守者的侧面进行配合掩护的方法。持球队员与无球队员之间的侧掩护配合：⑤传球给④后，移动到❹身体左侧做侧掩护，④接球后瞄篮或做向左侧突破的动作。当⑤掩护到位时，④立即从右侧贴着⑤的身体运球突破上篮；⑤立即转身切向篮下抢篮板或接球投篮。这种掩护也称挡拆配合。具体动作如图 4-29 所示。

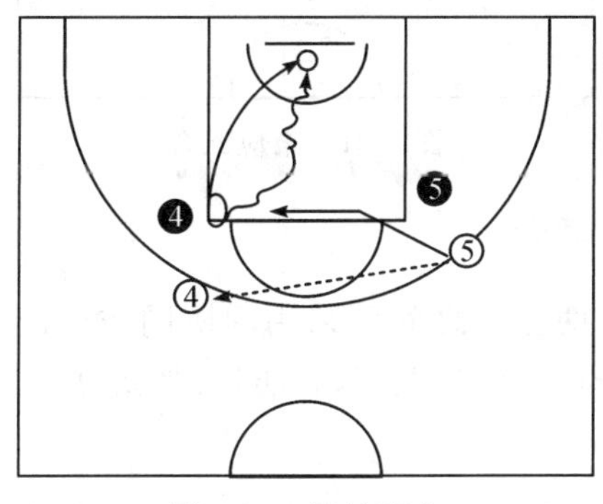

图 4-29　掩护配合

3. 突分配合

突分配合是指持球队员突破对手后，遇到对方补防或者协防时，及时将球传给进攻位置最佳的同伴进行攻击的一种配合方法。

动作要领：开始时④持球突破，在突破中跳起分球给向两侧移动的⑦，⑦在接球后示意投篮动作，然后传球给⑤，⑤接球后人从底线或内侧突破，跳起传球给接应的⑧。位置交换：④到⑦排尾，⑦到④排尾。练习一定次数后，改换从左边突破分球练习。具体动作如图 4-30 所示。

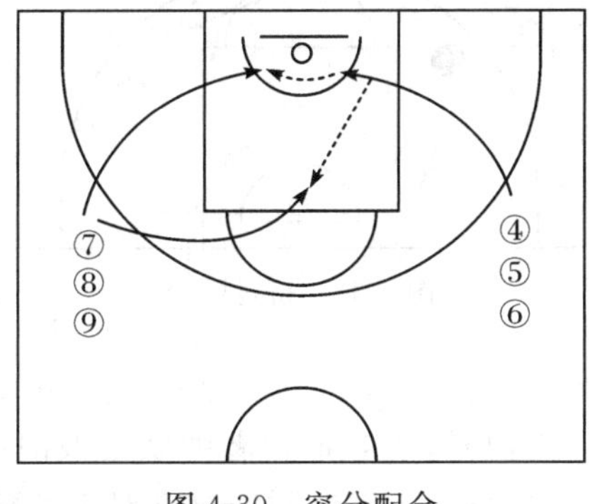

图 4-30　突分配合

4. 策应配合

策应配合是指进攻队员背对或侧对球篮接球后，通过多种传球方式与外线队员的空切、绕切相结合，借以摆脱防守，创造各种里应外合进攻机会的配合方法。

动作要领:⑤插向罚球线附近抢位接④的传球。④传球后摆脱对手接⑤的回传球进攻。具体动作如图 4-31 所示。

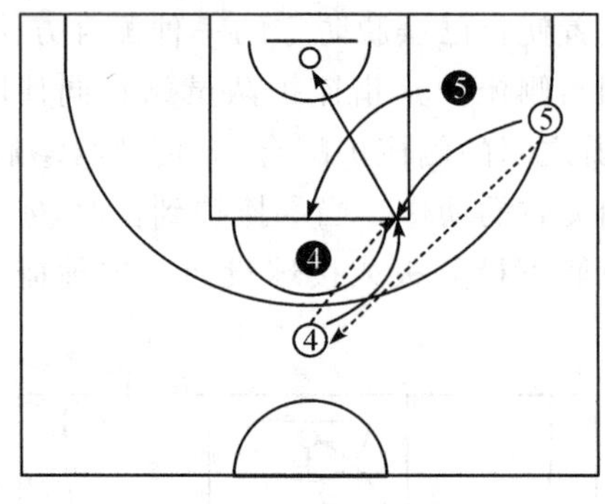

图 4-31　策应配合

(二)防守战术的基本配合

在篮球竞赛中,防守队员两三人之间所采用的协同防守配合的方法被称为防守战术基础配合,它包括挤过、穿过、绕过、夹击、关门、补防、交换防守及围守中锋等。

1. 挤过配合

挤过配合是指对方进行掩护时,防守队员在掩护队员接近自己的一刹那,迅速抢前横跨一步贴近自己的对手,并从两个进攻队员之间侧身挤过去,继续防守自己对手的配合方法。

动作要领:当发现对方进行掩护配合时,❻在掩护者贴近的一刹那,迅速前跨一步靠近⑥,并从⑥和④之间侧身挤过去,继续防守⑥。此时❹应后撤,做好补防准备。具体动作如图 4-32 所示。

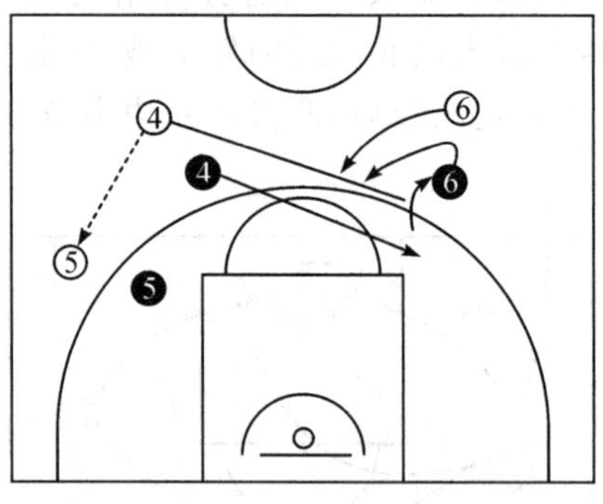

图 4-32　挤过配合

2. 穿过防守

穿过配合是指当对方进行掩护时,防守掩护者的队员及时提醒同伴,并主动后撤一步,让同伴及时从自己和掩护队员之间过去,继续防守自己对手的配合方法。

动作要领:⑤传球给⑥,⑤反方向移动给④做掩护的一刹那,❺主动后撤,让❹从⑤和❺中间穿过去,继续防守④。具体动作如图 4-33 所示。

图 4-33　穿过防守

3. 交换配合

交换配合是指进攻队员在做掩护配合时，防守掩护者的队员与防守被掩护者的队员及时主动地交换自己所防对手的配合方法。

动作要领：当⑤为④掩护，❹没能及时发现而被堵住时，❺应主动发出换防的信号，并立即堵截④，❹则及时调整，占据有利位置，控制⑤的行动。交换防守后，应在适当时机尽快再换防，以免个人攻守力量对比上失利。具体动作如图 4-34 所示。

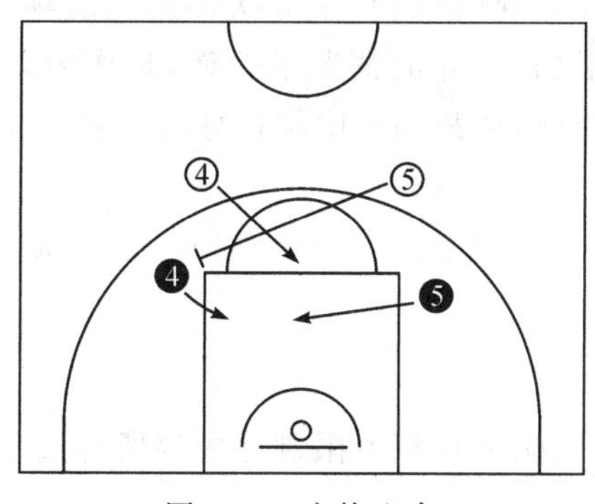

图 4-34　交换配合

四、篮球的规则与判罚

(一)一般规则

1. 场地器材

篮板要用适宜的透明材料制成，它们是整块的，具有与 0.03 米(3 厘米)厚的硬木篮板相同的坚硬度。它们也可用 0.03 米(3 厘米)厚、漆成白色的硬木板制成。篮板的尺寸为横宽 1.80 米，竖高 1.05 米，下沿距地面 2.90 米。

球场是一个长方形的坚实平面，无障碍物。对于国际篮联主要的正式比赛，球场尺寸为长 28 米、宽 15 米，球场的丈量是从界线的内沿量起。

篮圈的制作要求：实心铁条，内径为 0.45 米(45 厘米)，漆成橙色；圈条的直径最小为

0.017 米(17 毫米),最大为 0.020 米(20 毫米),圈的下沿设有小环或类似的东西,以便悬挂篮网;它们要牢固地安装在篮板上,建议最好把篮圈安装在篮板的结构架上,这样,篮圈上所受的力就不会直接作用到篮板上;篮圈顶面要成水平,离地板 3.05 米,与篮板两垂直边的距离相等。篮板面距篮圈内沿的最近点是 0.15 米(15 厘米)。

2. 比赛人数

每场篮球比赛由两个队参加,每队出场 5 名队员。目的是将球进入对方球篮得分,并阻止对方获得球或得分。

3. 比赛时间

每场比赛两个半时,每半时 20 分钟,共分为四节,每节 12 分钟(NBA 惯例,国际篮联规定时间为每节 10 分钟),每节之间的休息时间分别为 2 分钟。半时间的休息时间为 10 分钟或 15 分钟。

4. 选手替换

每次替换选手要在 20 秒内完成,替换次数则不限定。交换选手的时间选在有人犯规、争球、叫暂停等。裁判可暂时中止球赛的计时。

5. 罚球

每名球员各有 4 次被允许犯规的机会,第五次即犯满退场。且不能在同一场比赛中再度上场。罚球是在谁都不能阻挡、防守的情况下投篮,是作为对犯规队伍的处罚,给予另一队的机会。罚球要站在罚球线后,从裁判手中接过球后 5 秒内要投篮。在投篮后,球触到篮筐前均不能踩越罚球线。

(二)违例

1. 3 秒

在场上控制活球时,该队的队员在对方限制区内停留超过了 3 秒。

2. 5 秒

持球后,球员必须在 5 秒钟之内掷界外球出手,否则违例。

3. 8 秒

一个队在后场控制活球开始,必须在 8 秒内使球进入前场,否则违例。

4. 24 秒

进攻球队在场上控球时必须在 24 秒内投篮出手,否则违例。

5. 球回后场

球队如已将球从后场移至前场,该球队球员便不能再将球移过中线,运回后场。

6. 干扰球

投篮的球向篮下落时,双方队员都不得触球。当球在球篮里的时候,防守队员不得触球,否则视为违例。

7. 带走球

运球时在球离手前，不准提起中枢脚，投篮或传球时可提起中枢脚，但必须在脚落地前将球出手，否则违规。

（三）犯规

1. 侵人犯规

与对方发生身体接触而产生的犯规，比如拉人、推人、撞人等。

2. 技术犯规

是指所有不包括与对方球员接触的犯规。队员不得漠视裁判员的劝告或运用不正当的行为。

(1)同裁判员、到场的技术代表、记录员、计时员，或对方队员讲话或接触没有礼貌。

(2)使用很可能引起冒犯或煽动观众的言语或举动。

(3)戏弄对方或在对方眼睛附近摇手妨碍他的视觉。

(4)妨碍迅速地掷界外球以延误比赛。

(5)被判犯规后，在裁判员要求举手时不正正当当地举手。

(6)离开场地去获得不正当的利益。

第三节　排球运动

一、排球的概述

排球运动于1895年由美国人威廉· 摩根发明。摩根先生认为篮球运动太激烈，而网球运动量又太小，他想寻求一种运动量适中，又富于趣味性，男女老少都能参加的室内娱乐性项目，就想把当时已广为流行的网球搬到室内，在篮球场上用手来打。最早因该项运动由16人排成队列进行比赛而得名。先后经历16人制、12人制和9人制。1947年国际排球联合会成立以后，才正式采用6人制，并对队员的发球次序、前后站位和传球次数有了严格的规定，且要求始终不能让球落于地面。

排球运动出现后，通过教会的传播活动和美国军队的军事与战争活动，传播到了世界各国，并于1905年传入中国。在1964年日本东京第18届奥运会上，排球比赛被正式列为比赛项目。

二、排球的基本技术

排球技术是指运动员在比赛规则允许的条件下使用各种合理的击球动作和配合动作的总称。排球技术有两种：一种是有球技术；另一种是无球技术，包括准备姿势、移动、起跳及各种掩护动作等。排球技术主要由步法和手法组成，同时与视野活动、躯干活动和意识活动相配合融合为一体。

（一）准备姿势

为了便于完成各种技术动作而采取的合理的身体姿势称为准备姿势。合理的准备姿势是指既要求身体重心处于相对稳定的状态，又要便于移动和完成各种击球动作，为迅速起动、快速移动及击球创造最好的条件。为完成某项有球技术之前的准备姿势，称为专业技术准备姿势。排球准备姿势分半蹲、稍蹲、低蹲三种。

1. 半蹲准备姿势

动作要领：两脚左右开立稍比肩宽，一脚在前，脚跟稍提起，膝关节保持一定的弯曲，膝关节的投影在脚尖前面。上体前倾，重心靠前。两臂放松自然弯曲，双手置于腹前。两眼注视来球，两脚保持移动状态。

2. 稍蹲准备姿势

动作要领：稍蹲准备姿势比半蹲准备姿势重心稍高，动作方法相同。

3. 低蹲准备姿势

动作要领：低蹲准备姿势比半蹲准备姿势的身体重心更低、更靠前，两脚左右、前后的距离更宽一些，膝部弯曲程度更大一些，肩部投影过膝，膝部投影过脚尖，手置于胸腹之间。

（二）移动步伐

1. 起动

动作要领：起动是移动的开始，它是在准备姿势的基础上，变换身体重心的位置，破坏准备姿势的平衡，使身体向目标移动。

2. 并步与滑步

动作要领：当来球距身体一步左右时可采用并步移动。如向前移动时，即后脚蹬地，前脚向来球方向跨出一步，后脚迅速跟上做好击球前的准备姿势。连续并步移动称为滑步。

3. 跨步与跨跳步

动作要领：当来球较低，离身体两三米左右时用跨步，如向前移动则后脚用力蹬地，前脚向前跨出一大步，膝部弯曲，上体前倾，身体重心移至前腿上，若球低而远可采用跨步。

4. 高叉步

动作要领：当来球在体侧的两米左右时，可采用交叉步移动，向右移动时上体稍向右转，左脚从右脚前面向右交叉迈出一步，右脚在迅速向右跨步，落于左脚的右边，同时身体转向来球的方向，保持接球前的准备姿势。

5. 跑步

动作要领：球距人较远时，采用跑步，跑步时两臂要配合摆动，球在侧方或后方时，应边转身边跑。

（三）发球

发球是排球基本技术之一，是排球比赛中重要的进攻技术。发球是比赛的开始，也是进攻的开始，准确而有攻击性的发球可以直接得分或破坏对方的战术组织。发球按照发出球的性能主要可分为发飘球和发旋转球。发飘球主要有正面上手发飘球、勾手发飘球和跳发飘球；发旋转球主要有正面上手发球、勾手大力发球、跳发球、正面下手发球、侧面下手发球、侧旋球和高吊球等。

1. 正面上手发球

动作要领：队员面对球网，两脚前后自然开立，左脚在前，左手持球于身前，用抬臂和手掌的平托上送，将球平稳地垂直抛于右肩前上方，高度适中。在左手抛球的同时，右臂抬起，屈肘后引，肘与肩平，上体稍向右转。击球时，利用蹬地、转体和收腹带动手臂挥动，在右肩前上方伸直手臂的最高点，以全手掌击球的中下部。击球时，手指自然张开吻合球，手腕要迅速主动做推压动作，使击出的球呈上旋飞行。具体动作如图 4-35 所示。

图 4-35　正面上手发球

2. 侧面下手发球

动作要领：侧面下手发球是侧对网站立，转体带动手臂由体侧后下方向前摆动，在体前肩对网，两脚左右开立，约与肩同宽，两膝微屈，上体稍前倾重心落在两脚间。左手将球平稳抛送至胸前，距身体约一臂之远，离手高约 30 厘米。在抛球的同时，左臂摆至右侧后下方，接着利用右脚蹬地向左转体的力量，带动右臂向前上方摆动在腹前用全手掌，掌根或虎口击球的右下方。具体动作如图 4-36 所示。

图 4-36　侧面下手发球

3. 勾手大力发球

动作要领：发球队员左肩对球网，两脚左右开立，与肩同宽，两膝弯曲，上体前倾，重心落在两脚之间，左手或双手持球于胸腹前，两眼注视着对方。左手或双手将球平稳抛至左肩上方，高度约1米，抛球同时，右腿弯曲，重心移至右脚，上体向右侧转动和倾斜，右臂向身体右侧后下方摆动，同时挺胸抬头，两眼注视球体。击球时，右脚用力蹬地，身体向左转动带动手臂沿弧形轨迹向上挥动，在右肩前上方击球。同时身体重心移至左脚，手臂充分伸直保持高点击球，手掌手指自然张开呈勺形，以全手掌击球的后中下部，击球一瞬间，手腕手掌要做迅速明显地向前推压动作，使球呈上旋飞行。击球后，迅速进场比赛。

（四）垫球

垫球是用双手前臂的前部击球，利用来球的反弹力将球击出的技术动作。其主要用于接发球、接扣球、接拦回球及各种低球。垫球通常分为不倒地和倒地两大类。不倒地的垫球多用双手，倒地垫球多用单手。

1. 正面双手垫球

动作要领：

(1)准备姿势。移动对正来球后，两脚分前后半蹲站立，重心稍前倾，双臂自然变曲，置于腹前。

(2)手型。目前常用的击球手型有两种：一种是叠指法，两手手指上下重叠，掌根紧靠，合掌互握，两拇指朝前相对平行靠压在上面一手的中指第二指节上。两臂伸直夹紧，注意手掌部分不能相叠。另一种是包拳法，两手抱拳互握，两拇指平行朝前，两掌根和两前臂外旋紧靠，手腕下压，使前臂形成一个垫击平面。

(3)击球点和触球部位。当球接近腹前时，两手重叠，掌跟靠拢，合掌互握，两拇指平行前伸，手臂伸直，手腕下压，肘关节外旋，用小臂的前部击球的后下部。击球点应保持在腹前，以便于控制用力大小和根据垫球的方向调整手臂与球的角度。

(4)击球。两臂靠拢前伸，插到球下，靠手臂上抬的力量及球的反弹力，同时配合蹬地跟腰动作，使身体重心向上方移动。击球过程中，两臂要摆平，肩关节要适当放松避免动作僵硬而影响迎击球的准确性和控制能力。具体动作如图4-37所示。

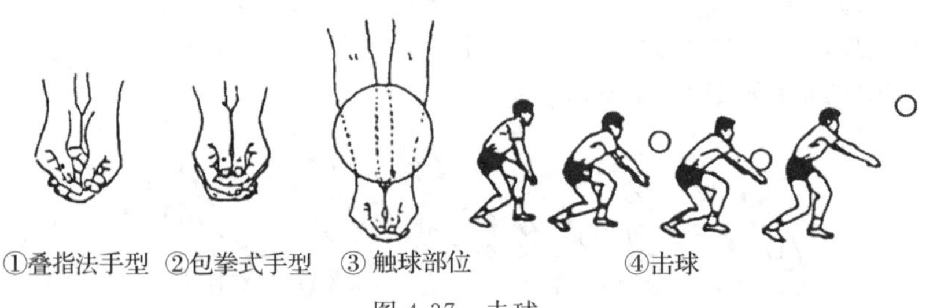

图4-37　击球

（五）传球

传球是排球运动中最重要的基本技术，是进行比赛与组织战术的基础。传球在组织进攻和攻防战术的串联中起着桥梁和纽带的作用。传球技术多种多样，但从传球方式上来看，主要有正面传球、背传球、侧传球、调整传球和二传传球等基本技术，动作通常分为正传、背传、侧传三类。

1. 正面上手传球

动作要领：

(1)准备姿势：两脚左右开立，与肩同宽。一脚在前，后脚跟稍提起，两膝微屈，身体稍前倾，两臂屈肘抬起，肘部下垂，两手张开成近似传球手型，放在脸前。

(2)手型及触球部位传球时：手型应该是手腕后仰，两手指自然张开，围成半球形，拇指尖相对成近似"一"字形。传球时，以拇指的指腹或内侧触及球的下部或后中下部；食指全部和中指的二、三指节触及球的后上部，无名指和小指触及球的两侧。当手指触及球时，以两手的拇指、食指、中指随来球的压力，无名指和小指在球两侧协助控制传球方向。

(3)击球点：击球点一般在前额上方 10～15 厘米处。

(4)击球时的用力：传球前，手指、手腕和手臂要稍放松。触球时，手指、手腕应保持一定的紧张程度。球触手后，以拇指、食指和中指承担球的冲力，无名指和小指包在球两侧辅助控制球。传球时，主要以手指、手腕的弹力，上肢向前上方伸展及身体协调力量将球向前上方 45°传出。具体动作如图 4-38 所示。

图 4-38　正面上手传球

2. 背向传球

背传是向身体背后上方的传球，其主要用于组织进攻，是二传队员必须掌握的主要传球技术之一。比赛中熟练运用背传技术，能够使进攻战术多样化，可出其不意，迷惑对方。

动作要领：背传准备姿势上体应比正面传球稍直立，身体重心在两脚之间，不要前倾，双臂屈肘抬起，两手成传球手型置于脸前。传球时，稍抬头挺胸，在两腿蹬地的同时，上体向后伸展，击球点保持在额上方。击球时，手腕适当后仰，掌心向上，手指击球的下部，利用向后上方伸臂、伸肘动作的手指、手腕的弹力将球向背后方向传出。

3. 侧传

动作要领：身体侧对传球目标，在不转动身体的情况下，靠双臂向侧方传球的动作称为侧传。侧传的准备姿势、手型及迎球动作同正面传球，但击球点应偏向传出方向一侧。迎球时，通过下肢蹬地使身体重心向上伸展，上体和双臂向传球方向一侧伸展。异侧手臂动作的幅度要大些，伸展的速度也应快些，以双臂和上体侧屈的协调动作将球传出。

(六)扣球

扣球是排球技术中攻击性最强的一项进攻技术。它是得分的重要手段。扣球技术的运用种类很多，常用有正面扣球、扣快球、勾手扣球，其中正面扣球是最基本的方法。

1. 正面扣球

动作要领：助跑节奏由慢到快，一步定向两步迈，后脚并上猛蹬踏，两臂协调向上摆。腰腹发力要领先，协调挥臂如挥鞭，击球保持最高点，满掌进球要上旋。具体动作如图 4-39 所示。

图 4-39 正面扣球

2. 扣快球

(1)近体快球。

动作要领：在二传队员附近约 50 厘米处扣的快球，叫近体快球。近体快球主要是进攻速度快，常常使对方来不及拦网和防守。近体快球不但进攻效果好，而且具有较强的掩护作用，是副攻手必须掌握的技术。

(2)半快球。

动作要领：半快球是在二传队员附近起跳，扣超出网口两个半球高度的球。半快球比一般扣球速度快，比快球速度慢，队员可利用高点看清对方拦网者的手，以便改变扣球手法和扣球路线。半快球的助跑路线一般同刺网夹角成 45°左右，起跳一般在二传出手后快速跳起。击球动作与近体快球基本相同，主要利用前臂和手腕加速甩动去击球。

(八)拦网

拦网在比赛中不仅是第一道防线，又是得分和转守为攻的主要手段。拦网技术主要分单人和集体拦网，单人拦网是集体拦网的基础。

1. 单人拦网

动作要领：拦网判断是关键，及时起跳莫提前，提肩压腕张手捂，看清动作拦路线。如图 4-40所示。

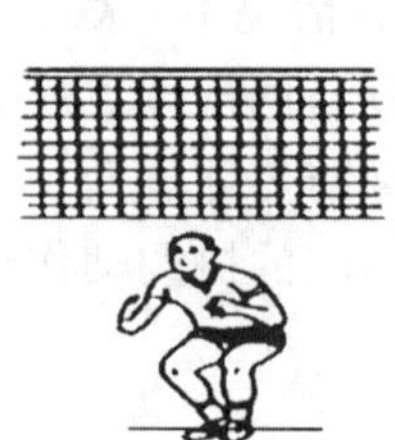

图 4-40 单人拦网

2. 集体拦网

集体拦网分双人拦网和三人拦网。

动作要领：面对球网两脚平行开立约同肩宽，距网30～40厘米，两膝微屈，两臂自然弯曲于胸前，随时准备起跳和移动。

三、排球的基本战术

（一）阵型

阵容配备指比赛时场上人员的搭配布置。阵容配备的目的是合理地把全队的力量搭配好，更有效地发挥每一个队员的特长和作用。为此，在组织阵容时，应该考虑根据队员的身体素质、技术水平合理安排其在阵容中的位置，把进攻力量强的和防守技术好的队员搭配开，使每一轮次都有较强的进攻能力和较好的防守能力；主攻手、副攻手和二传手分别安插在对称的位置上，以便在轮转时保持比较均匀的攻防力量；根据战术需要和队员间默契程度，把平时配合较好的进攻队员和二传队员安排在相邻的位置上；扣球好的主动手一开始站在最有利的位置上，如4号位；防守好的队员，应站在后排；本方有发球权时，发球好的队员最好站在1号位；发球权在对方时，发球好的队员可站在2号位；一传较差的队员尽可能不要安排在相邻的位置上，避免形成薄弱地区。根据各队不同的技术水平和战术特点，一般有以下三种阵容配备。

1.“四二”阵型

即场上两个二传手、四个攻手（其中两个主攻手、两个副攻手），安排在对称的位置上。每一轮次前排都有一个二传队员和两个进攻队员，便于组织前排二传传球的两点进攻和后排二传插上传球的三点进攻。但每一个进攻队员必须熟悉两个二传队员的传球特点，配合比较困难。

2.“五一”阵型

即场上一个二传队员、五个进攻队员。为了弥补有时主要二传队员来不及传球所出现的被动局面，通常在二传队员的对角位置上，配备一名有进攻能力的接应二传队员。二传队员在前排时采用两点进攻，二传队员在后排时采用进攻和拦网的力量。“五一”配备中，全队进攻队员只需适应一名二传队员传球的习惯、特点，容易建立配合默契。但防守反击时，一传队员如果在后排，要插上传球，难度较大。

3.“三三”阵型

即三名能攻的队员与三名能传的队员间隔站位，使每一轮次都有传有扣，是初学者常用的阵容配备。

（二）进攻战术

进攻战术是指在接对方发过来、扣过来、拦过来和传、垫过来的球后，全队所采取的有目的、有组织的配合进攻行动。进攻战术又可分为进攻阵型和进攻打法两方面。

1. 阵型

进攻战术阵型即进攻时的采取的队形。进攻时所采用的阵型是基本一致的，不外“中一二”“边一二”“插上”三种。

(1)“中一二”进攻战术阵型。3 号位员作二传，将球传给 4、2 号位队员进攻的组织形式。其优点是一传向网中 3 号位垫球比较容易，因而有利于组成进攻，适合初学者采用；二传队员在网前接应一传的移动距离近，向 2、4 号位传球的距离较短，容易传准。缺点是战术变化少，对方容易识破进攻意图。

(2)“边一二”进攻战术阵型。2 号位队员作二传，将球传给 3、4 号位队员进攻的组织形式。其优点是右手扣球者在此 3、4 号位扣球比较顺手，战术变化较多。缺点是 2 号位接一传时，向 2 号位垫球距离较远。

(3)“插上”进攻战术阵型。二传队员由后排插上前排作二传，把球传给前排 4、3、2 号位队员进攻的组织形式。其优点是能保持前排三点进攻，战术配合变化多，并能利用网的全长组织进攻。缺点是对插上二传队员的要求较高。

2. 打法

进攻战术打法是指二传队员与扣球队员之间所组织的各种进攻配合。包括强攻、快攻和两次球进攻三种基本打法。每种打法中又有若干不同战术配合，而所有这些打法又都可以在“中一二”“边一二”和“插上”三种进攻战术阵型中具体运用。

(1)强攻。强攻指在没有同伴掩护的情况下，在对方有准备的拦防情况下，强行突破的进攻。强攻的二传球较高，根据不同的二传球位置，可以分为集中进攻、拉开进攻、围绕进攻、调整进攻等。后排队员的高球进攻也属于强攻的打法。

(2)快攻。快攻指扣二传传出的各种平快球，以及用这些平快球作掩护所组成的各种战术配合。可以分为平快球进攻、自我掩护进攻、快球掩护进攻三类。平快球进攻常用的有前快、背快、短平快、平拉开、背溜、调整快、远网快、后排快、单脚起跳快等；自我掩护进攻包括时间差、位置差、空间差的进攻；快球掩护进攻包括各种交叉进攻、夹塞进攻、梯次进攻、前排快攻掩后排进攻的本位进攻等。

(3)两次球进攻。两次球进攻指一传来球较高，又在网前适合扣球的位置上，前排队员跳起来直接进行扣球；如遇拦网，就在空中改作二传，把球转移给其他前排队员进攻。

(三)防守战术

排球的防守战术是组织进攻或反攻或反攻战术的基础，没有严密的防守，进攻就无从组织。而一切防守战术都应从积极为进攻和反攻创造条件的角度进行设计和考虑。

1. 接发球

当对方发球时，本方处于防守地位，也是组织第一次进攻的开始。事先站好位置，摆好阵型，是接好发球的基础。站位的阵型，不仅要有利于接球，也要有利于本方所采用的进攻战术。同时，还要根据对方发球的特点，采取不同的阵型。通常采用 5 人接发球和 4 人接发球的站位阵型。

(1)5 人接发球的站位阵型。除 1 名二传员站在网前或从后排插上准备二传不接发球

外，其余5名队员都担负一传任务的接发球站位阵型。其优点是队员均衡分布，每人接发球的范围相对减小；接发球时，已站成了基本的进攻阵型，组织进攻比较方便，适合接发球水平不太高的球队。其缺点是一传队员从5号位插上时距离较长，难度大；3号位队员接球时，不便组成快攻战术；不利于队员间的及时换位；队员之间配合不默契时，容易互相干扰。

(2)4人接发球的站位阵型。插上二传队员与同列的前排队员均站在网前不接发球，其他4人站成弧形接发球的站位阵型。其特点是便于后排插上和不接发球的前排队员及时换位；其缺点是对接发球的4人要求有较高的判断、移动能力和掌握较好的接发球技术。

2.接扣球

接扣球的防守与组织反攻是密不可分的，只有防守成功才能有富有成效的反攻。接扣球的防守战术是前排拦网与后排防守的整体配合，根据对方进攻情况、本队队员特长、防守后的反攻打法，一般可分为不拦网、单人拦网、双人拦网和3人拦网的防守阵型。

(1)不拦网的防守阵型。在对方进攻较弱，没有必要进行拦网时，可以采用不拦网的防守阵型。这种阵型与5人接发球站位阵型相似，前排进攻队员要撤到进攻线后，准备防守和防守后的反攻；后排队员后退，准备防后场球；二传队员留在网前，准备接吊到网前的球和组织进攻。

(2)单人拦网的防守阵型。当对方扣球威胁不大、扣球路线变化不多、轻打中吊球较多时，可以主动采用单人拦网的防守阵型。拦网队员拦扣球人的主要进攻路线，不拦网队员及时后撤防守前区或保护拦网人，后排队员后撤加强后场防守。

(3)双人拦网的防守阵型。对方水平较高、进攻力量较强、进攻路线变化较多时，多采用这种防守阵形，即两人拦网、4人接球。通常分为“边跟进”和“心跟进”两种。

①“边跟进”。多在对方进攻较强，吊球较少时采用。当对方4号位队员进攻时，我方2、3号位队员拦网，其他4个队员组成半圆弧形防守。如遇对方吊前区，由边上1号位队员跟进防守。其优点是加强了拦网，缺点是边上的队员既要防直线，又要跟进防前区，比较困难。

②“心跟进”。在本方拦网能力强，对方采取打吊结合时采用。当对方4号位队员进攻时，我方2、3号位队员拦网，后排中的6号位队员在本方拦网时跟在拦网队员之后进行保护，其余3名队员组成后排弧形防守。其优点是加强了前区的防守能力，缺点是后排防守队员之间的空当较大。

(4)3人拦网时的防守阵型。对方主要扣球手进攻实力很强，不善吊球的情况下可采用3人拦网、3人后排接球的防守阵型。这种阵型加强了网上力量，但后防的空隙也相对增大。3人拦网时，后排防守的6号位队员可以跟进到进攻线附近保护，也可以退至端线附近防守。

3.接拦回球

本方扣球时必须加强保护，积极防守被拦回来的球，并及时组织继续进攻。由于拦网人可以将手伸过网，拦回的球通常速度快、角度小，因而接拦回球的保护阵型应形成多道防线的弧形状，且第一道防线紧跟在扣球人身后。以我方4号位队员进攻，其他5人保护为例。5号位队员向前移动和向左后方移动的3号位队员形成第一道防线，1号位队员保护后场，为第三道防线。其他位置进攻时，保护的阵型也可按同样道理布阵。

4.接传、垫球

当对方无法组织进攻，被迫用传、垫球将球击入本方时，我方的防守便称之为接传、垫球的防守。这种情况在初学者中出现较多。由于来球的攻击性小，我方的防守阵型与不拦网情况下的防守阵型相同，即前排除二传队员外，其他的队员都迅速后撤到各自的位置，准备接球后组织进攻。需要注意的是在后撤和换位的过程中，动作要迅速并随时做好接球的准备。

（四）攻防转换

在排球比赛中，攻与防是密切联系、相互转换、连续进行的。这不仅在于排球技术本身具有攻与防的双重含义，还在于全攻全守、攻防兼备是当前排球运动的发展趋势。正在进攻的一方，必须同时注意防守；处于防守的一方，必须随时准备反攻。在进攻与防守的转换中，如果准备不充分，动作不连贯，一味进攻，都可能贻误战机，招致失败。因而，在进攻的时候准备防守，在防守的时候想到进攻，才能有备无患，立于主动。同时，阵容部署上也要有相应的措施和方法。

1. 攻守转换

当球扣入对方区后，进攻的一方应立即转入防守状态。当球扣过网或二传不慎传球过网后，前排队员应迅速靠网前站位，准备拦网；后排队员要上前保护扣球，迅速退守原位，准备防守。其阵型一般有“三一二”站法和“三二一”站法两种。前者适合于“心跟进”防守阵型，后者适合于“边跟进”防守阵型。

2. 守攻转换

当对方扣球过网后，防守一方在防守的一刹那就转入了进攻。这是由于后排队员在防守来球时，必须根据本队所采用的进攻战术，有目的地将球防起到预定目标，并根据保护扣球的部署，立即跟进保护前排队员进攻。前排参加拦网的队员，在完成拦网动作之后，必须立即转身或后撤，准备接应或反攻扣球。前排未参加拦网的队员，在后撤防守之后，转入接应或反攻扣球。

四、排球的规则与判罚

（一）器材与设备

1. 比赛场地

比赛场地包括场区和无障碍区。比赛场区面积为长 12 米、宽 6 米的长方形。四周至少有 2 米宽的无障碍区，从地面向上至少有 7 米高的无障碍空间。比赛场区也可为长 13.4 米、宽 6.1 米的长方形。

2. 场地地面

场地地面必须平坦、水平、划一。不得有任何可能造成伤害队员的隐患，也不得在粗糙或易滑的地面上进行比赛。

3. 场地上的画线

（1）所有的界线宽 5 厘米，其颜色须区别于场地颜色。

(2)界线：两条边线和端线划定了比赛场区。边线和端线都包括在比赛场区面积内。

(3)中线：中线连接两条边线的中点。中线的中心线将比赛场区分为长 6 米、宽 6 米的两个相等的场区。

(4)进攻线：每个场区各画一条距离中线中心线 2 米的进攻线。进攻线前为前场区，进攻线后为后场区。进攻线外两侧各画间距 20 厘米、长 15 厘米、宽 5 厘米的三段虚线为进攻线的延长线。两条进攻线的延长线之间、记录台一侧边线外的范围为换人区。

(5)发球区短线：端线后两条边线的延长线上各画一条长 15 厘米，垂直并距离端线 20 厘米的短线，两条短线(包括短线宽度)之间的区域为发球区，发球区深度延至无障碍区的终端。

(6)教练员限制线：由一组长 15 厘米、间隔 20 厘米的虚线组成，虚线自进攻线的延长线至底线延长线，距边线 1.05 米并平行于边线。限制线限制教练员的活动区域。

4.球网和网柱

(1)球网。球网为黑色，长 7 米，宽 1 米，网孔为 10 平方厘米。网的上沿缝有 5 厘米宽的双层白色帆布，中间用柔软的钢丝绳穿过，网的下沿用绳索穿起，上下沿都需拉紧并固定在网柱上。球网的两端各系一条宽 5 厘米、长 1 米的标志带，垂直于边线。在两条标志带外沿、球网的不同侧面，分别设置长 1.80 米、直径 10 毫米的标志杆，高出球网 80 厘米。标志杆每 10 厘米应涂有红白相间的颜色。

(3)球网高度。男子排球网高为 2.43 米，女子排球网高为 2.24 米。球网高度应用量尺从场地中间丈量。球网两端离地面必须相等，不得超过规定高度 2 厘米。

5.球

球是圆形的，由柔软的材料制成。颜色为黄色、白色或彩色。圆周长为 76～78 厘米，重量为 100 克～120 克，气压为 0.16～0.17 千克/平方厘米。一次比赛所用的球必须是同一特性的球。

(二)比赛规则

1.基本规则

(1)队员场上位置：双方队员各分为前排三名，后排二名。前排左边为 4 号位，中间为 3 号位，右边为 2 号位，后排左边为 5 号位，右边为 1 号位。每局比赛开始、场上队员必须按位置表排定的次序站位，在该局中不得调换。在新的一局、每个队上场队员的位置可重新安排。

(2)暂停：①请求暂停。必须在比赛成死球、裁判员鸣哨允许发球前，并使用相应的手势。所有被请求的暂停时间均为 30 秒钟。②技术暂停。国际排联、世界和正式比赛第 1～4 局中，每局另外有两次时间为 60 秒的技术暂停，每当领先队达到 8 分和 16 分时自动执行。第五局(决胜局)没有技术暂停，每队可以请求时间各为 30 秒钟的两次正常暂停。③所有暂停时，比赛队员必须离开比赛场区到球队席附件的无障碍区。

(3)换人：每局每队最多可替换 6 人次，一下一上为 1 人次。一名队员离开比赛场地，而由另一名队员经记录员登记后占据其位置的行为称换人(自由防守队员的替换除外)。当一名受伤队员被特殊换人(受伤或生病不能继续比赛)时，教练员(或场上队长)须做出换人手势。换人必须在换人区进行，场外队员在比赛间断时只要进入了换人区，并且做好了上场的一切准备，就是提出了换人的请求。除了受伤队员或局前的替换，教练员不必做出换人的手势。没有做好准备的请求给予拒绝，并判为延误比赛。第2裁判员或记录员应以哨声或蜂鸣器认可换人的请求，第2裁判员负责批准换人的请求。

2.计分方法

(1)得分。某队得1分有以下三种情形：①球成功落在对方场区；②对方犯规；③对方受到判罚。

(2)胜1局。每局(决胜的第5局除外)先得25分同时超过对方2分的队胜1局。当比分24∶24时，比赛继续进行至某队领先2分(26∶24,27∶25……)为止。

(3)胜1场。胜1场有以下两种情形：①胜3局的队胜1场；②如果2∶2平时，决胜的第5局打至15分并领先对方2分的队获胜。

(4)弃权与阵容不完整。具体情形如下：①某队被召唤后拒绝比赛，则宣布该队为弃权。对方以每局25∶0的比分和3∶0的比局获胜。②某队无正当理由而未准时到达比赛场地，则宣布该队为弃权。③某队被宣布1局或1场比赛阵容不完整时，则输掉该局或该场比赛，判给对方胜局或该场比赛所必要的分数和局数。保留阵容不完整队所得的分数和局数。

3.动作和犯规

(1)发球。发球队胜一球或接发球队取得发球权时，该队队员必须按顺时针方向轮转一个位置，由轮转到1号位的队员发球，如没有按发球次序轮转发球，则为轮转错误，必须立即纠正，并判失去发球权。发球队员必须在第一裁判员鸣哨发球后8秒钟内将球发出，球被抛出发球队员未击球，球也未触及发球队员而落地，允许继续发球。发球队的队员不得以任何方式阻挡对方观察发球队员和球的飞行路线。发球时判断队员的位置是否错误，应以队员身体着地部分为依据，在发球队员击球的一刹那、球未击出前，同排队员的站位不得左右超越或平行，前后排队员不得前后超越或平行。即4号位队员不得站在3、2位队员的右边，2号队员不得站在2、3、4位队员的前面或平行。否则，应判失球权或对方得分。发球队员与本方5号位队员不受站位的限制。发球触网算违例，发球和比赛过程中球触顶按违例处理。

(2)击球队员击球时，有意或无意把球接住停在手中或用双臂将球夹住停留时间较长或用手将球顺势冲至停留时间较长再将球送出，判击球犯规。队员身体任何部位连续触球多于一次，则判连击犯规(拦网除外)

(3)过中线和触网比赛进行中，队员踏越中线，应判过中线犯规，队员身体任何部位触及球网，判触网犯规，因对方击球入网而使网触及本方队员时，不算触网犯规。

(4)进攻性击球。队员在后场区可以对任何高度的球做进攻性击球，但在起跳时不得踏及或踏越限制线，否则即为违例犯规。队员有前场区，采用攻击力强的扣、抹、压吊动作，将高于球网上沿的球击入对区、则判犯规。如采用攻击力小的传、顶、挑的动作，击打球的底部或下半部，使球具有一定向上的弧度过网不算犯规。队员有前场区，对低于球网上沿的球，可用任何击球动作将球击入对区。

(5)拦网与过网。后排两名队员不得拦网。如有参加拦网并起到拦网作用时应判犯规。

拦网不算一次击球，还可再击球三次。不得拦对方的发球及对方队员进入前场区直接击过网的球，只允许拦对方队员在后场区直接击过网的球。甲方队员完成直接向对方击球前，乙方的手触及甲方地区上空的球时，应判乙方队员过网犯规。

4.判罚

第一裁判员根据不良行为的程度，分别给予判罚。判罚出场或取消比赛资格的判罚，登记在记分表上。

(1)判罚。用于全场比赛中任何成员的粗鲁行为，判对方得分并发球。

(2)判罚出场。任何成员被判罚出场后不得继续参加该局的比赛，如果该队员在场上，应立即进行合法替换，无其他判罚。教练员被判罚出场，失去该局的指挥权利。某成员第一次出现冒犯行为，判罚出场，无其他判罚；同一成员在一场比赛中的第二次粗鲁行为，判罚出场，无其他判罚。

(3)取消比赛资格。任何成员被取消比赛资格必须立即进行合法的替换，离开比赛控制区域，不得继续参加该场的比赛。某成员第一次出现侵犯行为，取消比赛资格，无其他判罚；同一成员一场比赛中的第二次冒犯行为，取消比赛资格，无其他判罚。同一成员一场比赛中的第三次粗鲁行为，取消比赛资格，无其他判罚。

(4)判罚的实施。不良行为的判罚是针对个人的，对全场比赛有效，登记在记分表上。同一成员在同一场比赛中重犯不良行为时，按判罚等级加一级判罚(该成员接受的判罚要重于前一次)。对冒犯行为或侵犯行为的判罚为出场或取消比赛资格，无须有先一次的判罚。

第五章　小球运动——乒乓球、羽毛球、网球

第一节　乒乓球运动

一、乒乓球的概述

乒乓球运动19世纪末起源于英国，是从网球运动直接派生而来的。1890年出现了由赛璐珞制成的球，由于球与拍撞击发出“乒”的声音而球撞击桌面发出“乓”的声音，英国一家体育用品公司首先用“乒乓”两字来打广告。至此，“乒乓球”这一名字便被广泛运用并最终确定下来。1926年，在英国伦敦举行了第一届欧洲乒乓球锦标赛。

1904年，上海的一家文具店的老板从日本买回10套乒乓球器材，从此，中国开始有了乒乓球运动。中国1953年加入国际乒联。多年来，我国涌现出一批又一批世界超一流的乒乓球选手，这些选手代表着世界最高水平的乒乓球运动技艺，使我国成为名副其实的“乒乓王国”。

二、乒乓球的基本技术

（一）握拍法

握拍法是指手握乒乓球拍的方法。正确的握拍法对调整击球时的引拍位置、拍形角度、拍面方向、发力方向等有重要作用。常见握拍法主要有直拍握法和横拍握法两种，选用何种握法，因人而异。可根据个人的身体条件、兴趣爱好、技术特点选择合适的握拍法。

1. 直拍握法

直拍握法有快攻型、弧圈型和削球三种握法，其标准握法是用拇指和食指握住球拍拍柄与拍面的结合部位。拍柄右侧贴在食指的第三关节内侧，食指的第二关节轻压在球拍的右肩，第一关节稍弯曲。拇指的第一关节压在球拍的左肩，其他两指自然弯曲并重叠，以中指的第一关节顶于球拍背后，形成一个便于用力的支点。直拍握法手腕与手指比较灵活，易于调节拍形角度和拍面方向；正、反手击球时摆臂速度快，发球和攻台内球时多变、灵活，如图5-1所示。

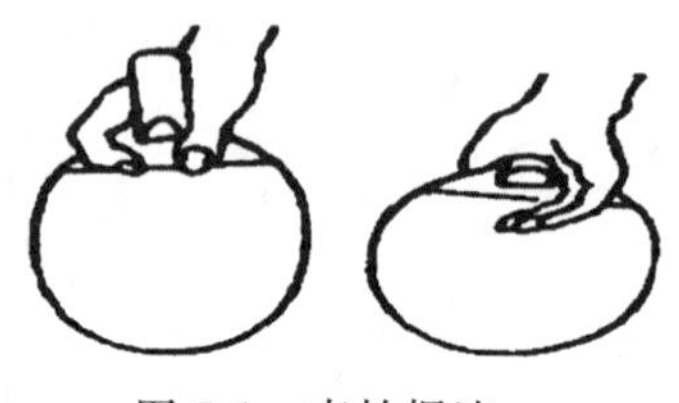

图5-1　直拍握法

2. 横拍握法

横拍握法又称“大刀”，在发球时也有不同变化。标准握法是虎口正对着球拍拍肩的正中间。用拇指和食指在球拍的两面夹住球拍；用小拇指握住球拍柄；中指和食指轻握球拍柄，如图 5-2 所示。横拍握法拍柄延伸距离长，左右照顾范围大；反手进攻时，因拍形固定且不受身体阻挡，易于发力；另外，攻球和削球时手法变化不大，易于从进攻转为防守，或由相持转入进攻。

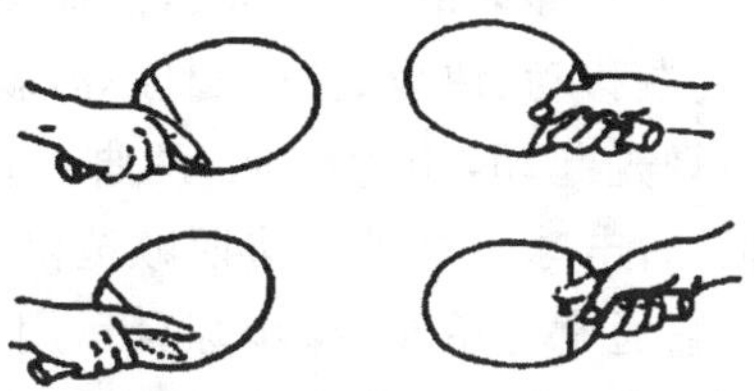

图 5-2　横拍握法

(二)站位与步法

1. 基本站位

站位是指运动员与球台之间所处的位置。基本站位是指一个范围，而不是某个固定点。站位正确，有利于保持稳定的击球姿势和向任何一个方向迅速移动，如图 5-3 所示。

(1)近台站位：指站位在离台端线 50 厘米以内的范围。

(2)中台站位：指站位在离台端线 50～100 厘米的范围。

(3)远台站位：指站位在离台端线 100 厘米以外的范围。

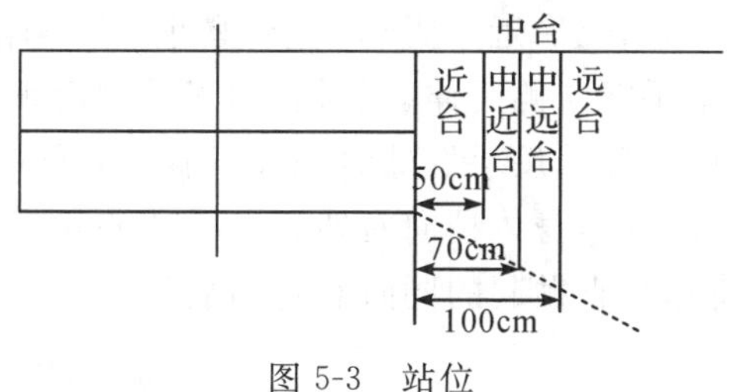

图 5-3　站位

2. 基本步法

乒乓球运动的步法在比赛中变化是比较多的，根据不同的打法有不同的步法。只有练好步法，在比赛中才不会出现脚底“拌蒜”的情况，才能做到眼到、脚到、手到。下面介绍几种常用步法，如图 5-4 至图 5-6 所示。

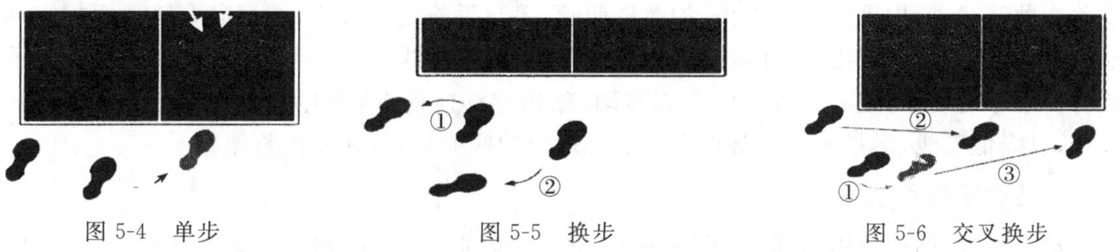

图 5-4　单步　　图 5-5　换步　　图 5-6　交叉换步

(1)单步。击球时,以一脚的前脚掌为轴,另一脚向前或向左、右移动一步,身体重心也随之动到摆动腿上,然后挥臂击球。来球距身体较近时常用这种步法。

(2)跨步。击球时,以一脚向前、前后、向右的不同来球方向跨出一大步,身体重心随即移动到摆动腿上,另一脚迅速跟上,以便保持在最佳的距离上。一般在来球离身体较远,来球速度快,可借助对方力量击球时使用这种步法。

(3)并步。移动时,先以与来球异方向的脚向另一只脚并一步,然后与来球同方向的脚再向来球方向迈一步迎击来球。由于移动范围并不大,能保持重心稳定,一般在来球速度不算太快时可以使用。如削球的左右移动、快攻、拉弧圈球等,就常用这种步法。

(4)跳步。以来球异方向的脚先起动,用力蹬地,两脚一同离地向左或向右移动。蹬地脚先落地,另一脚跟着落地,站稳后击球。这种步法照顾范围比单步大。小跳步还可用来作为还原步法,调整攻球的位置。它通常与单步、跨步综合运用。

(5)交叉步。击球时,以靠近来球方向的脚作为支撑脚,远离来球方向的脚迅速向来球方向在体前跨出一大步,腰和髋关节随势将支撑脚带向来球方向,在支撑脚落地前的瞬间击球,运用交叉步接短球或削突击来球较多。

(三)发、接球

在乒乓球运动中,发球是力争主动、先发制人的第一个环节。发球技术将直接关系到能否直接得分或打开局面获得优势,好的发球能打乱对方的战略意图,为进攻创造机会,掌握主动权。发球的种类很多,基本的方法有平击发球和正反手发下旋球等。

1.发平击球

动作要领:正手发平击球,站位靠近中近台,左脚稍前,身体略向右转。发球开始时,持球手将球向上抛起,同时持拍手臂向侧后伸肘引拍,拍正手拍面垂直。当球从高点回落至适当位置时,迅速挥拍击球于中上部。反手发球时,右脚稍前,身体略向左转。

(1)发正手平击球。左脚在前,身体稍向右转。左手掌心托球,置于身体右侧,右手持拍也置于身体右侧。持球手将球垂直抛起的同时右臂向后引拍,拍面稍前倾,在球的下降期击球的中部。

(2)发正手下旋球。发球时身体向右转,抛球的同时持拍手向后上方挥动,击球时球拍稍后仰,从球的中下部向下摩擦。

2.奔球

动作要领:站位靠近台,身体稍前倾,左脚前右脚后。注意观察对方的站位,决定发球的线路。抛球时,持拍手向后方引拍,拍面稍前倾,手与手腕适当放松,腰稍向右转。挥拍击球时,用腰带手发力向前挥,触球瞬间再变化球拍发直、斜两线的角度,提高隐蔽性。触球时手腕有弹击球的动作,重心由右脚向左脚移动,球拍继续向前挥,重心落至左脚。击球点要比较低,以降低弧线,尽量使第一落点靠近本方球台的底线处,以便发出长球。

3.转和不转发球

动作要领:站位反体离球台约15厘米,重心稍降低,双膝微屈。当球抛起后,持拍手向后上方引拍,拍面适当后仰,手腕、手臂适当放松,利于发力。当球下降到适当位置(击球点

高，发球的弧线会高；击球点低，发球不会过网），持拍手迅速用力由后上向前下方挥拍。击球后，使转与不转两种发球的动作要近似。发球后要控制动作幅度，并注意还原。发下旋时，用球拍的下半部去摩擦球的中下部，触球瞬间，拇指、食指和手腕加强用力，做下旋的摩擦。发不转球时，用球拍的中上部去摩擦球的中下部，触球瞬间，同样加速。注意体会球拍吃不住球的感觉。

4. 侧上、下旋发球

(1)正手侧上、下旋发球动作要领：站位左脚在前右脚在后，身体侧向球台，降低身体重心。当持球手将球抛起时，持拍手向身体的后上方引拍，身体随之向后转动，球拍稍后仰。挥拍前，持拍手腕应适当外展，球拍向前下方挥动。发上旋时，拍面由后仰逐渐变成稍横立状。触球时手腕向横侧方用力，并微微勾手腕，以加强上旋；发下旋时，拍面稍后仰，用球拍的中下部摩擦球的中下部，此时手腕和手指发力。随势挥拍的幅度不宜过大，以使还原动作能迅速完成。

(2)反手侧上、下旋发球动作要领：两脚平行或右脚稍前。抛球时，用肘的上提来引拍，并引向身后，球拍横立，手腕内收。挥拍时，以肘带前臂，向身体侧前方挥，这时手腕突然加力外展摩擦球，同时身体向前压。发侧下旋时，球拍稍后仰，尽可能向前下方挥动。在球拍转向侧上方前的瞬间摩擦球的中下外侧；发侧上旋时，球拍稍立起，尽可能向侧方挥。在球拍向前下方挥动转向侧上方的瞬间摩擦球的中部外侧。

5. 高抛发球

动作要领：站位偏于左半台，右脚稍后，两膝微屈，身体侧对球台约呈 90 度，持球手一侧身体与球台约距 20 厘米，抛球时，持球手肘部要略靠体侧，手托球略高于台面，手腕固定，以前臂发力为主配合膝关节伸展向上抛球。当球抛起后，持拍手臂立即向右侧后上方引拍，手腕也随之外展，腰腹向右侧上稍提起，待球落至比网稍高时开始挥臂击球。

(四)推挡球

推挡球技术是初学者首先应学习的一项技术。由于推挡站位近、动作小、球速快，所以在比赛中常用推挡的速度和落点变化压制对方攻势。推挡球技术运用得好可以充分发挥近台快攻的作用，也可直接得分。其技术要点是：当球从台面弹起时，小臂主动发力向前推击，手腕略向外旋，拍稍微竖起，使拍形前倾。在球的上升期，击球中上部。击球后，手臂顺势前送。

推挡球是我国运动员的独特打法，它具有站位近、动作小、速度快、变化多的特点，在对攻中常用快速推压，结合力量、落点和旋转变化牵制对方。推挡球有挡球、减力推、快推、加力推以及推下旋等技术。

动作要领：站位靠近台，左脚稍前，两脚与肩同宽或略宽于肩，重心在前脚掌上，上臂靠近身体，整个身体的重心稍高，引拍后，球拍距球约 25 厘米，拍形基本与台面垂直，球拍与球同高。击球阶段球刚弹起，上臂带动前臂向前迎球，在来球的上升前期或中期，借来球之力，前臂手腕用力向前将球推出，触球中部或中部偏上，食指稍用力压拍，拇指放松。

（五）搓球

搓球是近台还击下旋球的一种基本技术。搓球也可以用于接发球，其旋转和落点变化比较多。搓球又分正手搓球和反手搓球、快搓和慢搓、搓转和不转等。下面以直拍正手搓球为例。当来球跳至上升期，利用上臂前送的力量，借助对方来球前进力，前臂、手腕向左前下方用力，拍面稍后仰击球中下部。击球后，手臂继续向下方随势摆动，然后迅速还原成击球前的准备姿势，如图 5-7 所示。

图 5-7　搓球

搓球技术是近台还击下旋球的一种基本技术。由于回球路线较短，缺乏前进力，多在台内，因而可造成对方回球困难。另一方面，搓球又比较稳健，旋转和落点变化也较多，故可用做过渡技术，用以寻找进攻机会。搓球动作与削球相似，又比较易学，是削球必须掌握的入门技术。动作要领：站位近、动作小，回球多在台内进行。慢搓近台站位，右脚稍前，持拍手臂自然弯曲。击球时用前臂和手腕向前下方用力，拍面后仰，在下降期击球中下部。

（六）攻球

1. 正手快攻

正手快攻是近台攻击型打法制胜的主要技术。攻球时，两脚开立比肩稍宽，左脚稍前（右手握拍者）。引拍时，上臂与前臂夹角约 100°～110°，击球时前臂做旋内动作，配合拇指压拍，同时加速屈前臂，拍触球刹那，上臂与前臂夹角约 90°。击球后，球拍继续向左前上方挥动至头部。

2. 正手快拉

在击球前，身体重心略下降，前臂稍下沉，向右后下方引拍，拍面稍后仰。击球时，上臂由后向前上方挥拍，前臂加速用力向上方提拉，拍面稍前倾，同时配合手腕动作向上摩擦球，击球时机在下降前期，击球点是球的中部或中下部。

3. 反手快拨

在击球前，握拍手引拍至身体左前侧，肘稍离身，前臂上提，球拍略高于来球，前臂与上臂的夹角约为 45°。击球时，手腕自然放松，拍面前倾，以肘为轴，前臂带动手腕向右前上方快速发力，在上升期击球的中上部。

4. 反手快拉

在击球前，身体重心稍下降，握拍手前臂稍下沉，向左后下方引拍，拍面稍后仰。击球时，前臂前迎加速挥动并稍向前发力，手腕随势转动拍面，辅助用力，拍面稍前倾，在下降前

期或高点期击球中下部。

（七）削球

削球是利用球拍的摩擦力切削击球的一种技术。击球时，球拍后仰，由体侧上方向前下方挥拍，挥拍呈圆弧路线，在球的下降期触球的中下部。具有球速慢、弧线长、球下旋等特点。

正手远削动作要领：中台站位左脚稍前，上体稍向右转重心落于右脚，持拍手臂自然弯曲放松置于腹前。顺来球方向向右上方引拍与肩同高，拍面后仰。当球从台上弹起时，持拍手上臂带动前臂由右上向左前下方加速切削，手腕向下转动用力，在右侧离身体 40 厘米处击准下降期球的中下部，并顺势前送。

反手远削动作要领：中台站位右脚稍前，上体稍向左转重心落于左脚，持拍手自然弯曲放松置于胸前。顺来球方向向左上方引拍与肩同高，拍柄向下。当球弹起时持拍手从左上方向右前下方挥动，拍面后仰，用前臂和手腕加速用力切削，球拍在胸前偏左 30 厘米处击准下降期球的中下部，并顺势挥至右侧下。

（八）弧圈球

弧圈球技术是一种带有强烈上旋的攻球技术，它弧线曲度大，命中率高，落台后前冲力大，攻击力强，比赛中既可主动攻击，又可在相持或被动时作为过渡技术。在回击低球和下旋球时比较稳健，故比快攻有更多的发力进攻时机。

高水平的弧圈球对快攻以及削球等各种打法，都具有较大的“杀伤力”。由于横拍正、反手拉弧圈球都很方便，所以，以弧圈球为主打法的运动员多半执横拍，而直握拍反手拉弧圈球时，球拍的前倾角度较难达到要求。弧圈球根据击球位置的不同，可划分为正手弧圈球、反手弧圈球、侧身弧圈球；根据击球方法和弧线高度的不同，可划分为加转弧圈球（也叫高吊弧圈球）和前冲弧圈球。

正手弧圈球是直、横拍弧圈型打法和直、横拍快攻结合弧圈打法的主要技术之一。

1. 正手加转弧圈球

(1)特点：与一般攻球相比较，站位稍远，动作稍大，球速稍慢，弧线曲度大、上旋特别强，第一弧线较高，第二弧线较低，落台后前冲并向下滑落。对方回击不当，容易出高球或出界。一般用它对付下旋球，可创造扣杀机会。

(2)动作方法：

击球前：站位离台约 60 厘米。左脚稍前，身体重心放在右脚上，两膝微屈，收腹含胸，身体略向右转。

引拍：右肩下沉，右臂自然弯曲，前臂后引并下沉，将拍引至身体右后下方，同时，前臂内旋，使拍面微前倾。

迎球：待来球弹起飞到高点时，在上臂带动下，以前臂为主向上兼向前挥拍迎球（与此同时，右侧腰、髋向左上方转动）。

击球时：在来球的下降期，以微前倾拍形击球的中部偏上。球拍击球瞬间，右脚前掌蹬地，右侧腰、髋向左上方转动、助力，前臂在上臂带动下向上兼向左前方发力摩擦击球。同时，还要充分利用手腕的力量，使球强烈上旋。

击球后：手和臂顺势向左前上方挥动，并迅速还原成准备姿势。动作过程中，身体重心从右脚移至左脚。

2.正手前冲弧圈球

(1)特点：弧线低而长，上旋强、球速快、有一定力量，弹起后前冲力大，并向下滑，是弧圈球运动员的主要得分手段。

(2)动作方法：球拍自然引至身体右侧偏右，约与台面同高，拍形前倾与水平面成35°～40°夹角。当球从台面弹起还未达到高点时，腰部向左转动，手臂向前上方挥动，上臂带动下臂加速内收，手腕略微转动，在高点期用拍摩擦球的中上部，使之成为较低的弧线落至对方的台面上，击球后身体重心移至左脚。

弧圈球具有强烈的上旋，是攻击力强、威力大的进攻技术。按击球方法区分，有正手弧圈球、反手弧圈球、侧身弧圈球；按旋转特点区分，有加转弧圈球、前冲弧圈球、侧旋弧圈球以及不转弧圈球。

正手拉加转弧圈球动作要领：两脚分开，两膝内收微屈，重心置前脚内侧，左脚在前，略提脚后跟，身体略右转，手腕外展，向后拉，拍形成横立状。引拍至右后方，当来球跳至高点期或下降前期时，触球中上部或中部，腰髋带动上臂、前臂由后向前挥动，击球瞬间立即向前上方发力，右脚掌内侧用力蹬地，稍伸膝，前臂要迅速旋内收缩，协同摩擦，重心由右脚转向左脚。

三、乒乓球的基本战术

(一)发球抢攻

发球抢攻是我国直板快攻打法的“撒手锏”，是力争主动、先发制人的主要战术，运动员普遍采用发球抢攻来抢占每个回合的上风。发球战术运用的效果主要取决于发球的质量和第三板进攻的能力。发球抢攻战术因打法的类型不同而有所差异，但常用的发球抢攻战术有以下几种。

(1)正手发转与不转球。

(2)侧身正手(高抛或低抛)发左侧上(下)旋球。

(3)反手发右侧上(下)旋球。

(4)反手发急球或急下旋球。

(5)下蹲式发球。

(二)接、发球

接发球战术与发球抢攻战术同样重要，在某种意义上讲，接发球水平的高低可以反映运动员的实战能力以及各项基本技术的应用程度。事实上，接发球者只是暂时处在被控制状态，如果你破坏了发球者的抢攻意图或者为他制造了障碍，减弱了对方抢攻的质量，也就意味着已经脱离被控制状态，变被动为主动了。常用的接发球战术主要有以下几种。

(1)用拉球、快拨或推挡回击，争取形成对攻的相持局面。

(2)用搓球摆短回接,使对方难以抢攻(拉)。

(3)用搓球的旋转、落点的变化来控制对方。

(4)接发球抢攻。

(三)对攻

对攻战术是进攻型打法在相持阶段常用的一项重要战术。快攻类打法主要依靠反手推挡(或反手攻球)和正手攻球(或正手拉弧圈球)的技术,充分发挥快速多变的特点。常用的对攻战术有以下几种。

(1)紧逼对方反手,伺机抢攻或侧身抢攻、抢拉。

(2)压左突右。

(3)调右压左。

(4)攻两大角。

(5)攻追身球。

(6)变化击球节奏,加力推和减力挡结合,发力攻、拉与轻打、轻拉结合,也可给对手造成被动局面。

(7)改变球的旋转性质,如加力推后、推下旋;正手攻球后,退至中远台削球,对方往往来不及反应,可直接得分或创造机会球。

(四)搓攻

搓攻战术是进攻型打法的辅助战术之一,主要利用搓球旋转的变化和落点的变化为抢攻创造机会。这一战术在基层比赛中被普遍采用。搓攻战术也是削球型打法争取主动的主要战术之一。常用的搓球战术有以下几种。

(1)慢搓与快搓结合。

(2)转与不转结合。

(3)搓球变线。

(4)搓球控制落点。

(5)搓中突击。

(6)搓中变推或抢攻。

(五)拉攻

拉攻战术是以攻为主的选手对付削球的主要战术。为了发挥拉攻的战术效果,首先要具备连续拉的能力,并有线路、落点、旋转、轻重等变化,其次要有拉中突击和连续扣杀的能力。拉扣的力量要有较大的悬殊,以使对方措手不及;拉球要有线路和落点变化以调动对方,争取主动和创造进攻机会;遇到机会球时要大胆扣杀或突击;采用拉攻战术要有耐心,不要急于求成。常用的拉攻战术主要有以下几种。

(1)拉反手后,侧身突击斜线或中路追身球。

(2)拉中路杀两角或拉两角杀中路。

(3)拉一角或杀另一角。

(4)拉吊结合,伺机突击。

(5)拉搓结合。

(6)稳拉为主,伺机突击。

(六)削中反攻

这种战术主要靠稳健的削球,限制对方的进攻能力,为自己的反攻创造有利条件。它不仅增强了削球技术的生命力,也促进了攻防之间的积极转化。这种战术有"逼、变、凶、攻"的特点,是攻、削结合打法的主要技术。常用的削中反攻战术主要有以下几种。

(1)削转与不转球,伺机反攻。

(2)削长短球,伺机反攻。

(3)逼两大角,伺机反攻。

(4)交叉削两大角,突击对方弱点。

(5)削、挡、攻结合,伺机强攻。

(七)弧圈球

由于弧圈球战术把速度和旋转有效地结合起来,稳健性好,适应性强,许多著名选手已用它去替代攻球或扣杀。常用的弧圈球战术主要有以下几种。

(1)发球抢攻。

(2)接发球果断上手。

(3)相持中的战术运用。

四、乒乓球的规则与判罚

(一)比赛器材及场地

(1)球台长2.74米,宽1.525米,高0.76米,球台应呈均匀的暗色(深蓝),无光泽;白色的边线和端线宽2厘米,中线宽3毫米。

(2)球网装置包括球网、网柱支架。网长1.83米,网高15.25厘米。

(3)球的直径为40毫米,重量为2.7克,呈白色或橙色,且无光泽。

(4)球拍的大小、形状和重量不限。但底板应平整、坚硬,并至少应有85%的天然木料。

(5)用来击球的拍面应用一层颗粒向外的普通颗粒胶覆盖,或用颗粒向内或向外的海绵胶覆盖,连同黏合剂厚度不超过4毫米。球拍两面不论是否有覆盖物,必须无光泽,且一面为鲜红色,另一面为黑色。

(6)比赛区空间应不少于14米长、7米宽、5米高。比赛区应由75厘米高的同一深色的挡板围起,以与相邻的赛区及观众隔开。

(二)主要竞赛规则

1.合法发球

(1)发球开始时,球自然地置于不持拍手的手掌上,手掌张开,保持静止。

(2)发球员须用手将球几乎垂直地向上抛起,不得使球旋转,并使球在离开不执拍手的手掌之后上升不少于16厘米,球下降到被击出前不能碰到任何物体。

(3)球从抛起的最高点下降时,发球员方可击球,使球首先触及本方台区,然后越过或绕过球网装置,再触及接发球员的台区。在双打中,球应先后触及发球员和接发球员的右半区。

(4)从发球开始,到球被击出,球要始终在台面以上和发球员的端线以外;而且不能被发球员或其双打同伴的身体或衣服的任何部分挡住。

(5)运动员发球时,应让裁判员或助理裁判员看清他是否按照合法发球的规定发球。如果没有助理裁判,裁判员对运动员发球合法化有怀疑,在一场比赛中第一次出现时将进行警告,不罚分;在同一场比赛中,如果该运动员或其双打同伴发球动作的正确性再次受到怀疑,不论是否出于同样的原因,均判接发球方得1分;无论是否第一次或任何时候,只要发球员明显没有按照合法发球的规定发球,接发球方将被判得1分,无须警告。

(6)运动员因身体伤病而不能严格遵守合法发球的某些规定时,可由裁判员做出决定免于执行。

2.重发球

不予判分的回合出现下列情况,应为重发球。

(1)如果发出的球,在越过或绕过球网装置时触及球网装置,此后成为合法发球或被接发球员或其同伴阻挡。

(2)如果发球员或同伴未准备好时球已发出,而且接发球员或其同伴均没有企图击球。

(3)由于发生了运动员无法控制的干扰,如灯光熄灭等原因,而使运动员未能合法发球、合法还击或未能遵守规则。

(4)裁判员或副裁判员由于要纠正发球、接发球次序或方位错误;要实行轮换发球法;要警告或处罚运动员;或由于比赛环境受到干扰以致该回合结果有可能受到影响暂停比赛。

3.还击

对方发球或还击后,本方运动员必须击球,使球直接越过或绕过球网装置,或触及球网装置后,再触及对方台区。

4.比赛次序

在单打中,首先由发球员发球,再由接发球员还击,然后两者交替还击。在双打中,首先由发球员发球,再由接发球员还击,然后由发球员的同伴还击,再由接发球员的同伴还击,此后,运动员按此次序轮流还击。

5.发球、接发球和方位的选择

(1)比赛前应通过抽签来决定发球、接发球和场地的选择权利。

(2)在每获得2分之后接发球方即成为发球方,依此类推,直到该局比赛结束,或者直至双方比分都达到10分或实行轮换发球法,这时发球和接发球次序仍然不变,而且每人只轮发1分球。

(3)一局中在某一方位比赛的一方,在该场的下一局应换到另一方位。单打决胜局中当有一方满5分时应交换方位。

6. 一分、一局、一场比赛

(1)球处于比赛状态,未能合法发球、未能合法还击阻挡、连续两次击球、用不符合规定的拍面击球、使球台移动、触及球网装置、不执拍手触及比赛台面或双打运动员击球次序错误应失 1 分。

(2)比赛中,先得 11 分或比分出现 10 平后,先多得 2 分的一方为胜一局。

(3)一场比赛应由奇数局组成,通常采用五局三胜或七局四胜。一场比赛应连续进行,但在局与局之间,任何一名运动员都有权要求不超过 1 分钟的休息时间。

7. 红黄牌(作风警告处罚牌)与白牌(暂停牌)

红黄牌与白牌皆是对运动员的不良作风和教练员的非法指导进行管理。出示黄牌对运动员首次不良行为进行警告,同时出示红黄牌对运动员的不良行为进行判罚分(1 分、2 分)。出示黄牌对教练员的非法指导进行警告,出示红牌让指导者远离赛区。裁判长对运动员出示红牌即表示取消其参赛资格。对运动员或指导者提出的暂停需出示白牌。

第二节　羽毛球运动

一、羽毛球的概述

羽毛球运动最早出现于 14 世纪末的日本,人们将樱桃核插上羽毛当球,用木板来回对打,这便是羽毛球的雏形。现代羽毛球运动诞生于 1873 年的英国。1875 年,第一个羽毛球俱乐部在英国成立;1893 年,英国羽毛球协会正式成立;1934 年,国际羽毛球联合会成立,总部设在伦敦。1992 年的巴塞罗那奥运会,羽毛球正式被列为比赛项目。从此,羽毛球的发展进入一个崭新的发展时期。

1920 年,羽毛球传入中国。20 世纪 60 年代,中国的羽毛球队崭露头角;到了 20 世纪 80 年代,中国的羽毛球运动迎来了最辉煌的时期。此后,我国男女羽毛球队多次获得汤姆斯杯、尤伯杯和奥运会冠军。

二、羽毛球的基本技术

(一)握拍法

握拍法主要包括正手握拍法、反手握拍法。

1. 正手握拍

正手握拍法是羽毛球运动的基本握拍方法之一,通常在还击握拍手身体同侧方向的来球时采用此握拍法。握拍方法(见图 5-8):右手虎口对准拍柄窄面内侧斜棱,拇指和食指成“V”字形相对贴握在拍柄的两个宽面上,中指、无名指和小指自然并握住拍柄,拍柄末端与小鱼际外缘齐平。食指与中指稍分开,掌心与拍柄应留有空隙。握拍后手臂自然前伸时,拍面与地面基本上保持垂直。

2. 反手握拍

反手握拍法是羽毛球运动基本握拍方法之一，通常在还击握拍手身体另一侧方向的来球时，采用此握拍法。握拍方法（见图 5-9）：在正手握拍法的基础上，拇指和食指将拍柄稍向外转，食指稍向中指收拢，拇指内侧贴在拍柄的内侧棱上或内侧宽面上，中指、无名指和小指并拢握住拍柄，柄端靠近小指根部，掌心留有空隙，拍面稍后仰。

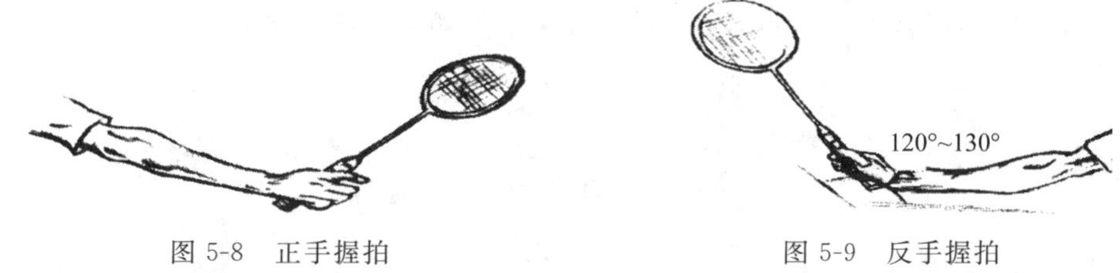

图 5-8　正手握拍　　　　图 5-9　反手握拍

（二）发、接球

1. 发球

发球可分为正手发球和反手发球。一般来说，发网前球、平快球、平高球均可以用正手发球或反手发球的技术来完成，而发高远球，则须采用正手发球。

（1）正手发球。

发球站位：单打发球在中线附近，站在离前发球线约 1 米。双打发球站位可靠近前发球线。

准备姿势：身体左肩侧对球网，左脚在前，右脚在后，重心在右脚上，右手持拍向右后侧举起，肘部放松微屈，左手拇指、食指和中指夹住球，举在胸腹间。发球时，身体重心由右脚移至左脚。

用正手发球，不论是发何种弧线的球，其发球前的姿势都应该一致，这样就会给对方的接发球造成判断上的困难。

①高远球。球的运行轨迹又高又远、下落时与地面垂直、落点在对方场区底线附近的球叫高远球。

动作要领：发球时，左手把球举在身体的右前方并自然放下，使球下落，右手同时持拍由大臂带动小臂，从右后方沿着身体向前并向左上方挥动。当球落到右手臂向前下方伸直能触到球的一刹那，握紧球拍，并利用手腕的力量向前上方发力击球。击球之后，球拍顺势向左上方挥动缓冲。

②平高球。这是一种比高远球低、速度比高远球快，具有一定攻击性的球。

动作要领：发球的动作过程大致同发高远球，只是在击球的一刹那，小臂加速带动手腕向前上方挥动，拍面要向前上方倾斜，以向前用力为主。发平高球时要注意发出球的弧线以对方接球时伸拍打不着球的高度为宜，并应把球发到对方场区底线。

③平快球。这种球比平高球的弧线还要低、速度还要快。在应付对方反应较慢、站位较前、动作幅度较大的对手或是初学者时，效果往往很好。

动作要领：准备姿势亦同发高远球。站位比发平高球稍后些，充分利用前臂带动手腕爆发力向前方用力，球直接从对方的肩稍上高度越过，直攻对方后场。发平快球关键是出手的动作要小而快，但前期动作应和发高远球一致。发平快球时还应注意不要过手、过腰犯规。

④网前球。发网前球是在双打中主要采用的发球技术。单打比赛时，如发高球，怕遭到对方球速较快的直接攻击时采用，或为了主动改变发球方式借以调动对方时采用。正手发网前球（见图 5-10）：与正手发高远球基本相同，主要区别在于挥动的幅度和手腕后伸程度比发高远球小，击球时前臂只是前摆而不做内旋动作，靠手指控制力量，手臂用力轻，在向斜前上方挥拍时，主要用前臂力量，击球时拍面从右向左斜切击球托后部。

图 5-10　正手发网前球

（2）反手发球。反手发球的特点是动作小、出球快、对方不易判断。在双打比赛中多采用此发球技术。

发球站位：站在前发球线后 10～50 厘米及发球区中线的附近，也可以站在前发球线及场地边线附近。

准备姿势：面向球网，两脚前后站立，上体稍前倾，身体重心在前脚上。右手反手握拍，左手拇指、食指和中指捏住球的两三根羽毛，球托明显朝下，球体与拍面平行或球托对准拍面放在拍面前方。

2. 接发球

（1）动作要领。接发球的站位与姿势：每一回合开始，发球员发球后，接发球员在做接发球准备时，都要选择在本方场区或接发球区内合适的位置，以便全面照顾自己场区，迅速到位击球。接发球员的准备姿势，要以有利于迅速起动为原则，一般情况是发球员发球前，接发球员两脚左右开立，稍有前后，膝关节略微弯曲，身体重心在前脚掌并在两脚之间轮流移动；持拍手应放在胸前，拍头向上，这样可以很快做好击上手球、下手球和正手球、反手球的准备。

单打站位：离前发球线约 1.5 米处，一般左脚在前，右脚在后，双膝微屈，收腹含胸，重心放在前脚，后脚脚跟稍抬起，身体半侧向球网，持拍臂稍屈肘，稍展腕持拍，拍杆平行于地面或拍头稍向上仰，两眼注视对方。

双打站位：站位靠近前发球线，准备姿势基本与单打相同，只是身体前倾较大，拍子举得更高些，重心可放在任何一脚上。

（2）接发球回击球方法。对方发高远球或平高球时，可用平高球、吊球或杀球还击；对方发网前球时，可用平高球、高远球、放网前球、平推还击；对方发平快球时，可用平推球、平高球还击；如对方发球质量不好时，也可用扑球还击。

（三）步法

1. 上网步法

准备姿势：站位取中心位置，两脚左右开立（稍有前后），约同肩宽，两膝微屈，两脚前脚掌着地，后脚跟稍提起并左右微动；上体稍前倾，右手持拍于体前，两眼注视对方的来球。

(1)跨步上网。判断准对方来球后，左脚掌内侧用力蹬地并侧身向来球方向迈出，接着右脚也向前迈一大步，以脚掌外侧和脚跟先落地，再过渡到前脚掌，右膝关节弯曲并呈弓箭步。紧接左脚自然地向前脚着地的方向靠上小半步。击球后，右脚蹬地用小步、交叉步或并步回到中心位置。

(2)垫步或交叉步上网。判断准对方来球后，右脚先迈出一小步，左脚立即向右脚垫一小步（或从右脚后交叉迈出一小步），左脚着地后，脚内侧用力蹬地，右脚再向网前跨一大步呈弓箭步，身体重心在前脚。击球后，前脚朝后蹬地，小步、交叉步或并步退回到中心位置。具体动作如图 5-11 所示。

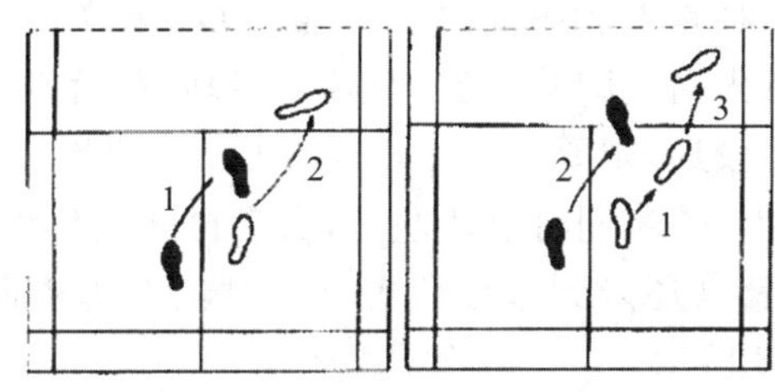

图 5-11 垫步或交叉步上网

(3)蹬跳上网。蹬跳上网是在预先判断来球的基础上，利用脚的蹬地，迅速扑向球网，以争取在球刚越过网时立即进行还击。单打或双打中常用此步法上网扑球。其步法是站位稍靠前，对方一有打网前球的意图后，右脚稍向前触地即起蹬，侧身扑向网前。击球后应立即退回中心位置。

2. 后退步法

后退步法有右后场区后退步法和左后场区后退步法。右后场区后退步法主要是正手的后退步法；左后场区后退步法包括头顶后退步法和反手后退步法。不论是哪种后退步法，其移动前的准备动作和站位皆同上网步法。

(1)正手后退步法。正手后退步法有并步和交叉步两种，实战中可根据场上情况和个人特点灵活使用。判断准来球后，先调整重心至右脚，然后右脚蹬地迅速向右后撤一小步，同时上体右转，左肩对网。接着，左脚用并步靠近右脚（或从右脚交叉后撤一步），右脚向后移至来球位置。在移动的同时，必须完成挥拍击球前的预备动作，待球在右肩上方下落时，做正手原地或起跳击球。击球后，身体重心随右脚前移，迅速用小步跑或并步回到中心位置。具体动作如图 5-12 所示。

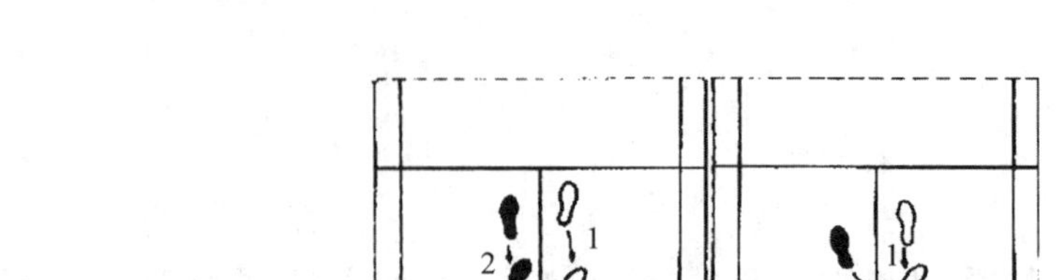

图 5-12　正手后退步法

(2)头顶后退步法。头顶后退步法是对方来球向左后场区,用头顶击球技术还击时所采用的后退步法。头顶后退步法也可用并步或交叉步移动后退。判断准来球后,右脚蹬地撤向左后方,同时,髋关节及上体向右后方转动(转动的幅度比正手后退要大些),且稍有后仰。接着,左脚用并步或交叉步后撤,右脚再退至来球位置用头顶击球技术击球。击球后,迅速回到中心位置。

(3)反手后退步法。反手后退时,应根据离球距离的远近来调整移动步法。如离球较近,可采用两步后退步法:一种是左脚先向左后方撤一步,接着,上体左转,右脚向左后方跨一步,背对网;另一种是右脚先向左脚并一步,然后,左脚向左后方跨一步,同时上体左转,右肩对网做反手击球。如离球较远,则要采取三步或五步后退步法。三步后退时,右脚先向左脚并一步,左脚再向左后方撤一步,同时上体左转,右脚再向左后方跨一步至来球位置,背对球网,做反手击球。如三步移动还未到来球位置,则左脚、右脚再向后移动一步即成五步移动步法。具体动作如图 5-13 所示。

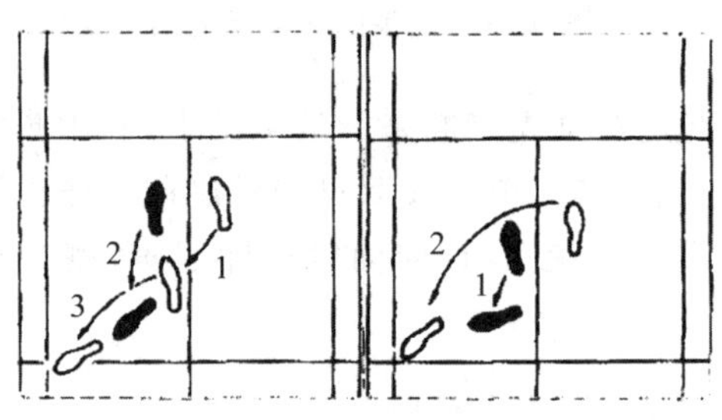

图 5-13　反手后退步法

3. 两侧移动步法

两侧移动步法多用于接对方的扣杀球和打来的半场低平球。其移动前的准备姿势及站位基本同上网步法。具体动作如图 5-14 所示。

(1)向右移动步法。判断准来球后,上体稍倾倒向左侧,用左脚掌内侧用力蹬地,右脚同时向右侧跨大步,髋关节随之右转、上体稍倾倒向右侧,重心在右脚上。若距来球较近,可采用上述动作;若距来球较远,则需左脚先向右脚垫一小步再起蹬,右脚同时向右侧跨一大步。

(2)向左移动步法。判断准来球后,上体稍倾倒向右侧,用右脚掌内侧用力蹬地,左脚随髋关节转动的同时向左侧跨一大步。若来球较远,左脚先向左侧移一小步,紧接着右脚往左侧方向起蹬并转身,向左跨一大步。

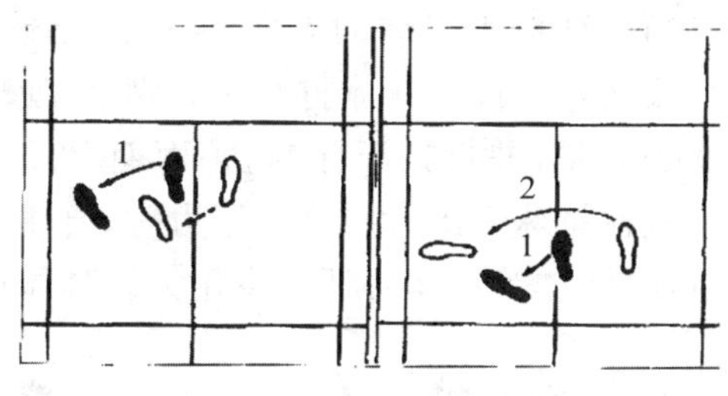

图 5-14　向左移动步法

4. 起跳腾空突击步法

起跳腾空突击步法主要运用于向左、右两侧稍后的位置移动，突然起跳拦截对方击来的弧线较低的平高球。它的特点是起动快、动作迅速，常在对方尚未站稳之际，突袭对方，使对方防不胜防。

当判断准来球飞向右侧底线且弧线较低时，右脚先向右后跨一步，接着左脚向右侧后蹬地，右脚起跳，身体向右侧后方跃起，接住来球，用正手击球技术扣杀或劈吊对方空当。当来球飞向左侧底线时，用右脚掌蹬地，左脚起跳，用击球技术突击对方。在运用起跳腾空突击步法时应注意击球后落地时，要控制好身体平衡，并立即回到中心位置。

（四）击球

1. 高远球

以较高的弧线将来球击到对方场区底线附近叫击高远球。击高远球是一切上手击球动作的基础。高远球的特点是球的弧线高、滞空时间长，它的作用是逼迫对方远离中心位置退到底线去接球，一方面可减弱对方进攻的威力，为我方进攻寻找机会；另一方面在己方被动情况下，有较多的时间来调整站位，摆脱被动局面。

上手击高远球分为正手击高远球、反手击高远球和头顶击高远球。

(1)正手击高远球。首先判断来球的方向和落点，侧身后退使球在自己右肩稍前上方的位置，左肩对网，左脚在前，右脚在后，重心在右脚上，左臂屈肘，左手自然高举，右手持拍，大小臂自然弯曲，将球拍举在右肩上方，两眼注视来球。击球时，由准备动作开始，大臂后引，随之关节上提明显高于肩部，将球拍后引至头后，自然伸腕（拳心朝上），然后在后脚蹬地、转体和腰腹的协调用力下，以肩为轴，大臂带动小臂快速向前上方甩动手腕，在手臂伸直的最高点击球。击球后，持拍手臂顺惯性往前下方挥动并收拍至体前。与此同时，左脚后撤，右脚向前迈出，身体重心由后脚移到前脚。正手击高远球可以不起跳或起跳进行击球，具体动作如图 5-15 所示。

图 5-15　正手击高远球

(2)反手击高远球。首先判断准对方来球的方向和落点,迅速将身体转向左后方,步法到位后,右脚前交叉跨到左侧底线,背对网,身体重心在右脚上,使球在身体的右肩上方。击球前,由正手握拍迅速换为反手握拍,并持拍于胸前,拍面朝上。击球时,以大臂带动小臂,通过手腕的闪动、自上而下的甩臂将球击出。在最后用力时,要注意拇指的侧压力与甩腕的配合,同时还要利用两腿的蹬地、转体等动作协调全身用力。具体动作如图 5-16 所示。

图 5-16　反手击高远球

(3)头顶击高远球。击球前的准备姿势以及击球动作同正手击高远球基本一致。不同的是头顶击高远球的击球点在左肩上方(因为球是飞向左后角的)。准备击球时,侧身(左肩对网)稍向后仰。击球时,大臂带动小臂使球绕过头顶,从左上方向前加速挥动,在用力击球时,注意发挥手腕的爆发力和充分利用蹬地以及收腹的力量。击球后,左脚在身后着地并立即回蹬,同时右脚前移,重心移至右脚。具体动作如图 5-17 所示。

图 5-17　头顶击高远球

2. 吊球

吊球是把对方击来的后场高球还击到对方的网前区的击球法。它的作用是调动对方站位,以利步法组织进攻。在后场若将吊球与高球或杀球结合起来运用,就能给对方很大的威胁。吊球可以用正手、反手或头顶击球技术来完成。具体动作如图 5-18 所示。

图 5-18　吊球

(1)正手吊球。快吊击球前期动作同正手击高远球。击球时,拍面正面向内倾斜,手腕做快速切削下压动作。若劈吊斜线球,则球拍切削球托的右侧,并向左下方发力;若劈吊直线球,则拍面正对前方,向前下方切削。拦截吊击球前期动作同正手击高远球。击球时,一种轻吊时的拍面变化同劈吊基本一致,但用力要更轻些;另一种是击球时,拍面正击球托或

借助于来球的反弹力用球拍轻挡，使球过网后贴网而下。后者多用于拦截对方击来的平高球和半场高球。

(2)反手吊球。反手吊球击球前的动作同反手击高远球，不同处在于触球时拍面的掌握和力量运用。吊直线球时，用球拍反面切削球托的后中部，向对方右网前发力；吊斜线球时，用球拍反面切削球托的左侧，朝对方左网前发力。

(3)头顶吊球。头顶吊球击球前的动作同头顶击高远球一样。不同的是球拍触球时拍面变化和力量的运用。吊直线球的动作同正手吊直线球基本一致，只是击球点不同；吊斜线球时，球拍正面向外转，切削球托的左侧，朝右前下方发力。具体动作如图 5-19 所示。

图 5-19　头顶吊球

3. 杀球

把对方击来的高球全力向下扣压叫杀球。杀球的特点是力量大、速度快。它是主动进攻的重要技术。杀球分正手杀球、反手杀球和头顶杀球。

(1)正手杀球。其准备姿势和击球动作与正手击高远球基本一致。不同的是最后用力的方向朝下，而且要充分利用蹬地、转体、收腹以及手臂和手腕的爆发力全力地将球向下击出，击球的一刹那要紧握球拍。

(2)反手杀球。其准备姿势和击球动作与反手击高远球一致。但最后用力的方向朝下，而且要加快手臂和手腕朝下的闪动。击球点应尽可能高些、前些，这样便于力量的发挥。

(3)头顶杀球。准备姿势和击球动作与头顶击高远球一致。不同的是击球时要充分利用腰腹力量，以大小臂带动手腕快速下扣。头顶杀球是一种重要的进攻性技术，也是我国运动员在左后场区进攻的主要手段。它弥补了反手击球力量不足的弱点。初学者如能掌握好头顶扣杀技术，便会使对方难以对付。

不管用哪种动作杀球均可做重杀、轻杀、长杀、深杀、直线扣杀、斜线扣杀。重杀时要全力扣压；轻杀时用力介于重杀和劈吊之间；长杀是将球杀向对方场区底线附近；深杀落点在中场附近。总之，杀球时只要通过手腕和手指控制拍面、倾斜角度、用力方向和大小，就可扣杀出不同的球来。这些不同形式的杀球主要是为了战术的需要和根据对方站位的情况灵活运用。

4. 下手击球

下手击球一般是在防守时所采用的击球技术。

(1)抽球。抽球主要是为了对付长杀球、平推球或对方突然回击的平高球使自己较被动地退到底线去接球时采用的一种击球技术。

①正手抽球。移动时，右脚先向右后场区迈一小步，身体也随之转向右后方，左脚用并

步或交叉步向右后场移动一步，右脚再向右后场跨一大步并呈弓箭步，重心在右脚上。在移动的同时，持拍臂往右后方拉，拍面稍后仰，击球时，以躯干为竖轴，做半圆式挥拍击球。

②反手抽球。移动时，右脚先向左脚靠一小步，然后左脚向左后场跨一步，右脚向左后场跨一大步，身体重心在右脚上。击球前背朝网，大臂往左后方拉，击球时利用大臂带动小臂及手腕左后方前上方发力并利用蹬地、转腰的力量将球击出。底线反手抽球多在单打被动时或双打比赛中运用。

(2)挑球。把对方来的吊球或网前球还击到对方后场去叫挑球。它是在被动情况下为了争取回场时间而采取的一种过渡性质的击球。

动作要领：不论是正手挑球还是反手挑球，最后一步应是右脚在前。正手挑球时，以肘关节为轴，伸拍向前并以前臂带动手腕由下向上挥动；反手挑球时，以反手握拍法握拍，击球时，肘关节稍抬高，并以肘关节为轴，前臂带动手腕由下向上挥动。

(3)接杀球。把对方杀过来的球还击到对方场区叫接杀球。接杀球看起来很被动，但当对方杀球质量不高时，接杀球如处理得当，就会为本方创造转守为攻的机会或直接还击得分。

①接杀近身球。接杀近身球即对方杀球的落点离身体不远，不需移动脚步而在原地即可进行还击。击球时，主要依靠前臂、手腕的发力。用力大小和拍面变化要根据对方杀球的力量大小和己方回击的不同落点而变化。一般来说，回击网前球时，用力要轻，主要依靠对方来球的反弹力，拍面正对网稍后仰，球拍触球时可做“切削”或“提拉”缓冲来球力量；回击后场时，前臂和手腕用力要大些，要有抽击动作；当对方杀球质量较差时，可用推后场还击，其用力以手腕为主向前稍上方“甩”腕。

②接杀远身球。接杀远身球即对方杀球的落点离身体较远，需移动脚步进行还击。击球时，两脚急速蹬伸的同时转髋，采用两侧移动步法至击球位置，上体侧向击球点，同时右手侧伸，以前臂、手腕的闪动发力击球。接杀远身球回击网前或后场球时的用力及拍面变化相似接杀近身球。

5.网上击球

网上击球是调动对方、寻找战机的重要手段，并可直接得分。

准备姿势：侧身对网，右脚跨步呈弓箭步，左脚在后自然拉开，上体略向前倾，右手持拍前伸约与肩平，肘关节微屈。注意握拍要放松。

网上击球有搓球、放网前球、勾对角球、推球、扑球。

(1)搓球。击球时，拍面稍前倾，利用手腕和手指的力量向前“切削”球托底部或向后“提拉”，使球击出后旋转或滚动过网。搓球一般在对方来球较靠近网上时运用。正反手搓球除握拍不同外，其他要领相同。

(2)放网前球。击球时，拍面稍朝前下方倾斜，前臂带动手腕和手指用前送动作球托底部。正反手搓球除握拍不同外，其他要领相同。

(3)勾对角球。在网前把来球回击到对角线网前叫勾对角球。击球时，拍面斜向对方右(左)网前。正手勾对角线时，击球托的右侧，手腕和手指带动球拍向左内勾动；反手钩对角时，击球托的左侧，同时向右内勾动。

(4)推球。在网上将来球用较平的弧线快速推到对方场区底线叫推球。击球时拍面前

倾几乎与网平行。利用前臂带动手腕和手指的快速“闪动”将球击出。正手推球多用食指的力量，反手推球多用拇指的力量。

(5)扑球。在网上把高于网的来球迅速扑压下去叫扑球。击球时，拍面前倾，前臂带动手腕和手指的快速闪动发力，击球后立即收拍，以免触网犯规。扑球时要求判断准、上步快、抢点高、动作小。正反手均可。

三、羽毛球的基本战术

一般来说羽毛球战术分单打战术和双打战术两大类。

(一)单打技术

1.发球抢攻战术

从发球的第一拍起，争取控制对方，以攻杀得分。这种战术，一般为发网前低球结合平快球、平高球，争取第三拍的主动进攻。用这种战术对付应变能力较差的对手，或实施于比赛的关键时刻，效果往往很好。实施这一战术时，应有高质量的发球予以保证，否则很难成功。

2.攻后场战术

此战术是通过击高球、重复压对方的底线两角，造成对方的被动，然后寻找机会进攻。用它来对付初学者，或后场还击能力较差，或后退步子较慢以及急于上网的对手是很有效的。

3.攻前场战术

对网前技术较差的对手，可运用此战术先将其吸引到网前，然后再攻击其后场。采用此战术，自己首先要有较好的网前击球技术。

4.打四方球战术

若对手步子较慢、体力较差、技术不全面，可以快速准确的落点攻击对方场区的四个角落，寻找机会向空当进攻。此战术的主要目的是通过打落点，逼迫对方前后奔跑、被动应付，并在其回球质量下降或露出破绽时乘虚而入，发起进攻。

5.杀、吊上网战术

对于对手打来的后场高球，本方先以杀球配合吊球把球下压，落点选在场区的两条边线附近，致使对手被动回球。若对手回网前球时，本方迅速上网搓球、勾对角球或平推球，创造在中场大力扣杀的机会。这种战术必须很好地控制杀、吊球的落点，在使对方被动回球时，才能主动迅速上网。

6.打对角线战术

对付身体灵活性差、转体较慢的对手，不论是进攻还是防守，均应以打对角线球为主。这样，对方会因移动困难而被动，为我方创造进攻机会。

7.防守反击战术

在对方主动进攻、我方被动防守时，我方可高质量地接杀挡网，或抓住对方攻杀力量减弱，或落点不好的机会，以平抽底线球还击对方后场，扭转被动局面，并进行反击。

（二）双打技术

双打比赛不仅仅是竞赛双方在技术、战术、体力上的较量，同时也是双打同伴相互配合程度的较量。因此，在学习双打战术之前，首先要了解两人之间站位形式上的配合。

一般情况下，双打有两人一前一后站位和两人分边（左、右）站位两种形式。一前一后站位即在后场的人分管后半场的球，站在前场的人则负责前半场的球。这种站位形式有利于进攻，而不利于防守。所以，一般在本方进攻时多采用此站法。分边站位多在防守时采用，这样，各人分管半边场地，在防守时就没有什么空当了。

1. 攻人战术

集中攻击对方中有明显弱点的人，并伺机攻击另一人因疏忽而露出的空当，或对此人偷袭。双打比赛中的配对选手的技术，一般总有一人好，另一人稍差些。即便两人水平相差不多，但若能集中力量攻击其中一人，也可给对手造成很大的心理压力，从而使其出现失误。

2. 攻中路战术

当对方分边站位防守时，可将球攻击对方两人的中间；当对方前后站位时，可将球下压或平推两边半场。这样可使对方防守时互相争抢或互让而出现失误。

3. 攻后场战术

对方扣杀能力差，本方可采用平高球、推平球、接杀球挑底线，把对方一人紧逼在底线两角移动。当对方被动还击时，则抓住机会大力扣杀。如另一对手后退支援时，即可攻网前空当。

4. 后攻前封战术

当本方处于主动进攻前后站位时，站在后场的队员见高球就打或吊网前球，迫使对方接球挡网前，这为本方前场队员创造了封网扑杀机会。前场队员要积极封锁网前，迫使对方被动挑高球。一旦对手挑高球达不到后场，就为本方创造了再进攻的机会。

5. 防守反攻战术

在防守中寻找反攻的机会，以便摆脱困境，转被动为主动。例如，挑底线高球，即不论对方从哪里进攻，本方都应设法把球挑到进攻者的另一边底线。如对方正手后场攻直线就挑对角线，如对方攻对角就挑直线。这是一种较容易争得主动的防守战术，在女子双打中运用更为有效。时机有利，即可运用反抽或挡网前回击对方的杀球，从守中反攻，争得主动权。运用此战术时，要注意挑高球一定要挑到底线，否则将会出现对方连续攻杀而本方无力反击的局面。

四、羽毛球的规则与判罚

（一）场地设备

羽毛球场呈长方形，各条线宽均为 4 厘米，场地上空 12 米以内和四周 4 米以内不应有

障碍物。球场中央网高1.524米，双打边线处网高1.55米。

羽毛球场地标准：羽毛球场为一长方形，长度为13.40米，双打场地宽为6.10米，单打场地宽为5.18米。球场上各条线宽均为4厘米，丈量时要从线的外沿算起。球场界线最好用白色、黄色或其他易于识别的颜色画出。按国际比赛规定，整个球场上空空间最低为9米，在这个高度以内，不得有任何横梁或其他障碍物，球场四周2米以内不得有任何障碍物。任何并列的两个球场之间，最少应有2米的距离。

从球场地面起，网柱高1.55米。网柱必须稳固地同地面垂直，并使球网保持紧拉状态。在双打球场上，不论进行的是双打还是单打比赛，网柱或代表网柱的条状物，均应置于双打边线上。球场的具体规格，如图5-20所示。

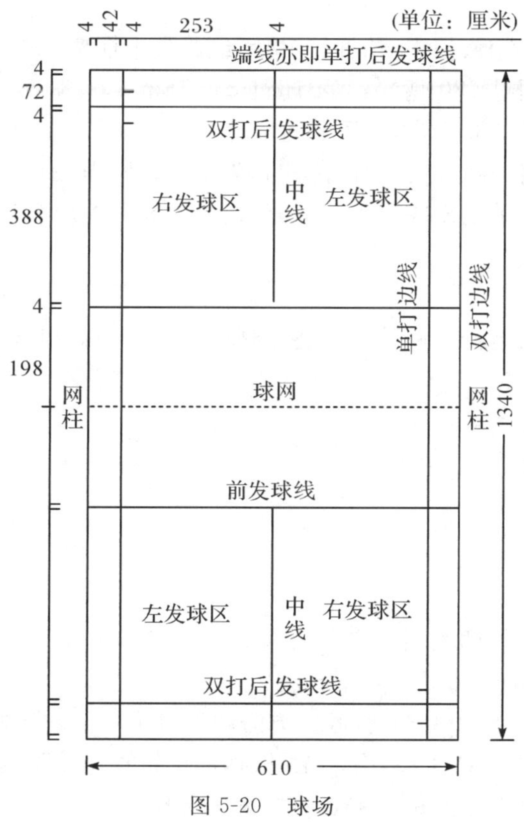

图5-20　球场

（二）球网

（1）球网应是深色、优质的细绳织成。网孔方形，各边长均在15～20毫米。

（2）网上下宽760毫米。

（3）网的顶端用75毫米的白布对折而成，用绳索或钢丝从夹层穿过。白布边的上沿必须紧贴绳索或钢丝。

（4）球场中央网高1.524米，双打边线处网高1.55米。

（5）球网的两端必须与网柱系紧，它们之间不应有空隙。

(三)羽毛球

(1)羽毛球应有16根羽毛固定在球托部。
(2)羽毛长64～70毫米,但每一个球的羽毛从托面到羽毛尖的长度应一致。
(3)羽毛顶端围成圆形,直径为58～68毫米。
(4)羽毛应用线或其他适宜材料扎牢。
(5)球托直径25～28毫米,底部为圆形。
(6)羽毛球重4.74～5.50克。

(四)球拍

(1)球拍由拍柄、拍弦面、拍头、拍杆、连接喉组成整个框架。
(2)拍框总长度不超过680毫米,宽不超过230毫米。
(3)拍弦面长不超过280毫米,宽不超过220毫米。
(4)球拍不允许有附加物和突出部,除非是为了防止磨损、断裂、振动或调整重心的附加物,或预防球拍脱手而将拍柄系在手上的绳索,但尺寸和位置应合理。

(五)挑选场地与发球权

比赛前,双方应掷挑边器。赢的一方将在规则1或2中做出选择,输方在余下的一项中做出选择。
规则1:先发球或先接发球。
规则2:一个场区或另一个场区。

(六)计分

1.单打比赛

(1)每场比赛采取三局两胜制。
(2)率先得到21分的一方赢得当局比赛。
(3)如果双方比分打成20∶20,获胜一方需超过对手2分才算取胜。
(4)如果双方比分打成29∶29,则率先得到第30分的一方取胜。
(5)首局获胜一方在接下来的一局比赛中率先发球。
(6)当一方在比赛中得到11分后,双方队员将休息1分钟。
(7)两局比赛之间的休息时间为2分钟。

2.双打比赛

(1)改双发球权为单发球权。
(2)后发球线保留,现行规则适用。
(3)比赛开始前,双方选手通过投掷硬币方式确定由哪一方来选择是先发球或后发球。

(七)发球

(1)发球时任何一方都不允许非法延误发球。

(2)发球员和接发球员都必须站在斜对角线发球区内发球和接发球,脚不能触及发球区的界限;两脚必须都有一部分与地面接触,不得移动,直至将球发出。

(3)发球员的球拍必须先击中球托,与此同时整个球必须低于发球员的腰部。

(4)击球瞬间球杆应指向下方,从而使整个球筐明显低于发球员的整个握拍手部。

(5)发球开始后,发球员的球拍必须连续向前挥动,直至将球发出。

(6)发出的球必须向上飞行过网,如果不受拦截,应落入接发球员的发球区。

(八)重发球

(1)遇不能预见或意外的情况,应重发球。

(2)除发球外,球挂在网上或停在网顶,应重发球。

(3)发球时,发球员和接发球员同时违例,应重发球。

(4)发球员在接发球员未做好准备时发球,应重发球。

(5)比赛进行中,球托与球的其他部分完全分离,应重发球。

(6)司线员未看清球的落点,裁判员也不能做出决定时,应重发球。

(7)重发球时,最后一次发球无效,原发球员重发球。

(九)违例

(1)发球不合法违例。

(2)发球员发球时未击中球。

(3)发球时,球过网后挂在网上或停在网顶。

(4)比赛时,球落在球场边线外;球从网孔或从网下穿过;球不过网;球碰屋顶、天花板或四周墙壁;球碰到运动员的身体或衣服;球碰到场地外其他人或物体(由于建筑物的结构问题,必要时地方羽毛球组织可以制定羽毛球触及建筑物的临时规定,但其国际组织有否决权)。

(5)比赛时,球拍或球的最初接触点不在击球者网的这一方(击球者击球后,球拍可以随球过网)。

(6)比赛进行中,运动员球拍、身体或衣服触及网或网的支持;运动员的球拍或身体,以任何程度侵入对方场区;妨碍对手,如阻挡对方紧靠球网的合法击球。

(7)比赛时,运动员故意分散对方注意力的任何举动,如喊叫、故作姿态等。

(8)比赛时,球夹在或停滞在拍上紧接着又被拖带;同一运动员两次挥拍连续击中球两次;同一方两名运动员连续各击中球一次;球碰球拍继续向后场飞行。

(9)运动员违反比赛连续性的规定。

(10)运动员行为不端。

第三节　网球运动

一、网球的概述

网球运动是世界上最流行的运动项目之一。网球运动最早起源于12～13世纪的法国，14世纪中叶传入英国，并得到继承和发展。1873年英国的菲茨德尔少校改进了早期网球的打法，创造了简易的草地网球比赛。1881年，英国草地网球协会成立，1877年举行了第一届温布尔登草地网球锦标赛。至此，现代网球运动正式形成。

我国的网球运动开始于19世纪后期，由西方传入。1980年，中国网球协会成为国际网球联合会正式会员。20世纪80年代以来，我国的网球运动水平提高较快。

二、网球的基本技术

（一）握拍法（右手为例）

1. 东方式握法

就像与球拍握手一样，亦称“握手式”握拍法。正手握拍的虎口对准拍柄的正上边，手心置于拍柄的右边；反手握拍的虎口略偏左侧，位于左平面和上平面的左上斜面（见图5-21）。这种握拍方法非常适用于正、反手接球，故有利于初学者掌握最基本的技术。

2. 大陆式握法

正手握拍的虎口对准拍柄正上边的左方，手心置于正上边；反手握拍的虎口位置与正手握拍相同，但拇指应略放松，不要紧扣拍柄。

3. 西方式握法

正手握拍的虎口对准拍柄右方，手心置于拍柄的右下边；反手握拍的虎口位于拍柄的上平面和左上斜面交接处，使得拇指第一关节贴紧拍柄左平面（见图5-22）。

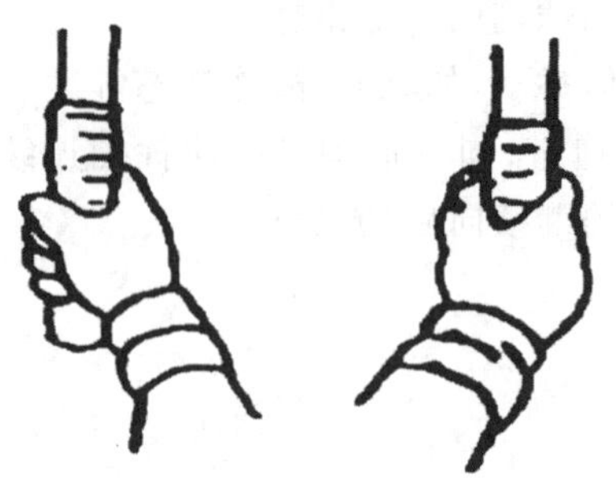

图5-21　东方握法

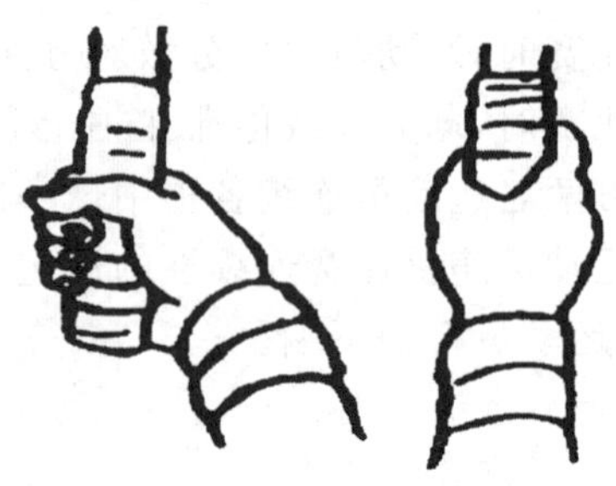

图5-22　西方握法

（二）发、接球

1. 发球

在现代网球运动中，发球技术是非常重要的，是唯一由自己掌握的击球法。它可以不受对方制约，在较大程度上能够发挥出个人的特点，用以控制对方，为自己的进攻创造有利条件。为此，运动员必须比较全面地掌握各种发球技术，以利在比赛中争取主动。发球时，不论是在右区还是在左区发球，都要保持右脚的脚尖指向右网柱，并且两脚尖的连线指向相应的发球区。开始挥拍前，重心在前脚，然后随向下向后的挥拍而同时将重心后移，再随着上举球拍向前蹬腿，利用重心前后移动的力量来增加发球速度。另一种是后脚靠近前脚的发球步法，随着上举球拍的结束，准备向上击球之前，让后脚靠近前脚，平稳地向前移动重心，保持双脚同时向上发力击球。

（1）平击发球。

准备动作：握拍有大陆式与东方式反拍握拍法。在右区发球时，站立的位置要靠近中点；在左区发球时，要站在离中点约 1.5 米处。左脚与端线处成 45°，右脚与端线平行，两脚分开与肩同宽，左脚与端线保持 5 厘米左右的距离，左肩侧对球网，起初重心放在右脚，把球和球拍放在身体前面胸部的高度。

平击发球技术特点：平击发球是在各类发球中球速最快的发球法，平击发球力量大，落地后弹跳低，给对方威胁最大，但同时命中率较低，多采用在第一发球。

握拍法：一般采用大陆式握法，有些初学者也可采用东方式正拍握法。

站位：前脚与端线约成 45°，后脚与端线平行。

（2）切削发球。这是一种以右侧旋转（略带下旋）为主的发球法。就是由球的右上往左下切削击球。由于切削发球的飞行轨迹及弹跳方向所定，该发球不但球速快，威胁大，而且容易提高发球命中率，为此被世界各国多数运动员采纳。

发球时把球抛到右侧斜上方，球拍快速从右侧中上方至左下方挥动。击球部位在球的中部偏右侧，使球产生右侧旋转。

（3）上旋发球。这是以上旋为主、侧旋为辅的发球法。由于球的上旋成分多于切削发球，使球产生一个明显的从上向下的弧形飞行轨迹过网，发力越强，旋转成分越多，弧形就越大，命中率也越高；落地后高反弹到对方的左侧，迫使对方离位接球，给对方造成很大压力，同时为发球上网带来足够的时间。发上旋球时把球抛到头后偏左的位置，击球时身体尽量后仰成弓形，利用杠杆力量对球加旋转，球拍快速从左向右上方挥动，从下向上擦击球的背面，并向右带出，使球产生右侧上旋。

2. 接发球技术

接发球是比赛较难掌握的技术，要接好发球必须掌握比较全面的基本战术。因为接发球之前无法判断对方发球的方向、旋转、力量和速度，对手将球发出后就要迅速做出判断和反应，并且选择恰当的击球方式来完成接发球动作。接发球站位一般位于端线附近，力求在接发球时向前移动击球。在接发球的全过程中眼睛要始终注视来球，一直到完成还击动作。要认真观察对方的抛球动作，这样有利于判断发球的方向和旋转。

接发球时应注意:对方第一次发球时多采用大力发球,站位应偏后一些。第二次发球可略向前移。接大力发球时引拍动作不要过大,要控制好拍面角度并紧握球拍。还击球之前要观察对方的行动,选择回球的线路和落点。

击球时急于发力是初学者较常见的现象。握拍及挥拍路线没有达到运作自如,如果用力较大,打出时必然失误较多。长此下去对初学者以后的球技进步是有很大阻碍的。因此要求初学者特别是有一点基础的人,应以打多回合球为主,不要用力过大,且要重视基本功的练习。

(三)步法

1.正手击球步

由准备姿势开始,向右转 90°,同时转体转肩,右脚向右前方跨出,与端线呈 45°,使左肩对着网。

2.反手击球步

由准备姿势开始,以左脚为轴,左转 90°,同时转体转肩,右脚向左前方跨出,使右肩对着网。还可转过一些,使右肩胛骨对着球网。

3.左右交叉步

由准备姿势向右移动时,左脚先向右前跨一步,交叉于右前,然后移动右脚,交替进行;向左移动时,方法与右移方法相同,只是方向相反。

4.滑步

由准备姿势向左移动时,应先移动左脚,后即跟右脚:向右移动时,方法相同,只是方向相反。

(四)击球

1.正手击球

(1)准备姿势:两脚分开约与肩宽,双膝弯曲,上体前倾,重心置于前脚掌。左手扶托拍颈将拍置于体前,集中注意力观察来球。

(2)后伸引拍:若来球离身体较近,应在转肩同时后伸引拍;球离身体较远侧应先跑动,在移动中快速引拍。

(3)挥拍击球:先跨出右脚并做好屈膝制动,左脚向斜前方迈出跟上,同时开始迎球挥拍击球。击球时手腕适当绷紧,固定好手与拍柄的角度并控制好球的受力情况。

(4)随球挥拍:击球时,应尽量加长拍面与球的接触时间,击球后须继续沿弧线挥拍向上,把球拍带到身体左侧肩上部。

2.反手击球

(1)准备姿势:同正手击球。

(2)后伸引拍:参照正手击球,但身体转动和出脚顺序相反。握拍法为东方式反握拍法。

(3)挥拍击球:参照正手击球,注意方向相反。挥拍时左手应做快速且简短的推送球拍

动作。击球时右肩应充分向外伸展向上挥拍。

(4)随球挥拍:挥拍时拍面稍后仰,沿击球路线尽可能地加长拍面与球的接触时间,以便控制球的方向,并在旁侧高处结束随挥动作(见图 5-23)。

图 5-23　反手击球

3.变换打法

(1)上旋球。球的弧度高、下降快。上旋球是由于拍面向上摩擦整个球体而产生的,具有很强的攻击性。

(2)下旋球。拍面后仰,球拍自上而下挥动,拍击球的后下部而产生一种下旋转,主要用于拦截或打乱对方的节奏。

(3)侧旋球。拍击球的侧部,做横向移动,击出侧旋球。此球运动路线是弧线,难以判断其路线。

(4)双手反击球。左手为正握法,右手为反握法,挥拍击球时,身体右转同时左手推动右手一起向前挥拍击球(见图 5-24)。

图 5-24　双手反击球

(五)截击球、高压球

当球还未落地并在空中飞行时(除高压球外),被凌空打掉,称为截击,亦称拦网。截击球在现代网球比赛中是一项重要的得分手段,近网截击的站位比中场截击要靠前,位于发球线前 1～1.5 米距离,它是在中场截击基础上的网前得分的主要手段。近网截击时,如判断落点准确、击球果断,能给对方致命一击。为使自己的技术水平更全面和有威力,必须掌握好近网截击球技术。截击球是在落地之前便将球在网前击回对方场区。它通常速度快、力量大,具有较大的威胁性,在高水平的比赛中,常主动上网截击控制对手。网前截击分为以下几种。

1. 正手截击

截击球时站在网前 2.5～3 米的位置，准备姿势与一般击球基本相同，但球拍要举得高一些，约与眼部同高。上网机会出现后即刻上步，判断方向后迅速转肩并跨出左脚向右侧移动，转肩时带动手臂向后做简短的引拍，握拍法可采用东方式。引拍完成时要保持拍头、拍面稍向后斜仰；绷紧手腕在身体前面 15～30 厘米处迎击来球；后脚蹬伸，重心前移，伸臂微向下推送球(见图 5-25)。

图 5-25　正手截击

2. 反手截击

准备姿势同正手截击球。击球点要比正手截击球靠前一些，因此要及早跨出右脚，重心也要置于右脚上。击球时手腕固定，用力紧握球拍，拍面稍前倾，触球中上部。击球后右臂伸展，向前下方压送(见图 5-26)。

图 5-26　反手截击

3. 高压球

同截击球一样，高压球属于上网击球技术，是用以对付对方挑高球的，其动作类似发球，在头部上空用扣杀动作还击来球。

在调整过程中，应该侧身对球，举起球拍准备击球。跟球移动到了球后，要注意调整自己的位置以利于击球。当对方挑高球时，应迅速根据来球位置移动，切不可在原地等球。

眼睛注视来球，正确判断来球方向和位置。选好击球点，一般击球点在身体前方和头的上方。如果准备打反弹球，则球应该落在前脚趾前面，越接近脚趾越好。手腕扣击动作是高压球发力的关键，收腹、转肩、挥臂使球拍前挥时通过手腕的扣击动作使拍头加速，加大扣球力量。在击球的瞬间，手臂、手腕和球拍在同一条直线上，身体也应略向前倾，击球后扣腕动作到身体的另一侧仍要继续，像发球那样完成随挥动作。在挥拍击球同时，脚向前滑步，使身体重心在击球时跟进，增加击球力量。

（六）反弹球与放短球

1. 放短球

放短球就是把球刚好“吊”过网。短球放得好，可迫使疲劳的对手从底线上网，而又够不着球。放短球时，动作应尽量隐蔽，使对方无法判断，后摆和前挥动作要和正反拍侧旋球完全一样，球拍在球的飞行路线上及早向后摆起。虽然放短球的后摆动作不需要很大，但需要给对方一个好像打深球的假象，不管是打斜线球还是直线球，准备动作都一样。放短球是在网球拍接触的瞬间放松手腕，用拍面轻轻削击球的侧下部，拍面大约以45°的开角从球的侧下方滑动，使球产生侧下旋。击球后没有随挥动作，使球落地后反弹很低。

2. 反弹球

反弹球技术是一种难度大的击球技术。比赛中，通常是对方将球击到另一方的脚下，这时既不能向前击凌空球，又来不及退后打落地球，非得在离地面很近处看球刚刚弹起时打。因此，反弹球往往是在万不得已的情况下运用的一项高难技术。反弹球节奏快、借力打、球速快，掌握此项技术，往往能在比赛中变被动为主动，使对方因仓促还击而失分。

反弹球尽量用大陆式握拍方法击球，拍面的方向随反弹球的位置和远近而有所变化。一般离球网越近，拍面就稍向后仰；离网球越远，拍面就越接近垂直。随挥动作的大小，也是随反弹球位置的不同而不同。一般离球网越近，随挥动作就越小越短；反之随挥动作就越大越长。击球时，手腕一定要固定、锁住，并且尽量让拍头不低于手腕，保持拍柄与地面平行。击球时，侧身对来球，跨出前脚，重心前移，并稳定肩膀，稍夹紧上臂。从迅速降低重心准备击球开始，到保证反弹球的稳定性。切不可用力蹬腿提腰，想拉出上旋球，而失去了对球的控制，造成击球下网的失误。

三、网球的基本战术

（一）单打战术

单打战术的运用要有独立作战的能力，头脑冷静，适应能力强，既能控制球路，不轻易失球，又能积极发力进攻。在战术运用上要根据自己的技术特点及场上条件灵活运用。单打战术一般分为发球战术、接发球战术、上网战术、底线结合上网战术、底线战术和网前截击战术六种。

1. 发球战术

发球要考虑落点、力量和旋转等因素的变化才能有良好效果。如果发出的球有角度而使球反弹至边线，就能迫使对手离开基本位置，则发球效果好。若对手站位离中线较远，可发球至接发球人的中线附近，以牵制对方。第一次发球应尽量利用大力发球以加强攻击性给对手造成压力，第二次发球应具有稳健性以保持较高的命中率。

2. 接发球战术

在第一回合较量中，对手发角度大而出边线的球时，若球速慢，可用进攻方法回击，亦可回击大角度发球以牵制对手发球后抢攻。接大角度球时，不要向后跑，而应向前迎球，用拉球回击。接发球时应选择合适位置，其标志是使正手和反手各有二分之一的机会接球。切忌在中场等球，应将中场视为接球时不站人的区域。

3. 上网战术

上网战术指在发球或接发球后，冲到离网较近的位置，不等对方回击的球落地便进行空中截击或高压的一种战术。

(1)上网时机。多用于第一次发球。发上旋球后，借球在空中飞行时间长、对方难以回击之机上网截击。若抽击球后上网，则出球要斜、要深、要重，或接近中央地带。

(2)上网站位。尽可能站到距离网约2米处。近网则进攻威胁性大，封网角度小，防守控制面积大。此时，站位应在对方可能的击球角度的分角线上。

4. 底线结合上网战术

(1)底线正反拍必须具有进攻性和较大威胁性。

(2)用凶狠抽击球(如上旋球)拉开对方，及时上网。

(3)具有较好的预测、判断能力，击球果断、有力，随之上网。

(4)底线抽击球在斜、深、重的情况下使对方被动，紧跟着上步做抽击。

(5)既考虑积极上网，又要提防对方的破网打法。

(6)上网击球主要采用截击球和高压球，此时还要熟练掌握反弹球，以落点为主应付被动情况，争取第二次截击。

5. 底线战术

双打应争取机会上网，一旦被压在底线，只能考虑防守，伺机反攻，或诱使对方失误。可用挑高球，回击短而低的球，或打平击直线球快速穿过对方中央场区，或运用侧旋直线球打对方两侧。

6. 网前截击战术

当队员处于较有利的网前位置时，可充分发挥网前快速截击的威力。截击时采用变线打法，能够向空当回击，取得良好效果。所谓变线打法就是对手打斜线球，用直线球回击；或对手打直线球，用斜线球回击。

(二)双打战术

1. 基本站位

双打时除发球和接发球队员在端线附近外，一般都站在网前位置。发球的队员站在规定发球区内，接发球的队员则站在规定发球区的另一端的端线附近准备接发球。发球队员的同伴一般站在网前，有时也可以站在端线附近，位于发球队员的另一侧。接发球队员的同伴一般站在网前，有时也不直接站在网前，而是站在发球线附近，当对手打球后再向左前或右前扑截球。

2. 发球

双打发球落点要深，如果发球有足够深度，就能控制对手冲到网前进行截击。第一次发球应采用大力发球，发球后随球上网，这时动作要迅速，先冲前三四步，然后停下来，准备进

行第一次截击。

3. 接发球

对方发球时，接发球的同伴一般站在发球线附近，接发球队员回球的情况能直接影响其同伴的动作。如果接球队员能有效地接过发球，并且能够上网，两个人应同时上网；如果接发球回击的球力量较弱，接球队员的同伴就应立即退到端线附近，不要停在原地。对发过来的球不能做有力的回击，就要想到在端线附近进行防御。如果两人同在后场站位时，应使球落在中间地带，以减小对手回球的角度。

4. 及时补位

双打比赛中两个人及时补位很重要，它可以补救场上出现的薄弱地区。例如发球队员的同伴由于冲力过大而冲过中线，这时发球队员就应及时向空当补位。如果遇到两个对手同时上网时，同伴向中路回球较低，被对手截击，这时处在截击队员对面的网前队员应及时截抢。如果接球队员将球打给网前队员，这时接球队员的同伴应迅速后退到中场。

5. 双上网和双底线

双打时两个人互相配合进行的比赛，两个人应当发挥出整体水平。优秀运动员双打时，采用的理想阵势是两人在前或是两人在后。如果两个人处于双上网的位置，而同时对方也是双上网，这种情况下双方都会向有球的一侧移动。很多球是在中场来回击打，因此球场另一部分就会出现很大的空区。这一空区往往是对手进攻偷袭的地区，比赛中应当有意识地注意这一地区。如果两个人处于双底线位置，那么回击时就应当使球落在中间地区，以减小对方回球角度。另外，双打比赛应重视防御中间地带，因为这一地带是被攻击的主要目标，所以要求两人配合默契。

四、网球的规则与判罚

（一）场地设备

国际网球联合会颁布的《网球竞赛规则》中规定，双打场地的标准尺寸是 23.77 米（长）× 10.97 米（宽），单打场地的标准尺寸是 23.77 米（长）× 8.23 米（宽）。在端线、边线后应分别留有不小于 6.40 米 × 3.66 米的空余地。不同等级的比赛对于场地两侧和后面的空余地有不同的要求。

在球场安装网柱，两个网柱间距离是 12.80 米。网柱顶端距地平面是 1.07 米，球网中心上沿距地平面是 0.914 米。

网球场走向应为南北走向。室外场地的散水坡为横向，坡度不大于 8‰。室外网球场地的四周围挡网高度一般为 4～6 米，视球场周围环境与建筑物高度，也可适量增减。

（二）主要竞赛规则

1. 发球前的规定

场地的选择及第一局中作为发球员还是接球员的权利在准备活动前由掷硬币来决定。发球员应站在端线后，中点和边线的假定延长线之间的区域里，用手将球向空中抛起，在球触地前用拍击球。

2.发球时的规定

发球员在整个发球动作中不得通过行走或跑动改变原来站立的位置,两脚只准站在规定的位置,不得触及其他区域。

3.发球员的位置

(1)每局开始先从右区端线后发球,得或失1分后,应换到左发球区。

(2)发出的球应从网上越过,落到对角的对方发球区内或其周围的线上。

4.发球失误

未击中球;发出的球落地前触及固定物(球网、中心带和网边白布除外);违反有关发球站位的规定;发球员第一次发球失误后,应在原发球位置进行第二次发球。

5.发球无效

发球触及网后仍然落到对方发球区内;接球员未做好准备,均应重新发球。

6.交换发球

第一局比赛终了,交换发球,以后每局终了均依次交换发球,直至比赛结束。

7.交换场地

双方应在每盘的第一、三、五等单数局结束后以及每盘结束双方局数之和为单数时,交换场地。

8.失分

发生下列任何一种情况,均判失分。

(1)在球第二次着地前未能还击过网。

(2)还击的球触及对方场区界线以外的地面、固定物或其他物件。

(3)还击空中球失败。

(4)故意用球拍触球超过一次。

(5)运动员的身体、球拍在发球期间触及球网。

(6)过网击球。

(7)抛拍击球。

9.压线球

落在线上的球都算界内球。

10.双打发球次序

每盘第一局开始时,由发球方决定由何人首先发球,对方则同样在第一局开始时,决定由何人首先发球。第三局由第二局发球员的同伴发球。第四局由上一局发球员的同伴发球。以下各局均按此次序发球。

11.双打接球次序

先接球的一方,应在第一局开始时决定何人先接发球,并在这盘单数局继续先接发球。对方同伴应在第一局开始时决定何人先接发球,并在这盘双数局继续先接发球。他的同伴

应在每局中轮流接发球。

12. 双打还击

接发球后，双方应轮流由其中任何一名队员还击，如运动员在其同伴击球后，再经球拍触球，则判对方得分。

13. 网球计分方法

(1)胜 1 局。每胜 1 球得 1 分，先胜 4 分者胜 1 局。双方各得 3 分时为“平分”1 局，平分后净胜 2 分胜。

(2)胜 1 盘。一方先胜 6 局为胜 1 盘。当双方各胜 5 局时，一方净胜 2 局胜 1 盘。

(3)决胜局计分制。在每盘的局数为 6 平时有以下两种计分制：①长盘制，一方净胜 2 局为胜一盘；②短盘制(决胜盘除外，除非赛前另有规定)，先得 7 分者为胜(若分数成 6 平时，一方需净胜 2 分)。首先发球员只发第 1 分球，对方发第 2、3 分球，然后轮流发两球，直至比赛结束。第 1 分球在右区发，第 2 分球在左区发，第 3 分球在右区发。每 6 分球和决胜局结束都要变换场地。

第六章　田径运动

第一节　田径运动概述

一、田径运动概念的由来

（一）概念的引进

我国田径运动的概念最初是从英文“track and field sport”翻译和演变来的，19 世纪末，随欧美体育传入中国。最初翻译为“田径赛”，以后演变为“田径运动”。

（二）概念的演变

田径在国际上是作为一种竞技运动项目出现的，很多国家的“田径”都是指竞技项目。我国有对田径运动作以下解释：“田径运动的内容包括男女竞走、跑、跳跃、投掷等 40 多个单项以及由跑、跳、投部分项目组成的全能运动。以时间计算成绩的竞走和跑的项目叫‘径赛’，以高度和远度计算成绩的跳跃和投掷项目叫‘田赛’。‘田赛’和‘径赛’合称为田径运动。”国际田径竞技组织机构——国际业余田径联合会将田径竞技的范围解释为：“田赛和径赛、公路赛跑、竞走和越野赛跑。”可见，国际上的“田径”实际指的是“田径竞技”。

目前，我国的“田径运动”与外国的“田径竞技”在含义上已有所不同：不仅竞技的走、跑、跳、投是田径运动，而非竞技用于健身的走、跑、跳、投也是田径运动。田径运动具有竞技属性和健身属性的两重性。两重属性的田径运动有很多相同之处，都是人体走、跑、跳、投的运动形式，对人的身心发展都有一定的影响；但也有着本质的区别。

1. 竞技属性的田径运动

(1)面向运动员，以提高运动成绩，参加竞赛，获取优胜为目的。

(2)追求高、精、尖的技术和快、高、远的运动成绩。

(3)有专门的训练原理、原则和方法。

(4)有固定的比赛项目、形式和方法。

(5)有严格的竞赛规则要求。

(6)对运动场地、器材有严格的规定。

2. 健身属性的田径运动

(1)面向广大群众，以锻炼身体、增进健康、增强体质为目的。

(2)掌握基本技术,追求锻炼身体的最佳效果。
(3)有专门的健身原理、原则和方法。
(4)根据年龄、性别、健康状况,确定不同内容、形式和方法。
(5)要服从增进健康、增强体质和教育上的要求。
(6)对运动场地、器材的规格没有严格的要求,但要保证安全、讲究卫生。

(三)田径运动的功能

1. 健身功能

田径运动是一项健身功能很强的运动项目,是人们增进健康、增强体质、推迟衰老、延年益寿的重要手段。它不仅是我国《国家体育锻炼标准》中的主要内容,也是我国各级各类学校体育课教材的主要内容。

(1)能提高人体走、跑、跳、投等基本活动技能的水平。
(2)能促进人体正常生长发育和各器官、系统机能的发展。
(3)能全面发展速度、力量、耐力、灵敏、柔韧等身体素质。
(4)能提高人体对外界环境变化的适应能力。

2. 竞技功能

(1)推动田径运动的普及。
(2)加强国内和国际上的交往。
(3)提高国家威望,振奋民族精神。
(4)对观众起到消遣、娱乐和教育的作用。
(5)提高田径运动的商业价值,激活田径竞赛表演市场,促进田径竞技运动的产业化运作。

3. 基础功能

(1)进入发达社会后,人类开始依靠走、跑、跳、投等基本活动提高生活、生存和生命的质量。
(2)田径运动是很多运动项目的基础。
(3)通过发展运动员的全面素质,对各项运动的技术发展和成绩提高起到积极和决定性作用。

4. 教育功能

(1)田径运动能培养良好的思想、心理品质。
(2)田径运动是进行精神文明教育的一种有力手段。

二、田径运动的分类

田径运动分为田径竞技运动项目分类和田径健身运动内容分类两部分。

(一)田径竞技运动项目分类

田径竞技运动项目,分为竞走、跑、跳跃、投掷以及由跑、跳、投部分项目组成的全能运动 5 类。通常进行的有成人各类竞赛项目和我国进行的少年甲组(16、17 岁)、乙组(15 岁)各类竞赛项目。

(二)田径健身运动内容分类

田径健身运动是以走、跑、跳、投为手段,以增进健康、增强体质、推迟衰老、延年益寿为目的的身体运动。由于它是人的基本活动技能,其实施要求和难度较田径竞技运动要低得多,因此可为不同年龄和不同性别的人们所接受,是一种有效的全民健身运动项目和手段。田径健身运动按人体自然运动方式可划分为健身走、健身跑、健身跳、健身投 4 类。

三、中国的田径运动

新中国成立以后,我国的田径运动得到较快的发展,运动员的技能有了大幅的提高。1957 年,郑凤荣以 1.77m 的成绩创造了女子跳高的世界纪录。我国不少田径运动员如朱建华、王军霞等,在世界田坛享有盛誉,他们为我国田径运动的发展起到了重要的宣传和推动作用。

我国通常将田径运动分为径赛、田赛和全能运动三大类。以时间计算成绩的项目叫径赛,以高度或远度计算成绩的项目叫田赛,全能运动是由跑、跳、投掷中的一些单项组成,各单项成绩按《田径全能运动评分表》换算分数计算成绩,它在田径运动中应作为一个单独的项目。我国田径运动的分类和比赛项目具体如表 6-1 所示。

表 6-1　我国田径运动的分类和比赛项目

类别	项目	成人		少年			
		男子组	女子组	男子甲组	男子乙组	女子甲组	女子乙组
径赛	竞走	20 公里 50 公里	5 公里 10 公里				
	短距离跑	100 米、200 米、400 米	100 米、200 米、400 米	100 米、200 米、400 米	60 米;100 米、200 米、400 米	100 米、200 米、400 米	60 米、100 米、200 米、400 米
	中距离跑	800 米、1 500 米、3 000 米	800 米、1 500 米、3 000 米	800 米、1 500 米、3 000 米	800 米	800 米、1 500 米、3 000 米	800 米
	长距离跑	5 000 米 10 000 米	5 000 米 10 000 米				
田赛	跨栏跑	110 米栏 400 米栏	100 米栏 400 米栏	110 米栏	110 米栏	100 米栏	100 米栏
	障碍跑	3 000 米障碍跑					
	马拉松	42 195 千米	42 195 千米				
	接力跑	4×100 来 4×400 米	4×100 米 4×400 米	4×100 米	4×100 米	4×100 米	4×100 米

（续表）

类别	项目	成人		少年			
		男子组	女子组	男子甲组	男子乙组	女子甲组	女子乙组
	跳跃	跳高、撑竿跳高、跳远、三级跳远	跳高、撑竿跳高、跳远、三级跳远	跳高、撑竿跳高、跳远、三级跳远	跳高、撑竿跳高、跳远、三级跳远	跳高、跳远	跳高、跳远
	投掷	铅球（7.26 千克）、标枪（800 克）、铁饼（2 千克）、链球（7.26 千克）	铅球（4 千克）、标枪（600 克）、铁饼（1 千克）、链球（4 千克）	铅球（6 千克）、标枪（700 克）、铁饼（1.5 千克）	铅球（5 千克）、标枪（600 克）、铁饼（1 千克）	铅球（4 千克）、标枪（600 克）、铁饼（1 千克）	铅球（3 千克）
全能运动		十项（第一天：100 米、跳远、铅球、跳高、400 米；第二天：110 米栏、铁饼、撑竿跳高、标枪、1 500 米）	七项（第一天：100 米栏、跳高、铅球，200 米；第二天：标枪、跳远、800 米）	七项（第一天：110 米栏、跳高、标枪、400 米；第二天：铁饼、撑竿跳高、1 500 米）	四项（第一天：110 米栏、跳高；第二天：标枪、1 500米）	五项（第一天：100 米栏、铅球、跳高；第二天：跳远、800 米）	四项（第一天：100 米、跳高；第二天：标枪、800 米）

第二节　径赛项目

一、竞走

“竞走”起源于英国，1867 年，英国举行了第一次竞走锦标赛。1908 年，奥运会正式将竞走列为比赛项目。女子竞走比赛始于 1932 年的捷克。

竞走是从日常行走的基础上发展起来的运动，规则规定支撑腿必须伸直，从单脚支撑过渡到双脚支撑，在摆动腿的脚跟接触地面前，后蹬腿的脚尖不得离开地面，以确保没有出现“腾空”的现象，而这也是竞走与跑步的主要分别。竞走的规则要求竞走时脚着地一瞬间膝关节必须伸直，后脚必须在前脚落地后才能离地，不允许身体腾空。所以，竞走具有步幅大、频率快、支撑时间短、速度快等显著特点。

（一）竞走的技术要点

1. 腿部动作

腿部动作是竞走技术的主要环节，在一个周期里，单腿要经历着地缓冲、后蹬、前摆、准备着地四个阶段。

2. 上体和摆臂动作

竞走时上体正直与地面基本垂直，在后蹬阶段上体自然地稍有前倾，眼看前方，颈部肌肉放松，有些人上体稍有前后倾斜。稍前倾则有利于后蹬，但需要增加肌肉用力的程度。为了维持身体平衡和加强后蹬的效果，两肩与上体配合两腿的动作，沿着身体纵轴稍有转动。摆臂时两手半握拳，两臂屈肘约 90°，在体侧配合迈步动作并前后摆动。前摆时手接近胸骨，不超过身体中线，高度不超过下颌，后摆时稍向外，上臂几乎与肩平。在前摆和后摆结束时，臂弯曲的角度大于垂直时的角度。

3. 身体重心的移动

在竞走过程中，身体重心移动的轨迹基本上是一条直线。由于竞走频率快，双腿支撑时间较短，因此身体重心有较小地上下起伏。当身体在单腿支撑时身体重心达到最高点，双腿支撑时身体重心降到最低点。为了避免身体重心有较大的上下起伏和左右摆动，竞走时两脚不要落在靠近运动的中线。

(二)竞走的训练方法

1. 学习腿部动作和骨盆沿纵轴扭转技术

(1)沿直线训练普通的大步走(要求脚跟先着地)。

(2)两脚左右开立(约与肩宽)，做骨盆回环转动。

2. 学习摆臂与腿部动作配合的技术

(1)原地摆臂配合骨盆沿纵轴转动腿，一屈一伸。

(2)行进间的臂与腿部动作配合训练。

3. 学习完整的竞走技术

(1)大步走过渡到竞走。

(2)慢走过渡到中速走(逐渐加快频率)。

(三)训练竞走时应注意的事项

(1)要强调支撑腿在垂直时必须伸直，骨盆沿着身体垂直轴前后转动。

(2)训练时，动作自然放松，抓住腿部动作这个重点，但也要注意上体、摆臂、肩带动作的协调配合。

(3)根据掌握技术的程度，提高竞走的速度、增加竞走的距离。

二、跑

跑包括短跑、中长跑、接力跑和跨栏跑等。

(一)短跑

400 米以内的跑称为短跑，是短距离跑的简称，它是一项发展身体素质的典型运动项目，要求人体运动器官和内脏器官在大量缺氧的条件下，用最短的时间跑完所规定的距离，它属于“极限强度”的周期性运动。短跑项目包括 100 米、200 米和 400 米跑。

1. 100 米跑技术

100 米跑的技术可分为起跑、起跑后的加速跑、途中跑和冲刺跑四个部分。

(1)起跑:短跑起跑一般采取蹲踞式起跑方法,这样做使身体迅速摆脱静止状态,获得向前的最大冲力,为加速跑创造有利的条件。蹲踞式起跑动作包括“各就各位”“预备”“鸣枪”三个过程。

①“各就各位”:运动员听到“各就各位”口令后,做几次深呼吸,轻快地慢跑到起跑器前,两手撑地,两脚依次踏于前后抵足板口,有力腿在前,后膝触地。然后,两手收回,四指并拢与大拇指成“八”字形,两手拇指相对与肩同宽或稍宽,置于起跑线后,肩与起跑线平行,颈部放松、头微低,眼看起跑线前40～50厘米处,注意听“预备”口令。

②“预备”:听到“预备”口令后,臀部平稳地抬起并略高于肩,重心逐渐前移,两脚贴紧起跑器,重心主要落在两臂和前腿上,头与躯干保持自然姿态,注意听枪声。

③“鸣枪”:听到枪声后,两手迅速推离地面,两臂积极用力前后摆动,同时两腿快速有力蹬离起跑器。后腿迅速屈膝向前上方摆出,前腿充分蹬伸髋、膝、踝关节,身体保持较大的前倾。后腿前摆后,大腿积极下压,用前脚掌在身体重心投影点的后下方着地跑出第一步。

(2)起跑后的加速跑:起跑后匀加速跑是衔接起跑和途中跑的一个跑段。其任务是尽快地提高水平速度,这段距离一般为20米左右。起跑后两腿快速交替用力蹬摆,两臂大幅度有力地前后摆动,随着速度的提高,上体逐渐抬起,两脚的落点逐渐吻合于一条直线上,步幅逐渐加大到正常步长时,应顺应惯性自然跑进几步,而后转入途中跑。

(3)途中跑:途中跑是短跑全程中距离最长、最主要的部分。其任务是继续发挥和保持最大速度跑。途中跑段是从起跑后的加速跑结束后,经过2～3步顺惯性跑后进入途中跑的。在跑的动作周期中,包括后蹬、前摆、腾空和着地缓冲四个动作阶段。它是一个不可分割的整体,其中后蹬与前摆结合是推动人体前进的主要因素。在途中跑的过程中,要求动作轻松有力,腿、臂和上体协调自然,幅度大、频率快、重心平稳、直线性好。同时要配合步频做短而快的呼吸,切不可屏气。

(4)终点冲刺:终点冲刺是全程跑的最后一段距离。其任务是动员全身力量,以最快的速度冲过终点。跑的技术与途中跑技术基本相同,但要加强两腿后蹬的力量和加大摆臂的幅度。当身体离终点最后一两步时,上体迅速前倾,用胸或肩部冲撞终点线。跑过终点后,应随跑的惯性逐步降低跑的速度。

2.200米和400米跑技术

由于200米和400米跑时,有一半以上的距离是在弯道上进行的,需要克服由于弯道跑时产生的离心力的影响。因此跑的技术要有相应的变化。

首先,起跑器应安装在跑道的右侧正对弯道切线方向,起跑时左手置于起跑线后5～10厘米处,身体正对切点,起跑后快速沿着切线跑进。跑至切点前,身体要逐渐向内倾斜,加大右腿的蹬地力量和摆动幅度,迅速进入弯跑道。其次,为了克服惯性离心力的作用,在弯道跑时,整个身体要向左倾斜,右肩高于左肩,右臂摆动的幅度和力量,都应大于左臂。

3.训练方法

(1)小步跑:目的在于体会上下肢协调和腿的前摆“扒”地技术,发展频率。小步跑时上体稍前倾、大腿屈膝稍抬起后积极下压,膝关节放松,小腿顺惯性摆出,前脚掌积极着地向后“扒地”。训练方法是:先原地做脚尖不离地的提踵换步,过渡到行进间慢节奏小步跑;由快频率小步跑过渡到加速跑或高抬腿跑。

(2)高抬腿跑:是增强抬腿肌群力量、发展频率的训练。跑时,上体正直或稍前倾,以髋带动大腿屈膝高抬与上体成直角,然后大腿积极下压,用前脚掌着地;支撑腿蹬地,髋、膝、踝三关节充分伸展向前送髋,两臂屈肘前后摆动,身体保持较高的姿势。训练方法是:原地或支撑高抬腿跑,行进间高抬腿跑,高抬腿跑逐渐加快频率过渡到加速跑。

(3)后蹬跑:体会后蹬跑时三关节用力顺序跟蹬摆动作配合,发展腿部力量,纠正后蹬不充分"坐着跑"等缺点。跑时上体稍前倾,蹬地腿三关节充分伸展,摆动腿以膝盖领先向前上方摆出,带动髋部迅速前移。然后腿积极下压,用前脚掌着地。两臂前后摆动,配合两腿动作。训练方法是:手扶器械做后蹬、前摆腿训练;原地两腿交换跳,行进间小幅度后蹬跑;后蹬跑过渡到加速跑。

(二)中长跑

中长跑是中距离跑和长距离跑的简称,属800米以上距离的田径运动项目。中长跑的项目有男子800米、1 500米、3 000米和女子800米、1 500米。中长跑运动是一项需要速度和耐力的综合性项目。其特点是:长时间的内脏器官工作和连续的肌肉活动,需要吸入更多的氧气。它有利于增强呼吸系统和循环系统的功能,是发展耐力的典型项目,也是一项身体负荷大、锻炼价值高的运动。为了适应长时间持续肌肉活动的要求,在跑的过程中,要轻松协调、重心平稳、节奏性强、直线性好。

1.中长跑技术

中长跑的项目较多,各种距离跑的动作结构基本相似,只是因距离、跑速和强度的不同,在技术细节上稍有差异。一般来讲。跑距越长,步子越短,后蹬前摆的用力程度就越小。

(1)起跑。中长跑采用站立式或半蹲踞式起跑。田径规则规定800米和800米以上的项目,只喊"各就各位",待运动员稳定后,即可鸣枪。

(2)起跑后的加速跑。起跑后上体保持前倾,脚尖着地,腿的蹬地和前摆以及两臂的摆动都应快速积极,逐渐加大步伐和加快速度,随着加速段的延长,上体逐渐抬起,进入到途中跑。加速段距离的长短和速度,应根据个人特点、战术需求和临场情况而定。尽快进入有节奏的途中跑。

(3)途中跑。途中跑是中长跑的主要部分。其技术结构与短跑基本相同,但由于中长跑的距离比短跑长,体力消耗大,要求跑时动作更要放松、协调、平稳和节省体力。中长跑有一半以上的距离是在弯道上跑。掌握正确的弯道跑技术对提高成绩有重要作用。弯道跑的动作幅度与用力程度均比短跑小,并且应靠近跑道的内沿跑,超越对手时,最好在直道上进行。注意中长跑的呼吸采用鼻子和嘴同时呼吸,以嘴呼吸为主的方式进行。呼吸节奏应以个人的习惯和跑速而定。一般有三步一呼、三步一吸和两步一呼、两步一吸两种方法。呼吸要深长有力,才能保证所需的吸气量,跑起来就轻松有力。

(4)冲刺跑。中长跑临近终点时的最后一段距离称冲刺跑。这时应加强后蹬,加快摆臂和加大上体前倾角度。冲刺跑的距离,要根据比赛项目的距离,个人体力和战术要求来确定。一般800米跑可在最后200～250米,1 500米跑可在300～400米处开始加速并逐步过渡到冲刺跑。最后冲刺距离要因人而异,一般在进入最后的直道时,应以顽强的意志全力冲

过终点。

2.训练方法

(1)匀速跑。这是用均匀速度跑进的一种方法。主要培养速度感觉和进行一般耐力的训练,也可以用来改进和掌握途中跑技术。

(2)加速跑。逐步加大步幅,加快速度,在达到最高速度时,仍保持正确姿势顺惯性用最快速度跑一段距离。随着跑的能力提高,应逐渐加长快速跑的距离,距离一般为 60～100 米。

(3)走跑交替。这是发展一般耐力和掌握跑的技术的方法。开始跑一段距离,感到累了便走步,然后再跑,如此反复交替进行,逐步缩短走的距离。一般适宜于初练长跑者。

(4)变速跑。这是用不同速度交替跑的一种方法。变速跑分有速度快慢交替和变换距离等形式。如用中速跑一段距离,再以较长距离慢跑相交替,主要发展一般耐力;用大强度或较大强度的快跑与短距离慢跑相交替的跑法,主要发展速度耐力。还可根据情况采用距离相等或距离不相等,直道上快、弯道上慢等形式的变速跑。

(5)越野跑。这是发展耐力的好方法。它不受场地条件的限制,跑的距离、时间可长可短。在跑的过程中可根据训练者的体力,快跑与慢跑、跑与走交替进行;也可利用校内外各种自然地形地物,如绕过树林,跑台阶、斜坡,跨越障碍物等,来发展各种跑跳能力和培养勇敢、顽强的意志品质。

(三)接力跑

接力跑是由短跑和传接接力棒组成的集体配合的项目。比赛项目有男、女 4×100 米和 4×400 米接力跑。还有一些传统性的项目,如 4×200 米接力跑、迎面接力跑、不同距离团体接力跑、越野接力跑和男女混合异程接力跑等。

1.接力跑技术

接力跑的技术基本与短跑相同,所不同的就是要在快速跑的过程中,各队员间要互相配合完成传接棒的任务。

(1)起跑:第一棒运动员的起跑方法基本同弯道蹲踞式起跑,主要区别在于接力跑时用右手中指、无名指和小指握住棒的末端,以拇指和食指分开撑地,接力棒不能触及起跑线和起跑线前的地面。

(2)传、接棒方法:传、接棒方法一般有上挑式、下压式和混合式三种。

①上挑式:接捧人的手臂向后自然伸出,掌心向后,虎口张开朝下。传棒人将棒由下向前上方送入接棒人手中。这种方法的优点是动作比较自然,容易掌握。缺点是接棒人握棒的位置越来越短,容易出现因移棒、换手而减慢跑速。

②下压式:接棒人的手臂后伸,靠近身体,掌心向上,虎口朝后。传棒人将棒的前端由上向前下方送入接棒人手中。这种方法优点是每次接棒,都能接棒的前端,便于下次传接棒。缺点是接棒人手腕动作紧张,不自然,易出现掉棒现象。

③混合式:第一、三棒队员右手持棒,沿跑道内侧跑,采用“上挑式”把棒传到第二、四棒的左手中。第二棒队员左手持棒沿跑道外侧跑,用“下压式”传到第三棒的右手中。这种方

法综合了上述两种传、接棒方法的优点。

(3)传接棒的时机:接棒队员站在预跑区内或接力区后端,当看到传棒队员跑到标志线时,便迅速起跑,当传棒队员跑到接力区内离接棒队员 1.5 米左右时,立即发出传、接棒信号,接棒队员听到信号后迅速向后伸手接棒,同时,传棒队员将棒送到接棒队员手中。传棒队员完成传棒动作后逐渐降低跑速,待其他道次队员跑过后离开跑道。接力跑的全程是由 4 名队员共同完成的,因此在安排各棒队员时,必须考虑发挥每个队员的特长。一般第一棒要安排起跑和弯道跑技术较好的队员;第二棒应是专项耐力好、传接棒技术熟练的队员;第三棒队员除具备第二棒队员条件外,还要善于跑弯道;第四棒应安排速度最快、意志品质和冲刺能力最强的队员。

2.训练方法

(1)接力跑队员的个别训练,在于提高跑的绝对速度能力。训练方法基本与短跑队员的训练相同。

(2)接力跑队员的持棒跑训练,着重培养队员持棒跑的习惯。一般可采用持棒慢跑,持棒加速跑 60 米×5～6 次;持棒起跑 30 米×5～6 次;在持棒快跑中完成传接棒训练。

(3)两人或四人成组做快速传、接接力棒训练,可以在慢跑和中速跑或在快速跑中传、接接力棒;两组或多组在竞赛中进行传、接棒训练。如 2×50 米或 4×50 米接力跑。

(四)跨栏跑

跨栏跑是在快速奔跑途中设固定数量、固定距离、固定高度栏架的田径运动项目。男子有 110 米栏、400 米栏,女子有 100 米栏、400 米栏。

1.跨栏跑技术

跨栏跑技术比较复杂。节奏性较强,具有跑跨结合的特点。跨栏跑的成绩,取决于运动员平跑速度、合理的过栏技术及跑与跨的衔接能力。跨栏跑完整技术可分为起跑至第一栏、跨栏步、栏间跑和终点冲刺撞线四个技术环节。

(1)起跑至第一栏。起跑后准确跨过第一个栏是跑好全程的重要环节。跨栏的起跑技术与短跑基本相同,由于从起跑到第一栏的距离和跑的步数是固定的,所以起跑器安装位置更靠近起跑线一些,起跑的身体重心稍高于短跑,这样有利于起跑后的第一步的步长。从起跑至第一栏,一般采用 7～8 步,如跑 8 步则将起跨腿放在前面,跑 7 步则将摆动腿放在前面。起跑后的加速跑应发挥最大速度。上体逐渐抬起,动作轻松协调,积极向前,步幅有节奏地由小到大逐渐增长,准确地踏上起跨点,最后一步适当缩短,比倒数第二步短约 15～25 厘米,为起跨上栏做好准备。

(2)跨栏步。跨栏步是指腾空越过栏架的技术过程。它包括起跨攻栏、过栏和下栏着地三个阶段。

①起跨攻栏:起跨腿脚的着地点应在身体重心投影线的稍前方,当身体重心移过支点时,迅速蹬伸。同时,摆动腿大小腿积极向前上方摆起,起跨腿同侧手臂有力前伸。后蹬瞬间,髋、膝、踝三关节充分蹬直,躯干与蹬地腿基本成一条直线,形成良好的“攻”栏姿势。起跨点距栏架一般为 2～2.20 米。

②过栏：起跨腿蹬离地面后，身体处于腾空状态，摆动腿大腿随惯性继续高抬，膝关节放松，小腿向前伸长，脚尖稍勾起，准备向下向后做用力压栏动作。上体积极前倾，摆动腿异侧的手臂积极前伸。同时，起跨腿屈膝外展，勾起脚尖，收紧小腿，以大腿带动小腿经体侧向前提拉，摆动腿的异侧手臂自然屈肘向侧后方摆动。

③下栏着地：摆动腿快要过栏时，大腿积极下压，小腿自然伸直用前脚掌积极向后下方做"扒地"动作。摆动腿下压的同时，上体与头部随之抬起。在摆动腿着地时，起跨腿已拉至体前，并继续上摆送髋，使重心尽快移过支点转入栏间跑。

(3)栏间跑。栏间跑是从摆动腿下压着地起，到起跨腿踏上起跨点止的一个过程，其任务是尽快跑过栏间距离，为下一次跨栏创造条件，一般用三步跑完。跑的动作和短跑基本相同，但三步的步长不等。一般第一步约为 1.50～1.60 米，第二步约为 2.00～2.15 米，第三步约为 1.80～2.00 米。由于栏间距离是固定的，所以栏间跑要有一定节奏，三步的步长也应相对稳定。要提高栏间跑的速度，主要是加快三步频率和改进跑的节奏。要求跑得放松、协调、有弹性、重心平稳、直线性好与过栏衔接连贯。

(4)终点冲刺撞线。当跨到最后两个栏时，便开始终点冲刺撞线。这时应保持原步长、步频和节奏，加强攻栏意识，加大躯干的前倾角度，保持水平速度。当跨最后一栏时，摆动腿压栏动作更要积极，起跨腿越过栏板后，应尽快向前落地奋力跑进。冲刺跑和撞线动作与短跑相同。

2.训练方法

(1)跨栏坐：坐在地上做模仿过栏时腿部和手臂动作，以初步建立过栏时手、腿配合的技术概念，发展腿部柔韧性。

(2)攻摆训练：模仿跨栏步上栏动作，学习掌握攻栏时起跨腿充分蹬伸和摆动腿屈膝前摆高抬技术，提高积极攻栏意识。

(3)摆动腿过栏模仿训练：摆动腿前摆高抬积极下压小腿前伸着地，以学习摆动腿模仿和过栏的动作。

(4)原地起跨腿提拉过栏训练：学习掌握起跨腿的过栏技术，提高髋关节的柔韧性和灵活性。

(5)跨栏步模仿训练：在走步中模仿两腿的过栏动作，以强化过栏时上、下肢协调配合的完整技术。

(6)栏侧攻摆和提拉过栏训练：在走步中从栏侧完成过栏动作。

(7)栏间节奏跑模仿过栏训练：初步建立三步过栏和跑栏的概念。

(8)摆动腿过栏：学习摆动腿的攻栏。

(9)放松跑过栏：以中等速度跑进，在栏侧和栏上做完整跨栏动作，以掌握正确的过栏技术。

(10)起跑 6～8 步过第一栏：学习起跑上第一栏及跨栏技术。

(11)起跑过 3～5 个栏：强化起跑上第一栏、过栏及栏间跑相合技术。

(12)缩短栏距跨栏跑：提高栏间跑频率和快速过栏、跨栏跑的意识。

(13)重复跨栏跑：起跑过 8～10 个栏的重复训练，训练全过程技术和节奏。

（五）马拉松跑

马拉松（Marathon）长跑是国际上非常普及的长跑比赛项目，全程距离 42.195 千米。分为全程马拉松（Full Marathon）、半程马拉松（Half Marathon）和四分马拉松（Quarter Marathon）三种。以全程马拉松比赛最为普及，一般提及马拉松，即指全程马拉松。

1. 马拉松跑的技术

马拉松跑的技术，大致和长跑技术相似。由于它的距离长，并且是在地形不一的公路上进行，因此，在技术上还有些特点。

（1）在跑时，上体微向前倾或正直。后蹬的力量较小，大腿向前上方的摆动比较低。从外形上看，蹬地后小腿向上摆的动作比长跑小些。脚的落地点离身体重心投影点较近，并且用全脚掌或脚的外侧先着地，再过渡到全脚掌，着地时应柔和而有弹性，腿应很好地弯曲、缓冲。两臂的摆动要自然，幅度不要过大。

（2）在加速跑、终点冲刺和上坡跑时，两臂配合两腿做积极的摆动，有利于跑速的提高。步长与步子的频率应结合运动员的训练水平、身高和体重而确定，并根据途中地形的不同而进行调整，以保证用比较均匀的速度跑完全程。呼吸节奏要和跑速相适应，呼气有适宜的深度。沿斜坡向上跑时，身体应前倾些，步长可缩短，步频应加快，两臂要积极摆动，用前脚掌落地。顺斜坡往下跑时，步长可稍大些，可用全脚掌或脚跟着地（坡度较陡时），上体稍后仰，要控制跑速（保持适宜的步长与步频）。在公路上跑时，应该跑路面的平坦处（一般在路面的中央）。

马拉松跑的动作要协调、省力，跑速要均匀，要善于在地形起伏的公路上改变跑的动作。马拉松跑的运动量非常大，跑时必须注意技术运用和节省体力，动作的节奏要合适，肌肉在不活动时要充分放松，以便休息。因此，在平时训练中，运动员要反复地体会动作，掌握合理的跑的技术，以求不断地提高运动成绩。

2. 训练方法

很多教练认为马拉松训练的重点是长距离跑。业余选手通常会在每周最长的一次训练中跑 32 千米，每周总里程数达到 64 千米。里程数是从少到多慢慢增加的，这也是量力而为的，有经验的跑手可能会跑更多。大量的长跑训练能够获得良好的耐力和比赛成绩，但同时也带来了运动伤害的风险。职业运动员的每周训练里程数超过 160 千米。

很多马拉松训练计划至少持续五个月，开始逐渐增加训练量（每两周），最后到比赛前的 1～3 周为休整期，为恢复充分的体力而减量。对于只希望能完成比赛的新手，建议训练时间为每周 4 天，最少持续 4 个月。很多教练建议每周增加跑步里程数不要超过 10%，他们也建议在开始马拉松专项训练前要有 6 周以上的跑步经验，以让身体适应新的节奏。

速度训练属于专项训练，能使跑步者适应比赛时的配速，以自己的目标时间完成比赛。常见的训练法有：法特莱克跑（Fartlek，又称“变速跑”）、间歇跑、山坡跑，和乳酸阈（Lactate Threshold）训练等。

力量训练有助于提高速度，核心力量的训练（Core Training）是最重要的部分。马拉松运动员的身体核心主要是躯干、臀部和腰腹部。

交叉训练是被普遍接受的一种积极的恢复法或辅助训练法，即通过参加其他的有氧运动(如游泳、骑自行车、登山等)，减少重复跑步的乏味感，并锻炼不同肌群。

过度训练是指身体没有得到足够的休息，无法从紧张训练中恢复的结果。过量的训练会适得其反，而且受伤的可能性会更高。

第三节　田赛项目

田赛项目主要包括跳跃和投掷两大类。跳跃类项目包括跳远、三级跳远、跳高和撑竿跳；投掷类项目主要有铅球、标枪、铁饼和链球。

一、跳跃

(一)跳远

跳远是人体通过快速的助跑和积极的起跳，采用合理的姿势和动作，使身体腾越水平距离的运动项目。经常训练跳远能有效地发展速度、下肢力量、灵敏性、协调性等身体素质，增强内脏器官的功能，培养勇敢、顽强、果断等优良品质。

跳远的完整技术动作由助跑、起跳、腾空和落地等四个紧密相连的阶段组成。

1. 跳远技术

(1)起跳。起跳动作包括着地、缓冲和蹬伸三个过程。

①着地：着地技术应尽量减少冲撞，并为尽快转入蹬伸创造条件，从而使助跑与起跳结合。因此，起跳脚放脚动作要像“扒地”那样。起跳脚着地时，起跳腿几乎伸直，与助跑道成60°～70°的夹角，用脚跟先触及地面，并迅速滚动到全脚掌着地，上体保持正直，眼睛注视着前上方。在起跳脚着地前，摆动腿已经开始折叠并迅速前摆跟上起跳腿。

②缓冲：由于助跑速度的惯性和身体重力的作用，对起跳腿产生了很大的压力，迫使起跳腿髋、膝、踝三关节很快地弯曲缓冲。这种缓冲动作，不仅减少了起跳腿着地时的前进阻力，加速了身体前移，而且使起跳腿的伸肌拉长，为快速蹬伸起跳创造了有利条件。

③蹬伸：不仅是起跳腿快速有力地蹬地，而且要与摆腿、摆臂、提肩、伸腰等动作协调配合，使整个身体向前上方伸展。起跳腿的髋、膝、踝三关节充分伸展，上体和头部保持正直，摆动腿大腿积极向前上摆至水平位置，小腿自然下垂，两臂前后摆起。整个蹬伸动作应做到快速、积极、充分、有力，顺利完成起跳动作。

(2)腾空。跳远腾空阶段的任务是维持身体平衡，为合理、完善的落地动作创造有利的条件。起跳腾空后，摆动腿屈膝前摆，大腿高抬保持水平姿势，起跳腿自然放松地留在后面，成腾空步的姿势。腾空姿势一般有蹲踞式、挺身式和走步式三种。

①蹲踞式。空中保持起跳姿势，然后两腿在体前抬起伸直落入沙坑。

②挺身式。在空中上体充分伸展或稍有挺身动作，为使动作更加舒展、自然、连贯，两臂可经身体两侧向下后方摆动，同时两膝微屈保持在空中平衡滑行，当滑行进入下落时，两臂自体侧继续向上向前绕环，同时两腿由身后摆至身前，抬起伸直，落入沙坑。

③走步式。在完成腾空步动作以后，摆动腿以髋为轴开始下放，并向后摆动，同时起跳腿屈膝，大腿向前提，随之向前伸小腿形成空中换步动作。两臂配合腿的动作，做大幅度绕环摆动。然后摆动腿向前收与起跳腿靠拢，并向胸部提举。随后向前伸小腿准备落地。

(3)落地。落地阶段的任务是在身体不后倒的前提下，尽量获得较大的落地距离，并缓冲落地的冲撞力，防止发生外伤事故。无论是哪种腾空姿势后落地，都要尽力提伸双腿，当脚跟触及沙面时，两腿迅速屈膝，骨盆前移，两臂积极前摆，使身体重心迅速移过落点，避免后倒坐于沙坑。

2.跳远的训练方法

(1)蹲跳起。这是主要发展腿部肌肉力量和踝关节力量的训练。跳的方法：双脚左右开立，脚尖平行，屈膝向下深蹲或半蹲，两臂自然后摆。然后两腿迅速蹬伸，使髋、膝、踝三个关节充分伸直，同时两臂迅速有力向前上摆，最后用脚尖蹬离地面向上跳起，落地时用前脚掌着地屈膝缓冲，接着再跳起。每次训练15～20次，重复3～4组。

(2)单脚交换跳。这是发展小腿、脚掌和踝关节力量的训练。跳的方法：上体正直，膝部伸直，两脚交替向上跳起。跳时主要是用踝关节的力量，用前脚掌快速蹬地跳起，离地时脚面绷直，脚尖向下。原地跳时，可规定跳的时间(30～60秒)或跳的次数(30～60次)。进行间跳时，可规定跳的距离(2～3米)。以上训练重复2～3组。

(3)踝跳步。踝跳步主要用来发展腿部后群肌肉和踝关节的力量，训练身体的协调性。动作方法：用右(左)腿直膝向前上方跳起，同时左(右)腿屈膝向上举，右腿落地，然后换腿，用同样方法跳，两臂配合腿前后大幅度摆动。跳时踝关节和前脚掌要用力，整个动作轻快。

(4)纵跳摸高。这是发展腿部肌肉和踝关节力量而经常采用的一种训练方法。动作方法：两脚自然开立成半蹲预备姿势，一臂或两臂向上伸直，接着两腿用力蹬伸向上跳起，用单手或双手摸高。每次训练10次左右，重复3～4组。

(5)蛙跳。这是发展大腿肌肉和髋关节力量的训练。动作方法：两脚分开成半蹲，上体稍前倾，两臂在体后成预备姿势。两腿用力蹬伸，充分伸直髋、膝、踝三个关节，同时两臂迅速前摆，身体向前上方跳起，然后用全脚掌落地屈膝缓冲，两臂摆成预备姿势。连续进行5～7次，重复3～4组。

(6)障碍跳。这主要发展腿部肌肉和踝关节爆发力。训练方法：地上放小海绵垫6～10块，每块距离1米左右。训练者站在垫后，两脚左右开立，脚尖平行，屈膝向下，两臂自然后摆，用脚掌力量向前上方跳过障碍，两臂配合向前上方摆动，落地时屈膝缓冲，落地后迅速做下次跳跃。重复5～6组。

(7)跳台阶。这主要发展腿部力量和踝关节力量。动作方法：两手背在身后，两脚平行开立，屈膝半蹲，用前脚掌力量做连续跳台阶动作。一次可跳20～30个台阶，重复3～4组。

(8)挺身跳。原地屈膝开始跳，空中做直腿挺身动作，髋关节完全打开，做出背弓动作，落地时屈膝缓冲。单足跳前进训练：一般采用左(右)去右(左)来的方法进行训练，距离控制在25～30米，完成3～4组。

(二)三级跳远

三级跳远是由单脚跳、跨步跳和跳跃组成的，三跳顺序是一次单足跳、一次跨步跳和一

次跳跃。单足跳时应用起跳腿落地，跨步跳时用另一条腿（摆动腿）落地，然后完成跳跃动作。它能发展速度、下肢力量和弹跳力、灵敏性、协调性等身体素质，提高人体支撑器官和内脏器的功能，培养勇敢、顽强、克服困难、勇往直前等意志品质和精神。

1. 三级跳远技术

(1)助跑。三级跳远助跑的距离一般为35～40米，跑18～20步。它与跳远助跑的技术基本相同，只是由于第一跳不像在跳远中那样强调获得高度，因而在助跑的最后阶段步长和步频都没有明显的变化，身体重心比较平稳地向前移动。

(2)第一跳（单足跳）。一般用有力的腿来完成第一跳。起跳腿踏板后立即用力蹬伸，摆动腿屈膝前摆使身体成腾空步，再以起跳腿落地，完成第一跳。进行第一跳时，身体重心轨迹应该是低而平。起跳结束时的身体姿势是：上体正直，起跳腿髋、膝、踝三关节充分蹬直，摆动腿屈膝高抬，同时稍抬头、挺胸，两臂摆动。这一跳的蹬地角为60°～65°，腾起角为16°～18°。腾空步后，摆动腿后摆，起跳腿屈膝前摆，呈换步后的跨步姿势。当单足跳将结束时，两臂和摆动腿应留在身后。

(3)第二跳（跨步跳）。第一跳尚未结束前，就准备第二跳。腾空换步后，摆动腿继续后摆，而起跳腿高抬大腿，以拉开两大腿夹角而增加第二跳动作的幅度。起跳腿及时扒地落地使身体重心快速前移接近支撑点的上方，以减少落地时身体与地面的冲撞力。第一跳落地时，摆动腿和两臂要用力向前摆动，腿的摆动是以髋关节为中心，防止小腿前甩。随着腿的摆动，起跳腿用力蹬地送髋，使上体保持较直的位置，完成第二跳的起跳动作。第二跳起跳结束时，身体姿势与第一跳相似，这一跳的蹬地角为60°，腾空的高度低，腾起角较小，一般是12°～15°。

(4)第三跳（跳跃）。在第二跳结束前就应该准备进行第三跳。当摆动腿一着地，即屈膝、屈踝、髋部积极前移，另一腿和两臂用力向前上方摆动，起跳腿迅速蹬伸踝、膝、髋三个关节，以加大身体重心向上移动距离。这一跳的蹬地角65°左右，身体重心的腾起角18°～20°。

这一跳是在前两跳之后，水平速度下降较多，要以最大的垂直速度来弥补。因此，第三跳腾空要较高。更重要的是维持身体平衡，防止上体前倾。空中姿势最好采用跳远的蹲踞式或挺身式，落地方法基本同跳远。

2. 三级跳远的比例关系和技术类型

三跳中的第一跳是在高速度助跑下起跳的，是三跳中距离最长的一跳；第二跳时，水平速度已有下降，并要准备做最后的一跳，因此它是三跳中距离最短的一跳；第三跳时，尽管水平速度已经降低，但它可以充分利用剩余的水平速度合理地加大垂直速度，加上两腿在落地前做积极前伸动作，所以这一跳比第一跳稍短，但比第二跳要长。这是通常情况下，三跳长度的比例关系。但是在运动实践中三跳比例关系也有特殊的。如第三跳比第一跳稍长，第二跳与第一跳接近相等。

三级跳远由于三跳长度比例关系不同，因此有三种技术类型。

(1)弹跳型。弹跳型是充分发挥运动员弹跳力强的优点，在三跳中加大了第一、二跳的长度，由于前两跳消耗体力较大，相应地减小了第三跳的成绩。三跳的比例大约是38∶29∶33。

(2)速度型。速度型是在第一、二跳中适当地缩小远度,身体在腾空时低而平,尽量发挥和保持水平速度,利用其速度快的优势增加第三跳的速度。三跳的比例大约是35∶30∶35。

(3)综合型。综合型是总结了前两种跳法的技术优点,充分发挥其身体素质全面的有利条件,使三次跳跃的技术和体力分配尽量合理,争取三次跳跃中都能获得相应理想的远度。三跳的比例大约是38∶28∶34。

在实践中,应根据各人的具体情况来确定采用哪种技术类型和不同的三跳长度比例关系。

3.训练方法

(1)一般力量训练的方法。

①杠铃训练:抓举、推举、蹬伸、提铃至胸、卧推、颈后推、仰卧臂拉起等;

②在力量组合训练器械上进行一般的力量训练;

③采用哑铃进行一般的力量训练;

④实心球进行投、推等训练;

⑤腹部和背部的肌肉力量训练;

⑥髋屈肌训练:对抗同伴或像皮带不断增加的阻力摆大腿训练;

⑦髋伸肌训练:俯卧在跳箱上向后抬腿(不断增加阻力),跨步跳训练等;

⑧小腿肌肉训练:负杠铃提踵,力量组合训练器械上进行提踵训练,利用特制的力量训练鞋进行提踵训练,在松软的地面进行提踵训练(如沙地、软垫子等);

⑨脚部肌肉力量训练:像体操那样绷脚尖的各种训练,在沙地行走用脚趾抓地,在松软的地面如沙地、软垫子、水中等行走,要求脚的滚动动作。

(2)专门力量训练的方法。

①负重半蹲(膝关节大小腿夹角为90°)训练或在蹬腿训练器上进行训练;

②微蹲(膝关节大小腿夹角为135°)训练,强调快速蹬伸动作,每组尽可能快速地重复8~12次;

③单腿下蹲训练;

④伸髋肌的各种训练;

⑤负重跳跳箱(带助跑和不带助跑)。

(三)跳高

跳高,田径运动跳跃项目之一,又称急行跳高。由有节奏的助跑、单脚起跳、腾空过杆与落地等动作组成,以其最后成功地越过横杆上缘的高度计算成绩并以此判定名次。训练跳高能有效地增强下肢力量,提高弹跳力,发展灵敏性、协调性等身体素质,培养勇敢、顽强、果断等优良品质。同时,优美的跳高动作能给人以美的感受。

跳高列入正式运动竞赛的历史较长,由最初的双腿屈膝跳过横杆演化出"跨越式""剪式""滚式""俯卧式""背越式"等姿势,尤其背越式是当今跳高竞技场上最流行的姿势。

1.背越式跳高的技术结构和动作要领

(1)助跑。助跑的任务是获得必要的水平速度,并为提高起跳效果和顺利地越过横杆创

造条件。背越式跳高一般采用8～12步助跑，分为直线助跑段与弧线助跑段。

①直线助跑技术：近似于短路途中跑技术，跑进时身体重心高而平稳，上体适当前倾，后蹬充分有力，前摆积极抬腿，两臂协调配合大幅度摆动。

②弧线助跑技术：身体逐步内倾，加大外侧腿臂的摆动幅度，保持头、躯干成一条直线向内倾。助跑的整个过程应有明显的加速性和较强的节奏感，尤其是最后几步逐渐加快，到最后一步最快。

(2)起跳。起跳点距横杆垂直面为60～100厘米，起跳脚踏上起跳点时，一般与横杆垂直面约有10°～25°的夹角，即与助跑弧线的切线方向一致。

在助跑最后一步前，摆动腿支撑时要压紧，并积极送髋。起跳脚向前迈出，用脚跟外侧先触地面向前滚动并转为全脚着地，同时身体由倾斜转为垂直，摆动腿以髋带动大腿迅速前摆。起跳腿在脚着地后，摆动腿继续上摆，把同侧髋带出，带动骨盆扭转，同时蹬伸起跳腿。两臂配合腿的动作向上提肩摆臂，并及时开始做引肩动作，为身体腾起后转为水平姿势做好准备。

(3)过杆落地。由于骨盆在起跳时已转动，因此当人体腾空后，身体继续转动成背对横杆的姿势，这时切不要急于做过杆动作。当肩和背高于横杆时，两肩迅速后倒，充分展髋，小腿放松，膝部自然弯曲，身体成反弓形，背部与横杆成交叉状态反弓仰卧在横杆上，髋部的伸展动作要延续到臀部越过横杆。当膝盖后部靠近横杆时，两小腿积极地向上举，含胸收腹，自然下落以肩背落垫，滚翻缓冲。

2.训练方法

(1)身体训练。这是训练的重要内容之一。身体训练水平的发展是掌握和提高运动技术的基础，是大负荷训练的物质保证，是不断提高运动成绩的先决条件。身体训练有以下内容：速度训练有一般速度和专项速度。一般速度30～60米反复跑、100～150米反复跑、30～60米追逐跑；专项速度有弧线跑30米计时、全程助跑计时、后四步助跑计时、下坡跑接弧线跑20米、下坡跑度弧线跑20米、快速摆臂摆腿的模仿训练、快速起跳训练。

(2)弹跳训练。有自然弹跳力和专项弹跳力两种。前者的方法有各种行进间跳跃，跨步跳、单足跳20～30米，计时、四步助跑五级跳；后者有带助跑4～5步的跳跃，计时3～60米，跳跃及各种跳深、跳栏架、跳台阶、综合跳等。

(3)力量训练。有一般力量素质训练和专项力量素质训练两种。前者的训练方法有肋木举腿、高抬腿走、实心球训练等；后者的训练方法有负重弓箭走、负重蹬台阶4厘米，负重半蹲起，及利用其他器械训练后群肌、小肌群力量。

(4)协调性训练。有各种体操技巧训练，各种绕栏、跨栏跑，各种球类运动等均能提高运动员的灵敏和协调能力。技术训练跳高技术是影响运动成绩的最重要因素。只有掌握合理的技术，才能充分发挥运动员身体素质的潜力，取得好成绩。

(5)技术训练。技术训练中应包括学习掌握跳高的基本技术和一些主要环节的动作，但应侧重于进一步改进技术细节，不断完善整个技术的节奏，提高技术水平。在训练中应采用简化的训练和专门辅助手段，各个技术环节分别训练，逐一改进，并进行大量的完整技术训练，进一步增强肌肉感觉和体会技术动作。只有不断地在突破某些技术环节的基础上，再进行完整的技术训练才能提高运动成绩。在技术训练时，更强调根据运动员个人特点在技术细节上有所创新，如对弹跳力好的运动员要求多练跳跃，发挥自己的长处；对有一定基础的运动员强调高强度、时间短而有效的训练方法。

(6)心理训练。在激烈的比赛中，运动员的心理状态会直接影响比赛成绩。只有良好的心理素质才能保持最佳竞技状态。心理训练有感知觉训练、表象训练、集中注意力训练、意志训练、自信心培养五种。

(7)恢复训练。恢复训练随着运动员水平的不断提高，优秀运动员的负荷越来越大，故恢复过程也显得十分重要。主要的恢复训练方法有：教育学手段与方法、医学生物学恢复手段、心理恢复的手段和方法，同时应对恢复训练的水平进行必要的测定。

(四)撑竿跳高

运动员持竿助跑起跳后，借助撑竿的支撑，在撑竿上连续完成十多个复杂的动作，然后越过横竿。训练撑竿跳高是增强体质的有效手段之一，它对提高速度、弹跳力、灵巧和协调性等素质以及培养勇敢顽强、机敏果断等意志品质，都有积极的意义。

1.撑竿跳高技术

撑竿跳高的完整技术是由持竿助跑、准备起跳和起跳、悬垂摆体和后仰举腿、引体转体和腾越过竿、落地等一系列密切联系的复杂动作组成的。

(1)持竿助跑(以玻璃纤维竿，左脚起跳为例)。

①持竿。持竿的方法有体侧持竿和体前持竿两种。这里只介绍体侧持竿方法。右手在上，左手在下，两手相距 60～70 厘米，将撑竿持于身体右侧，接近腰的部位，右臂屈时在体后，大拇指在撑竿的外侧，其余四指微握撑竿，用虎口压住撑竿；左臂屈时在体前，拇指在撑竿下托住竿子，其余四指微握住竿子。

②助跑。助跑时，将竿头举得高些，使撑竿的重心接近身体以减轻臂的负担。随着助跑速度的提高再逐渐降下竿头。助跑的距离一般为 36～45 米，跑 16～22 步。持竿助跑的节奏一般有三种形式：①逐渐加速；②开始加速，中段自然跑进，最后几步再加快频率；③开始加速，跑到全程三分之二处达到最高速度，然后依靠惯性助跑直到插穴起跳。助跑节奏的选择须根据个人跑的能力而定。助跑的关键在于高抬膝关节。

(2)插穴起跳。插穴起跳是从起跳前倒数第二步开始的，左臂应先起动将撑杆向前上方送出，右臂从右肩前上方迅速举起，当起跳脚落地时，右臂伸直，左臂肘关节成直角正对撑杆，随着人体继续前移便开始起跳。这时摆动腿屈膝积极有力地向前上方摆动，带动右髋迅速向前，胸部积极向前挺出，起跳腿做迅速而充分的蹬伸，向前跳起。此时起跳腿应有短暂的“拖拉”，整个身体充分伸展，形成一个反弓姿势，使身体前部肌群被充分地拉长，这对延续水平速度，加强摆体力量和进行快速的后仰举腿、团身动作等都有积极的作用。助跑与插穴起跳要做到节奏明显而不失时机地依次完成，这样才能把助跑和起跳的动量最大限度地用于将撑竿压弯。

(3)悬垂摆体与后翻举腿。当起跳脚离地之后便进入杆下悬垂摆体阶段，此时右手要紧握撑竿，左肘做有力的直角支撑，摆动腿的大腿和髋部继续积极前送，胸部前挺，起跳腿留在体后，短暂地保持起跳时的反弓姿势。为了使身体重心快速向上摆起，在起跳腿前摆靠拢摆动腿时，以肩为轴做快速有力的收腹举腿动作，以缩短摆动半径，加快摆动的角速度，把向前

的速度转为向上，并增加了对撑竿的压力，使撑竿达到最大限度的弯曲，增加了弹性势能。当身体背部摆到与地面平行时，由于身体重心逐渐靠近竿子，对撑竿的压力减少，撑竿便开始反弹，右臂仍保持伸直，左肘关节的角度开始加大，肩部离开撑竿，两膝向握竿点靠拢，使身体重心接近撑竿，完成快而有力的后翻动作。在后翻的过程中，要积极向上、提臀、伸腿，使两腿贴近撑竿，为拉开引体转体和向上举体创造有利条件。

(4)引体、转体与推竿。当撑竿即将伸直时，要抓住这个时机做引体转体和推竿动作，使身体抛射得更高。这时右肩和身体重心要紧靠撑竿，两臂沿着撑竿纵轴做快速有力的拉引，使身体借助于两臂拉引的力量和撑竿反弹的力量向高空抛起。在转体的过程中，两腿切不可过早地向横竿伸去而离开撑竿。否则，身体重心不能向横竿正上方腾起，而是向横竿方向成水平移动，迫使两腿急速下降。因此，后翻举腿、引体转体和推竿等一系列动作的用力必须与撑竿的伸直速度协调一致，才能借助撑竿的反弹力把人体向空中抛起。

(5)过竿与落地。当右臂进入支撑压竿时，要及时地沿撑竿的纵轴做出快速有力的下推动作，将身体最大限度地向横竿上空推起，以提高握竿点与身体重心之间的距离。右手推离撑竿后，身体即转入无支撑的腾空阶段，这时要含胸、低头、收腹，围绕横竿做弧形后翻腾，越过横竿并落到海绵垫上。

2.训练方法

(1)起跳。

①原地模仿起跳训练。在确定起跳腿后，原地做起跳训练，摆动腿和两臂的摆动和起跳腿蹬地要同时，协调一致。

②从走步到慢跑连续做起跳训练。原地起跳动作认定正确后，再在走步中做起跳训练，然后慢跑3～4步连续做起跳训练(可集体在跑道或平整的场地上进行训练)。

③4～6步助跑起跳，用摆动腿落入沙坑，而后随惯性向前跑进，注意不能用踏跳腿落地，以免踏跳腿负担过重。

④同上训练，起跳后用头接触或手摸高悬物。

⑤中、远程助跑起跳训练。

(2)腾空挺身动作训练。

①原地做腾空动作的模仿训练。

②原地上一步起跳，在落地前快速完成腾空动作。

③4～6步助跑、跳后做摆动腿训练。小腿微向前、向下、向后摆动，膝关节放松，落地后继续向前跑进。

④利用踏跳板(台)，4～6步助跑起跳做腾空动作。

⑤不用踏板做训练，要求把注意力集中在做腾空动作上。

(3)落地动作训练。

①4～6步助跑跳远，落地前做伸小腿动作，不要怕后坐。

②6～8步助跑跳远，落地前做伸小腿动作，脚落地刹那，迅速做屈膝或挺腹动作，避免后坐。

(4)完整技术训练。

①中距离助跑起跳，改进腾空与落地动作。

②正确丈量步点，每次助跑接近起跳板时均要做起跳动作，然后以摆动腿继续向前跑进。丈量步点次数不宜过多，3～4 次即可，过多因体力因素会影响后面的正式试跳。

③全程助跑挺身式跳远训练。

二、投掷

（一）推铅球

铅球是田径运动的投掷项目之一，它对增强体质，特别是发展躯干和上下肢力量有显著的作用。推铅球是一个完整连贯的技术动作，分为原地推铅球、侧向沿步推铅球、背向滑步推铅球、旋转推铅球等四种投掷技术。

1. 推铅球技术

目前普遍采用的是背向滑步推铅球的技术。

（1）握持球的方法。五指分开，球体置于中指、食指、无名指的指根处，拇指与小指扶住球体的两侧，手腕后屈。握好球后将球置于肩上锁骨窝处，紧贴颈部，手掌心向前，持球臂屈肘，肘部自然抬起，略低于肩。

（2）滑步前的预备姿势。高姿势持球，站在圈内背对投掷方向，右脚尖靠近圈的后内沿处，两脚前后自然站立，相距 20～30 厘米，重心落在右腿上，左脚以前脚掌或脚尖着地，上体放松，左臂自然上举。

（3）滑步。滑步是为了使铅球获得水平方向的预先速度，为最后用力创造有利条件。掌握和提高滑步技术，其成绩可比原地推铅球高很多。

滑步前可用左腿做一两次预摆，预摆时左腿自然弯曲，大腿平稳向上摆起，上体前屈，左臂自然前伸或自然下垂并稍向内，头与背保持一条直线，左腿摆到一定高度待身体平稳后，回收大腿，靠近右腿时，右腿同时逐渐屈膝完成含胸、团身动作，紧接着右腿用力地蹬伸，臀部略向投掷方向移动，身体重心离开支撑点，左腿快速地向抵趾板方向摆去并迅速拉收右腿，在拉收右腿的过程中，右脚尖逐渐向内转动，在圆圈的中心附近用前脚掌着地，约与投掷方向成 90°角，左腿完成摆动后要积极主动下落，脚尖稍向外转，前脚掌内侧落在圆圈直径的左侧，两脚着地时间相隔越短越好。这时身体重心大部分应落在右腿上，左脚前脚掌与右脚跟几乎在一条直线上（对投掷方向而言），这有利于送胯转身和推球时充分发挥蹬地的力量。

在滑步过程中，左臂左肩应保持内扣，头不向左转动以保持上体始终处于扭紧状态中。

滑步的基本要求是身体移动快，重心起伏小，滑步结束后使身体处于最有利于用力的状态。右腿蹬离地面的方法有两种：一种是以脚跟蹬离地面，另一种是以前脚掌蹬离地面。前者要求腿部力量大，灵敏性高，难度较大，后者较为省力。

（4）最后用力。最后用力是推铅球的关键环节，动作的正确与否直接影响其效果。滑步结束时，左脚一着地，不间断的使右腿积极蹬伸，推动右胯向投掷方向转动。上体在转动中逐渐抬起，躯干的肌肉群积极收缩，加快用力后的运行速度。这时，左臂由胸前向左上方摆动，使原来方向转至左侧对投掷方向。左臂左肩高于右肩，铅球应保持较低的位置，重心大部分仍在弯曲、压紧的右腿上。由于右腿不停地蹬伸，加速右胯继续向投掷方向转动和上体前移。重心逐渐移至左腿，左腿微屈，当左臂向体侧摆动时，胸和头部才转对投掷方向。右

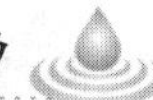

腿的继续蹬伸，进一步将右胯向投掷方向送出，随着右肩前送，左臂已摆至体侧制动，保证右臂与右肩正确的向前推出。这一动作结束时，两腿充分蹬伸，挺胸抬头，迅速伸直右臂，手腕稍向内转同时屈腕，用手指拨球，快速有力地使铅球从手指处推出。

铅球离手后，两腿迅速交换并弯曲，使身体重心降低，缓解向前的冲动，防止犯规。在最后用力中要遵循先蹬腿后转肩的原则。特别注意强调的是，推铅球要在“推”字上下功夫，要将全身各部分力量都集中在铅球上。

2. 训练方法

(1)动力性训练组合。

①斜身仰卧起坐：20 个×3 组，卧推：10 个×3 组；

②双腿负重屈伸：20 个×3 组，悬垂转体：10 个×3 组；

③双臂负重上举：20 个×3 组，50 米加速跑：3 组。

这一组动力性训练负荷小、中强度、非常适合中小学运动员发展力量的训练，要求连续完成三组。(这组训练不仅不易疲劳，而且还能重复多次。)

(2)发展爆发力训练与铅球技术训练结合。

①手指俯卧、连续抓不同重量的铅球；

②用不同重量的杠铃快速前推、斜推、原地推不同重量的铅球；

③连续蛙跳，阻力负重连续滑步；

④负重进行体侧屈一体侧转的训练，用橡皮条牵拉完成技术动作，身体超越器械的训练；

⑤负重半蹲起结合提踵的训练，持不同重量的铅球完成推铅球技术动作；

⑥各种跳跃训练，快速跑训练。

(二)掷铁饼

1. 掷铁饼技术

掷铁饼的完整技术动作由握法、预备阶段(预备姿势和预摆)、旋转、最后用力和身体平衡阶段等四个部分组成。

(1)握法(以右手为例)。五指自然分开，拇指和手掌平靠铁饼，其余四指的最末指节扣住铁饼边沿，铁饼的重心在食指和中指之间，手腕微屈，铁饼的上沿靠在前臂上，持饼臂自然下垂于体侧。

(2)预备阶段。预备阶段分为预备姿势和预摆。

①预备姿势。运动员背对或侧对、半背向投掷方向，两脚左右开立于投掷圈中线的两侧。持饼臂自然放松下垂于体侧，两眼平视。

②预摆。预摆的目的是为了摆脱铁饼的静止状态，增强持饼臂和手对铁饼的肌肉感觉，为顺利进入旋转创造有利的条件。目前常见的预摆方法有两种：一是左上右后的摆饼法；二是身体前后摆饼法。第一种预摆方法开始时，持饼臂在体侧前后自然摆动，当铁饼摆到体后时，体重靠近左腿，接着向左移动，同时躯干带动放松的持饼臂向左上方摆起，当铁饼摆到左上方时，可由左手在下托饼，防止脱手。这时体重靠近左腿，上体稍左转。回摆时，躯干带动

持饼臂把铁饼摆到身体右后方，身体向右扭紧，身体重心落在右腿上，上体稍前倾，左臂自然微屈于胸前，眼平视，头随上体的转动而转动。铁饼回摆到极点时，约与右肩同高或稍高于右肩，这时持饼臂要尽量放松、拉长。这种方法简单易学。第二种预摆方法开始时，持饼臂在体侧前后自然摆动，当铁饼摆向体前左上方时，手掌逐渐向上翻转，右肩稍前倾，身体重心靠近左腿。铁饼回摆到体后时，手掌逐渐翻转向下，重心由左向右移动，上体向右后充分转动，使身体扭紧。这种方法动作放松，幅度大，目前为大部分优秀运动员所采用。

(3)旋转。旋转的开始就是预摆的结束。预摆结束时，尽可能把铁饼向后摆到最大限度的部位，使持饼臂水平，上体向右扭转，肩放松，要有充分拉长右臂的感觉。然后，左脚向右旋转，身体的重心从右脚移至左脚上，右脚也跟着转动，并半屈膝带动双膝向同方向转动，同时躯干也开始旋转，带动手臂和铁饼旋转。

旋转动作开始后，右脚先离地，左腿向投掷方向用力。右腿微屈，从右向左前方做弧形摆动。当身体通过投掷圈旋转时，髓部先于肩运动。这样使身体的上部与下部(即肩轴和胯轴)有一个扭动。投掷臂握饼，拉在体后，另一臂半弯曲抱胸与肩高。运动员应当始终保持头部朝投掷方向，左脚向左转，在圆心附近脚掌积极着地。右脚的旋转运动继续进行，左脚迅速用脚掌着地，落在投掷圈中线的左边。

(4)最后用力和身体平衡阶段。当左脚着地时，右脚继续蹬转，使右髋积极向投掷方向转动和前送。接着，头向投掷方向转动，左臂微屈于胸前，胸部开始向前挺出，体重逐渐移向左腿。当体重移向左腿时，右腿继续蹬伸用力，以爆发式的快速用力向前挺胸挥饼。与此同时，左腿迅速用力蹬伸，左肩制动，呈左侧支撑，使身体右侧迅速向前转动，将全身的力量集中在铁饼上，当铁饼挥至右肩同高并稍前时，用小指到食指依次用力拨饼出手，使铁饼顺时针方向转动向前飞行。

2.训练方法

(1)掌握和改进最后用力技术的手段。

①手握器材转蹬支撑模仿训练;侧向或背向呈最后用力预备姿势，右手握住支撑物，髋关节发力(既右腿转蹬出髋，左腿支撑用力)，做到髋轴与投掷方向垂直，身体呈反弓形，再还原，反复做。

②将一皮条绑在固定的器械上，高于肩，背对器械或做最后用力的预备姿势，右手拉住皮条做髋关节发力，右腿转髋，左腿支撑并带动躯干、右臂转动的动作。(皮条长2米左右成双股。)

③肩负轻杠铃呈最后用力预备姿势，做髋发力右转左支撑模仿训练。

④手持杠铃片做最后用力模仿训练。(强调髋发力带动上肢挥打。)

⑤跪投实心球，用腰髋及右膝跪转左腿支撑的力量，将实心球投出。

⑥手持橡皮管或树枝，在右侧出手点的最远点，立一目标，训练者做最后用力结合出手模仿训练，要求皮管或树枝要打到右侧目标上。

⑦原地、正面、侧面，背对退一步，投掷铁饼。

(2)学习和改进旋转技术的几个常用手段。

①站立做大幅度的预摆动作。预摆方法多采用前后摆饼法，但幅度要大要配合好重心的移动，上体略前倾做转体运动，使铁饼运行路线加长，预摆结束时，肩髋要扭成“十”字。

②双足支撑拧髋旋转发力，徒手模仿训练和专门训练;右膝绑上皮条，在发力时给以相

反方向的阻力，做起转发力模仿训练。

③转髋发力结合原地起转模仿训练，发力后边转边移重心，形成以左侧为轴的旋转为止（徒手或带小铃片）。

④旋转与向前相结合的模仿及专门训练。背对立木两步左右站立，做旋转发力带动右腿离地，并使右腿微屈高抬大腿，左腿同时送髋蹬地，然后上体前倾，双手扶墙。

⑤徒手或在右腿上绑上皮条做正面大幅度的弧形摆腿，转髋模仿训练。

⑥右脚单足支撑旋转模仿训练。要求腾空低，右脚边转边落，在右脚落地后，左腿要尽快收回向右脚靠拢，左肩留在右腿上方，形成上体前倾半团身的扭紧状态。

⑦徒手或带器械做大半径全旋转的模仿训练。

⑧正面上步的旋转模仿训练加完整的旋转技术模仿训练。

⑨正面上步的投饼训练和全程完整技术旋转投饼训练。

（三）掷标枪

标枪是一个比较复杂的多轴性旋转项目，全称应该是"投掷枪"（Javelin Throw）。投掷枪运动具有悠久的历史。在公元前708年的第18届古代奥运会上，投掷标枪被列为正式比赛项目。

1. 投掷枪技术

投掷枪技术基本可分为握枪和持枪、助跑、最后用力及维持身体平衡四个部分。

（1）握枪与持枪。

①握枪。将标枪斜放在掌心上，大拇指和中指在标枪把手末端第一圈上沿，食指自然弯曲斜握在标枪上，无名指和小指握在把手上。也可将拇指和食指握在标枪把手末端第一圈上沿，其余手指按顺序握在把手上。

②持枪。屈臂举枪于肩上，大小臂夹角约为90°，稍高于头，枪尖稍低于枪尾。

（2）助跑。助跑的距离应根据投掷者助跑速度的快慢而定，一般在25～35米之间，可分为两个阶段，即预跑阶段和投掷步阶段。

①预跑阶段。从第一标志线到第二标志线是预跑段，为16～20米，跑双数步为8～12步，跑单数步为9～13步。预跑阶段主要是加速度，在跑进中上体稍前倾，用前脚掌着地，大腿抬得较高，后蹬力量强，动作较快而富有弹性，持枪臂随着跑的节奏与左臂配合，自然前后摆动，并与下肢动作协调一致，在加速中投步。

②投掷步阶段。五步投掷步的前四步一般步长是第一步大、第二步小、第三步大、第四步小。具体如下。

第一步：左脚踏上第二标志线，右脚积极前迈，同时，右肩后撤开始向后引枪，左肩逐渐向标枪靠近，左臂自然摆至胸前，眼向前看，髋部正对投掷方向，持枪臂尚未伸直。

第二步：右脚落地，左脚离地前迈开始了投掷步的第二步。左脚前迈时髋稍向右转，右肩继续后撤并完成引枪动作，右手接近于肩的高度，枪身与前臂夹角较小，枪尖靠近右眉，保证标枪纵轴与投掷方向一样。

第三步：由左脚落地开始，左脚一落地右脚膝关节自然弯曲，大腿带动小腿积极有力地向前摆动，当右腿靠近左腿时，左腿快速有力的蹬伸，促使右腿快速前迈。此时髋轴转向投掷方向，并与肩轴形成交叉状态。左臂自然摆至胸前，有助于左肩继续向右转动，加大躯干向右扭转幅度。右脚尖外转，用脚跟外侧先落地，然后过渡到全脚掌，与投掷方向呈45°角左右。躯干和右腿成一条直线，整个身体向后倾斜于地面形成一定的夹角。

第四步：在交叉步右脚落地之前，左脚就要积极前迈。右脚落地，重心落在弯曲的右腿上，接着，右腿积极蹬地，加快髋部向水平方向移动，同时也加快了左脚的前迈。左脚前迈时，大腿不宜抬得过高，左脚内侧或脚跟先着地，做出强有力的制动和支撑，左脚落地的位置应在右脚落地位置前投掷方向线的左侧20～30厘米处。

(3)最后用力。投掷步的第三步右脚着地后，由于惯性，髋部迅速向前运动，在超越了右脚支撑点之后(左脚未着地)，右脚就开始最后用力。当左脚着地，便形成了以左脚到左肩的左侧支撑，为右脚继续蹬地转髋创造条件。右脚继续蹬地，推动右髋加速向投掷方向运动，使髋轴超过肩轴，同时髋部牵引着肩轴向投掷方向转动，在肩轴向投掷方向转动的同时，投掷臂向上转动，带动前臂、手腕向上翻转，当上体转为正对投掷方向时，形成了"满弓"姿势。此时投掷臂处于身体后，约于肩等高，与躯干几乎成直角。弯曲的左腿做迅速有弹性的蹬伸，同时胸部尽量前送，并带动小臂向前做爆发性"鞭打"动作，使全身的力量通过手臂和手指作用于标枪纵轴。标枪离手一刹那，手腕和手指的积极动作，使标枪沿着纵轴按顺时针方向自转，这可以保持标枪在空中飞行的稳定性，提高标枪的滑翔效果。标枪出手的适宜角度为30°～35°。

(4)身体平衡。标枪出手后，右腿应及时向前跨出一大步，降低身体重心，保持平衡。

2.训练方法

(1)"反弓"双手触摸脚跟。两脚左右开立，提踵，上体向后倾，用双手触摸脚跟，髋不挺出，呈反弓状，然后两腿蹬伸将上体向前上方弹起，双臂随上体向前上方摆动。训练的目的是让训练者体会蹬地送髋的动作和背弓时的肌肉感觉。

(2)拉臂推肩成"满弓"。两人一组，训练者做好投掷的预备姿势，同伴一手握住训练者的手，一手放在训练者肩胛处，当训练者做送髋翻肩动作时，同伴协助做拉臂推肩动作。训练的目的是让训练者体会形成"满弓"时的用力顺序及肌肉本体感觉。

(3)持枪翻肩成"满弓"。右手持枪成原地侧向投枪的预备姿势，左手握住枪头，左脚向前迈一步，左腿蹬地送髋，做翻肩动作。

(4)原地双手掷实心球。两脚前后开立，上体后倾，双手持球于头后，然后蹬腿、挺胸、振臂将球向前上方掷出。训练的目的是让训练者体会正确的用力顺序及方向。

(5)跪姿掷实心球。双膝跪地，双手头后持球，上体后倾，然后挺胸、收腹、振臂，将球向前上方掷出。训练的目的是让训练者体会以胸带臂的动作顺序。

(6)单手持重物做枪摆动作。单手持轻杠铃片，侧对投掷方向站立。连续做蹬腿、送髋、挺胸、翻肩、挥臂动作。训练的目的是让训练者体会最后用力的肌肉感觉。

(7)原地掷小垒球。左手持小垒球，侧对投掷方向站立，向前上方掷出小垒球。训练的目的是让训练者体会快速用力时的肌肉感觉，掌握鞭打动作。

(8)坐姿单手投小球。坐在长凳上，距墙3～5米，右手持小球，用转体、挺胸、收腹、挥臂的力量将小球掷出。训练的目的是让训练者体会以胸带臂的用力顺序。

(9)插枪。侧对投掷方向站立，左手持枪，枪尖低于枪尾，将标枪向前下方掷出。训练的目的是让训练者体会正确的用力顺序和鞭打动作，沿标枪的纵轴用力。

第七章　游泳运动

第一节　游泳运动概述

一、游泳运动简介

在远古时代，地球上就出现了最早的人类。古人类在布满江、河、湖、海的地球上生活，不可避免地要与水打交道。人们为了寻觅食物和躲避猛兽的侵袭，不得不跋山涉水。在从事生产劳动和同大自然做斗争的过程中，人们不仅发展了走、跑、跳、投、攀登、爬越等基本活动能力，还学会了游泳。因此，游泳成了人类最古老的生存手段之一。

现代游泳始于英国。1837 年，英国首先建立了全国游泳协会，并在人工游泳池中举行了正规的游泳比赛。1896 年第一届现代奥林匹克运动会在希腊雅典举行时，游泳就被列为 9 个比赛项目之一。1908 年在英国伦敦举行的第四届奥运会时，成立了国际业余游泳联合会(简称国际游联)，审定了各项游泳世界纪录，同时制定了国际游泳竞赛规则。1912 年，在瑞典斯德哥尔摩举行第五届奥运会时，增设了女子游泳项目。在奥运会历史上，游泳是最早设置女子比赛的项目。

现代竞技游泳于 19 世纪末传入我国，近年来我国游泳运动水平快速提高，我国运动员也在奥运会等世界大赛中取得了优异成绩。

二、游泳运动的价值

(一)游泳的健身价值

游泳是一项在水中进行的体育活动，是以人的肢体相互作用而运动的一种技能。

1. 提高呼吸系统的功能

水的密度比空气的密度大，水的压力使游泳时的呼吸比陆上的呼吸要费劲得多。游泳时吸气肌必须用更大的力量收缩以克服水的压力使胸腔扩大，使气体进入肺部；呼气时由于要克服水的阻滞以加快呼气速度，除了吸气肌要放松外，肋间内肌和腹壁肌等呼气肌也要参与主动收缩。所以游泳可以使吸气肌和呼气肌都得到锻炼。经常进行游泳锻炼，可以增强呼吸肌的力量，增大肺的容量。游泳是提高呼吸系统功能的一项很有效的运动。

2. 提高血液循环系统的功能

游泳时，人体处于水平姿势，下肢、腹部与心脏基本上位于同一水平面，减小了重力对血液循环的影响，再加上水的挤压作用，促进下肢及腹部静脉血液的回流，有利于心室充满回心血液，从而提高心脏的泵血功能。水的压力还使肺循环的血压加大。因此，经过系统的游泳训练者的右心室运动性增大现象往往十分明显，这是其他项目无法取代的特殊效果。血液循环系统功能的提高，使心脏的功能活动出现节省化现象，表现为人体在安静状态下的心率徐缓。

3. 改善体温调节的功能

水的导热能力约是空气的25倍，人体浸入水中时体温散失的速度大大加快，必然要相应地加强体内的能量代谢过程，以产生更多的热量来维持体温恒定。冷水的刺激又会引起皮肤血管的收缩舒张反应。经常游泳，大脑皮质对热的产生及散热的调节形成条件反射，提高了人体对外界温度变化的适应性，增强身体的抵抗力。

4. 促进体格匀称发展的功能

游泳是一种全身运动，经常参加游泳锻炼，不仅能使人体颈、肩、脊柱、髋、膝、踝各关节及全身肌肉都得到锻炼，而且有利于矫正和改善身体姿势，使人体匀称协调地发展，形成健美的形体。事实证明，经过系统游泳锻炼的人，具有肩宽、胸厚、背阔、腰细、形体匀称、肌肉圆润而富有弹性等特点。

5. 培养良好心理品质的功能

进行游泳锻炼，一方面可以激发人们为保持健康而积极参加体育运动的良好愿望和要求；另一方面还可以锻炼意志，培养自信、果敢、坚毅、临危不惧等优良心理品质。

(二)游泳的实用价值

1. 游泳是一种基本生存技能

毫无疑问，预防溺水最有效的办法，不是远远地躲开水，而是以积极的态度学会游泳，真正获得水中活动的自由。可以说，游泳是保证生命安全的重要手段，是人类的一种基本生存技能。

2. 游泳是一种必要的生产技能

游泳在生产建设上有着很高的实用价值。在现代生产建设中，也有许多水中作业，需要工作者掌握一定的游泳技术，如水利施工工程、水上运输、水下科学考察、抗洪抢险、打捞救助、渔业生产等。只有学会游泳，才能克服水的障碍，顺利完成特定的生产建设任务。

3. 游泳是一种重要的军事技能

游泳在军事上的价值历来为兵家所重视。古希腊人、斯巴达人和雅典人，都把游泳作为青少年军事训练的内容。第二次世界大战以来，游泳受到世界各国的高度重视，至今仍是各国军事训练的一个重要科目。

第二节 游泳运动的基本技术

一、熟悉水性

熟悉水性是学习各种游泳姿势的一个重要练习，其目的是使初学者通过身体的感官感知水的浮力、压力和阻力等，逐步适应水的特性和环境，消除对水的恐惧，并掌握水中行走、呼吸、漂浮、滑行等一些游泳的基本动作，为今后学习和掌握各种游泳技术打下良好的基础。熟悉水性的练习中呼吸和滑行是最为重要的两个方面。

（一）水中行走

一般在齐腰深的水中进行，做各种方向的行走、跳跃练习。开始时动作不宜过大，速度不宜过快，要保持身体协调，维持身体平衡，最好按练习方法依次进行（见图 7-1）。水中行走可以使初学者了解水环境中的浮力、阻力等特性，以便在水中站立或行止时能维持身体平衡，消除怕水心理。

（二）水中呼吸

呼吸练习是游泳教学的难点，也是熟悉水性阶段的关键内容，应贯穿于整个练习的始终。该练习可使初学者基本掌握游泳的呼吸方法、呼吸过程、呼吸节奏，以适应头入水的刺激。练习前深吸一口气，然后憋气，低头慢慢下蹲，把头部没入水中。停留片刻后抬头，同时用嘴和鼻子呼气后再吸气，这样就不易呛水（见图 7-2）。在水中练习呼吸，可以通过水中憋气、水中呼气和韵律呼吸等方式进行。

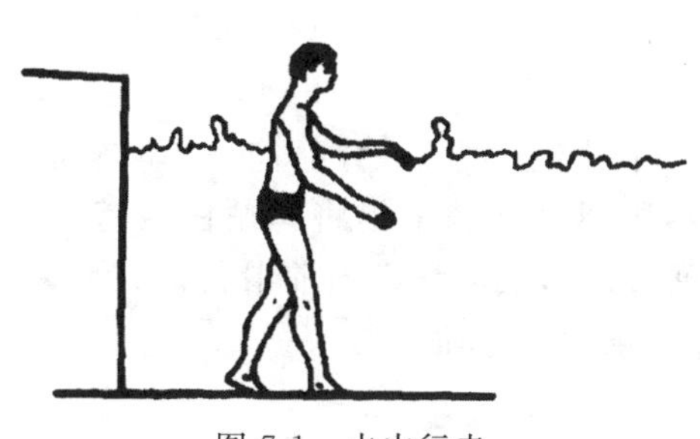

图 7-1 水中行走

图 7-2 水中呼吸

（三）水中漂浮

练习水中漂浮时，要尽量深吸气，在水中闭气的时间应尽量长，并且身体要求放松。

1. 扶固定物团身漂浮练习

在水中两手扶住池边、水线或抓住同伴的手，先深吸一口气，然后把头没入水中憋气，同时团身，使身体尽量放松，自然地漂浮于水中；呼气后，站立用嘴吸气。在此基础上，两人或多人手拉手可同时做团身漂浮练习。

2. 抱膝漂浮练习

站立水中,深吸气后,下蹲憋气低头抱膝,大腿尽量靠近胸部,成低头抱膝团身姿势,身体要尽量放松,自然地漂浮于水中;呼气后,两臂前伸向下按水并抬头,同时两腿伸直向下踩,成站立姿势(见图 7-3)。

3. 展体漂浮练习

站立水中,深吸气后,下蹲憋气低头抱膝,放松漂浮于水中后,展开身体;或两臂放松向前伸直,深吸气后身体前倒并低头,两脚轻轻蹬离水底,呈俯卧姿势漂浮于水面,臂、腿自然分开,全身放松,身体充分展开。呼气后,两臂前伸向下按水并抬头,同时两腿伸直向下踩,成站立姿势(见图 7-4)。

图 7-3　抱膝漂浮

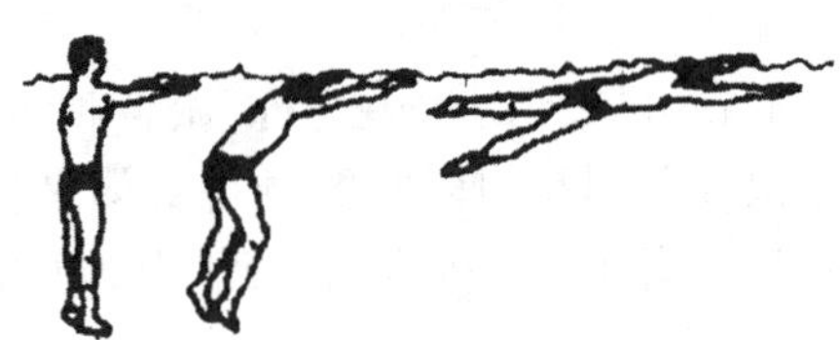

图 7-4　展体漂浮

(四)水中滑行

在水中滑行时,臂和腿自然伸直,身体放松成流线型,要尽量延长闭气时间和滑行距离。

1. 同伴扶手滑行练习

手臂放松扶住同伴的手,没入水中憋气,身体展开漂浮在水面,全身放松,同伴拉练习者的手倒退走,使其体会滑行动作。在此练习的基础上,可放开练习者的手,使之自己滑行漂浮,但要注意保护(见图 7-5)。

2. 蹬池壁滑行练习

背向池壁,双臂伸直并拢贴近双耳,或一手扶池边缘,一臂前伸,一脚站立,另一脚触抵池壁。深吸气后低头,上体前倾成俯卧,支撑腿迅速屈膝上提将脚贴住池壁上,臀部尽量提高并靠近池壁,双脚用力蹬壁,全身充分伸展、放松,成流线型向前滑行。在此基础上可做蹬池底滑行练习,体会在滑行中如何保持身体平衡(见图 7-6)。

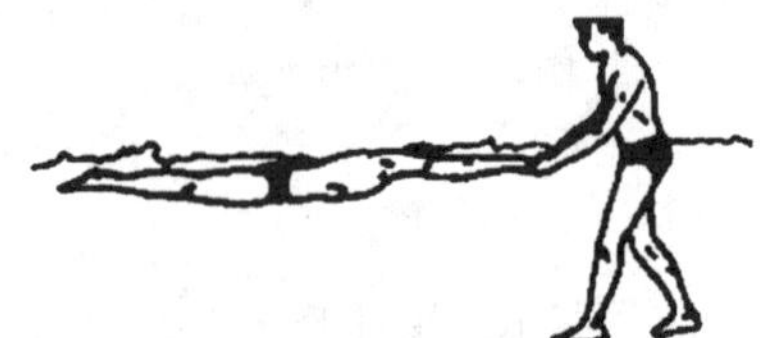

图 7-5　同伴扶手滑行

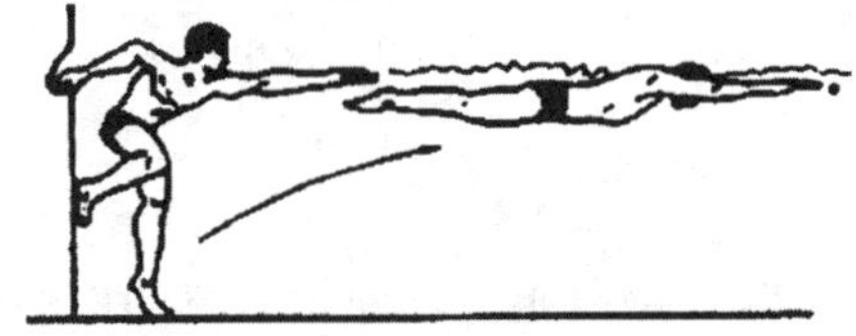

图 7-6　蹬池壁滑行

二、蛙泳

蛙泳技术由身体姿势、腿部动作、臂部动作、呼吸、动作配合和游泳练习六个部分组成。

(一)身体姿势

身体基本是水平卧在水中,身体纵轴与前进方向成 5°～10°,抬头时水齐下颌。

(二)腿部动作

分收腿、翻脚、蹬夹水三个连续的动作阶段(见图 7-7)。

1. 收腿和翻脚

在两腿完全伸直并稍沉时,屈髋和屈膝,同时两小腿向大腿后折叠与臀部靠拢,边分边收,两膝距离与肩同宽,大腿和躯干成 130°～140°,当腿、脚跟接近臀部时,两膝稍向里扣,脚尖向两侧外翻做翻脚动作。

2. 蹬夹水

腿后蹬时,边后蹬边内夹,以蹬为主。蹬夹动作先伸髋,使髋、膝和踝关节相继伸直(见图 7-7)。

图 7-7 腿部动作

(三)臂部动作

1. 划水与抓水

开始时,手臂前伸内旋,掌心向外斜下方,两手分开向斜下方抓水。当手感到有压力时,便开始向侧、下、后内呈椭圆曲线划水。要求划水以肩为轴,动作连贯,肘部保持比手高的位置。

2. 收手与伸臂

划水结束,臂由内向前收,两手相对,最后掌心向下并臂前伸。当两手收至下颌前下方时,借收手弧形惯性向前伸肘,两手靠近,掌心向下(见图 7-8)。

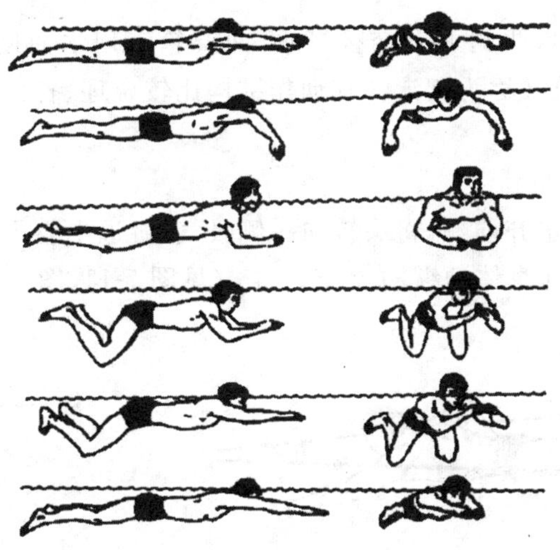

图 7-8 收手与伸臂

(四)呼吸

呼吸要和臂的动作协调配合,划水结束时,抬头用鼻和口呼气,手臂划水时用口吸气,收手低头闭气,伸臂时徐徐呼气。

(五)动作配合

蛙泳在一个动作周期时,一般采用一次呼吸、一次划水和一次蹬腿动作配合。双臂划水时抬头吸气,收手前伸时,收腿并进行蹬夹水动作。

(六)游泳练习

1. 陆上模仿练习

陆上模仿练习分为坐姿蹬水和卧姿蹬水,两者差不多,区别在于一个是坐着,一个是卧着(趴着)。坐姿蹬水的方式是,坐在池边,上体稍后仰,两手后撑,做收(腿)、翻(脚)、蹬(夹)、停的动作。先按口令分解练习,再过渡到完整连贯动作(见图 7-9)。

2. 水中练习

手扶池槽仰卧和俯卧姿势,同伴抓其脚,帮助体会翻脚、蹬腿动作(见图 7-10)。

图 7-9　陆上模仿练习

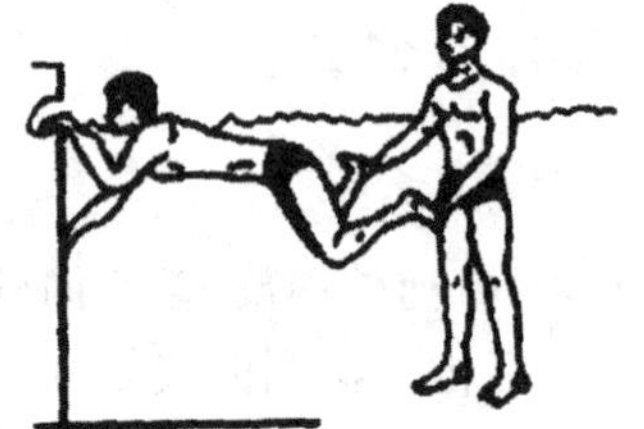

图 7-10　水中练习

三、自由泳

自由泳是俯卧在水中,两腿上下交替打水,两臂轮流划水而使身体向前游进的一种泳姿,由于动作很像爬行,故又称为爬泳。其动作结构比较合理、省力、阻力小。

(一)身体姿势

身体平直俯卧水中,水齐前额,将头转向一侧吸气,游进中躯干围绕纵轴左右转动,身体纵轴与水平为 3°～5°,头与身体的纵轴成 35°～45°(见图 7-11、图 7-12)。

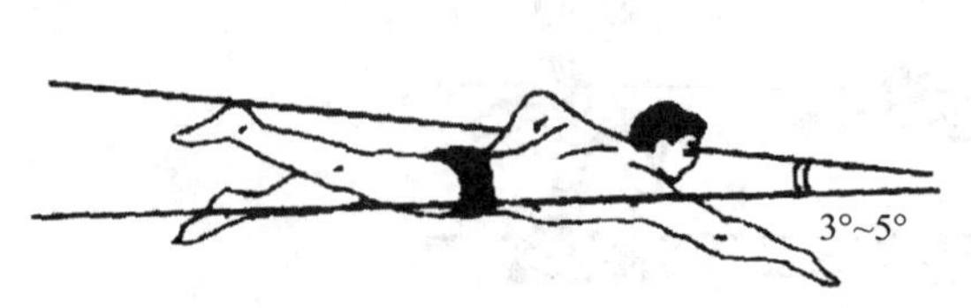

图 7-11　身体姿势 1

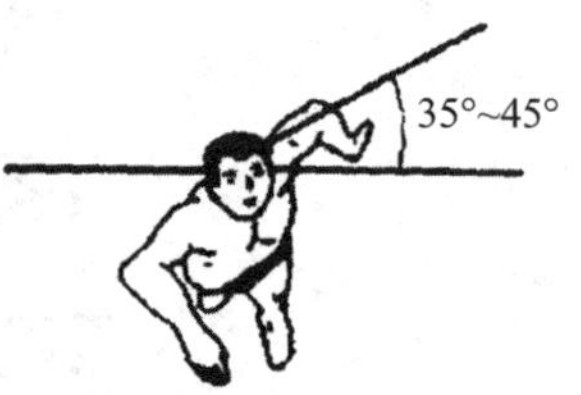

图 7-12　身体姿势 2

(二)腿部动作

两腿自然伸直并拢,以髋为轴,由大腿带小腿作上下鞭打动作(见图 7-13),两脚尖上下幅度为 30～40 厘米,大、小腿屈成 140°～160°。

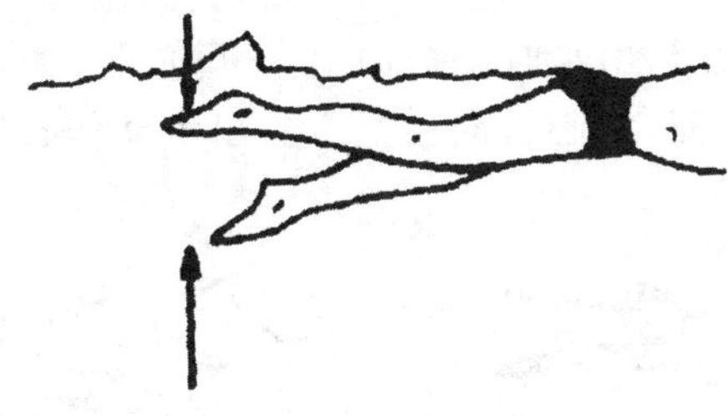

图 7-13　腿部动作

(三)臂部动作

自由泳的臂部动作是推动身体前进的主要动力。臂部动作一个周期分为入水、抱水、划水、出水、空中移臂和两臂配合六个不可分割的阶段。

1. 入水

完成空中移臂后,手在控制下自然放松入水。入水时手指自然伸直并拢,臂内旋使肘关节抬高处于最高点,手掌向斜外下方,使手指首先触水,然后是小臂,最后是大臂自然插入水中(见图 7-14)。

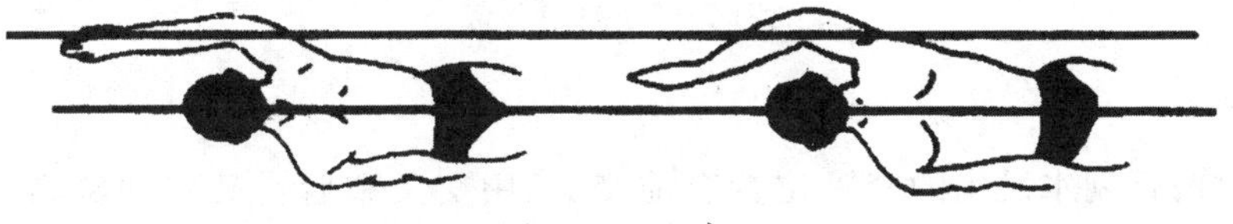

图 7-14　入水

2. 抱水

臂入水后,在积极向下方插入的过程中,手掌从向斜外下方转向斜内后方并开始屈腕、屈肘,肘高于手,以便能迅速过渡到较好的划水位置。抱水结束,手掌已经接近水,肘关节屈至 150°,整个手臂像抱着一个大圆球似的,为划水做准备(见图 7-15)。

图 7-15　抱水

3. 划水

划水是发挥最大推进作用的主要阶段,其动作过程可分为拉水和推水两个部分。紧接抱水阶段进入拉水。这时要保持抬肘,并使大臂内旋,同时继续屈肘,使主要肌肉群在良好的工作条件下进入推水动作。拉水至肩的垂直平面后,即进入推水部分,这时肘的屈度约

100°。大臂保持内旋姿势，带动小臂，用力向后推水。同时，使肩部后移，以加长有效的划水路线。向后推水有一个从屈臂到伸臂的加速过程，手掌从内向上、从下向上的动作路线，加速划至大腿旁。整个划水动作，手的轨迹始于肩前，继之到腹下，最后到大腿旁，呈“S”形。

4. 出水

划水结束时，掌心转向大腿，出水时小指向上，手臂放松，微屈肘。由上臂带动，肘部向外上方提拉，带前臂和手出水面，掌心转向后上方。出水动作必须迅速而不停顿，同时应该柔和、放松（见图 7-16）。

图 7-16　出水

5. 空中移臂

紧接出水不停顿地进入空中移臂，移臂时，肘高于手（见图 7-17）。

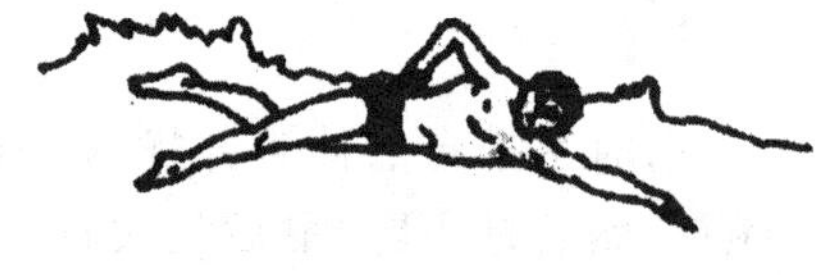

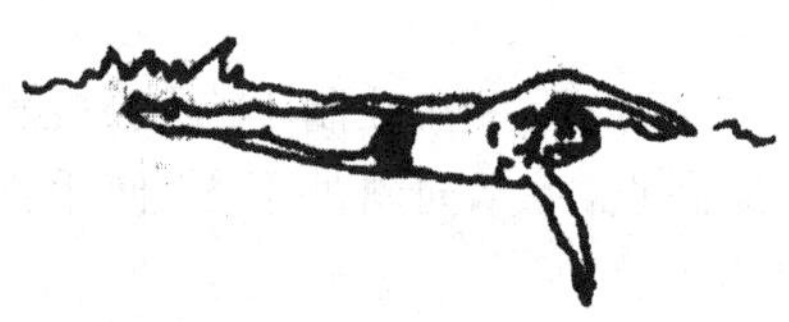

图 7-17　空中移臂

6. 两臂配合

自由泳时两臂划水发生的交叉位置有前交叉、中交叉和后交叉三种类型。前交叉是指一臂入水时，另一臂已前摆至肩前方与平面成 30°左右。前交叉有利于初学者掌握自由泳动作和呼吸。中交叉是指一臂入水时，另一臂处在向内划水阶段与水平面成 90°。后交叉是指一臂入水时，另一臂划至腹下，手与水平面成 150°左右。

（四）呼吸与动作配合（以头向右转为例）

右臂入水后闭气，划水时呼气，推水将结束时头向右侧转把余气呼出，并趁嘴露出水面，立即张嘴吸气，当右肘提出水面至肩部，吸气结束，继而转头复原。总之，一般是两臂各划水一次，做完一次呼吸。

（五）完整动作配合

主要是腿、臂动作和呼吸的协调配合，一般采用两腿各打水 3 次（共 6 次），两臂轮流各划一次水（共 2 次），配合一次呼吸的完整动作，即 6∶2∶1 的配合。一次完整的自由泳动作如图 7-18 所示。

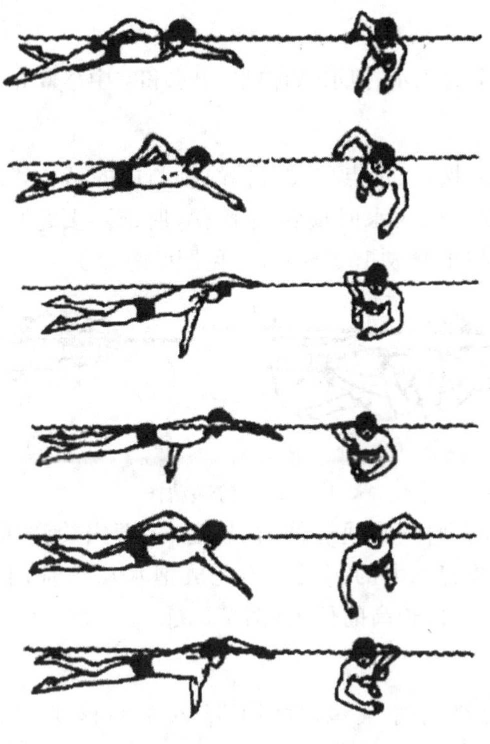

图 7-18 自由泳完整动作

四、仰泳

(一)身体姿势

游仰泳时,身体要自然伸展,仰卧在水面,头和肩部稍高,腰部和腿部保持水平。身体纵轴在水平面上构成的角度约为 10°(见图 7-19)。

图 7-19 身体姿势

(二)腿部动作

仰泳的腿部动作是以由压动作和上踢动作组成。打水时,以髋关节为支点,由大腿发力,带动小腿和脚向上后方作鞭打踢水。向上踢水时,膝关节微屈 135°～140°,踝关节伸展,脚向内转,动作有力。向下打水时,膝关节自然伸直,两脚跟上下最大距离 40～50 厘米。

(三)臂部动作

一个完整的手臂动作分为入水、抱水、划推水、出水和空中移臂等五个阶段(见图 7-20①)。

1. 入水

臂入水时,臂部自然放松,入水点应在身体纵轴与肩的延长线之间,或在肩的延长线上,过宽和过窄都会影响速度。臂入水时应保持直臂,肘部不要弯曲,入水时小指向下拇指向上,掌心向侧后方。手掌与小臂成 150°～160°(见图 7-20②)。

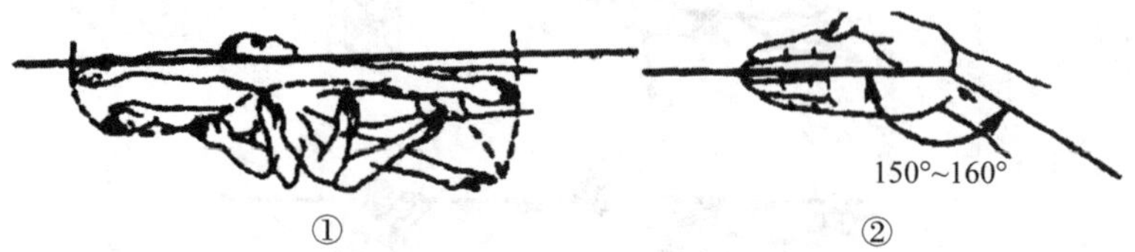

图 7-20　臂部动作

2. 抱水

臂入水后手掌向下、向侧移动,通过伸肩、屈肘、上臂内旋和屈腕的动作,配合身体的转动,使手掌和前臂对准水并有压力的感觉。当完成抱水动作时,肘部微屈成 150°～160°,手掌距水面 30～40 厘米,肩保持较高的位置(图 7-21①)。

3. 划推水

开始划推水时前臂内旋,手掌上移,肘部下降,使屈肘程度加大,手掌和小臂要保持与前进方向垂直。当手掌划至肩侧时,屈臂程度最大,为 90°～100°(图 7-21②),手掌接近水面。

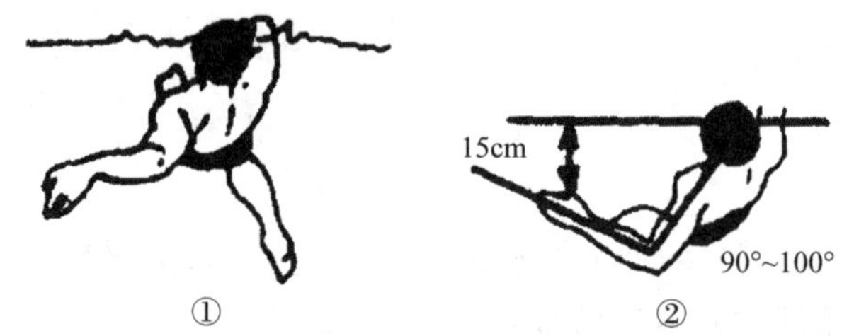

图 7-21　抱水

推水时,肘关节和大臂应逐渐向身体靠近,同时用力向脚的方向推水。当推水即将结束时,小臂内旋做加速转腕下压的动作,掌心由向后转向向下。推水结束时,手臂要伸直,手掌在大腿侧下方。

4. 出水

推水结束后,借助于手掌压水的反弹力迅速提臂出水。出水时要先压水后提肩,肩部露出水面后,由肩带动大臂、小臂和手依次出水。

5. 空中移臂

提臂出水后,手应迅速从大腿外侧垂直于水面移至肩前。当手臂移至肩上方时,手掌要内旋,使掌心向外翻转。

(四)仰泳配合技术

仰泳两臂的配合是“连接式”的,即当一臂划水结束时,另一臂已入水并开始划水;一臂处于划水的中部,另一臂正处于移臂的一半。在整个两臂的动作过程中,几乎都处在完全相反的位置(见图 7-22)。

仰泳的呼吸相对来说比较简单,一般是两次划水一次呼吸,即一臂移臂时开始吸气,其他时候都在慢慢地呼气。在高速游时也有一次划水一次呼吸的技术,但是呼吸不能过于频繁,否则会引起呼吸不充分,造成动作紊乱。

臂腿配合是否合理,将影响整个动作的平衡和协调自然。臂在划水过程中,腿的上踢、下压动作要避免身体的过分转动,以保持身体的平衡、协调为原则。

图 7-22　仰泳配合技术

(五)腿部动作练习

1. 陆上模仿练习

坐在池边、地上或凳上,做两腿的打水练习(见图 7-23①)。

2. 水中练习

(1)深吸气后,头和上体慢慢后仰。在同伴帮助下做仰卧漂浮打腿练习(见图 7-23②)。

(2)两臂在池水较浅的池底支撑或反扣池槽,做仰泳打水练习(见图 7-23③)。

(3)蹬池壁或池底。仰卧做漂浮滑行打腿练习,两臂逐渐由体侧过渡到前伸(图 7-23④)。

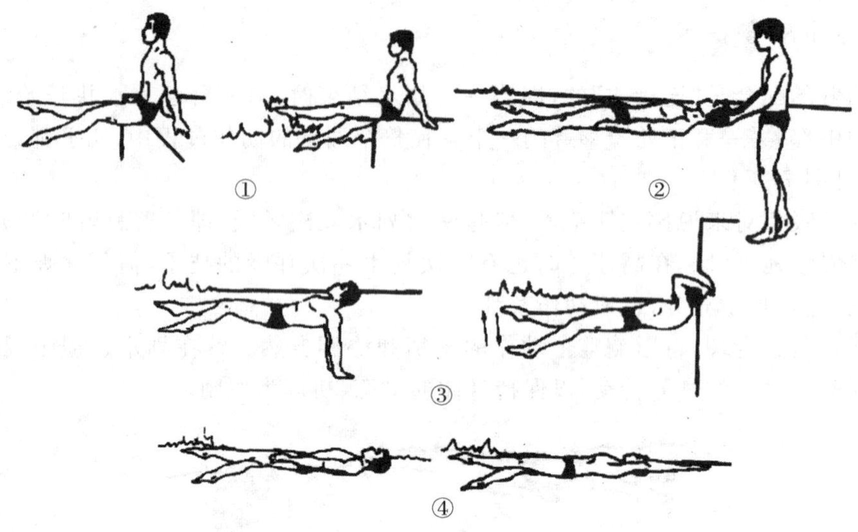

图 7-23　腿部动作练习

3. 重点提示

(1)初学者可先练习直腿打水,过渡到屈腿鞭状打水。

(2)在练习仰卧滑行打水时,髋关节要展开,保持头部正常位置。

(六)手臂动作练习

1. 陆上模仿练习

原地站立或仰卧凳上,模仿仰泳臂划水动作练习。先做单臂,后两臂配合练习,先体会直臂动作,再逐渐过渡到屈臂动作(见图 7-24①)。

2. 水中练习

(1)单手扶水线仰卧水中,另一臂划水。先直臂再屈臂,划水路线要长。

(2)由同伴抱着腿或腿夹着浮板仰卧水中做双臂划水练习(见图 7-24②)。

(3)配合仰泳打水,做单臂划水练习,再过渡到两臂划水。

图 7-24　手臂动作学练方法

3. 重点提示

(1)屈臂高肘、高速划水是重点,两臂连接式是难点。

(2)练习时注意臂入水后的深抓水和屈臂抱水动作的正确完成,为屈臂划水创造条件,划水结束时臂不能在体侧停顿。

(七)完整配合练习

1. 陆上模仿练习

仰卧在辅助台或凳上,做不停打腿动作与两臂交替划水配合的模仿练习。

2. 水中练习

(1)仰卧滑行打腿,一臂放松体侧或肩前,另一臂做划水练习,打腿不要停。

(2)同上练习,加两臂划水练习。

(3)同上练习,加有节奏的呼吸配合练习。

(4)逐渐加长距离练习。

3. 重点提示

(1)臂腿配合的节奏是重点,练习时要求臂划水,腿不要停,臂与呼吸有节奏地配合。

(2)当脸部有水时,要用鼻均匀呼气,待脸部出水时再用口吸气,一定不要用鼻吸气。

第三节　游泳安全与救护

一、游泳运动的安全与卫生知识

游泳是在水这种特殊环境中运动,对游泳者来说,应加强安全教育,了解游泳的安全卫生知识,掌握科学锻炼的方法,防止意外事故的发生。

(一)游泳的安全措施

初学者怕呛水、怕淹水的恐惧心理占第一位,如果不熟悉水性,很容易呛水或手忙脚乱失去平衡,以致出现溺水危及生命。也有的人虽然掌握了一定的游泳技术,但因准备活动不充分、身体不适等原因而出现各种意外事故,所以参加游泳的人一定要结伴而行。进行游泳教学或开展群众性游泳活动时,必须把安全摆在首位,认真考虑并落实安全措施。

(二)游泳的卫生知识

1. 游泳前要重视做好准备活动

因为人的内脏器官有一定的"惰性",从安静状态过渡到运动状态需要一定的时间,否则游泳的时间过长或水温过低可引起抽筋、四肢无力、动作不协调、关节活动不灵活等现象,所以游泳前要认真做好准备活动,促进血液循环,提高神经系统的兴奋性,加大关节的活动范围,以利于身体适应游泳活动的需要,防止肌肉痉挛和挫伤。

2. 参加游泳活动的时间应在饭后半小时后进行

饱腹进行游泳,由于受到冷水刺激,胃肠的蠕动受到限制,容易引起胃痉挛、腹痛或呕吐。相反，空腹饥饿也不宜下水游泳。游泳时能量消耗大，如果肚中饥饿，人体内血糖会降低，不能及时提供足够的能量和维持正常体温的需要，会产生头昏、四肢无力等症状，甚至出现昏厥。因此，饱食、饥饿都不宜下水游泳。

3.个人和公共卫生

在进行游泳锻炼时，必须强调个人和公共卫生，养成良好的卫生习惯。在游泳运动前，要备好干净不透明的泳衣、泳裤、泳帽和泳镜。游泳时，要自觉维护公共卫生，不乱扔东西，不在池边或池中吃东西，不随处吐痰。上岸后应马上冲洗身体，注意清洗眼、耳和口腔。特别是在海滨游泳后，要用清洁的淡水洗净头发和全身。游泳后最好能用眼药水清洗眼睛，以防感染沙眼和结膜炎。

4.为了确保健康和安全，防止疾病传染，游泳者首先要进行身体检查

凡患有心脏病、高血压、肺炎、传染性肝炎、严重皮肤病、中耳炎、癫痫病以及有开放性伤口等症状的病人，不宜参加游泳。因为参加游泳不仅容易加重病情，还容易突发意外，危及生命。此外，女生月经期间不适宜游泳。

二、自我保护与自救

(一)抽筋的原因和预防

1.抽筋的原因

游泳时，抽筋的常见部位是小腿、手指、脚趾、大腿及胃部等。抽筋原因主要是下水前没有做热身活动或热身活动不充分，身体各器官及肌肉组织没有活动开，下水后突然做剧烈的蹬水和划水动作。另外，由于水凉刺激肌肉突然收缩而出现抽筋。游泳时间长，过分疲劳及体力消耗过多，机体大量散热或精神紧张，游泳动作不协调等情况下也会出现抽筋现象。

2.预防抽筋的方法

充分做好游泳前的热身活动，容易抽筋的部位多活动一些，也可以在大小腿、脚趾及腹部等部位进行适当的按摩与放松。

(二)解除抽筋的方法

解除抽筋的方法主要是拉长抽筋的肌肉，使收缩的肌肉伸展和松弛。

1.解除小腿和脚趾抽筋法

若水温过低或疲劳产生小腿或脚趾抽筋，则可使身体成仰浮姿势或坐在池边，用抽筋肢体对侧的手将抽筋肢体的脚趾用力向身体方向拉，使抽筋腿伸直，同时用同侧手掌压住抽筋腿的膝盖，帮助抽筋腿伸直(见图 7-25)。

图 7-25　解除小腿和脚趾抽筋

2. 解除手指抽筋法

手指抽筋时，应迅速握紧拳头，再用力伸直，反复多次，直至复原。

三、呛水的处理

游泳时水从鼻腔或口腔进入呼吸道，影响了呼吸器官与外界进行气体交换而引起的咳嗽，称为“呛水”。如果呛水，不要心慌，应迅速调整呼吸，或使头露在水面做几次水面游泳动作，也可以做原地踩水动作，休息一会儿即可恢复正常。

四、直接救护的基本方法

（一）接近溺水者

从后面靠近溺水者，应快速抓住其手，并扭转其身体背向自己以便拖带。

（二）水中解脱

（1）被溺水者从后面抱住腰部，分别用左、右手抓住溺水者的手指，用力向两侧掰开；若两臂同时被抱住，则用力张臂，身体下沉，解脱后抓住溺水者进行拖带。

（2）被溺水者从后面抱住颈部时，一手抓住其手腕，另一手托其肘部向上推开，然后转体背对溺水者，再做拖带。

（3）被溺水者从后面抱住腰背部时，可手托其下颌，另一手抱其头后扭转其头部，即可解脱，再做拖带。

（三）水中拖带

拖带溺水者宜采用反蛙泳或侧泳，并时刻注意使溺水者脸部露出水面。

1. 侧式拖带法

可托溺水者同侧肩腋部或托住溺水者后脑用侧泳拖带，也可一手斜抱溺水者上体拖带（见图 7-26）。

托溺水者同侧肩腋部

托溺水者后脑

图 7-26　侧式拖带

2. 反蛙泳拖带法

用一手或两手扶住溺水者，腿做反蛙泳动作使身体前进（见图 7-27）。

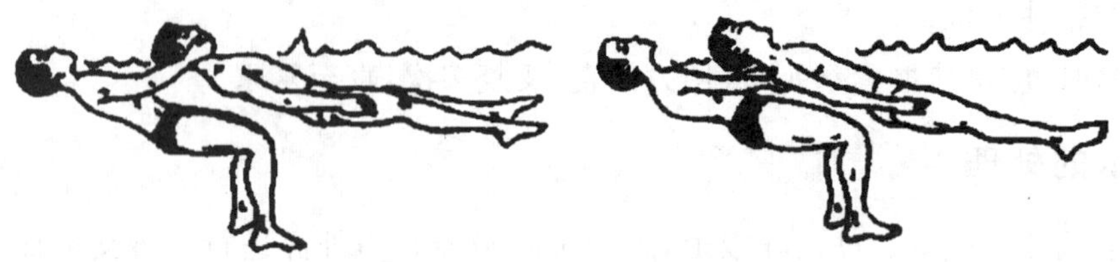

图 7-27　反蛙泳拖带

五、岸上急救

（一）保持呼吸道通畅

立即清除口、鼻内的泥沙、呕吐物等。松解衣领、纽扣、乳罩、内衣、腰带、背带等，注意保暖。必要时将舌头用手巾、纱布包裹拉出，保持呼吸道通畅。

（二）控水（倒水）

(1)急救者一腿跪在地，另一腿屈膝，将溺水者腹部横放在急救者大腿上，使其头下垂。接着按压溺水者背部，将胃内积水倒出。

(2)急救者从后抱起溺水者的腰部，使其背向上，头向下，也能使水倒出来。

(3)也可利用地面上的自然坡度，将头置于下坡处的位置，以及用小木凳、大石头、倒扣的铁锅等作垫高物来控水均可。

（三）对呼吸已停止的溺水者，应立即进行人工呼吸

将溺水者仰卧放置，抢救者一手捏住溺水者的鼻孔，一手掰开溺水者的嘴，深吸一口气，迅速口对口吹气，反复进行，直到恢复呼吸。人工呼吸频率每分钟 17～20 次。

（四）如呼吸心跳已停止，应立即进行人工呼吸和胸外心脏按压

急救者将手掌根部置于胸骨中段进行心脏按压，下压要慢，放松时要快，每分钟 80～100 次，与人工呼吸互相协调操作，其与人工呼吸操作之比为 5∶1；如一人进行，则心脏按压与人工呼吸之比为 15∶2。溺水者经现场急救处理，在呼吸心跳恢复后，应立即送往附近医院，在途中仍需不停地对溺水者做人工呼吸和心脏按压，以便于医生抢救。

体育休闲保健篇

第八章　武术运动

武术是以技击动作为主要内容，以套路和格斗为主要运动形式，注重内外兼修的中国传统体育项目。本章主要介绍二十四式太极拳、跆拳道、散打和女子防身术。

第一节　武术运动概述

一、武术的起源与发展

（一）起源

武术起源于原始人类的生产生活劳动。在原始社会，社会生产力极为低下，严酷的生存条件迫使人类不断地改善自己的体力和智力，在狩猎这一原始人类维持生存所必需的活动中，逐步发展出徒手的拳打、脚踢、躲闪、跳跃、摔跌和简单的劈、砍、扎、刺等攻防格斗技能。这些原始的攻防技能虽然没有脱离生产技能的范畴，但其是武术技术的萌芽。到了氏族社会，部落之间为扩张土地和争夺财富而经常发生战争，人们把通过战争实践检验的攻防格斗技能加以总结，反复模仿、练习，并传授给同伴。在战争中产生了“五兵”，据《世本》记载：“蚩尤作五兵，戈、殳、戟、酋矛、夷矛也。”这说明以军事训练为主要目的的徒手和持械攻防格斗技能形成了技击性的武术雏形。

（二）武术运动的发展

1. 国内开展情况

1957 年国家体委整理出版了一批武术套路，并于 1958 年制定推行了第一部《武术竞赛规则》。进入 20 世纪 80 年代后，武术得到了空前规模的大发展，全国范围的挖掘整理传统武术的活动，使一些濒临失传的拳技和资料得以继承，并在此基础上编写出版了《中华武术拳械录》等著作。经过近十年的试点，散打于 1989 年被国家体委列为正式竞赛项目。

2. 国际推广和发展

武术，是中国的，也是世界的。随着中国在世界的影响力不断增大，武术这一中华民族传统文化的优秀代表，也越来越受到世界各国人民的欢迎和喜爱。

1985 年，在西安举行了有 18 个国家和地区参加的首届国际武术邀请赛。1990 年，国际武术联合会在北京正式成立，这是武术发展中的历史性突破。现在，世界武术锦标赛每两年举行一届，并从第十一届亚运会开始把武术列为亚运会正式比赛项目。这些标志着武术已经走向世界。武术作为优秀的民族文化和良好的运动项目，必将为世界上更多的人所认识，

为人类的进步做出应有的贡献。

二、武术的内容与分类

我国历史悠久、地域辽阔，使得武术运动的形式多种多样。一般按运动形式分套路运动、搏斗运动和攻法运动三大类。

（一）套路运动

套路运动是指以技击动作为主要内容，以攻守进退、动静疾徐、刚柔虚实等矛盾运动的变化规律编成的整套练习形式。主要内容有拳术、器械、对练、集体表演等。

1. 拳术

指徒手练习的套路运动。主要有长拳、太极拳、南拳、形意拳、八卦掌、通背拳、八极拳、象形拳（猴拳、醉拳等）等拳术种类。

2. 器械

指手持武术兵器进行练习的套路运动。器械可分为长器械如棍、枪和铲等；短器械如刀、剑、匕首和拐等；双器械如双刀、双剑和双钩等；软器械如三节棍、九节鞭和流星锤等。目前常用的器械有刀、剑、枪、棍，它们也是武术竞技比赛的主要项目。

3. 对练

指在单练基础上，两人或两人以上在预定条件下进行的假设性攻防练习套路。其中包括徒手对练、器械对练、徒手与器械的对练等。

4. 集体表演

指 6 人以上徒手或手持器械同时进行练习的演练形式。练习时可变换队形，也可采用音乐伴奏。

（二）搏斗运动

搏斗运动是两人在一定条件下按照一定的规则进行斗智、较力、较技的实战练习形式。目前武术竞赛中正在开展的有散打、太极推手等。

1. 散打

散打是两人按照一定的规则使用踢、打、摔等方法制胜对手的竞技项目。

2. 太极推手

太极推手是两人按照一定规则，使用掤、捋、挤、按、采、挒、肘、靠等手法，双方粘连黏随，寻机借劲发力将对方推出，以此决定胜负的竞技项目。

（三）功法运动

功法运动是指以单个武术动作作为主体练习，以达到健体或增强某方面能力的运动。多以静力性练习为主，一般采用站桩、打坐等方法，如站浑圆桩练习调节心、身、呼吸协调统一，站马步桩增强腿部力量。

第二节 二十四式简化太极拳

一、太极拳概述

二十四式简化太极拳是中华人民共和国成立后推行的简易太极拳套路。为了便于在广大人民群众中推广太极拳，1956 年在杨氏太极拳的基础上，删去繁杂动作，选取二十四式编成“简化太极拳”。

（一）太极拳的特点

体会心静，柔和缓慢，上下相随，虚实分明，刚柔相济，动作、呼吸和意念相结合。

（二）太极拳的锻炼价值

修身养性，调节心理状况；强身健体，提高身体机能；娱乐身心，丰富文化生活；康复医疗，增进身体健康。

（三）太极拳的技术分析

虚灵顶劲，气沉丹田，含胸拔背，松腰敛臀，圆裆松胯，沉肩坠肘，舒指坐腕，尾闾中正，内宜鼓荡，运动如抽丝、迈步如猫行。

二、二十四式简化太极拳动作要领

（一）起势

双脚并步，身体自然直立，双手垂于大腿外侧，目视前方。身体重心移至右侧，左脚慢慢开立同肩宽。两臂自然前举，两手心向下。两腿慢慢屈膝半蹲，同时两掌轻轻下按至腹前。

动作要领：左脚开步时，要缓慢柔和，脚跟先提起，开步后脚尖先着地，随重心的移动慢慢过渡到全脚掌。两手下按时，要松肩、沉肘，手指自然微屈，如图 8-1 所示。

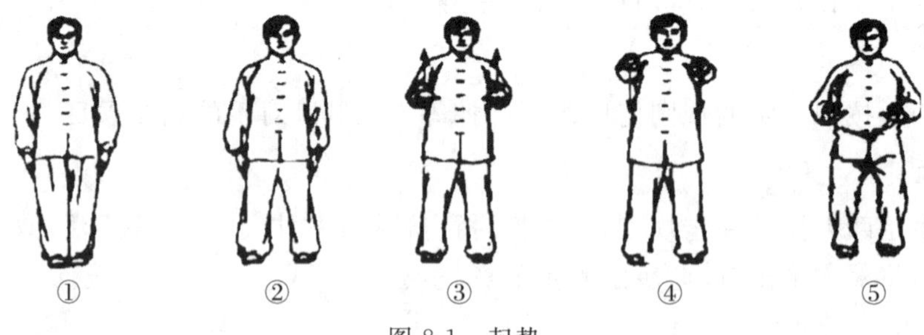

图 8-1 起势

（二）左右野马分鬃

第一步：左野马分鬃。

抱球收脚：上体微向右转至面向南偏西，身体重心至右腿上。同时右手略上提收在胸

前，右臂在胸前平屈，右手手心向下，左手手心逐渐翻转向上，右臂屈肘向下方画弧至与腹同高，两手手心向下相对，在胸前右侧成抱球状，左脚收到右脚内侧，脚尖点地，眼看右手。

转体迈步：上体转向南偏东，随之左脚向左前侧方迈出一步，脚跟着地；右脚保持原屈膝程度承担体重，两脚跟之间的横向距离约为 20 厘米。随转体和左脚迈出，两手开始分别向右上、右下斜线分开，视线随左手移动。

弓步分手：上体继续转至面向东方；随转体左脚全脚掌逐渐踏实，左脚尖正向东。左腿屈膝慢慢向前弓出，身体重心移至偏于左腿，左膝与左脚尖上下相对在一条垂直线上；右腿自然伸直，右脚跟后蹬稍外展，成左弓步；随转体两手继续分别向左上、右下斜线分开，视线随左手移动，直至左手向左上移至体前，高与眼平；手心斜向上，展掌、舒指；右手向右下方落按于右胯旁，手心向下，指头朝前，最后眼看左手。

第二步：右野马分鬃。

后坐跷脚：右腿屈膝，上体慢慢后坐，身体重心移至右腿；左脚尖跷起，同时身体微向左转，两手开始边翻掌边画弧，准备“抱球”，眼看左手。

抱球跟脚：上体继续左转。同时两手继续画弧，左手在上，右手在下，在胸前左侧成抱球状。身体重心慢慢移至左腿；随即右脚跟进至左脚内侧，脚尖点地，眼看左手。

转体迈步、弓步分手：动作与左野马分鬃相同，只是左右式相反。

第三步：左野马分鬃。

后坐跷脚、抱球跟脚：动作与右野马分鬃相同，只是左右相反。

转体迈步、弓步分手：动作与左野马分鬃相同。

动作要领：左脚落地要轻，弓步时右脚跟向后蹬转，两脚之间横向距离保持 10～30 厘米，两臂保持弧形。丁步抱球动作，尽量脚尖不触地。

左右野马分鬃动作步骤如图 8-2 所示。

图 8-2　左右野马分鬃

(三)白鹤亮翅

跟部抱球:上体微向左转。左脚脚跟先离地。随即向前跟进半步,前脚掌着地,身体重心仍在左腿,同时左手翻掌向下,平屈于胸前;右手翻掌向上,向左前方画弧至左腹前,两手手心上下相对,在胸前成抱球状。眼看左手。

后坐转体:上体微向右转,右脚全脚掌着地,身体后坐,身体重心移至右腿。同时两手随转体开始向右上、左下分开。视线随右手移动。

虚步分手:身体微向左转面向前方。同时两手继续向右上、左下分开,右手上提停于额前右侧,手心斜向走后方,虎口朝上,展掌、舒指;左手下按至胯前,手心向下,指尖朝前,坐腕、展掌、舒指。同时左脚稍向前移,脚前掌着地,膝盖微屈成左虚步,眼看前方。

动作要领:定势胸部不要挺出,两臂保持弧形,以腰带臂转动。白鹤亮翅动作步骤如图8-3所示。

图 8-3　白鹤亮翅

(四)左右搂膝拗步

第一步:左搂膝拗步。

转体落手:上体微向左转。同时右手微向右、向下翻掌,由额前下落至面前;左手开始外旋向上翻掌。眼看前方。

转体收脚:上体向左转。随转体右手继续下落,经胯侧再向右后方上方画弧至与耳同高,手心斜向上;左手由左胯侧向上经面前再向右下画弧至右肩前,肘部略低于腕部,手心斜向下。同时左脚收至右脚内侧,脚尖点地,身体重心在右腿。眼看右手。

迈步屈肘:上体微向左转。右腿保持原屈膝程度,身体重心仍在右腿;随转体,左脚向左前方迈出一步,脚跟着地,两脚跟的横向距离约为 30 厘米。同时右臂屈肘将右手收至右耳侧,虎口对耳,掌心斜向左下方;左手下落至右腹前,手心向下。眼转看前方。

弓步推搂:上体微转至面向前方。左脚掌踏实,左腿弓屈,右腿自然伸直成左弓步;身体重心移至左腿,上体正直,松腰松胯。同时右手从耳侧向左推出,手指高与鼻平,推掌时沉肩垂肘,推到高点时要坐腕、展掌、舒指;左手继续向前、向下、向左画弧由膝前搂过,按在左胯稍偏前,手心向下、指尖朝前,坐腕、展掌、舒指。眼看右手。

第二步:右搂膝拗步。

后坐跷脚:右脚屈膝,上体后坐,身体重心移至右脚;左腿自然伸直,左脚尖跷起,略向外撇;同时身体微向左转。同时两手放松,开始翻掌画弧。眼看右手。

转体跟脚：上体继续左转。同时左脚掌逐渐踏实，左腿屈膝前弓，重心移至左腿；右脚跟至左脚内侧，脚尖点地。同时两手继续画弧，左手由胯侧边向上翻掌、边向左上方画弧至手与耳同高，手心斜向上；右手由右侧向上经面前向左下画弧至左肩前，肘部略低于腕部，手心斜向下。眼看左手。

迈步屈肘、弓步推搂：与左搂膝拗步相同，只是左右式相反。

第三步：左搂膝拗步。

后坐跷脚、转体跟脚：与右搂膝拗步相同，只是左右式相反。

动作要领：前手推出时，身体不可前俯后仰，松腰松胯，推掌要沉肩垂肘，坐腕、展掌、舒指。两脚跟的横向距离约为 30 厘米。左右搂膝拗步动作步骤如图 8-4 所示。

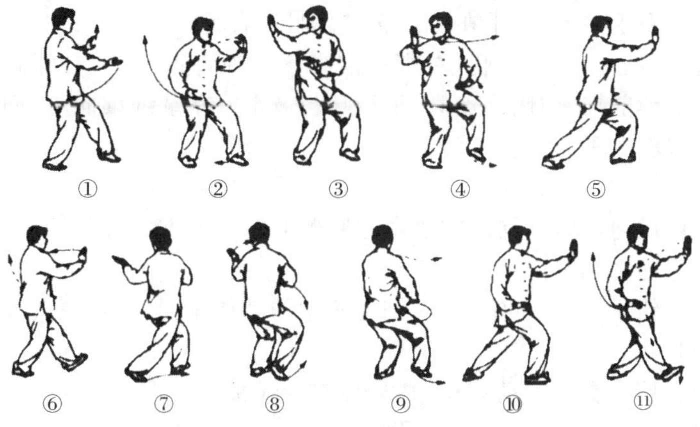

图 8-4　左右搂膝拗步

（五）手挥琵琶

跟步松手：身体重心移至左腿，右手向前跟进半步，前脚掌着地。

后坐挑掌：身体后坐，重心移至右腿，身体稍向右转，左脚轻轻抬起，同时，左掌由下向左、向上画弧至体前，掌心斜向前方，高与鼻平；右臂屈肘回带，右手收至胸前，掌心斜向下前方。视线随右手移动。

虚步合臂：上体微向左转，但仍保持稍向右侧身状。同时，左脚稍向前移，脚跟着地，膝部微屈，成左虚步；两臂向里相合，左手心向右，高与鼻平；右手合在左前臂里侧，手心向左；两臂肘部微屈。眼看左手。

动作要领：身体平稳自然，沉肩垂肘，胸部放松。手挥琵琶动作步骤如图 8-5 所示。

图 8-5　手挥琵琶

（六）左右倒卷肱

第一步：左倒卷肱。

转体撇手：上体稍右转，同时随转体右手边向上翻掌，边由下经由胯侧向右后上方画弧，平举至与耳同高，手心斜向上，肘部微屈；左手随之在体前翻掌向上。眼随转体先略向右肩再转向前看左手。

提膝屈肘：上体微向左回转。同时左腿屈膝轻轻提起，脚尖自然下垂，准备向后退步。同时右臂屈肘将右手收于耳侧，手心斜向前下方。眼看前方。

退步错手：上体继续微向左转至朝前。同时左腿向后略偏左侧退步落下，前脚掌着地，身体重心仍在右腿。同时右手经耳侧开始向前推出，手心向前下方。左手开始向后收回，手心向上。右手在上、左手在下，两手在体前交错。眼看右手。

虚步推掌：身体重心后移至左腿，右脚以前脚掌为轴将脚扭正，右膝微屈成右虚步。左臂沉肩垂肘，右掌继续前推，推倒顶点时，手指高与鼻平。左掌继续向下、向后画弧收回至左胯侧，掌心向上。眼看右手。

第二步：右倒卷肱。

转体撇手：上体微向左转。同时左手由左胯侧向左后上方画弧举至与耳同高，手心斜向上，肘部微屈。右手随之翻掌向上。

提膝屈肘、退步错手、虚步推掌：与左倒卷肱中的动作相同，只是左右式相反。

第三步：左倒卷肱。

转体撇手：同右倒卷肱中的动作相同，只是左右式相反。

提膝屈肘、退步错手、虚步推掌：与左倒卷肱中的动作相同。

第四步：右倒卷肱。

转体撇手：与右倒卷肱中的动作相同。

提膝屈肘、退步错手、虚步推掌：与左倒卷肱中的动作相同，只有左右式相反。

动作要领：前推手的手不要伸直，后撇的手也不可直向回抽；前推时要转腰松胯，两手的速度要一致避免僵硬；退步时，脚掌先着地，再慢慢踏实。左右倒卷肱动作步骤如图 8-6 所示。

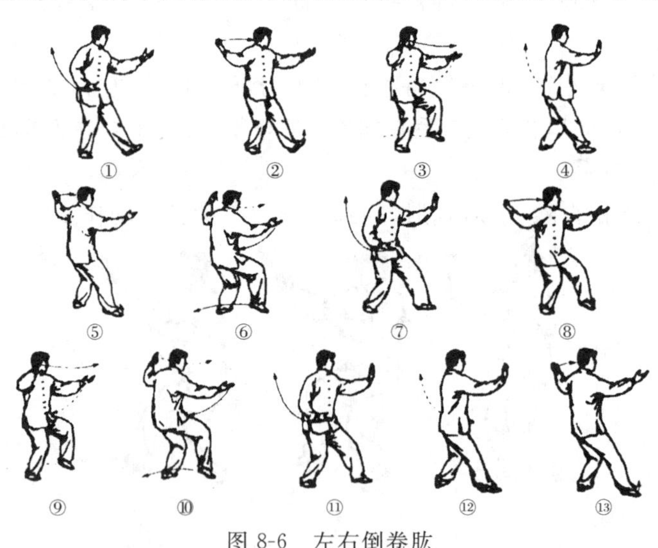

图 8-6　左右倒卷肱

7.左揽雀尾

(1)"掤":上体向右转,左手向下向右画弧,掌心向上,与右手成抱球状,同时左脚收于右脚内侧,成丁步,目视右手前方。左脚向左前方上步,脚跟先着地,左手向前上,右手向右下,同时分出。重心前移,左脚落实,右脚跟向后蹬转,成左弓步,同时左手继续向前掤出,高与肩平,掌心向后,右手下落至右胯旁,掌心向下。

(2)"捋":上体微向右转,左手随即前伸翻掌向下,右手翻掌向上,重心随即后移。重心后移至右腿,身体随即右后转,右手随转体向右后上方弧形摆掌,左臂平屈收于右胸前,掌心向下。

(3)"挤":上体左转,右手折回,向左手腕内侧挤,左手翻转掌心向内。重心前移,上体左转成左弓步,同时右掌指根部附于左手腕内侧,左臂屈肘横于胸前,双手及左前臂同时向前慢慢挤出,目视前方。

(4)"按":左手翻掌,手心向下。两手左右分开,与肩同宽,重心后移。上体后坐,左脚尖跷起,同时两手屈肘回收至腹前,掌心向下。重心前移,左脚落实,成左弓步,同时两手向上向前按出,掌心向前,腕高与肩平。

动作要领:掤出时,两臂前后需保持弧形,弓步时,两脚横向距离不超过10厘米;下捋时,上体不可前倾,臀部不要突出,两臂下捋需随腰旋转,仍走弧线;挤时,上体要正直,挤的动作要与松腰、弓腿协调一致;向前按时,两手需走弧线,手腕部高于肩平,两肘微屈。左揽雀尾动作步骤如图8-7所示。

图8-7　左揽雀尾

8.右揽雀尾

右揽雀尾动作同左揽雀尾,唯方向相反。右揽雀尾动作步骤如图8-8所示。

图 8-8　右揽雀尾

9. 单鞭

转体扣脚:上体后坐,右脚尖内扣,重心移至左腿。上体左转,左手随转体向左平行画弧,右手经腹前至左肋前,掌心向后上方。视线随左手移动。

勾手收脚:重心右移,上体右转,左脚收于右脚内侧成丁步,脚尖点地。同时右手向右上方画弧,掌心由内转向外,至右侧时变勾手,臂与肩平;左手向下至左腹前向上画弧,掌心向内,最后停于右肩前。视线随右手移动,目视右勾手。

转体迈步:上体微向左转,随之左脚向左前侧方迈出,脚跟着地,脚尖略外撇,两脚脚跟横向距离不超过 10 厘米,同时左手随上体左转经面前画弧向左移动,手心逐渐翻转。视线随左手移动。

弓步推掌:左脚向左前方上步,脚跟先着地,身体同时左转,左手向左前方平行画弧。重心前移,左脚落实成左弓步,同时左手翻掌向前推出;掌心向前,腕与肩平,右勾手停于身体右侧斜后方。眼看左手。

动作要领:上体要保持正直、松腰。完成式时,右臂肘部稍下垂,左肘与右膝上下相对,两肩下沉。左手向外翻掌前推时,要随转体边翻边推出,不要翻掌太快或突然翻掌。全部过渡动作,上下要协调一致。单鞭动作步骤如图 8-9 所示。

图 8-9　单鞭

10. 云手

转体勾手：身体重心后移，左脚尖跷起。上体右转，左脚尖内扣，左手向下经腹前向右画弧至右肋前，掌心向内。目视右手前方。右勾变掌，掌心向外，左手继续向上画弧，掌心仍向内。

左云收步：上体向左转腰，重心向左移动，随转体左掌经面前向左画弧，掌心转向右方，右掌向下经腹前向左上摆起。视线随左手运转。

右云开步：上体右转，重心右移，左脚横开一步，两脚之间保持10厘米，脚尖向前，右手继续向上弧形摆起，掌心向内，右掌翻掌下落，掌心向下。身体向右转腰，右掌经面前右画弧，掌心向内，左掌下落至左肩斜前方。视线随右手运转。

左云收步：同前左云收步。

右云开步：同前右元开步。

左云收步：同前左云收步。

动作要领：身体转动要以腰脊为轴，松腰、松胯，不可忽高忽低。第三个云手，右脚最后跟脚时，脚尖微向里扣，便于接单鞭动作。云手动作步骤如图8-10所示。

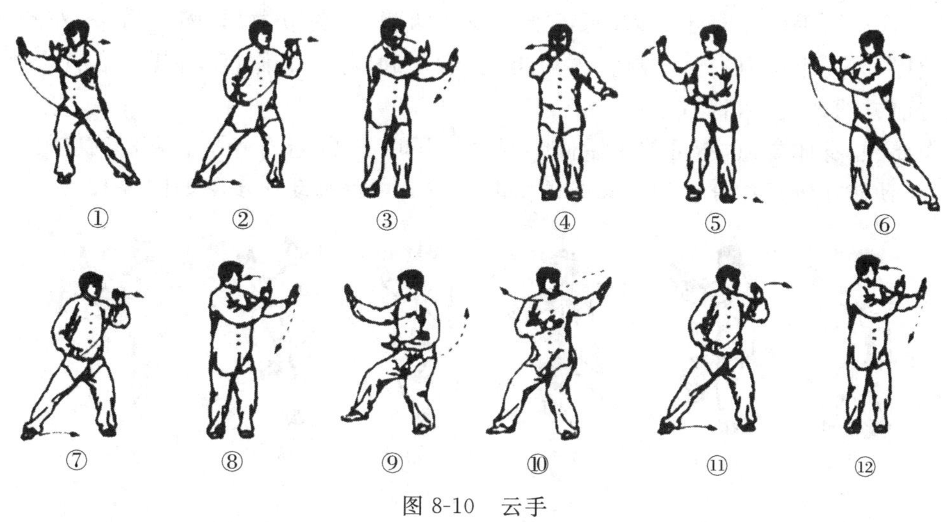

图8-10　云手

11. 高探马

跟步翻手：重心前移，右脚向前跟进半步，重心再后移；左掌翻转，掌心向上，右勾手变掌，掌心斜向上。

虚步推掌：上体稍向右转，重心后移，左脚向前移步，脚尖点地，成左虚步；上体左转，右手经右耳旁向前推掌，掌心向前，手指与眼同高，左手收至左侧腰前，掌心向上，目视前方。

动作要领：上体自然正直，双肩要下沉，右肘微下垂。跟步移换重心时，身体不要起伏。高探马动作步骤如图8-11所示。

① ② ③ ④

图 8-11 高探马

12.右蹬脚

穿步上手：上体稍向左转，左脚提收向左前方迈出，脚跟着地；右手稍向后收，左手前伸经右手手背上方向前穿出，两手相互交叉，左手心斜向上，右手心斜向下。

分手弓步：重心前移成左弓步；上体微向右转，随即两手分开，掌心皆向外；眼看右手。

抱球收脚：右脚收成丁字步；两手向腹前画弧相交合抱，举至胸前，右手在外，两手心皆转向内。

分手蹬脚：两手手心向外推掌，两臂展与身体两侧，肘关节微屈，腕与肩平；左腿支撑右腿屈膝上提，脚后跟用力慢慢向前上方蹬出，脚尖勾起，膝关节伸直，右腿与右臂上下相对。方向为右前方约 30°。目视右手。

动作要领：身体要稳，不可前俯后仰。两手分开时，腕部与肩齐平。蹬脚时左腿微屈，右脚尖回勾，劲使在脚跟。分手和蹬脚必须协调一致。右蹬脚动作步骤如图 8-12 所示。

① ② ③ ④ ⑤ ⑥

图 8-12 右蹬脚

13.双峰贯耳

屈膝并手：右腿屈膝小腿收回，左手向前平摆至胸前，两掌心斜向上。两手继续体前下落至右膝两侧。右脚向右前方落步，脚跟先着地，再全脚落实，两手收落于腰间，掌心斜向上。

弓步贯拳：重心前移，成右弓步，同时两掌变拳，分别从两侧向上，画弧至前方，高与耳齐，与头同宽，拳眼斜向下。目视右拳。

动作要领：完成式时，头颈正直，松腰、松胯，两拳松握沉肩坠肘，两臂均保持弧形。双峰贯耳动作步骤如图 8-13 所示。

① ② ③ ④

图 8-13 双峰贯耳

14. 转身左蹬脚

转体分手：重心后移，上体左转，右脚尖跷起后内扣，两拳同时变掌，分别向左右两侧分开。眼视左手。

抱手收脚：重心移向右脚，左脚收于右脚内侧，成丁步。同时两手分别向下画弧，在腹前交叉后托至胸前，左掌在外，掌心均向内。左腿屈膝收回，脚尖向下。

分手蹬脚：动作同右蹬脚，方向相反。

动作要领：左蹬脚与右蹬脚成 180°(即正西偏北约 30°)。如图 8-14 所示。

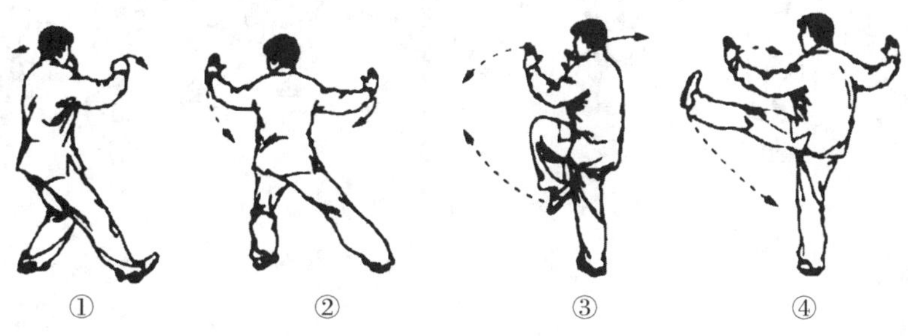

图 8-14 转身左蹬脚

15. 左下势独立

收脚勾手：左脚屈收于右小腿内侧；上体稍右转，右掌变成勾手，左掌向上、向右画弧落于右肩前，掌心斜向后。目视右手。

仆步穿掌：上体左转，右腿屈膝，左腿向左侧(偏后)平仆，成左仆步；左手下落至右腹前。左手继续沿左腿内侧向前穿出，掌心向外，上体左转，右勾手下落体后。目视左手前下方。

弓腿起身：重心前移，左脚尖外撇，右腿蹬直，脚尖里扣，成左弓步，上体微向左转并向前抬起；同时左臂继续向前伸出(支撑)，掌心向右，右勾手下落，勾尖转向上。目视前方。

独立挑掌：右腿慢慢屈膝提起，成左独立式；同时右勾手下落变掌，并由后下方顺右腿外侧向前弧形挑起，屈臂立于右腿上方，肘膝相对，掌心向左；左手落于左胯旁，掌心向下，指尖向前。目视右手前方。

动作要领：上体要正直，独立的腿要微屈，右腿提起时脚尖自然下垂。左下势独立动作步骤如图 8-15 所示。

图 8-15　左下势独立

16. 右下势独立

落脚勾手：右脚下落于左脚内侧，脚掌着地，然后左脚以脚跟为轴脚尖外展，身体随之左转，同时左手向左后平举变勾手，右掌向左摆至左胸前，掌心向内，目视左勾手。

仆步穿掌、弓腿起身、独立挑掌动作同左下势独立，唯左右相反。

动作要领：右脚尖触地后必须稍微提起，然后再向下扑。右下势独立动作步骤如图 8-16 所示。

图 8-16　右下势独立

17. 左右穿梭

(1)右穿梭。

落脚抱球：身体稍向左转，左脚向前落地，脚尖外撇，随转体落步重心前移；左手翻转，手心向下至左胸前，右掌向左画弧至左腹前与左手成抱球状。

弓步架推：重心前移，右脚向前跟于左脚内侧，脚尖点地。上体稍右转，右脚轻轻抬起，右手向右斜前方弧形摆起，左手下落至左腰间。右脚向前方上步、偏右(约 30°)，重心前移，成右弓步，同时左手从腰间向前推出，右手经面前向上翻掌停于额前，掌心斜向上，左手高与眉平，掌心向前。目视左手前方。

(2)左穿梭。

抱球收脚：重心稍向后移，微向左转腰，重心前移，左脚收至右脚内侧，脚掌着地，右手翻转，手心向下至右胸前，左手同时向下画弧收至右腹前，与右手呈抱球状。

弓步架推：与右穿梭弓步架推动作相同，左右相反。

动作要领：完成姿势时面向斜前方。手推出后，上体不可前俯，手向上举时，防止耸肩。一手上举、一手前推要与弓腿、松腰协调一致。做弓步时，两脚跟的横向距离保持在 30 厘米。左右穿梭如图 8-17 所示。

图 8-17　左右穿梭

18. 海底针

跟步提手：重心前移，右脚向前跟进半步，重心再后移至右腿，左脚轻轻提起，在跟步的同时，身体稍向右转。同时右手下落经体前向后，向上提至右耳旁，左手向右胸前画弧后，随身体左转落于左胯前，掌心向下，指尖斜向右。

虚步插掌：左脚向前落步，脚尖点地，成左虚步，同时右手由右耳旁向前下插掌，掌心向左，指尖斜向下，左手收于左胯旁。眼视右手。

动作要领：身体要先向右转，再向左转；完成姿势，面向正西；上体不可太前倾；避免低头和臀部外凸；左腿要微屈。海底针动作步骤如图 8-18 所示。

图 8-18　海底针

19. 闪通臂

提手收脚：上体右转，直立，左脚轻轻抬起，同时右手向上提起，左手向上摆至右腕下；左脚收于右脚内侧。

弓步推掌：左脚向前上步，脚跟先着地再全脚落实，重心前移，成左弓步，同时右手外翻，掌心斜向上，架于右额头斜上方，左手向前平推，高与鼻尖平，掌心向前。目视左手。

动作要领：完成姿势上体自然、正直，松腰、松胯；左臂不要完全伸直，背部肌肉要伸展开。推掌、举掌和弓腿动作要协调一致。闪通臂动作步骤如图 8-19 所示。

①　②　③

图 8-19　闪通臂

20. 转身搬拦捶

“搬”:重心后移,上体右转,左脚尖跷起后内扣,两手同时向上向右转动,重心移向左腿、左手至头前,掌心向外,右手继续向右前下画弧后,握拳收至左胸前,拳心向下。上体继续右转,右脚轻轻抬起,脚尖外撇,右拳向前下搬盖,拳心向上,左手落于左胯旁。目视右拳前方。重心前移,右脚落实,成右弓步,同时右拳继续向前下搬盖。

“拦”:重心前移,左脚向前迈一步,同时上体继续右转,左掌向前上画弧拦出,掌心向右,右拳向右画弧后收至右腰间。目视前方。

“捶”:重心前移成左弓步,右拳向前打出,拳眼向上,高与胸平,左手附于右前臂内侧。

动作要领:右拳不要握得太紧。右拳回收时,前臂要慢慢地内旋画弧,然后再外旋停于右腰旁,拳心向上。转身搬拦捶动作步骤如图 8-20 所示。

①　②　③　④　⑤　⑥　⑦

图 8-20　转身搬拦捶

21. 如封似闭

穿手翻掌:左手翻转向上,由右腕下向前穿出,右拳变掌,两手掌心翻转向上,两手交叉举于体前。

后坐收掌:重心后移,身体后坐,左脚尖向上跷起,两手左右分开并屈肘回收。两手在胸前向内翻转,向下至腹前,掌心斜相对。眼视前方。

弓步按掌:重心前移,左脚落实,成左弓步,两手向上、向前推出,腕高与肩平,掌心向前。目视前方。

动作要领:身体后坐时,避免后仰,臀部不可凸出;两臂随身体回收时,肩、肘部略向外松开不要直着抽回;两手推出宽度不要超过两肩。如封似闭动作步骤如图 8-21 所示。

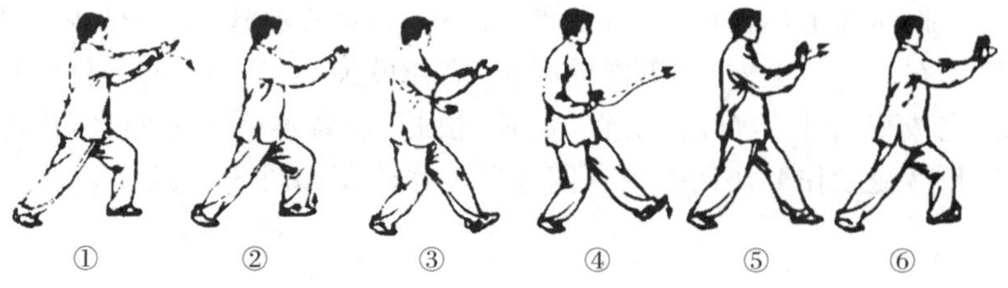

①　②　③　④　⑤　⑥

图 8-21　如封似闭

22.十字手

转体扣脚:重心后坐,左脚尖跷起,上体右转,左脚尖内扣,上体继续右转,右手向右画平弧,右脚尖外撇,重心移至右腿。目视右手。

弓腿分步:上体继续右转,右脚尖外撇侧弓,右手继续画弧至身体右侧,两臂侧平举,手心皆向外;眼视右手。

交叉搭手:上体左转,重心左移,左腿屈膝侧弓,右脚尖内扣。两手画弧下落,交叉上举成十字形,右手在外,手心皆向内。

收脚合抱:上体转正,右脚提起收拢半步,两脚距离同肩宽,两腿伸直,成开立步,同时,两手向下向内交叉合抱于胸前,右手在外,掌心向后。目视前方。

动作要领:两手分开和合抱时,上体不要前俯;站起时身体自然正直,头要微上顶,下颌稍后收;两臂环抱时须圆满舒适,沉肩垂肘。十字手动作步骤如图8-22所示。

图8-22　十字手

23.收势

翻掌分手:两手向外翻掌,手心向下,两臂慢慢下落,停于身体两侧。眼视前方。

并脚还原:左脚慢慢收至右脚旁并步。恢复成预备姿势。

动作要领:两手左右分开下落,要注意全身放松,同时气也徐徐下沉。呼吸平稳后,把左脚收至右脚旁,再走动休息。收势动作步骤如图8-23所示。

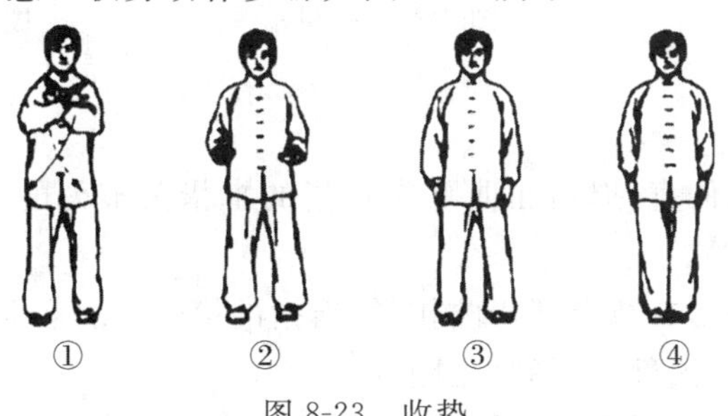

图8-23　收势

第三节　跆拳道

一、跆拳道概述

跆拳道是韩国的国技,是一种运用手脚技术进行搏击格斗的强身武术。它主要由品势

(套路)、搏击和功力检验三部分组成。跆拳道用肢体有力的动作表现出人类生存的本能意识,同时更要求将精神上的追求具体化,是一项集强身健体、自卫防身、锻炼意志、竞技观赏等多种功能于一体,具有广泛社会价值和民族文化特色的体育项目。

二、跆拳道基本技术

(一)拳

拳的握法:四指并拢卷紧,拇指压在食指和中指第二指节处(见图 8-24)。

(1)正拳:用食指和中指的掌指关节处,做向前和屈肘向上的攻击(见图 8-25)。

(2)柔拳:用拳轮做从上向下、从外向里的攻击(见图 8-26)。

(3)平贯拳:手指的第二指节弯曲,指尖贴靠手掌,拇指扣于虎口,用第二指节击打对手面部或颈部(见图 8-27)。

(4)指关节:中指或食指从正常的拳中凸出,用此拳攻击对手面部、太阳穴、两肋(见图 8-28)。

图 8-24　拳的握法

图 8-25　正拳

图 8-26　柔拳

图 8-27　平贯拳

图 8-28　指关节

(二)掌

(1)手刀。四指并拢伸直,拇指屈曲贴靠食指的掌指关节处的掌外沿,常用小指侧的掌外沿进行砍击(见图 8-29)。

(2)掌根。将五指的第二节全部弯曲扣紧,拇指的第二节可稍稍放松,犹如熊掌,主要用第三节前的各指扒击对手面部或下颌(见图 8-30)。

(3)贯手。与手刀相似,但要求中间两指微屈,用中指无名指插击,分为纵插、仰插、俯插等几种(见图 8-31)。

图 8-29　手刀

图 8-30　掌根

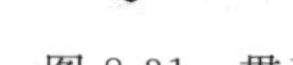

图 8-31　贯手

(4)弧形手。拇指展开微屈，四指并拢，第一指节微屈掌成弧形，主要用于砍击颈部，有时也用于防守(见图 8-32)。

(5)剪形指。伸展食指与中指，两指略微分开，拇指压于无名指的第二指关节处，用于插击两眼(见图 8-33)。

图 8-32 弧形手

图 8-33 剪形指

(三)肘

(1)挑肘。屈肘夹紧，以肩关节为轴，用肘尖由下往上挑击对手下颌(见图 8-34)，挑肘时要拧腰顺肩，加强速度和力度。

(2)顶肘。一手成掌，一手握拳，使用时重点要用掌用力推击另一手之拳面(见图 8-35)，以增加顶肘的力量。

图 8-34 挑肘

图 8-35 顶肘

(四)膝

跆拳道的膝法主要是在近距离中采用撞膝。因膝部的击打威力较大，故亦被禁止在比赛中使用。

(1)双手抓住对手的头或双肩下压，使其身体前倾(见图 8-36)。

(2)屈膝上提，用膝部冲撞对手的头部或腹部。撞膝时，两臂的下压和膝的上顶要协调一致，产生合力，以获得最好的击打效果(见图 8-37)。

图 8-36 双手抓住对手

图 8-37 屈膝上提

（五）腿法

（1）前踢。正对目标，弯曲膝盖，尽力将膝抬高至贴胸程度，适度转髋，利用膝部弹力将脚向前上方踢出，然后屈膝将腿收回（见图 8-38）。

（2）侧踢。踝关节前屈收紧，用脚跟和足刀（指脚的外侧部分）进行攻击（见图 8-39）。

（3）横踢。右脚蹬地，重心移到左脚，右脚屈膝上提，两拳置于胸前；左脚前脚掌辗地内旋，髋关节左转，左膝内扣；随即左脚掌继续内旋转 180°，右脚膝关节向前抬置水平状态；小腿快速向左前横踢出；击打目标后迅速放松收回小腿。右脚落回成实战姿势（见图 8-40）。

图 8-38　前踢　　图 8-39　侧踢　　图 8-40　横踢

（六）步形

（1）并步势。两脚并拢直立，两脚内侧相靠，挺胸收腹，两臂自然下垂，两手握拳，放于大腿外侧（见图 8-41）。

（2）预备势。并步势站好，听到"预备"口令后，左脚横跨一步与肩同宽，两拳随吸气拳心向上慢慢屈肘收起至上腹位置，然后两拳随吐气内转腕下沉，两拳拳眼斜向相对，置于距小腹一拳的部位（见图 8-42）。

（3）马步。两腿开立宽于肩，两脚尖平行或稍向内扣，挺胸收腹，伸直腰背，屈膝半蹲 30°左右，身体重心落于两脚之间（见图 8-43）。

图 8-41　并步势

图 8-42　预备势

图 8-43　马步

（4）斜马步。在马步的基础上，身体微侧转，两腿屈膝，两脚略向内扣，重心落在前脚上（见图 8-44）。这是将马步移向纵向的站法，主要是为了防备前方的攻击。

（5）前屈立。两脚前后站立，间隔约一步半距离，前腿屈膝，膝关节与脚面垂直，2/3 的身体重心落在前脚上，后脚尖与前脚的延长线成 30°（见图 8-45）。

图 8-44　斜马步

图 8-45　前屈立

(6)高前屈立。如平时走路的姿势，上体稍微向前倾斜，如同正要迈脚向前走时的瞬间姿势，两脚间的距离不要太大，60%的身体重量置于前脚(见图 8-46)。

(7)后屈立。前后脚相距约一步，前腿膝关节稍屈，后腿屈膝如马步，两脚底完全着地，90%的体重放于后脚，身体侧转 45°左右(见图 8-47)。

(8)猫足立。前后脚相距约一步，前腿膝关节稍屈，后腿屈膝如马步，前腿抬离地面一拳高，身体重心落于后脚(见图 8-48)。

图 8-46　高前屈立

图 8-47　后屈立

图 8-48　猫足立

三、跆拳道比赛规则

(一)比赛的种类和方法

跆拳道比赛分为个人赛和团体赛。个人赛是按体重级别，在个人间进行的比赛。根据需要，亦可以把相近的两级别合并后进行个人间的比赛。团体赛是指团体之间的对抗赛，包括：①无限制的 5 人制；②按体重级别的 8 人制；③按体重级别的 4 人制。也可以通过个人赛决定团体成绩。比赛的方法分为淘汰赛和循环赛两种。

跆拳道比赛按体重级别分为成人部(包括高等学校、高中)、中学部、小学部，但女子部要求在 15 周岁以上。

(二)主要规则

1. 允许使用的技术和允许进攻的部位

(1)手：用拳的正面。

(2)脚：踝关节以下部位。

(3)躯干部位为髋骨以上锁骨以下,以及两肋部。可以用脚或手进行攻击,但是,禁止攻击没有被护具保护的背部。

(4)头部以两耳为基准,可攻击头部和颈部的前面,但只能用脚攻击。

2. 得分的判定

(1)得分有效。得分有效是利用正确的进攻技术,打正确的得分部位,打击的力量要强,这是得分的三要素。

利用正确的技术,打击强而有力但击中护具上的非得分部位,并使被击者陷入危险状态时,仍按得分计算。在使用电子护具时,打击的力量要达到能使感应器得到感应的标准以上。使用一般护具时,打击的力量达到使对方身体重心移动的程度才算得分。得分一次记"+"一次;最后得分为统计3回合中所得分数的总和。

(2)得分无效。利用不正当的手段所得的分无效。这时主裁判不仅宣布得分无效而且要给运动员处罚。

(3)加分。利用正确的技术击中被护具保护的部位,使对方达到如下状态时,副裁判应给进攻者加分:①被打昏;②被打倒;③被击打后身体重心晃动,失去正常的比赛能力。

第四节 散 打

一、散打概述

现代散打运动是两人按照一定的规则,运用踢、打、摔和相应的防守等技法进行徒手对抗的武术搏斗项目,是中华武术的重要组成部分。散打运动本着简练、实用、易学等原则,已逐步与国际竞技体育项目接轨。

现代散打运动以其健体防身、锻炼品质、竞技观赏等特点与实用技击术有着明显区别。散打基本技术分为步法、拳法、腿法、摔法,也可按用途分为进攻动作和防守动作两种。散打比赛体重分为:48公斤、52公斤、56公斤、60公斤、65公斤、70公斤、75公斤、80公斤、85公斤、90公斤、90公斤以上,共11个级别。

二、实战姿势

(一)动作要领

以下所有技术动作均以左势为例。

(1)两脚微内扣平行开立,距离略比肩宽,两膝微屈。

(2)左脚不动,右脚以脚掌为轴向左旋转,身体随之转动25°左右,重心在两脚前脚掌上,左脚跟虚踮起。

(3)松胸,溜臂,收下颌,前手轻握拳,屈臂抬起,拳与下颌同高,前臂与上臂夹角成90°~110°;后手轻握拳,屈臂抬起,前臂与上臂夹角小于60°,后手拳自然置于下颌外侧处,肘部下垂轻贴在右肋部(见图8-49)。

图8-49 实战姿势

(二)基本要求

便于进攻;便于防守;便于转移。

三、基本步法

(一)前进步

以左实战姿势开始,右脚蹬地,左脚向前进半步,前脚掌先着地,右脚跟进半步,目视前方(见图 8-50、图 8-51)。

(二)后退步

以左实战姿势开始,左脚蹬地,右脚先后退半步,左脚再后退半步(见图 8-52)。

图 8-50　右脚蹬地

图 8-51　左脚向前进半步

图 8-52　后退步

(三)上步

以左实战姿势开始,后脚向前一步,同时左、右拳前后交换成右实战姿势(见图 8-53)。

(四)撤步

以左实战姿势开始,前脚向后撤一步,成右前左后,左脚跟离地,脚尖外展,重心偏于右腿(见图 8-54)。

(五)插步

以左实战姿势开始,后脚向左横移一步,脚跟离地,两脚呈交叉状(见图 8-55)。

图 8-53　上步

图 8-54　撤步

图 8-55　插步

(六)跨步

以左实战姿势开始,左脚向左侧跨半步,右脚迅速向左脚略靠近,两膝弯曲;同时右拳向斜下方伸出,左拳回收左腮旁。右脚向右侧跨步为右跨步(见图 8-56)。

(七)闪步

以左实战姿势开始,左(右)脚向左(右)侧移半步,右(左)脚随之向左(右)滑步;同时身体向右(左)转向(见图 8-57)。

(八)换步

以左实战姿势开始,左脚与右脚同时蹬地并前后交换,同时两拳也前后交换成右实战姿势(见图 8-58)。

图 8-56 跨步

图 8-57 闪步

图 8-58 换步

四、基本拳法

(一)左直拳

以左实战姿势开始,右脚蹬地,重心前移,同时以髋带动肩向内旋转,由肩带动左手臂的前臂快速直线出击,力达拳面,手臂自然伸直,右手置于原来位置。回收时按出击路线原路收回,收拳后迅速恢复到原来的预备姿势(见图 8-59)。

(二)右直拳

以左实战姿势开始,右脚蹬地并以前脚掌为轴向内扣转,随之合髋转腰压肩,向正前方直线出右拳,力达拳面;同时左拳直线回收至下颌前方,肘部自然弯曲贴于肋部(见图 8-60)。

(三)左摆拳

以左实战姿势开始,右脚蹬地,身体由髋带动腰向内旋转,重心前移;同时左手臂抬肘约与肩高,肩微张,左拳向外侧前方伸出,上臂和前臂的角度相对固定;向前、向里横击,拳心朝下,力达拳面,右拳护于右腮前。动作完成后迅速放松,基本是按原来出拳路线恢复到预备姿势(见图 8-61)。

图 8-59　左直拳

图 8-60　右直拳

图 8-61　左摆拳

（四）右摆拳

以左实战姿势开始，右脚微蹬地并向内扣转，合胯并向左转腰，同时右拳向外（约 45°）、向前、向里横击，力达拳面，左拳护于左腮前。动作完成后按出拳路线返回（见图 8-62）。

（五）左勾拳

以左实战姿势开始，重心略下沉，身体右转，左拳由下向上方勾起，拳心向内，力达拳面，含胸收腹；拳到达击打部位后制动，随即放松，拳有弹性地收回，成原来预备姿势（见图8-63）。

（六）右勾拳

以左实战姿势开始，右腿蹬地，扣膝合胯，腰左转，右拳由下向前上方勾击，拳心向内，左拳收至左下颌处。出拳后肩部迅速放松，右拳借回降之力收回，还原成预备姿势（见图 8-64）。

图 8-62　右摆拳

图 8-63　左勾拳

图 8-64　右勾拳

（五）基本腿法

1. 左蹬腿

以左实战姿势开始，重心稍后移，右腿直立或微屈，左腿屈膝提起，勾脚尖，以脚跟或全脚掌为力点向前蹬出；同时两臂微下落或收置于头部两侧，两肘下垂护于两肋部（见图 8-65～图 8-67）。

图 8-65　左蹬腿实战姿势

图 8-66　左腿屈膝提起

图 8-67　左腿蹬出

2. 右蹬腿

以左实战姿势开始，重心前移，右腿蹬地，左腿直立或微屈支撑，右腿屈膝提起，勾脚尖，以脚跟为力点向前蹬出。两臂下落回收防守(见图 8-68、图 8-69)。

图 8-68　右腿屈膝提起

图 8-69　右腿蹬出

3. 左后蹬腿

以左实战姿势开始，身体右后转，重心移至右脚，两腿弯曲成跪步，右手护右下额，左手自然屈肘于体侧。右腿直立或稍弯曲支撑，左腿抬起由屈到伸，勾脚尖，脚尖朝下，脚跟领先向后蹬出，力达脚跟，眼看蹬腿方向(见图 8-70 至图 8-72)。

图 8-70　实战姿势

图 8-71　两腿弯曲成跪步

图 8-72　左腿蹬出

4. 右后蹬腿

以左实战姿势开始，身体右后转，两腿弯曲，左、右手握拳护于胸前。左腿直立或稍屈支撑，右腿屈膝抬起，脚尖勾起朝下，脚跟领先用力向后蹬，眼看蹬腿方向。

(六)散打比赛规则

1. 得分部位

头部、躯干者、大腿。

2. 禁击部位

后脑、颈部、裆部。

3. 禁用方法

(1)用头、肘、膝或反关节的动作进攻对方。

(2)用迫使对方头部先着地的摔法或有意砸压对方。

(3)用任何方法攻击主动倒地方的头部和被动倒地方。

4. 得分标准

(1)得 2 分：一方下台，另一方得 2 分；一方倒地，站立者得 2 分；用腿法击中对方头部、躯干者，得 2 分；用主动倒地的动作致使对方倒地，而自己顺势站立者，得 2 分；被强制读秒一次，对方得 2 分；受警告一次，对方得 2 分。

(2)得 1 分:用手法击中对方头部、躯干部位;用腿法击中对方大腿;先后倒地,后倒地者得 1 分;用主动倒地的动作致使对方倒地,而自己不能顺势站立者,得 1 分;运动员被指定进攻 8 秒后仍不进攻,对方得 1 分;主动倒地 3 秒钟不起立,对方得 1 分;受劝告一次,对方得 1 分。

(3)不得分:方法不清楚,效果不明显;双方下台或同时倒地;用方法主动倒地,对方不得分;缠抱时击中对方,不得分。

5.技术犯规

(1)消极搂抱对方。

(2)处于不利状况时举手要求暂停。

(3)有意拖延比赛时间。

(4)比赛时对裁判员有不礼貌的行为或不服从裁判。

(5)上场不戴或有意吐落护齿、松脱护具。

(6)运动员不遵守规定的竞赛礼节。

6.侵人犯规

(1)在口令“开始”前或喊“停”后进攻对方。

(2)击中对方禁击部位。

(3)以禁用的方法击中对方。

7.处罚

(1)每出现一次技术犯规,劝告一次。

(2)每出现一次侵人犯规,警告一次。

(3)侵人犯规达 3 次,取消该场比赛资格。

(4)运动员故意伤人,取消比赛资格,所有成绩无效。

(5)运动员服用违禁药物,或局间休息时输氧,取消比赛资格,所有成绩无效。

第五节　女子防身术

一、女子防身术概述

防身术是一项运用踢、打、摔、拿等武术技击方法,以制服对方,保护自己为目的的专门技术。防身术中的奇妙招法,实质上是中华武术的精华“集锦”。它把武术中各种适合实践应用的招法分离出来,经过摘编、加工、提炼、创造、完善,使其成为一种散招,并具备简单、实用、易记、易学的特点。

女子防身术用包括“打、击、拧、拉、缠、锁”等手段去制约对方,从而达到免去身体入侵、摆脱对方的防身自卫目的。熟练地掌握现代女子防身术的技术技巧对健身、防身和培养女性勇敢顽强、敢于搏击的心理品质等均有较高的价值和作用。尤其在当前高校中,它是备受女性青睐的一项运动。

二、基本技术

(一)基本拳法

手离对手要害部位较多的头部最近，手是最灵活的，在攻防格斗中，手的力量最大，而手的攻击形式又以拳为主。在此主要介绍手法中的拳法。

1. 拳法基本分类

(1)拳形分类:平拳(见图 8-73)、凤眼拳、螺形拳、透骨拳(见图 8-74)等。

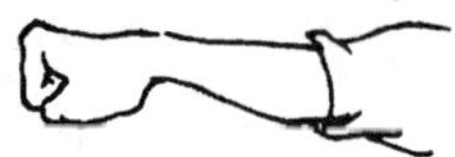

图 8-73 平拳

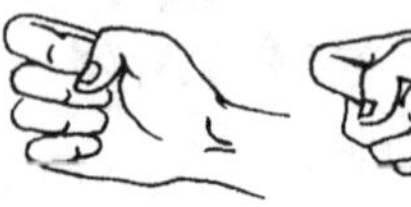
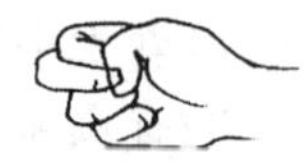

图 8-74 透骨拳

(2)拳形部位:拳眼、拳面、拳脊、拳棱、拳心、拳轮(见图 8-75)。

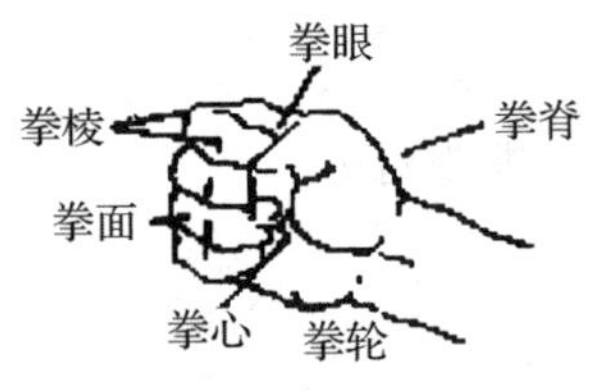

图 8-75 拳形部位

(3)拳法分类:拳法可大致分为以下几种。

①直拳，主要由直线用拳，直接攻击对手面部和胸部(见图 8-76)。

②勾拳，又称抄拳，主要由弧线或直线，由下方用拳面击打对方腹部、下颌等(见图 8-77)。

③劈拳，由上往下，以拳外背棱或指棱攻击对手面部的拳法(见图 8-78)。

图 8-76 直拳

图 8-77 勾拳

图 8-78 劈拳

④鞭拳，由左右以拳背攻击对手头部的拳法(见图 8-79)。

⑤摆拳，又称贯拳、贯捶，主要由弧线绕过对方防守，以拳内背棱攻击对方头侧和胸部(见图 8-80)。

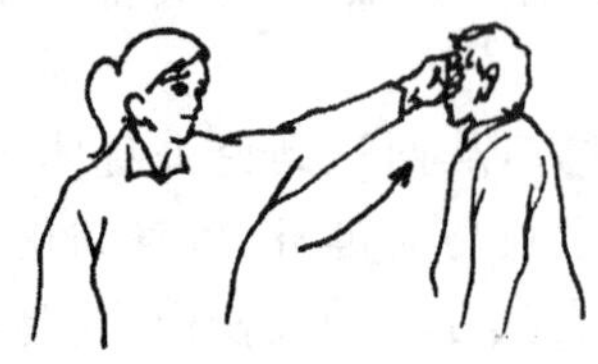

图 8-79 鞭拳

图 8-80 摆拳

2.拳法发力动作要领

蹬腿发力、拧腰旋身力量自下而上发力，或直推出臂，或旋转出臂，或挥击出臂，或摆动出臂发力，力达拳面。

(二)基本肘法介绍

肘法属于近距离击打的技法。由于肘部的生理构造特点，击打力量较之其他手法(拳、掌等)要重、要狠，古语有“一肘胜十拳”之说，因此比较适合女性用于自卫。

1.肘法分类

主要的攻击性肘法有以下几种。

(1)顶肘。肘部平抬，屈臂，肘尖向前，发力时蹬腿、送髋，同时大臂向另一侧也产生一股伸张力。蹬腿、送髋、大臂猛伸张，三股力用好了，顶肘动作就完美了。顶肘是以肘尖攻击，女性自卫时用以顶击对手腋窝，效果最好。顶肘发力距离短，又无旋转助力，练习时难度大些(见图 8-81)。

(2)挑肘。前臂回收屈曲，肘尖由下向前上挑击。发力时蹬腿、旋转身体要领同直拳、勾拳。挑臂动作同勾拳。挑肘可用于击打对手胸腹部(见图 8-82)。

(3)横肘。横肘动作主要是两股力：一是蹬腿，二是旋转身体。大臂向前横移，实际上也是旋身之力的延长。横肘是以肘尖击打对手，适于攻击对手太阳穴、后脑、耳门、颈部以及胸肋等(见图 8-83)。

图 8-81　顶肘

图 8-82　挑肘

图 8-83　横肘

(4)砸肘。手臂上抬，肘尖朝前方，砸击时身体迅速下沉，肘由上往下砸击。身体下沉与手臂砸击两股力合而为一。砸肘多用于对手抱腰、腿时砸击其后脑、腰部(见图 8-84)。

(5)反手顶肘。手臂略上抬，身体迅速下沉(但幅度没有砸肘大)，同时两肘向后顶击，力达肘尖。顶肘主要用于攻击背后之敌的肋、腹部(见图 8-85)。

(6)反手横肘。手臂平抬，蹬腿，身体旋转发力，同时手臂随旋转方向向后横向猛击，力达肘尖。反手横肘主要用于攻击背后之敌的面部、太阳穴等(见图 8-86)。

图 8-84　砸肘

图 8-85　反手顶肘

图 8-86　反手横肘

2.肘法发力动作要领

(1)蹬腿发力。

(2)送胯、拧腰、旋身力量自下而上发力。

(3)另外一侧臂反方向发力产生张力(见图 8-87)。

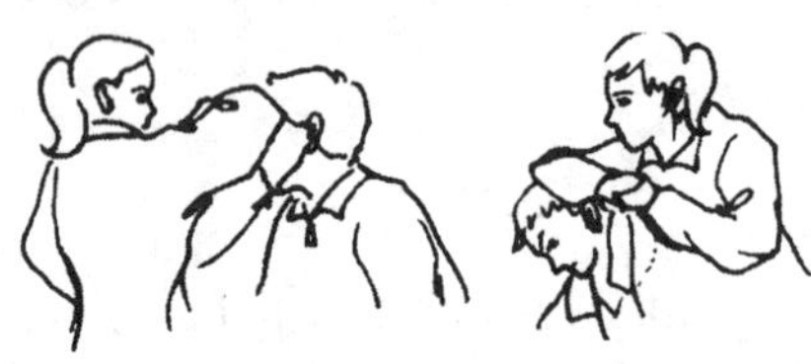

图 8-87 肘法发力

(三)基本膝法介绍

1.膝法分类

(1)冲膝。攻击时,腿屈膝上抬,上体后仰,膝前冲力达膝尖。蹬腿前冲、往前送髋是发力关键,攻击点在中盘胸腹,依女性力量,不会有致命伤害(见图 8-88)。

(2)侧撞膝。侧撞膝分为左侧撞膝和右侧撞膝。左侧撞膝是左膝上抬,由左向右侧撞击。动作要领是,微倒身,扭髋内转,两手可抓住对方帮助发力。右侧撞膝与左侧撞膝相反。侧撞膝主要用于攻击胸部和腹部(见图 8-89)。

(3)提膝。又称顶膝,要领是膝腿上抬,动作要猛,双手拉住对方帮助发力。提膝是女性用以攻击的利器(见图 8-90)。

图 8-88 冲膝

图 8-89 侧撞膝

图 8-90 提膝

2.膝法发力动作要领

(1)支撑腿支撑重心,另外一腿提膝发力。

(2)送胯、收胯或展胯,含胸收腹,力量自下而上发力。

(3)力量由膝盖发出。

(四)基本腿法介绍

1.腿法分类

按大类,腿法可分为屈伸性腿法和直摆性腿法。直摆性腿法(如摆腿、后扫腿等)难度较大,未经长期特殊练习,不会有任何威力。所以,我们挑选几种适宜女性自卫的屈伸性腿法介绍。

(1)蹬腿。蹬腿时,一腿支撑,一腿膝上抬,同时向前蹬出。蹬腿要领是脚尖要勾,力达脚跟。蹬腿时身体不可前后俯仰,要脆快有力,蹬出后迅即收回。蹬腿可用于攻击对手腹

部、裆部、膝盖(反关节)等。根据出腿方向不同,蹬腿可分为正蹬腿、侧蹬腿、后蹬腿;根据高度不同,可分为高蹬腿、中蹬腿、低蹬腿(见图 8-91)。

(2)弹腿。一腿支撑,一腿提膝,同时膝关节由屈到伸,向正前方弹踢出腿。脚背绷直,力达脚背。弹踢时要脆快有力。弹腿又可分为正弹腿、侧弹腿、低弹腿、中弹腿、高弹腿等。女性自卫一般多用正弹腿攻击裆部(见图 8-92)。

图 8-91　蹬腿

图 8-92　弹腿

(3)踹腿。踹腿又可分为正踹、侧踹。

正踹时,一腿支撑,一腿提膝稍上抬,上抬之腿脚尖外摆,向前下方猛力踹击,力达脚跟。正踹腿一般用于攻击对手胫骨(小腿骨)。

侧踹时,先转体,一腿上抬,屈膝,勾脚尖,由屈到伸向前踹击,力达脚跟。低侧踹腿可用于攻击对手胫骨、膝关节;中侧踹腿可用于攻击对手裆部、腹部(见图 8-93)。

图 8-93　踹腿

2.腿法发力动作要领

(1)支撑腿支撑重心,另外一腿提膝送出发力。

(2)送胯、收胯或展胯,含胸收腹,力量自下而上发力。

(3)力量由脚发出打击目标。

(五)头锋攻击

以额头为武器攻击对手,在武术中被称为头锋。头锋攻击,主要用于撞击对手面部和胸部,一般而言,撞击面部效果较好。头锋的标准动作:下颌微收,硬起脖颈,感觉上从胯至头顶已直硬如一段木桩或筒子,然后腿猛蹬地发力,这段木桩便整体直撞出去击人。

头锋攻击不如拳脚攻击那么灵活、快捷,因此对手闪避也容易一些。所以,趁对手往前,重心前移时攻击最易奏效(见图 8-94)。

图 8-94　头锋攻击

肩锋、臀锋技术难度大，一般女子自卫不宜采用。

三、常见的防身技法

常见的女子防身技法主要有以下几种。

1.单手摸前胸时

歹徒用手摸胸部，先用步子移动与歹徒保持一定距离，同时观察对方用哪只手触摸。如果歹徒上前用右手时，当其伸手刚触摸时，立刻用右手抓住其右手背，同时左手也协助抓其右腕，然后挺胸稍上左步，将歹徒右手牢牢固定在胸前，随后身体猛向右转，折伤歹徒右手腕（见图 8-95）。

动作要领：抓腕挺胸动作要快，转体折腕要有爆发力。

图 8-95　单手摸前胸时的反击

2.双手抓前胸时

当歹徒从正面扑上用双手抓前胸时，切勿抓握对方手臂，正确方法是含胸收腹，将双臂屈肘微抬起，看准时机，双肘猛力下砸歹徒的左右小臂，迫使其手臂弯曲，然后，双手伸出勾住歹徒颈子，抬右膝狠顶其裆部，将其击倒（见图 8-96）。

动作要领：砸肘要狠准，勾颈顶裆动作要突然。

图 8-96　双手抓前胸时的反击

3.头发被抓扯时

(1)当女子被人从正前方抓住头发往前拖扯之时，切勿与对方抓扯，以免受伤。借着抓拉之力，借着惯性，将膝头高提，以提膝的打法猛撞歹徒裆部（见图 8-97）。

动作要领：借力、顺势提膝、突然顶裆。

图 8-97　头发被正向抓扯时的反击

(2)当女子侧立被人扯拖头发时,可顺其力侧身弯腰靠近对方,顺势发撩掌击其裆部。一手掏裆时,另一手抓抱其腰胯配合发力(见图 8-98)。

动作要领:借力、顺势发撩掌击其裆部、抓睾丸。

图 8-98　被人侧向扯拖头发时的反击

(3)头发被抓时抱住对方,可用一手掌心向上,四指直插进软肋(肋骨下),扣住肋骨往上扯,对方痛自然会松手(见图 8-99)。

动作要领:四指直插进软肋、扣住肋骨。

图 8-99　头发被抓时的反击

4.被抱腰时

(1)正面被抱腰时肘击太阳穴最为便捷。正面被对手抱腰,但手臂未同时被抱住,是以肘部攻击对方太阳穴的最好时机。一旦歹徒用双手来试图抱腰时,他的头部就全部暴露而失去防护了。这时,可以佯装拒绝他的亲吻等,使上身后仰,造成攻击距离。接着猛然收腹、旋身、挥臂,以肘部猛击其太阳穴。以肘攻击歹徒太阳穴最好采用连续攻击法,一气呵成(见图 8-100)。

动作要领:收腹、旋身、挥臂,以肘部猛击其太阳穴,一气呵成。

图 8-100　肘击太阳穴

(2)正面被抱腰时攻击其眼睛。正面被抱腰时因为手臂未被抱住,所以这时也可以采用叉眼、戳喉等方法。如果只求解脱,可采用折手指技法(见图 8-101)。

动作要领:插眼、折手指,用力要猛,动作迅速。

图 8-101　攻击眼睛、折手指

5. 背后被抱时

(1)后腰被抱。抬手以反手横肘向后猛击对方太阳穴,当然别忘了蹬腿,身体旋转发力,力达肘尖;反方向折其拇指或小指;以脚跟猛跺其脚面(见图 8-102)。

动作要领:旋转发力靠肘尖;折指用力不怠慢;脚跟全力跺脚面。

图 8-102　脚跟猛跺对方脚面

(2)连手臂后腰被抱。被抱者可伸手抓、握、提对方的睾丸。因对方注意力在上部,很有隐蔽性,成功可能性很大。如果歹徒抱住的是腰部,那么歹徒必然弯腰,头较低,这时可猛仰头以后脑击其面部(见图 8-103)。

动作要领:反手掏裆;仰头猛击后脑,动作迅速。

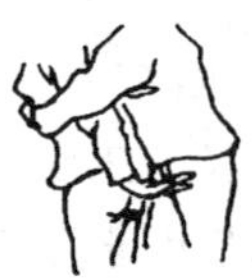

图 8-103　猛仰头击对方面部

6. 仰卧被按压时

倒地后成仰卧姿势,被歹徒按压。这时歹徒可能站着,可能跪着,可能坐着,也可能趴着,可能骑在女性身上,也可能卧靠在旁边,仅以上身压着仰卧者;可能抓领,可能抓肩,可能搂脖,也可能掐喉。但是不管处于上述哪种情况,都要尽可能地采取攻其要害、一招制敌的抬腿蹬击裆部的方法。这时可能采取的直接攻击的方法有以下几种。

(1)如对方是分跨于仰卧者身体站立,或俯身抓、掐、压制仰卧者,仰卧者可抬腿蹬击其裆部。要领是要抬起腰、臀,用出将身体送出去的力量猛蹬(见图 8-104)。

(3)如对方手肘抬起,露出腋下,可用掌夹、凤眼拳、勾手等猛击其腋窝(见图 8-105)。

(3)直接戳击对方眼睛和戳击对方咽喉,有意想不到的效果,因为这时距离很近(见图 8-106)。

图 8-104　抬腿蹬击对方裆部

图 8-105　猛击对方腋窝

图 8-106　戳击对方眼睛

(4)如果手臂未被压住,对方的手臂又未形成阻隔(多在抱胸腰时),可用肘尖横击其太阳穴(见图 8-107)。要点是要用上腰腹之力、旋臂之力。

(5)如歹徒强行亲吻仰卧者,可抓住机会咬掉其鼻尖或舌尖。注意:被咬伤后的歹徒可能更丧心病狂,因此要在狠咬之后,趁其因疼痛一时失智的机会,连续进攻,再对其要害部位实施攻击(见图 8-108)。

(6)以头锋撞其鼻梁,抬头要猛(见图 8-109)。

图 8-107　肘尖横击对方太阳穴

图 8-108　狠咬对方鼻尖

图 8-109　以头锋撞对方鼻梁

(7)被锁喉、掐喉时防身技法。被对手从后方锁喉(勒颈)时,要使劲收紧下颌,或者把头偏向对手肘弯一侧,使其肘臂不能直接勒紧你的脖子,这时可以沉着反击。如果正好在下颌抬起时被勒,情况便有些不妙。这时应把头偏向其肘弯一侧,咬其手臂(因被勒颈,直接往下咬够不着),趁其手臂稍松,把下颌插进去。只要下颌一插进去,便暂时没有生命危险了。接下来,可以把手掌放到对手的掌背上,抠握住其四指指尖,用力握紧,并以自己肩部为支点,朝对手指、腕、肘的反关节方向拉拽。用力猛,速度快,可折断其指、肘关节。解脱后,即可采用其他方法反击。这时的反击方法可以有反掌撩阴、仰头撞脸等(见图 8-110)。

动作要领:收紧下颌、咬其手臂、手拉反关节、反掌撩阴、仰头撞脸,用力猛,速度快。

图 8-110　被锁喉、掐喉时防身技法

第九章　形体运动

第一节　健美操

一、健美操运动概述

（一）健美操运动的起源与发展

健美操是最近几十年发展起来的一项新兴的体育运动项目，它起源于传统的有氧健身操，是融体操、舞蹈、音乐为一体的运动。健美操动作能充分体现男子刚劲有力、女子柔中有刚之美。健美操传入我国是在20世纪80年代，一开始便受到了青年学生的喜爱，并且在高校和社会普及开来。在不断发展的过程中，健美操已经逐渐形成了一套科学的健身、训练和竞赛体系。

健美操不仅在美、英、法等国家迅速发展，而且在一些发展中的国家和地区也得到不同程度的开展。在亚洲地区，日本、菲律宾、新加坡等国家也建有许多健美操活动中心及健身俱乐部，人们开始将健美操作为自己的主要健身方式，由此形成了世界范围内的"健美操热"。

（二）健美操的功能

长期进行健美操锻炼，能够增强体质，增进健康，改善体型体态，矫正畸形，调节心理活动，陶冶美好情操，提高神经系统机能，培养顽强的意志品质。

1.增强体质，增进健康

长期参加健美操锻炼可以使心肌增厚，心腔容量增大，血管弹性增强，进而提高心脏的功能，使心搏有力，心输出量增加，从而提高全身供氧能力。健美操锻炼对呼吸系统的机能也有良好的影响。它能提高呼吸深度，增加每次呼吸时的气体交换量，这既有利于呼吸肌的休息，又可提高呼吸系统的功能储备，从而保证在激烈运动时满足气体交换的需要，提高技能水平。健美操锻炼还能提高消化系统的机能。因为肌肉活动可消耗大量能源，加之健美操的髋部全方位活动比较多，刺激了肠胃蠕动，可增强消化机能，有助于营养物质的吸收和利用，从而提高身体对疾病的抵抗能力。

2.改善体型，培养端庄体态

体形主要是指全身各部位的比例是否匀称和谐，体态主要是指整个身体及主要部位的姿态是否端庄优美。俗话说"站如松，坐如钟"。如果长时间不注意体态端正，就可能影响某些骨骼的正常生长发育，造成如脊柱弯曲、含胸驼背等不良体态。

3.缓解精神压力，娱乐身心

健美操通过优美明快的音乐节奏、活泼愉快的形体动作，使人陶醉在美的韵律之中，很快排除心理上的紧张和烦恼，身心得到全面调节，精神面貌和气质修养都会有所改善和提高。

4.益智功能

现代科学研究证明，坚持体育锻炼，能保证大脑能源物质与氧气的充足供应，使大脑神经细胞发育充分。健美操运动通过改善学生大脑的物质结构和机能状况，全面发展观察力，广泛训练记忆力，启迪诱导想象力，帮助提高思维力，为智力的开发创造良好的生理条件和环境条件。

（三）健美操的分类

健美操可分竞技健美操、健身健美操和表演健美操三大类。

二、健美操基本技术

（一）手的基本动作

健美操中的手形有很多种，是从芭蕾舞、现代舞、迪斯科、武术中吸收和发展的。手型是手臂动作的延伸和表现，运用得好，会使健美操动作更加丰富多彩、生动活泼，更具有感染力。健美操手型主要有掌和拳两种。

1.并拢式

五指伸直，相互并拢。大拇指微屈，指关节贴于食指旁。

2.分开式

五指用力伸直，充分张开。

3.芭蕾手势

五指微屈，后三指并拢，稍内收，拇指内扣。

（二）头、颈部动作

1.屈

指头颈关节角度的弯曲。包括向前、后、左、右的屈。

2.转

指头颈部绕身体垂直轴的转动。包括向左、右的转。

3.绕和绕环

指头以颈为轴心的弧形和圆形运动。包括左、右绕和左、右绕环。

动作要领：做各种形式的头颈动作时，上体保持正直，速度要慢，头颈移动的方向要准确，颈部被动肌群充分伸展，如图 9-1 所示。

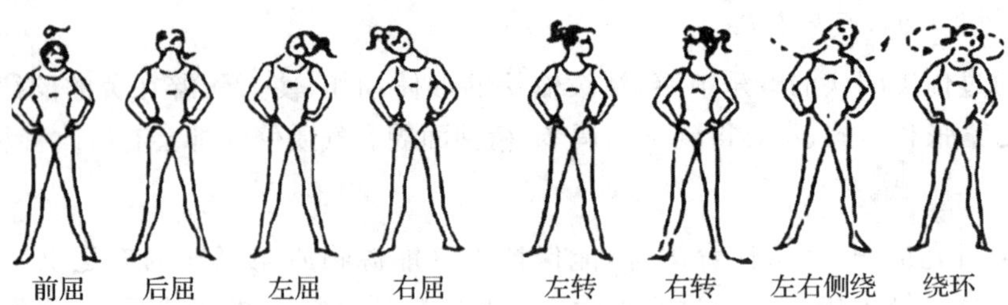

图 9-1　头、颈部动作

(三)肩部动作

1. 提肩

指肩胛骨做向上的运动。包括单肩、双肩的同时提和依次提。

2. 沉肩

指肩胛骨做向下的运动。包括单肩、双肩的同时沉和依次沉。

3. 绕肩

指以肩关节为轴做小于 360°的弧形运动。包括单肩向前、后绕,双肩同时或依次向前、后绕。

4. 肩绕环

指以肩关节为轴做 360°及 360°以上的圆形运动。包括单肩向前、后绕环,双肩同时或依次向前、后绕环。

5. 振肩

指固定上体,肩急速向前或向后的摆动。包括双肩同时前、后振和依次前、后振。

动作要领:提肩时尽力向上,沉肩时尽力向下,动作幅度大而有力。绕肩时上体不能摆动,两臂放松,头颈不能前探;动作连贯,速度均匀,幅度大。振肩动作要有速度、力度和弹性,如图 9-2 所示。

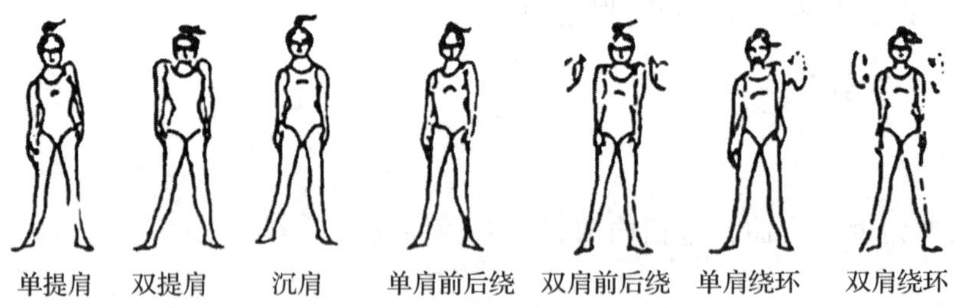

图 9-2　肩部动作

(四)上肢运动

1. 举

指以肩为轴,臂的活动范围不超过 180°而停止在某一部位的动作。包括单臂和双臂的前、后、侧,以及不同中间方向的举(如前上举、侧上举等)。

2. 屈

指肘关节产生了一定的弯曲角度。包括头上屈、头后屈、肩侧屈、肩上侧屈、肩下侧屈、肩上前屈、胸前屈、胸前平屈、腰间屈、背后屈。

3. 绕

指双臂或单臂向内、外、前、后做180°以上、360°以下的弧形运动。

4. 绕环

指以肩关节为轴，双臂或单臂做向前、向后、向内的绕环。

5. 摆

指以肩关节带动手臂来完成臂的摆动动作。包括单臂和双臂同时或依次向前、后、左、右的摆。

6. 振

指以肩为轴，手臂用力摆至最大幅度。包括上举后振、下举后振、侧举后振。

7. 旋

指以肩或肘为轴做臂的旋内或旋外动作。

上肢动作的动作要领如图9-3所示。

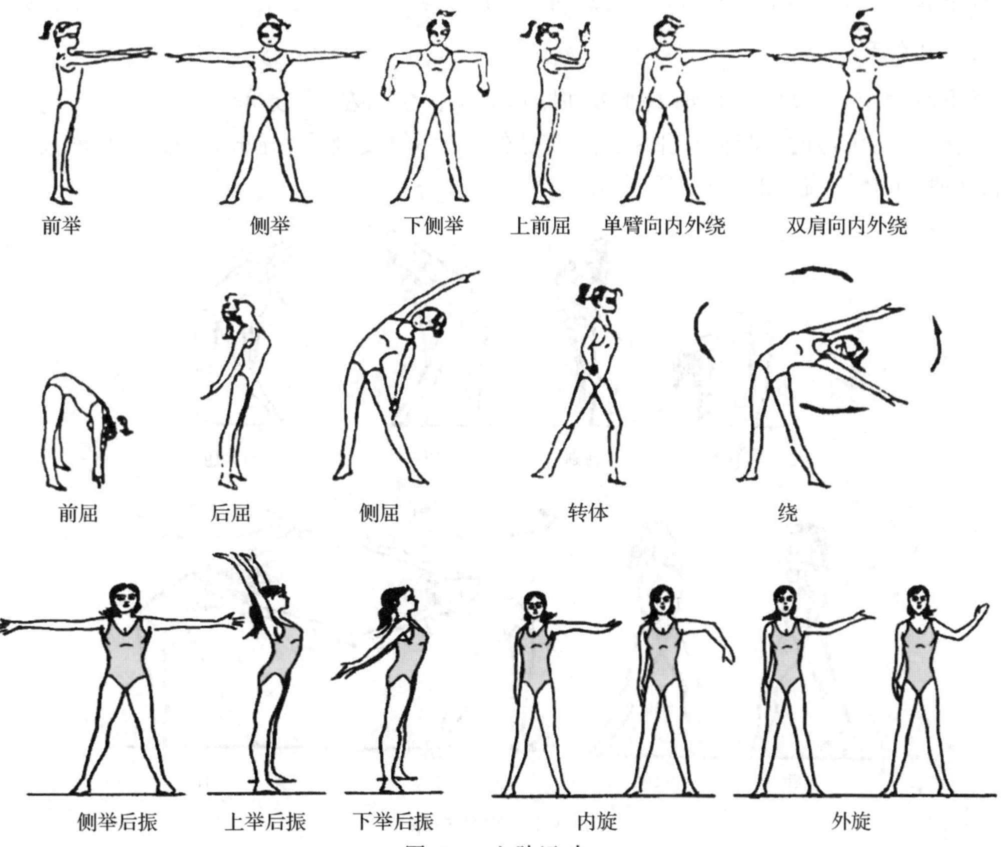

图9-3　上肢运动

（五）胸部动作

1. 含胸

指两肩内合，缩小胸腔。

2. 展胸

指两肩外展，扩大胸腔。

3. 移胸

指髋部固定，做胸左、右的水平移动。

动作要领：练习时，收腹、立腰，含、展、移胸要达到最大极限，如图 9-4 所示。

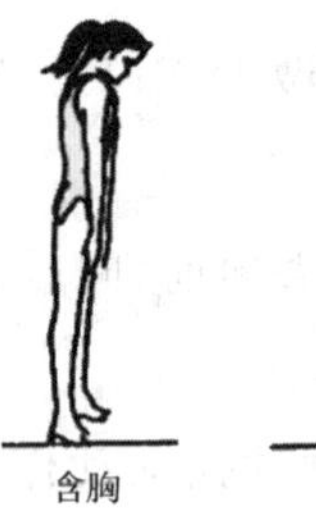

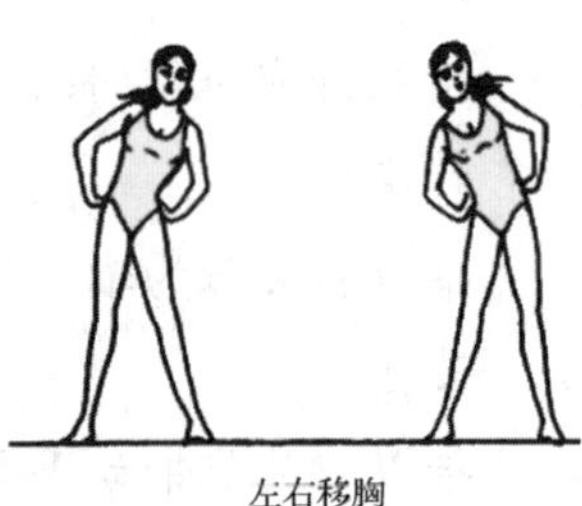

图 9-4　胸部动作

（六）腰部动作

1. 屈

指下肢固定，上体沿矢状轴和水平轴的运动。包括前、后、左、右的屈。

2. 转

指下肢固定，上体沿垂直轴的扭转。包括左、右转。

3. 绕和绕环

指下肢固定，上体沿垂直轴做弧形和圆形运动。包括左、右绕和绕环。

动作要领：练习时，身体远端尽力向外延伸，绕环幅度要大，充分而连贯，速度放慢。腰前屈、转时，上体立直，如图 9-5 所示。

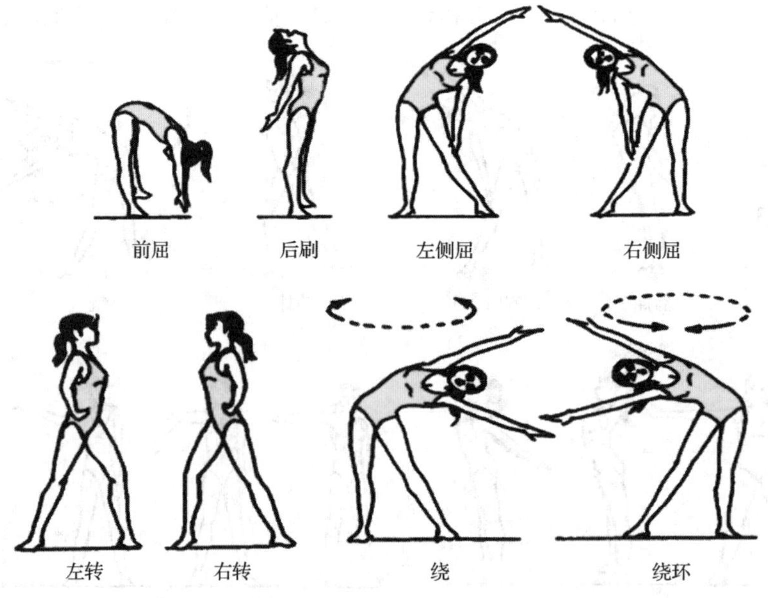

图 9-5　腰部动作

（七）髋部动作

1. 顶髋

指髋关节做急速的水平移动。包括前、后、左、右顶髋。

2. 提髋

指髋关节做急速向一侧上提的动作。包括左、右提髋。

3. 摆髋

指髋关节做钟摆式的连续移动动作。包括左、右侧摆和前、后摆。

4. 绕髋和髋绕环

指髋关节做弧形、圆形移动。包括向左、右的绕和绕环。

动作要领：髋关节做顶、提、绕和绕环时应平稳、柔和、协调，稍带弹性，上体要放松，如图 9-6 所示。

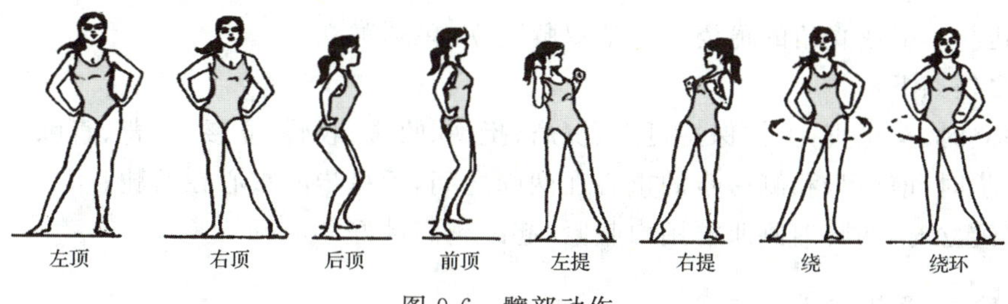

图 9-6　髋部动作

（八）下肢动作

1. 滚动步

两脚同时交替做由前脚尖至全掌依次落地动作。

2. 交叉步

一脚向另一脚前或后交叉行进。

3. 跑跳步

两脚交替进行，跑后支撑阶段有一次跳的过程。

4. 并腿跳

双腿并拢，直膝或屈膝跳。

5. 侧摆腿跳

单腿跳起，同时另一腿向侧摆动。

动作要领：跳跃要轻松自如，有弹性，注意呼吸配合，如图 9-7 所示。

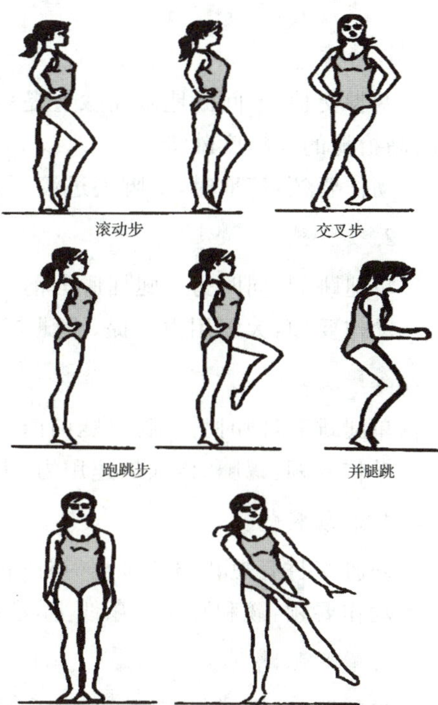

图 9-7　下肢动作

(九)基本站立

1. 立

(1)直立:指头颈、躯干和脚的纵轴保持在一条直线上。

(2)开立:指两脚左右分开与肩同宽或宽于肩。

(3)点地立:指一腿直立(重心在站立脚上),另一腿向各方向伸直,脚尖点地。包括前点立、侧点立、后点立。

(4)提踵立:指两脚跟提起,用前脚掌站立。

2. 弓步

指一腿向某方向迈出一步,膝关节弯曲成90°左右,膝部与脚尖垂直,另一腿伸直。包括左、右腿的前、侧、后弓步。

3. 跪立

指大腿与小腿成直角的跪姿。包括双腿跪立、单腿跪立。

动作要领如下:

(1)站立时,头正直,上体保持挺直、沉肩、挺胸、收腹、收臀、立腰、立背、直膝;

(2)弓步时,前弓步和侧弓步的重心在两腿之间,后弓步的重心在后腿;

(3)提踵立时,两腿内侧肌群用力收紧,起踵越高越好。

(十)健美操基本步伐

1. 踏步

两脚交替,不间断地做屈膝上提然后踏地的动作。包括脚尖不离地的踏步、脚离地的踏步、高抬腿的大幅度踏步。

动作要领:落地时,由脚尖过渡到脚跟着地;屈膝时,胯微收。两臂自然前后摆动。

2. 吸腿跳

单腿跳起,同时另一腿屈膝向前、侧上提。

动作要领:大腿用力上提,小腿自然下垂。

3. 踢腿跳

单腿跳起,同时另一腿直腿向前、侧方向踢出。包括小幅度和大幅度的踢腿。

动作要领:踢腿时,须加速用力,上体保持正直、立腰。

4. 后踢腿跳

两脚交替有短暂腾空过程(类似跑步),小腿向后屈。

动作要领:髋和膝在一条线上,小腿叠于大腿。

5. 弹踢腿跳

单腿跳起,同时另一腿经屈膝向前、侧方向弹踢。

动作要领:大腿抬起至一定角度后,小腿自然伸直,膝关节稍有控制。

6. 开合跳

并腿跳至开立,分腿跳至并立。

动作要领:分腿时,两腿自然外开,膝关节沿脚尖方向弯曲;跳起与落地时,屈膝缓冲。

7. 弓步跳

并腿跳起,落地时成前(侧、后)弓步。

动作要领:跳成弓步时,把握住身体重心。

四、健美操竞赛规则

(一)比赛项目和年龄

1. 竞赛项目

健美操竞赛项目有女子单人、男子单人、混合双人、三人(性别不限)和六人(性别不限)。

2. 年龄

全国性比赛可不分年龄组,普及性比赛可按年龄或运动水平分甲、乙、丙组。

(二)运动员着装与仪容

女运动员着一件套泳装健美操服,前或后可有开口,但上下端要在同一处合拢,服装遮体恰当,紧身,必须着裤袜;男运动员着一件套短的连衣裤或背心、短裤,内穿紧身三角裤;运动员必须穿旅游式运动鞋、运动袜;服装上可有装饰(如花边、亮片等),但不得有悬垂物,比赛中不得换衣、脱衣;运动员不得戴任何饰物(首饰)、手表(发带、发卡除外)。

(三)比赛场地要求

混合六人竞赛场地为 10 米×10 米,男子单人、女子单人、混合双人、三人的竞赛场地为 7 米×7 米的地板或地毯,并用 5 厘米宽白色标志带作边线(该带宽度包括在场地内)。

竞赛台高 80～140 厘米,帷幕要有会徽,帷幕及比赛台光照不得有阴影。光照度标准为 4 000～5 000 勒克斯(要有顶光和低光)。

(四)时间

成套动作时间是从运动员做动作开始至动作结束为止;音乐时间是从音乐起到音乐止;成套动作时间不足或超过都将相应减分。健身健美操成套动作时间为 2 分 30 秒至 3 分,竞技健美操成套动作时间为 1 分 45 秒,可有加减 5 秒的宽容度。

第二节 体育舞蹈

一、体育舞蹈的概述

(一)体育舞蹈的起源与发展

体育舞蹈起源于欧洲、拉丁美洲,由民间舞蹈演变而成,原名为"社交舞",多见于欧洲贵族在宫廷举行的交谊舞会。社交舞早于14至15世纪即在意大利出现,16世纪传入法国,并于1768年在巴黎开办了第一家交际舞厅,法国革命后"社交舞"流传民间至今。

1924年,由英国发起,欧美舞蹈界人士在广泛研究传统宫廷舞、交谊舞及拉美国家的各式舞蹈的基础上,对此进行了美化与加工,于1925年正式颁布了华尔兹、探戈、狐步、快步等四种舞的步伐,总称摩登舞。

1950年,由英国ICBD(世界舞蹈组织)主办了首届世界性舞蹈大赛"黑池舞蹈节",并把规范后的舞蹈命名为国际标准交谊舞,以后每年的五月底,在英国的"黑池"举办一届世界性的大赛。随着这种舞蹈在世界上的不断推广,自身也得到了发展,摩登舞中又增加了维也纳华尔兹。

1960年,体育舞蹈在非洲和拉美一些国家的民间舞规范加工的基础上又增加了拉丁舞项目的比赛。

体育舞蹈,即国际标准交谊舞,于20世纪30年代传入我国。改革开放后,20世纪80年代发展较快,先后与日本、美国、英国等国家进行交流活动。1987年,我国举办了首届全国国际标准交谊舞比赛。1991年,我国举行了首届全国体育舞蹈锦标赛。目前,中国体育舞蹈联合会已加入世界体育舞蹈联合会,多次举办亚洲乃至世界性的体育舞蹈锦标赛,有力地推动了我国体育舞蹈事业的发展。2004年,我国选手在英国第79届黑池舞蹈节大赛上第一次获得职业新星拉丁组的冠军,实现了中国体育舞蹈史上"零"的突破。

(二)体育舞蹈的概念

体育舞蹈是一门融体育、音乐、美学、舞蹈为一体,以身体动作舞蹈化为基本内容,以双人或集体配合练习为主要运动形式的娱乐健身型的运动项目。它是一项既有健身作用又有竞技性的体育运动,具有其他运动项目无法比拟的独特艺术魅力和社交、观赏等功能。

(三)体育舞蹈的分类

体育舞蹈分两个项群,十个舞种。其中摩登舞项群含有华尔兹、维也纳华尔兹、探戈、狐步和快步舞,拉丁舞项群包括伦巴、恰恰、桑巴、牛仔和斗牛舞。每个舞种均有各自舞曲、舞步及风格。根据各舞种的乐曲和动作要求,组编成各自的成套动作。

（四）体育舞蹈的基本知识

1. 舞程线

在跳舞时为了防止碰撞，必须按规定的行进路线有序前进，特别是在连续行进和旋转时就更为必要。因此规定舞者必须按逆时针方向行进，这条路线就是舞程线。

2. 方位

为了便于舞蹈进行中准确地辨别方位和检查旋转的角度，根据国际上记录各种舞蹈的惯例，在舞场上要规定一定的方位。一般情况下，多以乐队演奏台的一面为规定方位的基点，定为“1 点”（也可以在场地中任选一个面定为“1 点”）。每向顺时针方向转动 45 度角则变动一个方位，依次类推 2、3、4、5、6、7、8 共八个点。

3. 赛场

进行国际体育舞蹈比赛的场地是有一定规格的，一般赛场地面应平整光滑，场地的面积为 15 米×23 米。赛场长的两条边线叫 A 线，短的两条边线叫 B 线。

（五）体育舞蹈的特点与健身价值

1. 体育舞蹈的特点

(1)教育性。体育舞蹈给人以真、善、美的教育和熏陶，可以引导人们去追求崇高的思想境界，医治心灵上的创伤，不断陶冶情操，感悟美的真谛，提高道德素养。

(2)社交性。体育舞蹈已成为社会交际活动的工具，其优势在于参与人多、信息量大。不同阶层的人聚集在一起，可以交流感情、故友叙旧，人们在高雅、轻松、愉快的氛围中建立友谊。同时，舞会也是传递、交流信息的场所。

(3)国际性。体育舞蹈是一种国际上通用的“形体语言”，是全世界统一标准的舞蹈。不同国家、不同肤色、不同民族的人都可以在一起跳，尽管语言不同，但舞步相通，既可以在一起娱乐，也可以互相竞争。体育舞蹈目前已成为奥运会表演项目，每年还有世界锦标赛、邀请赛、表演赛、对抗赛等。

(4)娱乐性。体育舞蹈具有健身和娱乐的双重功效，体育舞蹈的音乐节奏有快有慢，运动强度有大有小，不同年龄和不同体质的人都可以根据音乐的节奏来选择适合自己的舞曲进行锻炼。这项运动能把老、中、青各个年龄层的人吸引到一起，互教互学、自学自练、自娱自乐，同时它也具有一定的观赏性。

(5)普及性。体育舞蹈具有广泛的群众基础，它能以竞赛形式出现在国际、国内的赛场上，也能以娱乐形式参加各种表演，还能以锻炼形式出现在公园、广场、健身场所等。

2. 体育舞蹈的健身价值

(1)体育舞蹈的锻炼价值。体育舞蹈的负荷量可大可小，适应面广，能增强体质，改善人体心血系统、呼吸系统等机能状态，改善神经系统的调节机制，促进心理健康，达到健美、健身、健心的效果。

(2)体育舞蹈的审美享受。体育舞蹈体现了男性阳刚之美与女性娇柔之美的和谐与协调。体育舞蹈创造了异常美妙的审美情调,不同的乐曲、不同的舞步,有的婉转流畅,似行云流水;有的动静结合、刚健雄劲、潇洒奔放;有的步态从容、平稳大方、悠闲轻松;有的轻快活泼,洋溢着青春活力;还有的缠绵抒情,舞姿柔媚动人。比赛场上,灯火辉煌、五光十色,男女选手们英姿勃发、争奇斗艳,如彩蝶纷飞,使观众心旷神怡,得到美的享受。

(3)舞曲音乐的娱乐享受。舞曲音乐是体育舞蹈的灵魂。音乐可以缓解工作后的大脑紧张,消除疲劳。在舞曲中漫步,踏着舞曲的节拍,用身体的运动表达舞曲的旋律、节奏及内涵,用"心"带身,随心所欲,达到忘我的境界。

二、体育舞蹈的姿势与步法

体育舞蹈,除了特殊的动作外,一般舞步与动作,只要四肢灵活,具有音乐感,都可顺利地完成。假如舞步与姿势没有正确技巧,则往往产生不良姿势,导致在跳舞时产生动作不协调现象,增加意外的困难,形成姿势的扭曲。

在实际应用中,每个人都懂得把身体拉直伸展,但是否会因为用力过度,形成不良的效果,这就要好好地检查,例如腰部是否过分用力来挺起,这样,从外表看起来,身体虽然直了,却使腰部变得僵硬(死腰),使得动作转动不灵。所有这些不显眼的微小差异,将会形成不同的缺陷,或多或少会影响正常发挥。

跳舞时,非常讲究基本姿势正确,包括脊柱保持垂直(舞蹈的直腰),同时,腰胯要放松,做到丹田控制呼吸(横隔膜逆式呼吸),因此,要取得良好的姿势和内在力量感,最好的方法是记住一些最基本的要点。

1. 步速

这是指运步的速度,是国际标准交谊舞舞步中一个时间概念上的元素。国际标准交谊舞的步速有常步、快步、慢步、超快步、加长步、"静止"步。

(1)常步。这是根据不同国际标准交谊舞舞曲具体情况而首先确定的基本步速。也就是说,在不同的舞曲中,跳舞的人首先要根据舞曲不同的节拍,确定一个和舞曲节拍相匹配的常步。有了这个常步作为一个"标准单位",舞步速度上的变化才有对照的依据。我们平常所说的"有没有踩准拍子"就是指国际标准交谊舞舞者的常步确定是否准确。

(2)快步。快步就是比常步快的步速,一般情况下,一个常步占一个时间段,我们把它称为一个"常步时",一个快步就是1/2个常步时。

(3)慢步。慢步就是比常步慢的步速,一般情况下,一个常步时为1,慢步时就是1+1。

(4)超快步。这还是以常步为衡量标准,比快步更快的步速。一个超快步只占1/4常步时,甚至更小。

(5)加长步。这是一种特殊处理的步速,它既不是常步,也不是慢步,通常情况下,它是比常步要长一点的舞步,约是1.5个常步时。特别要说明的是:加长的这0.5的步时,或是从前一个常步时中"刮"来的,或是从后一个常步时中"刮"来的。也就是说,只要有加长步,那么它前面或者后面就会是一个不完全的常步。我们之所以不用1.5来说明加长步,是因为加长步不是1.5常步时,加长步的步时有多长,完全根据具体情况而定。它的公式是:加长步+不完全常步=2个标准常步。

(6)静止步。这也是一种特殊处理的步速,国际标准交谊舞中没有绝对的静止,只有相

对的静止，是看似不动而又感觉在动的舞步。这种国际标准交谊舞舞步通常占2～3个常步时。需要说明一点：静止步和造型还不是一回事。

国际标准交谊舞不同的舞种，其基本步法组合在步速的组合上是不同的。一般分为两大类。

一类是平均步速类：例如慢三步、快三步、华尔兹、维也纳华尔兹、南京小拉舞、北京平四舞等。这一类舞种步速的特点就是一步占舞曲音乐的一个节拍，当然，这个一步指的是在这个国际标准交谊舞舞曲音乐中的常步。整体运步规律上，这类舞种的步速是平均的。

一类是快慢步速类：这一类舞种的基本步法组合是由快步和常步或者是由常步和慢步组合而成的；有的舞种甚至由快步、常步、慢步三种步速组成。例如中四步、慢四步、拉丁舞伦巴、东方伦巴舞等，都是由两种步速组成的基本步法组合；大禹步舞、探戈、狐步舞，则是使用三种及以上的步速作为基本步法的形态。总之，这一类舞种，在整体运步规律上，舞步的步速是有快慢的，而不是平均的。

2. 步距

这是舞步中一个空间概念上直线度量的元素，它指的是国际标准交谊舞运步中每一步定位的瞬间，两脚间的距离(两脚支撑点间的距离)。国际标准交谊舞的步距一般分为一步、半步、超大步、碎步和立步。

(1)一步。以中国人的形体平均常数为依据，通常的一步，两脚间的间距是75厘米。因此，国际标准交谊舞中舞步一步的步距就是75厘米。

(2)半步。两脚间间距不足40厘米的，我们称为半步。

(3)超大步。两脚间间距超过75厘米的，我们称为超大步。

(4)碎步。两脚间间距小于40厘米，并且非常规快速运步的舞步，我们称为碎步。

(5)立步。两脚合并在一起的舞步，称为立步。

步距的大小，一是体现每一个舞步是否展示得到位、饱满、恰当；二是关系到前后舞步的展示质量；三是关系到舞伴间的配合效果。在通常情况下，凡是旋转或大角度变方向时，步距就要相对缩小。这个常识要经常强化记忆，最好成为一种下意识的技能。国际标准交谊舞是舞蹈艺术，不是机械加工，上述数据都是参考标准，国际标准交谊舞实践中，大家一定要具体情况具体对待。

3. 出步方向

这是舞步中一个空间概念上弧线度量的元素。它指的是交谊舞运步中，脚形的变化方向。通常以脚尖、脚跟、脚内侧、脚外侧为参考点变化脚形。出步时脚形方向的正确与否，直接影响交谊舞动作的质量。特别是在大角度旋转动作中，脚形方向的正确是旋转角度到位的关键因素。常用的出步脚形方向有直步、横步、切步和扣步。

(1)直步。面向舞程线，双脚并拢，脚尖方向为正前方，脚跟方向为正后方。保持脚形方向前进或后退就是直步前进或直步后退。

(2)横步。以直步为参考点，向脚外侧方向平移的舞步就叫横步。分为左向横步和右向横步。

(3)切步。以直步为参考点，向前运步时，动作腿的脚形由直步形态悬空变化成脚内侧朝向前进方向的舞步叫切步。一般切步脚形变化的角度为 90°,也分左右两种切步。

(4)扣步。以直步为参考点,向前或向后运步时,动作腿的脚形由直步形态变化成脚外侧朝向前进方向的舞步叫扣步。一般扣步脚形变化的角度也是 90°,也分左右两种扣步。

国际标准交谊舞出步方向的脚形变化在交谊舞实践中还有很多细微的具体情况,在 180°的每一个点上,都有其具体的脚形方向,但基本上是分属上述四种脚形方向,在此就不细述了。国际标准交谊舞是一种雅俗共赏、全民参与的舞蹈,从舞蹈体裁的特性上说,国际标准交谊舞是没有什么高难度舞步的。不管是学舞,还是跳舞,你只要从这步法三要素上去琢磨,再难的舞步都不难学会。国际标准交谊舞的身法、手法也可以参考这三要素。

三、华尔兹

(一)华尔兹的概述

华尔兹(Waltz),又称圆舞,是舞厅舞中最早的自娱舞形式。

华尔兹根据速度分化为快慢两种之后,人们把快华尔兹称为维也纳华尔兹,而不冠以"维也纳"三字的即慢华尔兹,它是由维也纳华尔兹演变而来的。作为三步舞的华尔兹,其基本步法为一拍跳一步,每小节三拍跳三步,但也有一小节跳两步或四步的特定舞步。

快慢两种华尔兹都以旋转为主,因速度慢,除多用旋转外,还演变出复杂多姿的舞步,其中有不少舞步在步法上与探戈、狐步舞和快步舞的同名舞步基本相同,只是节奏和风格不同。再加上四大技巧在华尔兹中得到全面和充分的体现,所以它被列为学习国标舞的第一舞种。

华尔兹用"W"表示,也称"慢三步",是摩登舞项目之一。它具有优美、柔和的特质,舞曲旋律优美抒情,节奏为 3/4 的中慢板,每分钟 28 到 30 小节左右。每小节三拍为一组舞步,每拍一步,第一拍为重拍,三步一起伏循环,但也有一小节跳两步或四步的特定舞步。通过膝、踝、足底、跟掌趾的动作,结合身体的升降、倾斜、摆荡,带动舞步移动,使舞步起伏连绵,舞姿华丽典雅。

(二)慢三步舞基本步

1. 正直进、直退

预备姿势:闭式舞姿。直退步与直进步舞步基本相同,方向相反(见图 9-8)。

2. 纵向折角进、退步

预备姿势:正步,闭式舞姿(见图 9-9)。

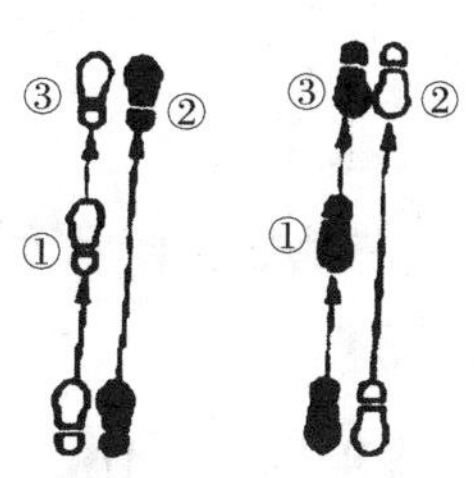
图 9-8　正直进、直退

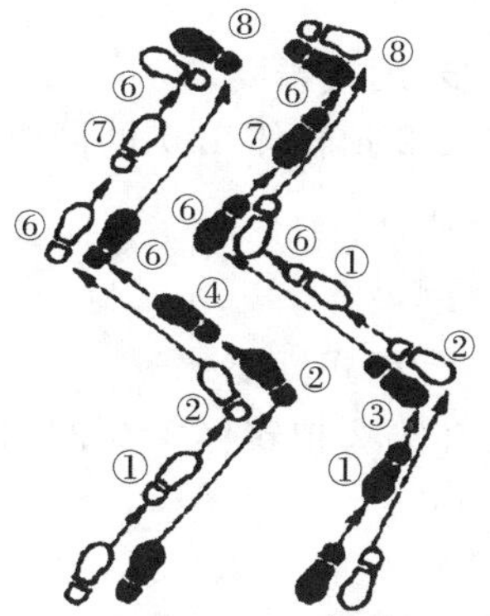
图 9-9　纵向折角进、退步

3.方步合子步

包括进、退两种(见图 9-10)。

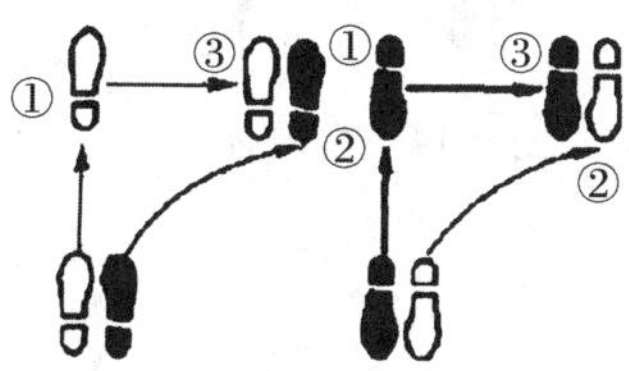
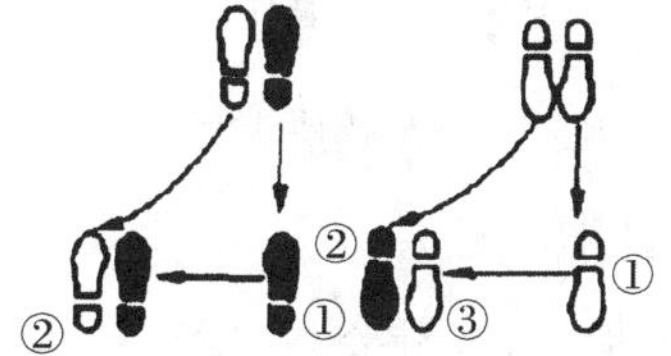
图 9-10　方步合子步

4.左转体 90°跳法

预备姿势:正步,闭式舞姿。

男手势:男伴在第 2 拍转体 90°的同时,右手与左手配合暗示女伴左转体,并控制其转体的角度(见图 9-11)。

5.右转体 90°的跳法

预备姿势:正步,闭式舞姿。

男手势:男伴第 2 拍转体 90°的同时,男伴的右手与左手配合暗示女伴右转体,并控制其转体角度(见图 9-12)。

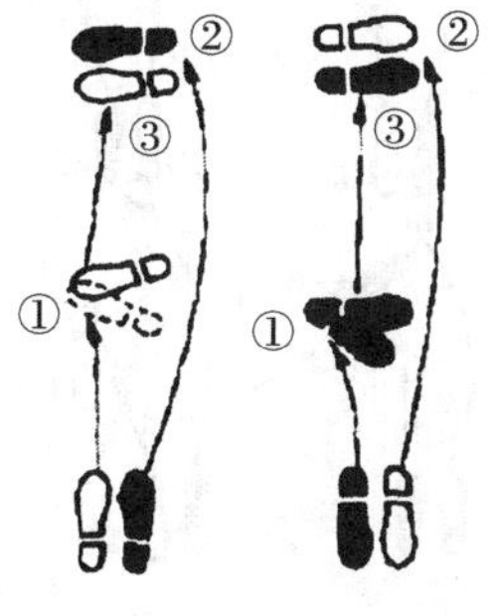
图 9-11　左转体 90°

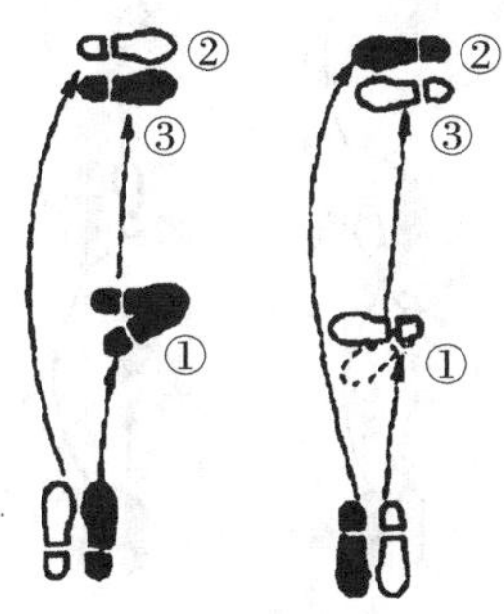
图 9-12　右转体 90°

6. 左转体 180°跳法

预备姿势:正步、闭式舞姿。

男手势:男伴第 2 拍转体 180°的同时,男伴的右手与左手配合暗示女伴左转,并控制其转体角度(见图 9-13)。

7. 右转体 180°跳法

预备姿势:正步、闭式舞姿。

男手势:男伴在第 2 拍转体 180°的同时,男伴右手与左手配合暗示女伴右转,并控制其转体角度(见图 9-14)。

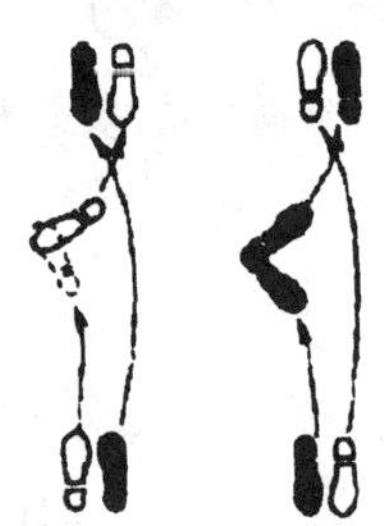

图 9-13　左转体 180°

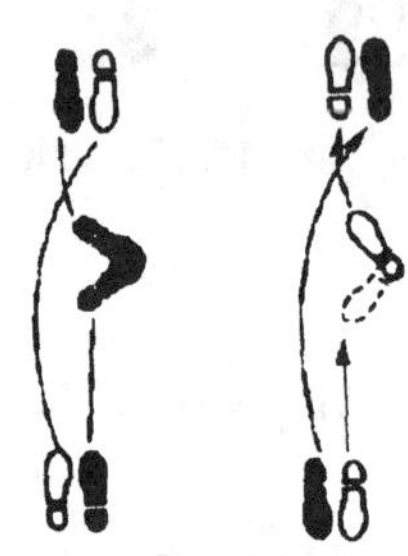

图 9-14　右转体 180°

8. 左连续转体 180°跳法

预备姿势:正步、闭式舞姿。

男手势:男伴在第 2 拍左转 180°的同时,男伴的左手与右手相配合暗示女伴左转,并控制好转体角度。男伴在第 4 拍时,左手配合右手暗示女伴左转体,并控制好转体的角度(见图 9-15)。

9. 右连续转体 180°跳法

预备姿势:正步、闭式舞姿。

男手势:男伴第 2 拍右转 180°的同时,男伴的右手与左手配合暗示女伴右转,并控制其转体角度。男伴在第 4 拍时,左手配合右手暗示女伴右转体,并控制好转体的角度(见图 9-16)。

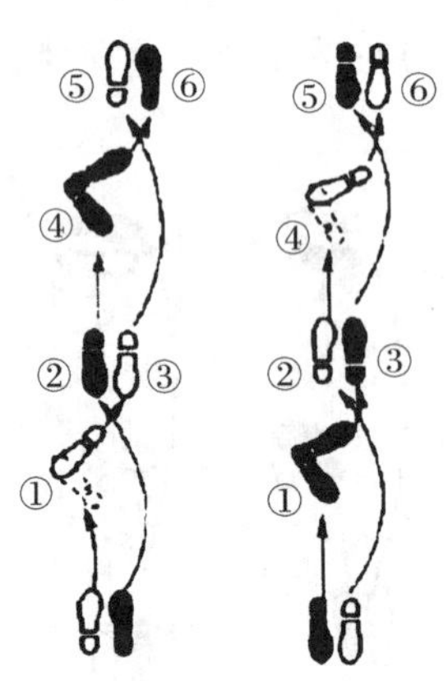

图 9-15　左连续转体 180°

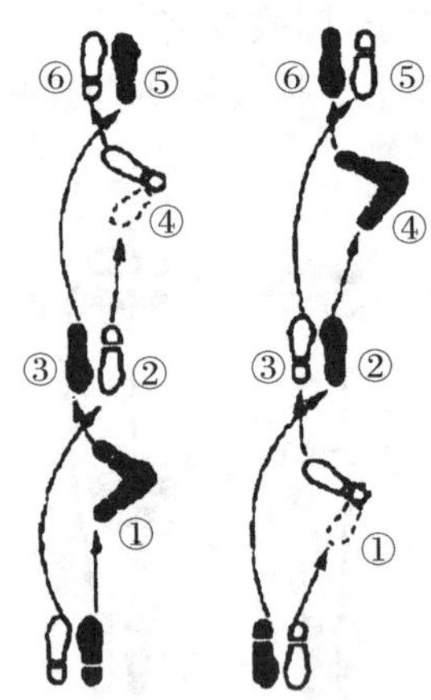

图 9-16　右连续转体 180°

四、探戈舞

(一)探戈的概述

探戈(Tango)是一种双人舞蹈，起源于非洲中西部的民间舞蹈探戈诺舞，探戈是摩登舞中较为特殊的舞蹈，是摩登舞中唯一一个带有拉丁特色的舞蹈。16 世纪末到 17 世纪初，随着黑奴贩卖进入美洲，融合了拉美民间舞蹈风格，形成了舞姿优雅洒脱的墨西哥探戈和舞姿挺拔、舞步豪放健美的阿根廷探戈，随后传入欧洲，不断融合发展至今。

探戈舞伴奏音乐为 2/4 拍，但是顿挫感非常强烈的断奏式演奏，因此在实际演奏时，将每个四分音符化为两个八分音符，使每一小节有四个八分音符。目前探戈是国际标准舞大赛的正式项目之一。跳探戈舞时，男女双方的组合姿势和其他摩登舞略有区别，叫作"探戈定位"，双方靠得较紧，男士搂抱的右臂和女士的左臂都要更向里一些，身体要相互接触，重心偏移，男士主要在右脚，女士在左脚。男女双方不对视，定位时男女双方都向自己的左侧看。探戈音乐节奏明快，独特的切分音为它鲜明的特征。舞步华丽高雅、热烈狂放且变化无穷，交叉步、踢腿、跳跃、旋转令人眼花缭乱。演唱者时而激越奔放，时而如泣如诉，或愤世嫉俗，或感时伤怀。歌词大量采用街乡俚语。跳舞时，男士打领结穿深色晚礼服，女士着一侧高开衩的长裙。

(二)舞步

探戈舞的后舞曲是 2/4 拍，速度为每分钟 30～40 小节。舞步分快步和慢步两种。快步(缩写为 Q)占一拍，慢步(缩写为 S)占二拍。探戈舞风格庄严、高雅。舞者的动作铿锵有力，表情严肃，左顾右盼。舞步顿挫明显，动静交织。

1. 前进步

(1)准备动作：闭式舞姿。

(2)男舞步：(S)左脚前进；(S)右脚前进；(Q)左脚小步前进，(Q)右脚小步前进，并步(见图 9-17)。

(3)女舞步：同男舞步，方向相反。

2. 后退步

(1)准备动作：闭式舞姿。

(2)男舞步：(S)左脚后退；(Q)右脚后退；(Q)左脚后退一小步；(S)右脚在左脚稍后交步(见图 9-18)。

(3)女舞步：同男舞步，方向相反。

3. 常步分身

(1)准备动作：闭式舞姿。

(2)男舞步：(S)左脚弧形前进；(S)右脚弧形前进；(Q)左脚前进；(S)右脚右横成散式舞姿，头快速左转(见图 9-19)。

(3)女舞步:同男舞步,方向相反。

4. 后退左侧转

(1)准备动:闭式舞姿。

(2)男舞步:(S)左脚后退;(Q)右脚后退;(Q)左脚左横步左转 90°;(S)右脚并向左脚(见图 9-20)。

(3)女舞步:同男舞步,方向相反,唯旋转方向一致。

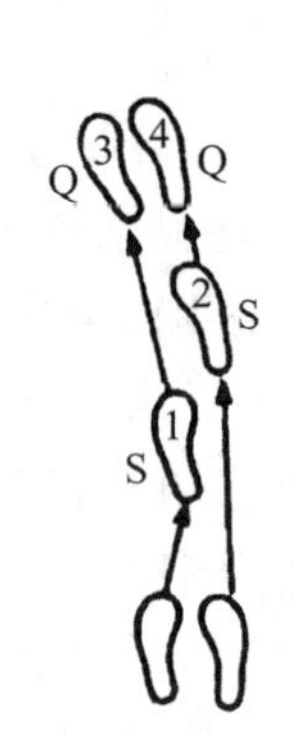
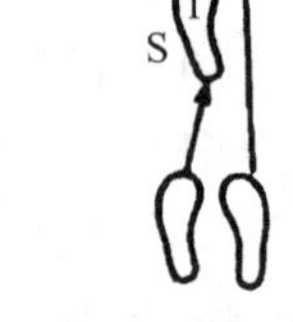

图 9-17 前进步

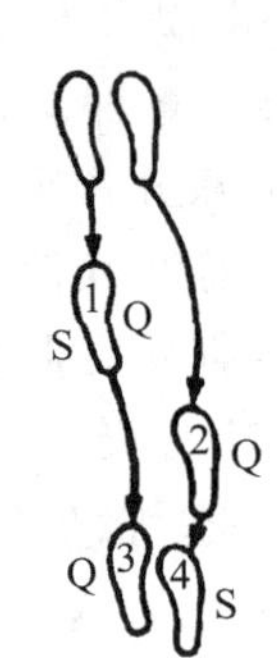
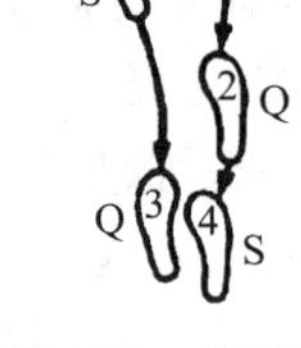

图 9-18 后退步

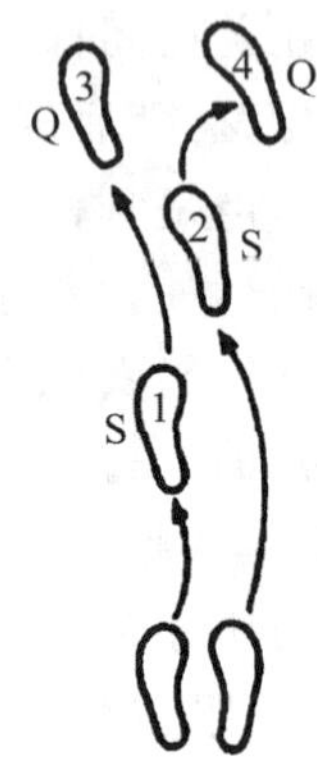

图 9-19 常步分身

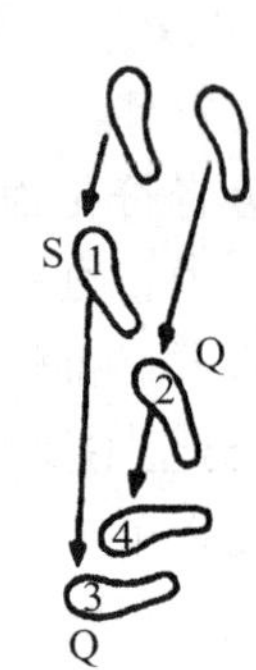

图 9-20 后退左侧转

5. 侧行并步

(1)准备动作:散式舞姿。

(2)男舞步:(S)左脚前进;(Q)右脚侧进;(Q)左脚左横成闭式舞姿;(S)右脚并于左脚(见图 9-21)。

(3)女舞步:同男舞步,方向相反。

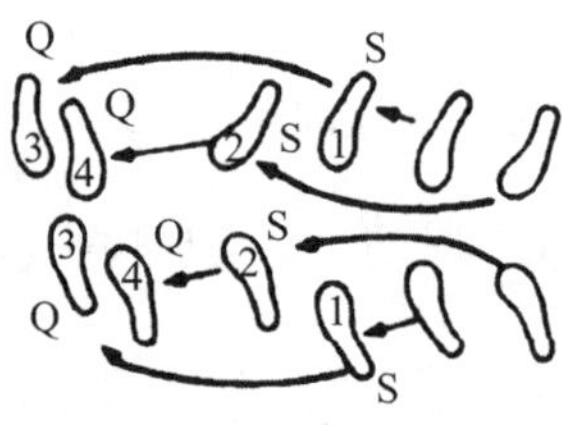

图 9-21 侧行并步

五、恰恰

(一)恰恰的概述

恰恰舞是所有拉丁舞中最受欢迎的舞蹈,音乐很容易辨认,旋律音符通常是短音或是跳音。恰恰舞演示乐节拍为 4/4 拍,有时为 2/4 拍,虽然恰恰舞曲经常演奏着每分钟 34 小节的节奏,其实最理想的节拍是每分钟 32 小节。恰恰舞是古巴的舞蹈,与伦巴舞一样,古巴舞者以音乐的第二拍开始前进或引导。男士方面,正确的方法是两脚稍微分开站立,重心置于左脚,第一拍时,以右脚向右侧跨一小步(女士相反),然后以左脚前进(女士右脚后退)进行基本动作。

节拍数法有："慢，慢，快快，慢""踏，踏，恰恰恰"和"2，3，4&，1"，所有的舞步都是这种数法。英国有些舞者在舞厅里仍是以音乐的第一拍开始左脚前进，数为"1，2，恰一恰一恰"，这种方法对初学者较易学。不过上述的数法中"2，3，4&，1"仅用在由舞蹈教师协会所举办的考试和竞赛。

握持：恰恰舞的握持与桑巴舞一样，开放式握持（Open Hold）和扇形位置（Pan Position）与伦巴相同。

脚步动作：脚步动作与伦巴相同，以脚尖出去，随即整个脚底着地，不用脚跟引导。

（二）舞蹈动作

恰恰舞的舞曲是 2/4 或 4/4 拍，速度为每分钟 32～34 小节。恰恰舞热情奔放，动作频率较快，旋律轻松、愉快。

1. 进退恰恰步

（1）准备动作：闭式舞姿。

（2）男舞步：①左脚进一步；②右脚后回步；③左脚退一步，膝盖弯曲，脚跟离地，右脚并左脚；④左脚退一步，前脚推后脚；⑤～⑧同①～④，方向相反（见图 9-22）。

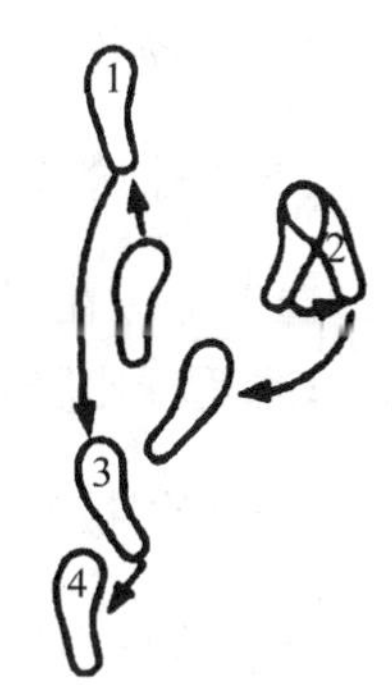

图 9-22 进退恰恰步

（3）女舞步：同男舞步，方向相反。

2. 横恰恰步

（1）准备动作：闭式舞姿。

（2）男舞步：①左脚进一步；②右脚后回步；③左脚左横上，双膝弯曲，脚跟离地，右脚并左脚；④左脚左横步，双腿伸直；⑤～⑧同①～④，方向相反（见图 9-23）。

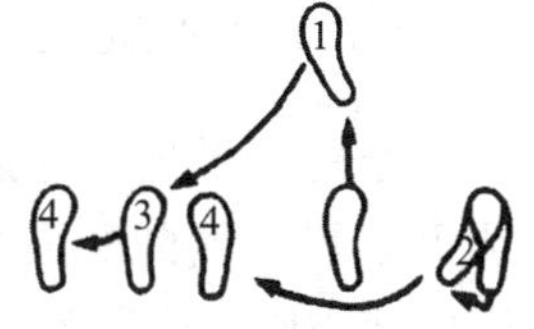

图 9-23 横恰恰步

（3）女舞步：同男舞步，方向相反。

六、体育舞蹈的规则与判罚

对体育舞蹈规则的介绍，有利于学生在熟悉项目、了解运动特点的基础上，更好地欣赏体育舞蹈；在欣赏体育舞蹈竞技性、艺术性的基础上，更深入地去领略该项运动的魅力。

（一）裁判组组成

裁判组通常设裁判长一名，裁判员若干名。场上裁判人数必须为单数，全国性、国际性大赛设裁判员 7～11 名。裁判姓名用英文字母 A、B、C……代表，在裁判评分夹上表示出来。

（二）评判要素

评判主要涉及以下六大要素。其中，前三项主要指选手的技艺品质，后三项指选手的艺术魅力。在第一、二次预赛中，裁判着重于前三条要素的评判，在半决赛时，着重于后三条要素的评判；在决赛中，应全面地评价选手各项要素的完成情况。

（1）基本技术：裁判主要从足部动作、身体姿态、动作的平衡稳定和移动几个方面进行评判。

（2）音乐表现力：裁判可从选手对音乐节奏和风格的理解及动作的表现力上对选手的表

现进行打分。

(3)舞蹈风格:从各种不同舞种之间的风格和韵味上的细微差别,以及个人不同的风格特点展现来进行评判。

(4)动作编排:可从动作的新颖性、流畅性,动作体现舞种基本风韵的情况,动作与音乐的配合程度,动作本身具有的技术难度性,以及编排的章法和场地利用情况等多方面因素来进行评判。

(5)临场表现:应从选手在赛场上的应变能力,竞技状态的表现情况和临场自我控制发挥能力等方面进行打分。

(6)赛场效果:可从舞者的风度、气质、仪表及出入场时的总体形象等方面进行打分。

(三)对选手的规定

选手不应在同类舞场中交换舞伴;应准时入场,违者按弃权论处;编组后不能随意改变组别;摩登舞比赛必须男女交手跳舞,拉丁舞比赛中不许做托举上肩、跪腿等动作。

(四)比赛场地

赛场的地面应平整、光滑。比赛场地长23米,宽15米,标准舞及拉丁舞中的桑巴舞、斗牛舞按逆时针方向运行,交换舞程线时应过中心线。

(五)比赛服装

摩登舞男选手穿燕尾服,女选手穿不过脚踝的长裙;拉丁舞服装应具有拉美风格,男、女选手服装必须搭配协调,男选手穿紧身裤或萝卜裤,女选手穿露背短裙;专业选手背号为黑底白字,业余选手背号为白底黑字。

(六)比赛仪容

男选手发型可留分头,前不掩耳,后不过领,不能留长发长须;女选手为短发或长发盘髻,可加头饰,不可披长发。

(七)计分规则

体育舞蹈的计分方法以顺位法为依据,即决赛时裁判给选手评判的名次通过顺位排列的方法计算单项和全能名次。

(1)单项舞顺位规则。在各位次上领先获得过半数裁判判定的选手便获得该顺位的名次;在同一顺位上有两对以上选手获过半数判定,则按数值的多少决定名次,多者名次列前;在同一顺位上出现相等数时,则将顺位数相加,用括号表示,积数少者名次列前;在第一顺位上所有选手未获过半数判定,则降下位计算,直至出现过半数判定为止。

(2)全能顺位规则。将总分顺位表的单项名次数相加,按合计数的大小,排列选手名次,数小的名次列前;如果名次合计数相等,则看获得的顺位次数多少,多的名次列前;如果合计数、顺位数都相等,则看顺位积数多少,少的名次列前;如果合计数、顺位数、顺位积数都相等,则需将相等者的各单项名次顺位全部列出,重新计算。如又相等,则可加赛或用其他方法解决。

第十章　休闲体育运动

第一节　轮　滑

一、轮滑运动简介

轮滑运动自起源以来，历经数百年曲折历程，伴随着时代的进步、社会的发展，近年来已逐渐发展成为集健身、休闲娱乐、竞技于一身，富有变化、展现魅力、彰显个性的现代社会新时尚的体育运动(见图 10-1)。它起源于 18 世纪初，兴起于 1863 年美国的詹姆斯·普利姆普顿发明了轮子并排的四轮溜冰鞋，这是最传统的溜冰鞋。直到 1980 年，明尼苏达州两位热爱冰上曲棍球运动的兄弟，为了在赛季之余能够继续练习，便将轮子装在冰刀底座之内，造出了第一双单排轮滑鞋。这种轮子排列成一条直线的溜冰鞋正式的学名为 In-line Skate，这就是现在单排轮滑鞋的英文名称。

图 10-1　轮滑

1924 年，由德国、法国、英国和瑞士等国家在瑞士发起并成立了国际轮滑联合会。从此，国际轮滑联合会组织日渐壮大。目前国际轮滑联合会下设四个单项委员会，分别是国际速度轮滑委员会(CIC)、国际花样轮滑委员会(CIPA)、国际双排轮滑球委员会(CIRH)和国际单排轮滑球委员会(CIRILH)。随着国际轮滑联合会的不断努力，轮滑运动已在众多国家快速地发展，逐步得到了世界普遍认同。

轮滑运动作为一种娱乐活动，于 19 世纪末传入我国，当时仅沿海的个别城市有所开展，为了与滑水冰相区别，当初命名为“旱冰”。而我国的港、澳、台等地区一般称之为“滚轴溜冰”或“溜冰”。为了规范此项运动的名称，在何振梁先生的亲自主持下，于 1986 年将“旱冰”改称为“轮滑”，并于 1987 年 1 月 1 日在全国范围内正式启用。1980 年，我国以中国轮滑协会的名义加入了国际轮滑联合会，自此而始，轮滑运动作为一项体育运动在我国正式发展起来。1982 年，我国正式设立了轮滑竞赛项目。1983 年，中国轮滑协会召开了第一届全国代表大会，并于次年加入了亚洲轮滑联合会。至此，我国发展轮滑运动的工作开始步入正轨。1985 年，中国轮滑协会举办了首届全国轮滑锦标赛，并于同年组队参加了在日本举办的第 1 届亚洲轮滑锦标赛和在美国举办的世界速度轮滑锦标赛，标志着我国的轮滑运动正式融入世界轮滑大家庭。

二、轮滑运动的种类

轮滑运动是一项休闲运动，但同时也是竞技项目，随着它的不断完善，已形成多项轮滑竞技项目。现代轮滑运动分为速度轮滑、花样轮滑和轮滑球三大项。

（一）速度轮滑

速度轮滑是以单排、双排轮滑鞋为比赛工具的竞赛项目，分场地跑道比赛和公路比赛两种。世界轮滑锦标赛场地跑道项目正式比赛距离为男子 1 000 米、5 000 米、10 000 米、20 000 米四项，女子 500 米、3 000 米、5 000 米三项；公路比赛项目包括女子 21 千米半程马拉松赛、男子 42 千米马拉松赛。场地跑道像自行车赛场一样呈盆形。

（二）花样轮滑

花样轮滑分为规定图形滑、自由滑、双人滑和双人舞四个项目。比赛在不小于 50 米长、25 米宽的场地上进行。参赛各队每项比赛可以参加 3 人，男女总计 12 人。根据动作的难易程度、舞姿的优美程度，通过打分确定胜方。

（三）轮滑球

它看上去像冰球和曲棍球的结合体，打法与冰球相似，比赛两队各上场 5 人，其中 1 名为守门员。运动员脚穿轮滑鞋，手执长 91～114 厘米的木制球杆，在一块长 22 米、宽 12 米的长方形水泥或花岗岩制成的硬质地面球场上比赛。运动员可以传球、运球，通过配合把球攻入对方球门得 1 分，得分多者为优胜队。球门高 1.05 米，宽 1.54 米，分别置于球场两端线的中间。比赛用球形如棒球，重量为 155.925 克。每场比赛分两局进行，每局 20 分钟。

三、轮滑运动装备

（一）轮滑鞋

（1）鞋身。轮滑鞋的外壳可以防止外来的冲击，具有保护脚部的作用。一般用有鞋扣的鞋身，较方便穿着；绑鞋带的会较合脚，但穿脱较麻烦。比较好的单排轮滑鞋都设计为绑带加一个扣。单排轮滑鞋都有一个内靴，可以缓冲足部和鞋壳之间的摩擦，以保护足部，使皮肤不易擦伤和起水泡。好的鞋身应该足够坚固，海绵要足够厚，密度也要足够大。

（2）底架。底架为连接轮子及鞋壳的结构体，底架系统的坚韧性，是决定轮滑鞋寿命的一大因素。通常底架的设计都有不同的类型，有的较厚，有的较薄。底架一般装有四个轮子，但也有装置三个轮子的小底架以及可以装置五个轮子的速度鞋。铝合金底架比较好，因

铝合金较坚硬，不容易变形，但价钱较贵。

(3)轮子。轮子必须是高弹性轮，绝不能是普通塑料轮子。最好选聚酯材料做的胶轮，它能适应各种场地和状况。胶轮比较软，弹性较好；普通塑料轮子质地较硬，没有弹性，容易打滑。有些轮滑鞋会配置六角扳手，用以拧紧轮子。

(4)大小。除了注意鞋子各部分的质量以外，还要注意尺码。专家建议，穿轮滑鞋就选择平时穿的尺码，一定要亲自穿过，绝对不能太大，只要不觉得紧和顶脚即可。系好鞋带，小腿和地面垂直时，脚的最前端和鞋内套的距离是半个大拇指宽较适宜，太大的鞋不安全(见图 10-2)。

图 10-2　轮滑鞋

(二)护具

护具是最容易被忽视但又很重要的一项装备，包括头盔、护肘、护腕和护膝(见图 10-3)。很多人出于怕被认为娇气或者嫌麻烦的心理而不愿带护具，但几乎所有长期练习轮滑的人都认为，戴护具不仅能保护自己，还能保持良好的练习心态。

图 10-3　头盔、护肘、护腕和护膝

四、基本技术

(一)跌倒的方法

一般人若未接受适当训练，摔倒时容易造成下巴、手腕、手肘及臀部严重受伤。人们常说“未学跑，先学跌”，说明“会跌”的重要性。安全的跌倒是在摔倒时，以全身力量向前扑倒，通过身上的护具分散跌倒的撞击力，避免往后坐或让单一部位承受强大的冲击力。另一个方法是在滑倒时放松全身，让身体自然在地上滚动，这样可缓和突然的撞击力。初学者记得戴护肘、护腕、护膝。若摔伤时患部有肿胀、瘀血及疼痛现象，应立即停止练习，给予患部适当的冰敷和压迫，并抬高患部。骨质疏松患者和近期曾摔伤并经康复治疗的人不宜进行轮滑运动，平时运动较少或身材瘦小者，最好先做骨质密度检查再开始练习，以免跌倒造成骨折。

（二）前进

(1)原地站立与踏步。穿好轮滑鞋，两脚平行站立，与肩同宽，两腿微屈，上体稍前倾，两臂自然下垂。身体重心移至左腿，右腿稍抬起、放下，然后身体重心移至右腿，左腿稍抬起、放下。反复进行练习，逐渐加快速度。

(2)单脚支撑平衡。在掌握原地踏步基础上，保持原来姿势，手扶栏杆或同伴，将重心移至一条腿上，另一条腿向侧伸出再收回成开始姿势。换脚重复以上动作。

(3)模仿滑行姿势的蹲起练习。速度轮滑的滑跑姿势直接关系到滑行速度的快慢。正确的滑跑姿势，是上体前倾接近水平，肩背稍高于臀部，腿部弯曲，上体与地面成15°～20°，大腿和小腿成90°～110°，踝关节成50°～70°，两手互握放于背后或在体侧自然摆动，头部自然抬起，眼向前看5～10米处。

(4)“八”字行走练习。两脚成外“八”字站立，保持好站立的姿势。重心移至左脚上，右脚向前迈一小步，重心随之移至右脚上；然后抬左脚向前迈一步，重心随之移至左腿上；再抬右脚向前迈一步，重心随之移至右腿上，重复上述练习。

(5)交叉步行走。原地站立，先将重心移至左腿上，收右腿，向左腿前外侧迈步，呈交叉姿势，重心随之移至右腿上，接着收左腿向左侧跨一步，呈开始姿势，反复练习。

（三）外“八”字前进步行

脚后跟靠拢，足尖打开约60°，脚尖平均张开，上身保持自然，两手叉腰，身体不要晃动，重心在一只脚上，另一只脚运用大腿力量抬起向前走一个脚掌距离，前脚踏地后，重心转移至前脚，接着后脚步行至前脚之前。如此一步步踏稳而走，脚后跟尽量踩在一条直线上。

（四）前进葫芦形

又称“8”字形前溜（见图10-4），利用压刃方式前进。两脚平行在地上画出“8”字形，压内刃使两脚靠近，快碰到时压外刃使两脚分开。可以先使用前进滑行推动，待熟练后再体会重心转换及施力的感觉。此为后葫芦形之基础。

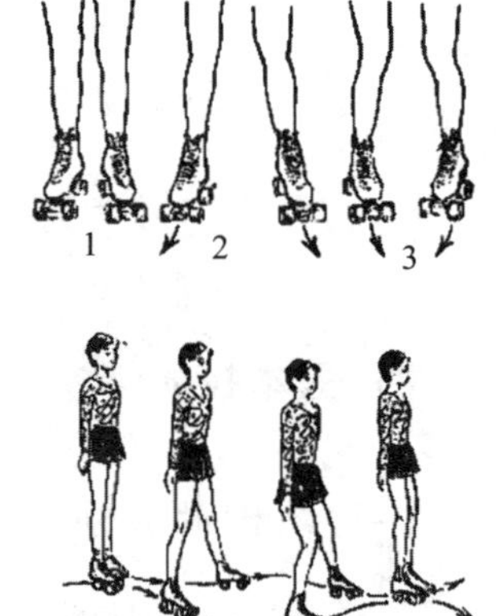

图10-4 “8”字形前溜

由前进滑行的练习，慢慢加长单脚滑行距离即可成为单脚弧线。练习时可先由单脚直线开始；前进滑行后滑行足踩平刃，使滑行方向成一直线，自由足置于斜后方，成弓箭步，两手平伸，两眼平视。平刃练习完后，开始练习外刃、内刃单脚弧线。注意，当踩外刃或内刃时，身体必须转向弧线的圆心，以增加平衡。

（五）前进滑行

滑行的基础来自于步行，步行时重心转移至前脚，后脚同时往侧方向蹬出以使前脚滑出。非滑行足先轻拖在地上，滑行足轻轻往前滑动，待稳定后非滑行足再试着腾空。慢慢地加长溜滑的距离与时间。前进滑行可由静止状态开始，前进滑行时应注意上身的姿势，上身挺直，眼睛注视前方两米处，两手平举，与腰同高，两臂放自然，勿耸肩，滑行的时间越长越好。滑行时的脚呈外“八”字，右脚前进时，右脚稍稍压外刃，左脚稍稍压内刃，右脚用力滑出去，左脚用力推，重心稍微移往右前方，然后让右脚滑行一阵子，再换左脚。此时重心要拉回来，推出去的左脚要并拢回来，再将重心放到左脚上，继续动作，推出右脚。重心要完全放到滑的那只脚（滑行足）上，不然则无法用单脚滑行得足够远。右脚着地，换左脚用力滑出去，右脚推，两脚轮流运作。初学者常见的毛病是滑行不够长，右脚滑出去还没几厘米，左脚就着地，然后两脚就这样急速地举起放下，像在踏步一样，如此不但很费力，还溜不快。因此，初学者要注意训练自己的单脚滑行，两只脚交互训练，这样就可以摆脱踏步的窘况。

滑行时，初学者因为平衡能力较弱，会本能地把两脚左右放以求平衡，这样很危险且不易进行重心的转换，滑行不远，速度降低。可以把两脚略分前后地摆放，膝盖自然前屈，重心略偏后脚。如果两脚并行，当碰到或卡到障碍物时，可能因重心修正不及而前扑。如果两脚前后放置，重心略偏后脚，当触及障碍物时，有更大的机会让前脚滑过，且让自己有更多时间反应，蹲低或重心后移，不至于马上失去重心。而且两脚前后摆放有利于转身动作的轻易完成。滑行时上半身必须正直，两肩要平行。对完全不会轮滑的人，可以稍稍前倾。

（六）全蹲双脚前进滑行

学会前进滑行，并有一定速度后，可双脚踩平刃成平行，蹲下使臀部靠着小腿滑行。

（七）单脚前进滑行

由前进滑行的练习慢慢加长单脚滑行的距离，身体挺直采用弓箭步。前进滑行后单脚踩平刃，使滑行轨迹成一直线，自由足置于斜后方呈弓箭步，两手平伸，两眼中视。挺胸、吸气、收小腹、腰用力，双手平伸，后脚伸直往后抬或直接往上抬（直排轮）。

（八）侧推

双脚成“丁”字形，重心先放在后脚，前脚朝前，后脚往后推，使前脚往前滑。

（九）全蹲单脚滑行

先使用全蹲双脚滑行，待有一定速度且较稳定时，一只脚往前伸直，以单脚滑行。

（十）锁脚踝、锁膝盖

重点练单足的支撑力与脚的平衡能力。一旦踮起脚尖或脚跟，就成一点着地，不易平衡，此时支点的运用相当重要，在转体或有相当难度动作上需运用支点时，常会因支撑力不足而失去平衡。重心放置不对，也易造成支点的松动。

(1)加速到足够滑行的速度,将一足向前伸,四轮全部着地,另一足用一轮着地向后弯曲,两足呈“弓箭步”,重心向前压。

(2)等同于刹车器的使用动作,加速到可滑行的速度,一只脚向前伸,用第四轮着地,另一只脚保持在身体下方,四轮着地。初学时减轻前脚负担利于平衡,随熟练度与能力的增加,应逐渐加重前脚负重。

(3)将第一步、第二步合并,一脚在前、一脚在后,前脚用第四轮滑行,后脚用第一轮滑行,随熟练度的增加,逐渐拉开两脚距离。

以上动作都需蹲低练习,越低越好。

(十一)压刃

以单脚滑行时可以滑出许多不同弧度的曲线,其关键在“刃”。并排轮滑鞋轮子的架子上有橡皮垫,是滑出弧线的原因,压轮滑鞋的左侧,左边橡皮垫会被压得较扁,同时造成左侧的两个轮子间的距离缩短,此时轮滑就会往左边画出一个圆,而非直线,这动作就叫压刃,刃压得越深所画出的圆就越小。刃分内刃与外刃,不论哪一只脚,不论前、后滑行,压靠近身体中间的刃就叫压内刃,反之是压外刃。

当刃由大变小,在地面成为旋转,跃至空中则为跳跃,转身则成为连接步法。配合全身的协调,压刃就能变化出无穷无尽的动作。以左脚前进为例,压外刃时身体须尽可能向左倾斜,同时挺直背,滑行足微弯,身体重心刚好在外侧轮子上,腰不可向圆心扭,要尽可能往圆外突出,即腰向右摆动,臀部向上提,使重心落在外侧轮子上。

外刃与内刃是指滑行时施力的方向,是与轮子滚动方向垂直的向外或向内的倾斜,外刃指的是滑行时身体重心向外侧倾斜,其感觉就好像把自己的重量压在轮子的外侧,内刃的感觉与外刃滑行方法正好相反。不管是冰刀、并排轮鞋或是直排轮鞋,都可以压刃。

(十二)后退

1.内“八”字后退步行

方法与前进步行相同,但后退步行是足尖靠近足跟打开,刚好与前进步行相反。后退步行与向前步行一样,须由基本站立姿势开始。站立姿势是将腰后屈,身体微微前倾,脚尖的方向与前进相反,以“八”字形站立。在原地踏步,熟习后才以一个脚掌的步幅向后踏出,学习如何将重心移向后脚。此时脚踝须放松,膝微弯,两手伸开以维持平衡。

2.后退滑行

后退走路的姿势习惯了以后,加上稳定度够了,可逐渐把身体的重心往后移,慢慢地滑溜,做出后退滑行。

(1)重心在左脚,右脚尖略朝外。

(2)左脚跟往外翻,腰向左扭转,重心完全落在右脚。

(3)用右脚后退滑行,左脚略提起放在右脚前方。

(4)左脚跟往外翻,腰向右扭,重心完全落在左脚。

(5)用左脚后退滑行,右脚略提起放在左脚前方。

3.后退葫芦形

(1)足尖靠拢,脚后跟打开约45°,两膝弯曲,上身微前倾,两足压内刃,上身挺直,双手平举。

(2)两脚同时向两旁推开。

(3)两脚推开后,向外画弧(弧形不用画太大),并向内收,改为外“八”字。

(4)两脚同时向内夹紧。

(5)在两脚跟尚未相碰时,双脚即转变为内“八”字,同时往外推开。

(6)同(2)。

4.单脚后退滑行

由后退滑行的练习慢慢加长单脚滑行的距离,身体挺直踩弓箭步。后退滑行后单脚踩平刃,使滑行方向成一直线,自由足置于斜后方,形成弓箭步或直接往上抬(直排轮刀);两手平伸,后脚(自由足)伸直往后抬,或直接往上抬(直排轮刀)。

(1)利用后退葫芦形产生后退动力后,两足平行,膝弯曲,重心压低,重心移至一足,另一足从斜后方抬起,形成弓箭步,而滑行足可练习压平刃、压外刃、压内刃,即为单脚弧线动作。

(2)利用后退滑行动作,自由足向前移至斜后方,溜冰足蹲低形成弓箭步,即完成单脚弧线动作。

(十三)刹车

1.直排后刹

双脚平行,把有刹车器的那一脚向前推出,脚尖微向上,让刹车器磨到地面。刹车器越用力压向地面,就可以越快停下来。重心一定要放低,保持在两脚中间,不可太前或太后。

2.“八”字刹

(1)内“八”字刹适用于平缓长下坡。如需长时间刹车,维持等速,避免加速太快,可采用“八”字刹,也可用于速度较慢时的刹车。刹车时两脚张开成内“八”字,两腿弯曲蹲低,身体微前倾,抬头,两眼直视前方。由于脚成内“八”字形,会往内滑,因此两脚要用力往外撑,以慢慢刹车。需要多练习,才能将刹车力均匀地施于两足。

(2)外“八”字刹。内“八”字刹是将重心置于后方,外“八”字刹则是将重心置于前方。

(3)后“八”字刹。身体向前倾斜,两脚的脚跟向内,大腿外侧的肌肉用力向下压。

3.“T”字刹

即以自由足的轮子取代刹车器。首先单脚前滑,后脚自由足伸直,垂直地放在滑行足后面,类似弓箭步,重心完全置于滑行足上,抬头挺胸缩小腹,上身保持正直,后脚与前脚的轮子保持垂直,轻轻接触地面。此时仍是前滑,但由于后脚与前进方向垂直,轮子与地面摩擦,慢慢会停下来。初学时慢慢刹,从开始刹到完全刹住的距离可以长一点,约5米,可以刹住之后再慢慢增加后脚力量,增加摩擦力。后脚施力的方向是往下、往前。刹车之前,大部分的重心应该是在滑行足上面,少部分在自由足上面,自由足的重心放得越多,刹力就越强,也越不容易保持平衡。后脚本来是直的，碰地后变成弯的，两只脚都弯着，所成的平面相互垂直。刹车的过程整个身体要维持不动，从小腿以上相对于轮滑鞋而言是静止的。

第二节 攀 岩

一、攀岩运动概述

攀岩运动是从登山运动中衍生出来的竞技运动项目。最早的攀岩者是远古的人类，可以想象的是，他们为了躲避猛兽或者敌人，而在某个危急时刻纵身一跃，从而成就了攀岩这项运动。现代攀岩于20世纪40年代起源于苏联，是在军队中作为一项军事训练项目而存在的。1947年苏联首先成立了攀岩委员会，1948年苏联在国内举办了首届攀岩锦标赛，这也是世界上的第一次攀岩比赛。从那以后，攀岩运动开始在欧洲盛行。20世纪六七十年代，欧洲举行了多次民间比赛，一直到1974年攀岩运动才被列为世界比赛项目。1976年苏联举办了首届国际攀岩比赛。20世纪80年代，以难度攀岩为目标的现代竞技攀岩比赛开始兴起并引起广泛的兴趣。1985年在意大利举行的第一次难度攀岩比赛，因有许多国家的攀岩高手参加而获得了巨大成功。虽然攀岩运动吸引了众多爱好者，但因自然岩壁都在郊外，交通、时间问题给人们的练习带来了诸多不便，因此人们只能利用节假日来从事这项运动。1985年，法国人弗兰西斯·沙威格尼发明了可以自由装卸的仿自然人造岩壁，实现了人们要把自然中的岩壁搬到城区的设想。因人工岩壁比自然岩壁在比赛规则上易于操作，并利于观众观看，1987年国际攀岩委员会批准人工岩壁上的攀岩比赛为国际正式比赛，并于当年在法国举办了人工岩壁上的首届攀岩比赛。1989年，首届世界杯攀岩赛分阶段在法国、英国、西班牙、意大利、保加利亚和苏联举行，运动员参加在各地举行的比赛，然后根据每站比赛的得分，进行年度总排名，总成绩最好者即为世界杯得主。此后，每年都举行世界杯赛。

随着攀岩运动的蓬勃发展，国际攀联在各大洲相继成立委员会，组织洲内地区性大赛。1991年举办了首届世界攀岩锦标赛。1992年举行了首届世界青年攀岩锦标赛。

1987年，中国登山协会派出8名教练和队员去日本长野县系统学习攀岩，后于1990年10月在北京怀柔大水峪水库自然岩壁上举办了第1届全国攀岩比赛。1993年，攀岩比赛被国家体委列为正式比赛项目，同年9月，第1届全国攀岩锦标赛在长春举行，10月在武汉举行了国内首届国际邀请赛，12月在长春又成功地举办了第2届亚洲锦标赛，此后每年都举行一次全国锦标赛。2017年6月第25届全国攀岩锦标赛，攀岩首次被列为全运会项目，也是攀岩运动进入我国以来最大规模的全国性攀岩赛事。

二、攀岩运动的分类

（一）按地点分类

1. 自然岩壁攀岩

定义：在野外攀爬天然生成的岩壁，一般是开发和清理过的难度路线或抱石路线（见图10-5）。

优点：可以接近自然，充分体会攀岩的乐趣；岩壁角度、石质的多样性带来攀岩路线的千变万化；由于岩壁固定、路线公开且可长期保留，所以自然岩壁的定级可经多人检测对比，成为攀岩定级的主要依据。

缺点：野外岩场地处偏僻，交通不便，时间和金钱花费都较大；路线开发也比较费力；路线在开发较长时间后会老化。

2. 人工岩壁攀岩

定义：在人工制造的攀岩墙上攀岩，包括室内攀岩和室外人工岩壁攀岩(见图 10-6)。

优点：对攀岩者而言安全性较高，交通方便，省时省力，不可预见因素少，可以定期训练或进行专项训练，人员密集，便于交流切磋；另外，人工岩壁可以对路线进行保密性设置，从而成为攀岩比赛的主要形式。

缺点：缺少特殊地形，创意性少，自由发挥余地小；支点的可调性使得人工岩壁路线常变，定级主观性更强，准确度偏低，相对于自然岩壁，线路问题会比较尖锐；人工线路难度越大，对力量要求越高。

图 10-5　自然岩壁攀岩

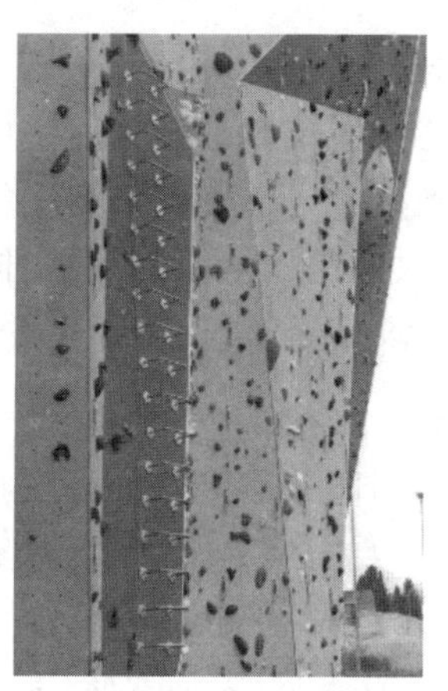

图 10-6　人工岩壁攀岩

(二)按攀岩形式分类

1. 自由攀岩

定义：不借助保护器械(主绳、快挂、铁锁等)，只靠自身力量攀爬。

特点：此种攀岩形式在我国占主导地位，较符合体育的含义、范畴，能考验人体潜能。

2. 器械攀岩

定义：借助器械的力量攀岩。

特点：在大岩壁攀岩中较为常用，对于难度超过攀岩者能力范围的路线，有时也借助器械通过；其意义存在于攀岩者的项目目标和活动历程中，而不在于攻克难度动作；对器械操作的要求较高。

3. 顶绳攀岩

定义：在岩壁上端预先设置好保护点，主绳通过保护点进行保护，攀岩者在攀岩过程中不需进行器械操作。

特点:安全,脱落时无冲坠力,适合初学者使用,但对岩壁的要求苛刻,岩壁必须高度合适(8~20米)且路线横向跨度不大;由于需要绕到顶部进行预先操作,架设和回撤保护点的工作都比较烦琐。为方便初学者,有时可在"先锋攀岩"的路线上架设顶绳。

4.先锋攀岩

定义:在路线上预先打上数个膨胀钉和挂片,攀岩过程中将快挂扣进挂片成为保护点,并扣入主绳保护自己,攀岩者需要边攀岩边操作。

特点:在欧洲尤其法国最为盛行,它比传统攀岩安全性高,可以降低恐惧心理对攀爬的影响,从而使攀岩者全力以赴突破生理极限,挑战最高难度。另外,在角度较大或横向跨度较大的路线中,"先锋攀岩"方式比顶绳保护有更大的便利,可以让攀岩者脱落后很容易重新回到脱落处,对难点进行反复练习。由于这种方式使攀岩由冒险的刺激运动变成安全的体育训练,所以"先锋攀岩"又被称为体育攀岩。

(三)按比赛形式分类

1.难度攀岩

是以攀岩路线的难度来区分选手成绩优劣的攀岩比赛。难度攀岩的比赛结果是以在规定时间里选手到达的岩壁高度来判定的。在比赛中,队员下方系绳保护,带绳向上攀岩并按照比赛规定,有次序地挂上中间保护挂索。比赛岩壁高度一般为15米,线路由定线员根据参赛选手的水平设定,通常屋檐类型的岩壁难度较大。

2.速度攀岩

速度攀岩如同田径比赛里的百米比赛,充满韵律感和跃动感,是按照指定的路线,以时间区分胜负的。

3.抱石比赛

抱石比赛线路短小,难度较大,需要较好的爆发力和柔韧性。比赛设置结束点和得分点,抓住得分点并做出一个有效动作得分,双手抱住结束点3秒得分。比赛一般有4~6条线路,一条线路有5分钟时间。判定名次首先看结束点的多少,如果结束点同样多,则看得分点数量,最后看攀爬次数。

4.室内攀岩

是在一个高而大的房间内设置不同角度、不同难度的人工岩壁,在上面装设许多大小不一的岩石点,供人用四肢借助岩石点的位置,手攀脚登。室内攀岩的难易程度可由人直接控制。

(四)按照比赛性质分

攀岩按照比赛性质可分为速度攀岩、难度攀岩和大圆石攀岩,世界上每年都有这三类运动的比赛。

1.完攀

运动员在比赛之前可以收集路线的有关资料,观察路线,在攀岩过程中一旦脱落或犯规

即判其失败。

2. 看攀

运动员在比赛前对路线的信息一无所知，边观察边进行攀岩，在攀岩过程中一旦脱落或犯规即判其失败。

3. 红点攀岩

运动员可以对路线进行反复的观察和试攀，只要最后到达终点即可。

4. 速度攀岩

上方系绳保护，运动员按指定路线进行速度攀岩的比赛，按完成比赛路线所用的时间来决定每轮比赛的名次。

5. 大圆石攀岩

岩石高度不得超过 4 米，每条路线不超过 12 个支点。攀岩时运动员不系保护绳，每次比赛需要选择 10 条路线攀岩。

三、攀岩基本装备

攀岩运动是一项具有一定危险性的运动，要在安全范围内进行，就必须要求技术装备符合攀岩运动的需要。

（一）个人装备

1. 攀岩服装

攀岩运动队服装的一个基本要求就是能防风。另外，服装的透气性和耐磨性也很重要。为了既吸汗又透气，快干衣裤是不错的选择。这类服装是由一些导水性极强的材料制成的，这些材料具有独特的速干性（见图 10-7）。

2. 攀岩鞋

一种专门为攀岩而设计的“小鞋”（见图 10-8）。用特殊的橡胶包裹着可能用到的脚部的各个部分（脚尖、脚掌内外侧、脚跟），是一种摩擦力很大的专用鞋，穿起来可以节省很多体力。

3. 安全头盔

头盔可保护头部，防止落石等物体坠落时的意外撞击（见图 10-9）。

图 10-7 速干衣

图 10-8 攀岩鞋

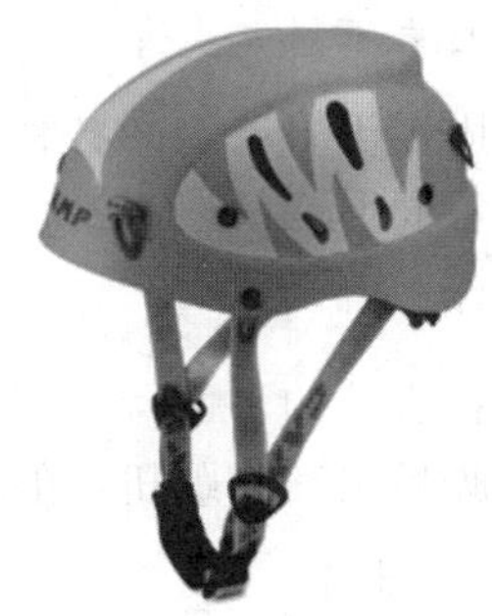

图 10-9 安全头盔

（二）技术装备

1. 主绳

当攀登者因体力透支、耐力不足或通过困难路线而产生跌落时，绳子可以起到保障安全的作用。它是由高强度的尼龙绳按特殊的方法编织而成，结构上由绳心、绳壳两部分组成，具有较大的延展性，可以吸收跌落时所产生的大部分冲击力，从而减低对攀爬者的伤害。攀岩一般使用直径 9～11 毫米的主绳，其标准长度通常为 50 米/条。

2. 绳套

在保护系统中做软性连接，主要有机械缝制和手工打结两种。一般机械缝制的绳套可抗拉力达到 22 千牛，而手工打结就很难达到 20 千牛。

3. 安全带

安全带穿在攀登者身上，承载因攀登者脱落或下降而产生的重量和冲力。安全带的腰带为受力部分，其余腿带等则为了舒适、便利而设计，主要是为攀登者和保护者提供一种舒适的、安全的固定。安全带分为可调式和不可调式两种。

4. 镁粉及粉袋

镁粉主要是在室内攀岩使用，以防手出汗时出现手滑现象，或吸收岩壁表面的水分以增大摩擦力。为了便于使用，镁粉一般存放在粉袋里，粉袋系在安全带上，在攀登难度大的岩壁或线路时使用。

5. 上升器

在单绳技术中解决向上运动的器械，可左手或右手握，适用于不同习惯的攀登者。

6. 保护器

在保护和下降过程中，通过它与保护绳之间产生的摩擦力来减少操作者所需要的握力。

7. 铁锁和快挂

用于连接主绳与安全带。

8. 螺栓

现代竞技攀登一般用直径 0.375～0.5 英寸的膨胀螺栓，这是一种拉起式螺栓，也是现有最好的岩石作业用螺栓之一，适用于各种岩石表面，其安装容易、简便且牢固。

9. 岩石锥

固定于岩壁上的各种锥状、钉状、板状金属材料做成的保护器械，可根据裂缝的不同而使用不同形状的岩石锥。

10. 保护垫

在岩壁的下面，都会放一块保护垫，在下降或脱落的时候可以起到减震和保护的作用，减少脚后跟和脚踝扭伤的危险。

11. 挂片

随着竞技运动的迅速流行，出现了大量新式螺栓挂片，从初级的、手工的到光滑而结实

的专用挂片都有。使用者应注意挂片上是否有裂痕或变形。

部分技术装备如图10-10所示。

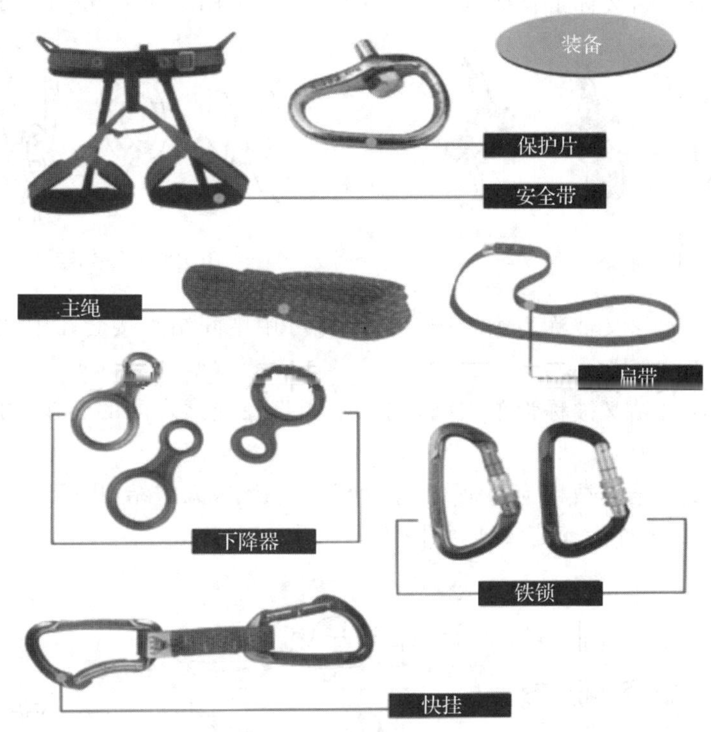

图10-10　部分技术装备

四、攀岩运动保护技术

进行攀岩练习时,安全始终是放在第一位的。攀岩的保护技术包括结绳技术、保护点保护装置的安装技术及保护方法。

(一)结绳技术

在攀登过程中,绳子要与其他保护装备、固定点及绳子自身发生各种连接,以解决各种实际需要。结绳技术是攀登、保护技术中最重要的技术。以下介绍几种常用的结绳方法。

(1)单结。一般多用于绳头打结及一些不重要的绳结。单股或双股都可以打,双股单结如图10-11所示。

(2)平结。平结又被称为方结,在各种绳结类型中,平结使用频率最高,也最为人所熟知。常用于直径相同绳索之间的连接,连接一条绳的两头,多做终结用,如图10-12所示。

图10-11　双股单结

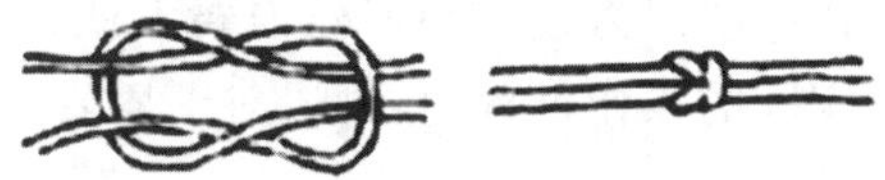

图10-12　平结

(3)“8”字结。“8”字结又被称为“8”字通过结，主要用于绳头结和两根绳子的连接，保险效果比单结强并且容易解开。在绳索中段打“8”字结，可用双股方式，如图 10-13 所示。

(4)双套结。双套结又称丁香结，如图 10-14 所示。可用于固定，也可用于攀登和下降。

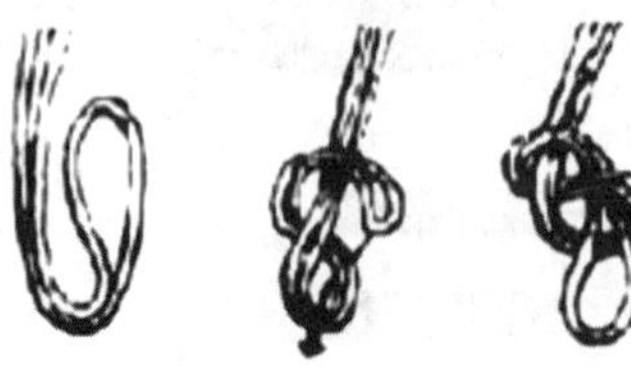

图 10-13　“8”字结

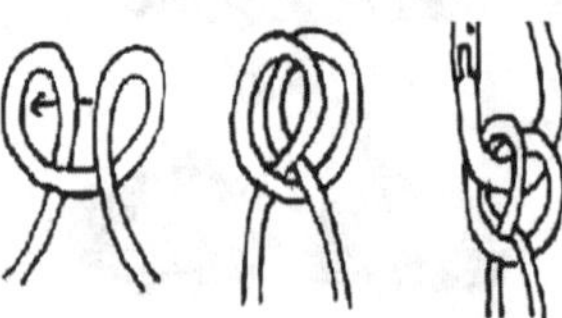

图 10-14　双套结

(5)中间结。中间结又被称为蝴蝶结。结组时可用中间结直接套在中间队员安全带上作保护作用，如图 10-15 所示。

(6)混合结。混合结又被称为单衣结，用于不同直径绳索之间的连接，可分为混合结和双混合结，如图 10-16 所示。

(7)交织结。交织结又被称为渔翁结、水手结、紧密结、天蚕结，用于直径相同绳索之间的连接。双交织结又被称为葡萄藤结，如图 10-17 所示。

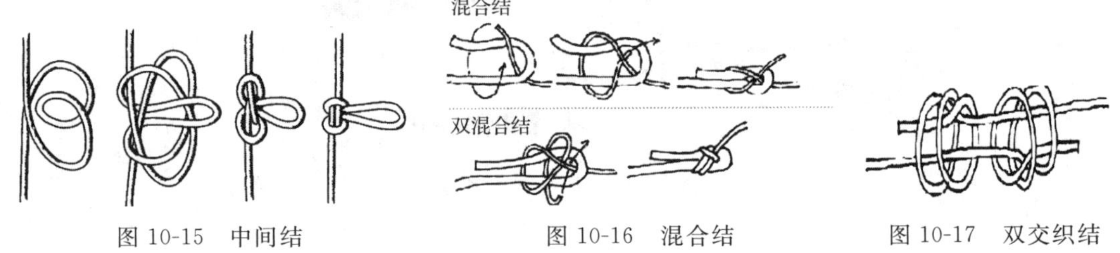

图 10-15　中间结　　图 10-16　混合结　　图 10-17　双交织结

(二)保护点保护装置的安装

设置保护点所需的装备主要有绳套、铁锁、刮片、膨胀螺栓、岩石锥、机械塞等。使用辅助绳来安装保护系统，可选择的方法多种多样。

(三)天然固定点的选择与安装

天然固定点的选择如下：决定受力方向后，在受力方向上找出适当、牢固的物体，一般选择树干、大石头、岩角等。

固定点的安装：防止岩石的棱角割断绳索，必要时要加上垫布。固定点的测试，注意安全第一，操作时一定要用安全可靠的绳结系住。

五、攀岩基本技术

攀岩并不像一些耐力型运动那样需要大肌肉群做持续性的动作，它看起来更加随心所欲一些。但在实际的操作过程中，攀岩对于攀岩者有着诸多的要求。

(一)攀岩的基本原则

有一些基本的原则可以提供给所有的攀岩活动者:第一,手脚流畅,能使移动平顺;第二,良好的平衡感、灵敏度、柔软度有助于更好地攀岩;第三,在攀岩过程中,耐力的重要性远远大于力量;第四,攀岩需要依靠攀岩者把重量放在脚上,这样比用手臂拉起身体要好得多,最好的状况是用最少的力完成攀岩;第五,尽量保持放松,放松对于节省体力有很大的帮助,很多的攀岩是直觉性的,移动对放松心态的人来说很自然就能达成。

当然,在攀岩之前,人们需要知道一些基本的技巧。热身是非常重要的,省略这个步骤很容易受伤。最好的热身方法是慢跑10～15分钟。如果是户外攀岩的话,大多数情况下岩墙附近没有宽敞的跑道,这时攀岩者可以在原地跑步,并且膝盖尽量提高,加上跳跃和后踢动作。这样,在接下来的攀岩过程中可以避免肌肉拉伤。

(二)攀岩的身体要求和基本动作

攀岩运动对运动员身体形态的要求虽不如篮球、排球、投掷等项目高,但也有其自身明显的特征要求。在攀岩比赛中,当支点间跨度较大时,身高臂长者会占有明显优势。此外,体重在一定程度上能反映身体的结实度,但过重的体重会直接破坏攀岩的灵活性,所以攀岩运动员要有和身高成比例的相应体重,才能取得事半功倍的效果。攀岩运动员的最佳体重(千克)=[身高(厘米)-110]×90%。

攀岩运动的基本动作主要有以下几种。

(1)踏:利用脚前部下踏较大的支点,减轻上肢的负担,移动身体。

(2)抓:用手抓住岩石的凸起部分。

(3)抠:用手抠住岩石的棱角、缝隙和边缘。

(4)拉:在抓住前上方牢固支点的前提下,小臂贴于岩壁,抠住石缝隙或其他地物,以手臂和小臂使身体向上或向左右移动。

(5)推:利用侧面、下面的岩体或物体,以手臂的力量使身体移动。

(6)张:将手伸进缝隙里,用手掌或手指屈张开,以此抓住岩石的缝隙作为支点,移动身体。

(7)蹬:用前脚掌内侧或脚趾的蹬力把身体支撑起来,以减轻上肢的负担。

(8)跨:利用自身的柔韧性,避开难点,以寻求有利的支撑点。

(9)挂:用脚尖或脚跟挂住岩石,以维持身体平衡使身体移动。

(三)攀岩的基本方法

三点固定法是攀岩的基本方法,其对身体各部位的姿势和动作都有一定的要求。

1.身体姿势

攀爬岩石峭壁时身体要自然放松,以三个支点稳定身体重心,而重心要随攀岩动作的转换而移动,这是攀岩稳定、平衡、省力的关键。要想身体放松,就要根据岩壁陡缓程度,使身体和岩壁保持一定距离。靠得太近,会影响观察攀岩路线和选择支点;但在攀爬人工岩壁时要贴近些。在自然岩壁攀岩时,上下肢要协调舒展,攀岩要有节奏,上拉、下蹬要同时用力,身体重心一定要落在脚上，保持面向岩壁：三点固定支撑、直立于岩壁上的攀岩姿势。手在攀岩中是抓住支点、维持身体平衡的关键，手臂力量的大小直接影响攀岩的质量和效果。因此，一个优秀的攀岩运动员必须有足够的指力、腕力和臂力。对初学者来说，在不善于充分利用下肢力量的情况下，手臂的动作就显得更为重要。手的用力在人工岩壁攀岩和自然岩壁攀岩时有所不同，前者要求第一指关节用力抠紧支点时，手腕要紧张，手掌要贴在岩壁上，小臂也要随手掌紧贴岩壁而下垂，在引体时，手指（握点）有下压抬臂动作，其动作规律是重心活动轨迹变化不大，节奏更为明显。在攀爬自然岩壁时其动作变化较大，要根据支点不同采用各种用力方法，如抓、握、挂、抠、扒、捏、拉、推、压、撑等。

2. 脚的动作

一个攀岩运动员的攀岩技术好坏，关键在于是否能充分利用两腿的力量。只靠手臂力量攀岩不可能持久。脚的动作要领：两腿外旋，大脚趾内侧贴近岩面，两腿微屈，以脚踩支点维持身体重心。在自然岩壁支点大小不一和方向不同的情况下，要灵活运用脚的动作。但切记，膝部不要接触岩石面，否则会影响到脚的支撑和身体平衡，甚至会造成滑脱而使膝部受伤。另外，在用脚踩支点时，切忌用力过猛，并要掌握用力的方向。

攀岩时一般都穿特制的攀岩鞋，这种鞋的鞋底由硬橡胶制成，前掌稍厚，鞋身由坚韧的皮革制作，鞋头较尖，鞋底摩擦力大。穿上这种鞋，脚踩在不到一厘米宽的支点上都可以稳固地支撑全身重量。在选购这种鞋时，一定要注意，尺码千万不能买大了，只要能穿进去就行，大脚趾在里面是抠着的，不能伸直。鞋越紧脚，发力时越稳固。

换脚是一项基本的技术动作，攀岩中经常使用。一些初学者换脚时往往是前脚使劲一蹬，跃起，后脚准确地落在前脚原先在的支点上，看起来十分利落，但实际上是错的。因为这样一方面使手指负担较大，另一方面易造成身体失衡，更重要的是在落脚点较高时无法用这种方法换脚。正确的方法是要保证平稳，不增加手部的负担。以从右脚换到左脚为例，先把左脚提到右脚上方，右脚以脚在支点上最右侧为轴，逆时针（向下看）转动，把支点左侧空出来，体重还在右脚上，左脚从上方切入，踩点，右脚顺势抽出，体重过渡到左脚。动作连贯起来，就像脚底抹了油一样，右脚从支点滑出，左脚同时滑入，体重一直由双脚负担，手只用来调节平衡。双脚在攀岩过程中除了支撑体重外，还常用来维持身体平衡。脚并不是总要踩在支点上，有时要把一条腿悬空伸出，来调节身体重心的位置，使体重稳定地传递到另一只脚上。

3. 手的使用

攀岩中用手的根本目的是使身体向上运动和贴近岩壁。岩壁上的支点形状很多，常见的有几十种。攀岩者对这些支点的形状要熟悉，知道对不同支点手应抓握何处，如何使力。根据支点上突出（凹陷）的位置和方向，有抠、捏、拉、攥、握、推等方法。但也不要拘泥，同一支点可以有多种抓握方法，像有一种支点是一个圆疙瘩上面有个小平台，一般情况下是把手指搭在上面垂直下拉，但为了使身体贴近岩壁，完全可以整个捏住，平拉。又如有时要两只手抓同一支点，这时前手可先放弃最好抓握处，让给后手，以免换手麻烦。抓握支点时，尤其是水平用力时，手臂位置要低，靠向下的拉力加大水平摩擦力；要充分使用拇指的力量，尽量把拇指搭在支点上，对于常见的水平浅槽的支点，可把拇指扭过来，把指肚一侧扣进平槽，或横搭在食指和中指指背上，这样都可增加很大力量。攀岩中手指的力量十分重要，平常可用手指练习指卧撑、指挂引体向上、提捏重物等。在攀爬较长路线时，可选择容易地段两只手轮换休息。休息地段要选择没有仰角或仰角较小，且手上有较大支点处。休息时双脚踩稳支点，手臂拉直，上体后仰，但腰部一定要向前顶出，使下身贴近岩壁，把体重压到脚上，以减小手臂负担，做活动手指、抖手动作放松，并擦些镁粉，以免打滑。

4. 侧拉

侧拉是一项很重要的技术动作，它能极大地节省上肢力量，使一些原本困难的支点可以轻易达到，在过仰角地段时被大量采用。其基本技术要点是身体侧向岩壁，以身体对侧手脚接触岩壁，另一只腿伸直，用来调节身体平衡，靠单腿力量把身体顶起，抓握上方支点。以左手抓握支点不动为例，身体朝左，右腿弯曲在支点上，左腿用来保持平衡，右腿蹬支点发力，右手伸出抓握上方支点。人的身体条件决定了膝盖是向前弯的，若面对岩壁，抬腿踩点必然要把身体顶出来，改为身体侧向岩壁就可以很好地解决这一问题，从而使身体更靠近岩壁，把更多体重传到脚上，而且可利用全身的高度达到更高的支点。侧拉主要在过仰角及支点排列近于成直线时使用。

5. 手脚配合

优秀的攀岩运动员，上下肢力量是协调运用的。对初学者或技术还不熟练的运动员来说，上肢力量显得更为重要，攀岩时往往是上肢引体，下肢蹬压而移动身体。如果上肢力量差，攀岩时就容易疲劳，表现为手臂无力，酸疼麻木，逐渐失去抓握能力。失去抓握能力后，即使有好的下肢力量，也难以继续维持身体平衡。所以学习攀岩，首先要练好上肢力量，上肢又要以手指、手腕和手臂力量为主，再配合脚腕、脚趾以及腿部的力量，使身体重心随着用力方向的不同而协调地移动。这样，手脚动作的配合也就自如了。

初学者不要急着往高处爬，多练换手、交叉手，练习控制自己身体平衡的能力和协调性。过一段时间再进行力量练习，停一两个月再练技术，然后再进行一些基本的身体素质训练。

第三节 台 球

一、台球的起源与发展

台球起源于英国，它是一项在国际上广泛流行的高雅室内体育运动，是一种用球杆在台上击球、依靠计算得分确定比赛胜负的室内娱乐体育项目。

台球是一项智力与体力相结合的休闲球类活动。19 世纪清朝末期台球运动传入我国，1986 年在上海举办了全国台球邀请赛，在北京举办了“健牌杯”国际台球大赛。目前世界上最大的台球运动管理机构是 1992 年成立的世界台球运动联盟。

现代的台球已发展成为多种形式：有中式八球、俄式落袋台球、英式落袋台球、开伦台球、美式落袋台球和斯诺克台球，其中斯诺克最为普遍，而且被官方认可，已成为一项比赛项目。

二、台球专业术语

(1)死角球。当角袋边缘挡住了主球,使主球不能直接击打台面上的目标球,被称为死角球。

(2)二次撞击。当目标球与母球连续撞击两次或以上的,被称为二次撞击。

(3)定袋。在美式台球中,运动员在击球前必须向裁判员指明(口头或用杆指出)要击入哪个球袋。

(4)力度。力量通过球杆打击主球,并导致球在旋转、反射角、分离角等方向产生变化。

(5)抢局。预先确定的决定比赛胜负所必需赢的局数。比如比赛定为21局11胜制,便可称为抢11局。当一方赢得比赛的11局后,比赛便结束。

三、器材、设备

(一)球台

球台形似一张长方形的大桌子,但其台面是凹进去的,四边高于台面的边沿,形状如同盘子。台面部分称为“台盘”,边沿部分称为“台边”。台球台一般分为3种:开伦式球台、美式落袋球台和英式落袋球台。其中英式落袋球台在我国使用最广泛。英式落袋球台是带有球袋的球台,在长边和角上有6个网袋。此种球台的标准尺寸为:从台盘内沿垂直测量长12英尺(约3.65米)、宽6英尺(约1.82米)、高2.786英尺(约0.85米)(见图10-18)。

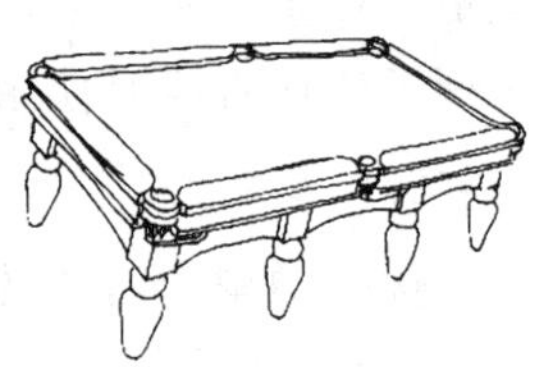

图10-18 球台

(二)球

台球是在台盘上滚动的圆形实心球。球的直径为5.25厘米,重量为170克。台球都是用合成树脂制作的,主要有聚酯、不饱和聚酯、酚醛树脂、脲醛树脂等品种。不同材料的价格和档次相差很远。国际比赛的标准用球是用酚醛树脂做的。

(三)球杆

球杆是用来击球的长棍,称为“Q杆”,多为木制。球杆的长度一般为1.5米,重400~520克;球杆一头细一头粗,分别被称为“杆头”和“杆尾”。杆头直径为1~1.2厘米,杆尾直径约为2.5厘米。球杆有一段式和两段式两种(见图10-19)。

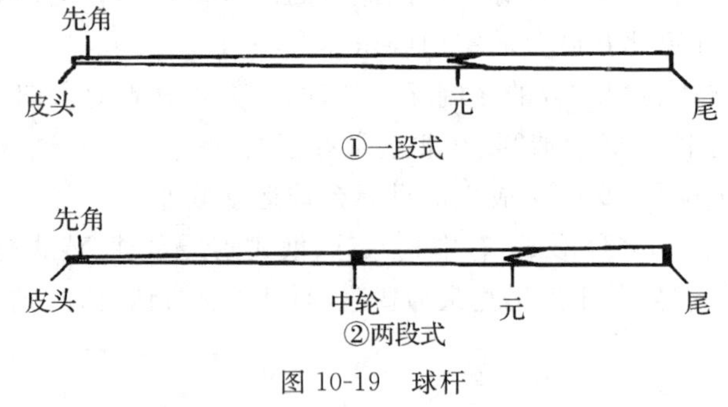

图10-19 球杆

(四)杆架

杆架是一种杆头上装有十字形或其他形态零件的托架。杆架有长、中、短 3 种,另外还有一种专门用于击主球后面目标球的高脚杆架。杆体呈圆形,前细后粗,笔直,长度在 1.3～1.5 米之间,杆头(细端)直径在 9～12 毫米左右。皮头的质量好坏直接影响到击球,皮头是用优质皮革制成,富有弹性,可以控制击球时的撞击力,同时为了防止打滑,应在击三四次球以后在皮头上擦涂涩粉。要时常修整打磨皮头,以使之处于最佳状态。杆头一般用硬质金属或塑料制成,皮头粘在杆头之上,也是起保护作用。

四、台球的基本技术

(　)握杆

以右手握杆为例,右手垂直下垂,用中指和拇指的指腹接受球杆的重量,其他三指轻附于中指包围住球杆,然后握杆的右手接近右腰部并与右腰保持一定的间隔,以便保证球杆做前后水平运动。通常握杆的部位在离杆尾约 10 厘米的地方(见图 10-20)。

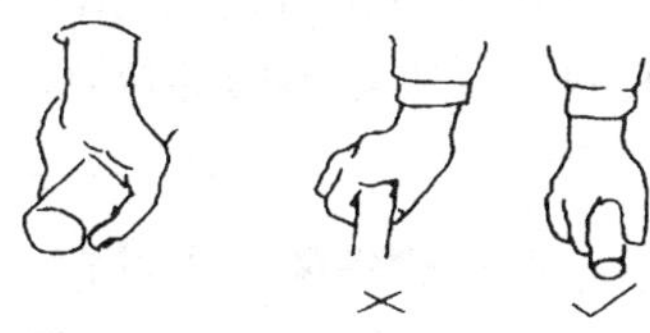

图 10-20　握杆

(二)架杆

架杆方式是指两手与球杆形成的姿势,这是打好台球很关键的一个环节。

第一种方法:首先应将做架台的前手五指轻轻分开摆于台盘。然后,食指弯曲,指尖按在中指第二指关节的侧部,拇指再轻轻接触食指的指尖,其余两指如同掌中握小球似的微微分开。再把球杆架在由食指、中指、拇指组成的空当里,空当与球杆形成约 90 度的角(见图 10-21)。

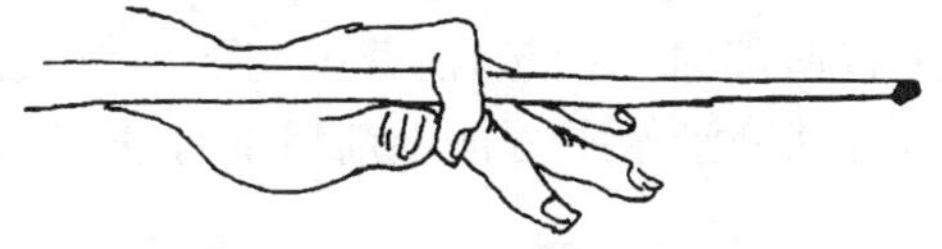

图 10-21　架杆方法一

第二种方法:将手掌紧紧地按在台盘上,然后把拇指以外的其他四指分开,手背弓起,拇指翘起,和手指的背峰形成一个夹角,球杆就置于这个夹角里(见图 10-22)。

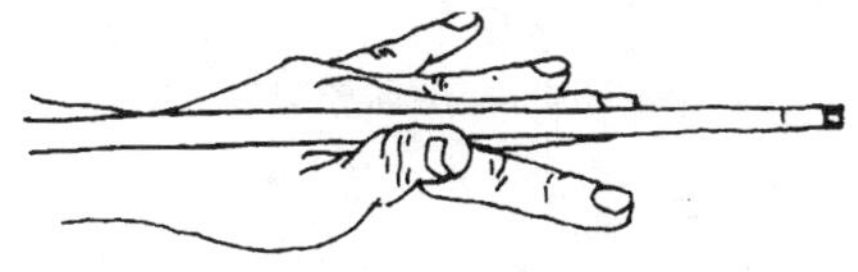

图 10-22　架杆方法二

（三）运杆

出杆击球前的准备动作即运杆，运杆的整个过程要求平稳和连贯。

1. 运杆的动作过程

运杆可分解为三个部分：运杆、后摆和暂停。在确定打主球的部位后，便开始做运杆动作。后摆幅度大小取决于击球力量的大小，后摆幅度越大，球杆击球的力量也越大；后摆动作要做到“稳和慢”，以保证出杆平直。暂停是在出杆前所进行的短暂停顿，以便保证出杆的平稳性。

2. 击球动作

右手握杆击球时，主要是利用手腕关节进行轻轻地甩腕发力击球，在出杆击球的瞬间，注意力要集中、专一，杆头不要上下或左右摇摆。

3. 主球的击点

球杆击到主球的不同点，则主球的运动方向也不相同。主球几个基本的击点分别是：正中点、中上点、中下点、左上点、左点、左下点、右上点、右点和右下点共 9 个击球点。初学时可以先从击打主球的正中点开始，以达到被击打的主球向前运动时撞中目标球后能停在目标球所在地方不动为宜，逐渐过渡到击打主球不同部位，以达到随心所欲控制击球的目的。

4. 瞄准

当主球的中心点、目标球的中心点与球袋的中心点在一条直线上时，只要瞄准主球的中心点，轻触球杆，目标球就会直接进袋。但是在击球的过程中，这样好的布球方式毕竟很少。必须勤学苦练，掌握正确的击球方法，提高击球的准确度，这样才能掌握好台球的击球技术。

（四）击球姿势

先面朝击打的主球行进方向站立，用眼睛准确测定主球的进路；左脚向前移一小步，距离主球正下后方 40～50 厘米、左侧方 10～15 厘米的地方，使左脚平行于球杆，左膝关节微曲，轻轻地踏在地上（见图 10-23）；右腿直立不得弯曲，右脚向右撇，与左脚约成 75°站稳；架台的左臂稍曲，左手置于主球后方约 15 厘米处并固定好，上体压低，球杆的中轴线在两眼中间（见图 10-24）；握杆的右手臂肘部向上抬起，前臂垂直下垂与上臂成 90°；击球时，右手切不可过胸部，身体应保持自然，使球杆沿水平方向做前后抽打动作（见图 10-25）。

图 10-23　击球姿势一

图 10-24　击球姿势二

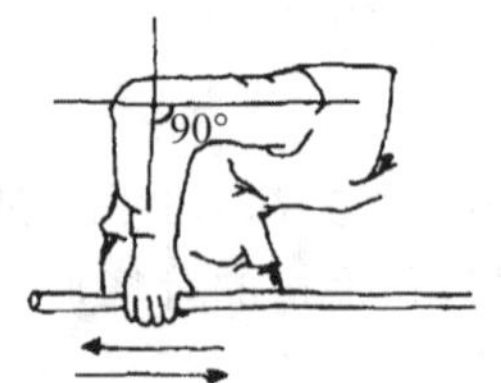

图 10-25　击球姿势三

（五）击球方法

（1）抖腕法：拇指和食指握球杆后端，其余三指虚握抖腕击球（见图 10-26）。

（2）屈伸法：一手把稳杆架，持杆重心向前，用拇指、食指和中指握住球杆后端，无名指和小指自然翘起，利用前臂的屈伸摆动，使球杆在杆架上直线推送（见图 10-27）。

图 10-26　抖腕法

图 10-27　屈伸法

（3）冲击法：用拇指、中指和食指握住球杆后端，与胸前成 30～40°，向内摆动击球（见图 10-28）。

（4）戳杆法：以球杆与台面呈垂直或接近垂直的角度击球（见图 10-29）。

图 10-28　冲击法

图 10-29　戳杆法

五、台球的竞赛规则

台球运动有很多种项目，常见的有美式落袋台球（16 彩球）和英式斯诺克台球两种打法。以下重点介绍 16 彩球的打法。

16 彩球是比较普遍的一种运动项目，共包括 15 个球和 1 个白球，白球为主球，其他 15 个球为彩色，每一个彩球都有一个编号，有小号码球（1～7 号）与大号码球（9～15 号）之分，黑色的 8 号为决定胜负的球，将 8 号球打进者为获胜。比赛不计分数，只论胜败局数。具体规则如下：

（1）开球前，主球即白色球应置于开球点。彩球组成等边三角形摆放，其中 1 号球和 8 号球一定要摆放在固定位置，剩下彩球可以任意摆放于三角区内。

（2）开球者击球，目标球为任意彩球，所以第一个目标球决定了他在接下来的击球过程中的目标球组。比如，第一杆开球，击中 6 号球入袋，接下来就要以小号码球即 1～7 号球作为目标球组。开球者一球未进袋，由另一方接着开球。

（3）主球出界、进袋、空杆（未击中目标球）和将对方目标球进袋者都将失去击球权。

（4）将对方目标球打进袋，将计为对方进一球。

（5）先将自己的目标球击进袋者，可以先取得击 8 号黑球进袋权，先将 8 号黑球进袋者为胜。

（6）如双方共争 8 号黑球，一方将 8 号黑球击进袋中的同时，主球也滚入袋中，则算另一方获胜。

第十一章　运动与保健

第一节　保健按摩

一、保健按摩的概述

（一）按摩的起源与发展

按摩是在中医理论指导下，结合西医的解剖和病理诊断，运用手或器械，在受术者体表特定的部位和穴位上，施以特定的技巧动作，以达到防治疾病的目的，又称推拿。以保健强身和康复为目的的按摩方法称为保健按摩。

我国最古老的医学著作《黄帝内经》记载了按摩的起源、治疗作用和应用。《皇帝岐伯·按摩十卷》是我国第一部按摩专著，虽然此书已经亡佚，但可以看出秦汉以前，按摩已在我国普遍应用，并已初步形成体系，成为改善人体生理功能、消除疲劳和防治疾病的一种有效方法。按摩在体育运动中对调整运动员的生理功能、消除疲劳、防止运动伤病和提高运动能力等方面都起着积极的作用，而且简便易行。因此，学习和掌握按摩技术，对体育教学、运动训练及比赛都具有一定的实用意义和特殊的帮助。

（二）保健按摩的作用

按摩能够通过神经反射作用和直接的机械作用对身体各器官、系统产生良好的影响，因此它的适用范围非常广泛。按摩应用于运动实践中，被称为运动按摩。在运动前进行按摩可作为准备活动的补充；在运动时进行按摩，可以帮助解除肌肉的僵硬和痉挛；在运动后进行按摩，可以起到加速疲劳消除的作用。按摩用于治疗疾病，称为治疗按摩。它能够治疗运动中产生的各种外伤，尤其是对运动损伤导致的功能性障碍更有其独特的疗效，例如对软组织损伤、腰椎间盘突出症以及关节脱位等均有较好的疗效。

二、保健按摩的手法

（一）基本手法

保健按摩的基本手法有推、擦、揉、揉捏、搓、按、拍击、抖动、运拉等九种。

1. 推法

根据用力大小，分为重推和轻推。

(1)手法。四肢并拢,拇指分开,全手接触皮肤,沿着淋巴流动的方向向前推动,要求掌跟用力,虎口稍抬起,以免引起疼痛(见图 11-1)。用力轻的为轻推,用力重的为重推。

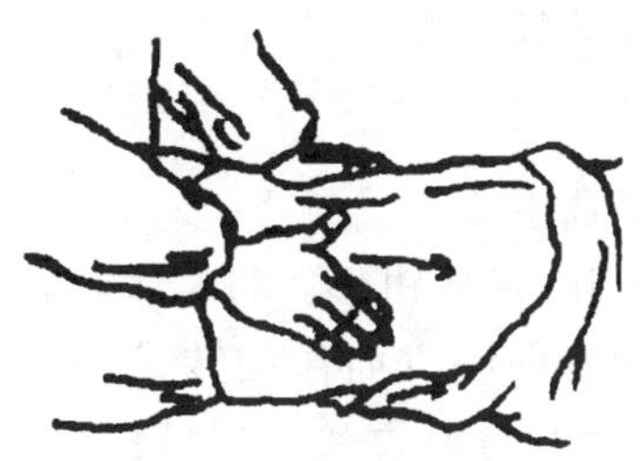

图 11-1　推法

(2)作用。轻推法对神经系统起镇静作用,重推法能加速淋巴液和静脉血的回流。

(3)应用。轻推多用于按摩的开始和结束,也可在按摩的过程中由其他的手法插入几次轻推。重推常用于按摩中间,多与揉捏、按压等方法交替使用。

2.擦法

(1)手法。用拇指或四指指腹、大鱼际、小鱼际掌根贴在皮肤上,做来回直线形的摩动。手法要轻柔,力量要均匀。擦动的速度稍快,用力不可太猛,其作用力主要在皮肤上,但也可深达皮下组织(见图 11-2)。

图 11-2　掌擦法、小鱼际擦法与大鱼际擦法

(2)作用。能加强局部血液循环,提高皮肤温度,增强关节韧带的柔韧性。

(3)应用。擦法应用于四肢、腰背、韧带及肌腱处,可在按摩开始或结束时使用,也可以在按摩中间由一个手法转换另一个手法时插入几次,根据不同的按摩部位采用不同的手型,如踝关节宜用大鱼际擦,背部用手掌或小鱼际擦,肌腱与小关节处用拇指指腹擦。

3.揉法

(1)手法。揉动时,用拇指或四指指腹、掌、掌根、大鱼际及小鱼际紧贴于某一部位或穴位上,作圆形螺旋形揉动。使该处的皮下组织随手指或掌的揉动而滑动(见图 11-3)。

图 11-3　掌根揉法、大鱼际揉法、指揉法与全掌揉法

(2)作用。促进血液循环,改善局部组织的新陈代谢,缓解深部组织,并有缓和刺激和减轻疼痛的作用。

(3)应用。多用于关节、肌腱和腰背部。

4. 揉捏法

它是揉法与捏法相结合的复合手法。

(1)手法。四指并拢,拇指分开,形成钳形。将全掌及各指紧贴皮肤上,拇指与其余四指相对用力,将肌肉略往上提起,沿着向心方向作旋转式移动。在前进过程中,手指与手掌都不能离开皮肤。手指不能弯曲,用力均匀柔和,切勿用指尖着力。根据不同的需要,可用单手或双手(并列或加压)操作,做到揉中有捏,捏中有揉,使拇指做圆形揉的动作明显,其余四指做捏的动作明显,揉与捏同时进行(见图 11-4)。

图 11-4　单手揉捏与双手揉捏

(2)作用。促进肌肉的血液循环和新陈代谢,能增强肌肉,防止肌肉萎缩,也有消除肌肉疲劳、缓解肌肉痉挛和活血散瘀的作用。

(3)应用。揉捏是按摩肌肉的主要手法,多用于大块肌肉、肌群或肌肉肥厚的部位,如小腿、大腿和臀部。

5. 搓法

(1)手法。用双手掌夹住按摩的肢体,相对用力、方向相反,做来回快速搓动。动作要协调、连贯,搓动要快,移动要慢。手法轻重视具体需要灵活应用(见图 11-5)。

图 11-5　搓法

(2)作用。能使皮肤、肌肉、筋膜等组织松弛,加快血液循环,促进新陈代谢,缓解肌肉痉挛,加速疲劳消除,提高肌肉工作能力。

(3)应用。适用于四肢和肩关节处,常在每次按摩的后面阶段使用。

6. 按法

(1)手法。用一手或双手的手掌和掌根(双手重叠、并列或相对)按压被按摩的部位,停留一段时间(30 秒左右),用力由轻到重,再由重到轻(见图 11-6)。

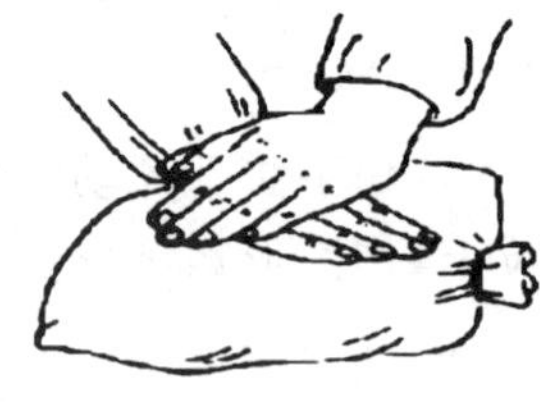

图 11-6　按法

(2)作用。使肌肉放松,消除疲劳,减轻酸胀、疼痛等不良感觉,并对关节起到整形作用。

(3)应用。常用于腰背部、局部及四肢肌肉僵硬或发紧时,也用于腕关节。

7. 拍击法

用手掌或手的尺侧面等拍击体表,被称为拍击类手法。

(1)手法。分为拍打、叩击和切击三种。

拍打法:拍打时,双手半握拳或两手手指伸直张开,掌心向下,双手有节奏地进行上下交替的拍打。手指手腕均放松。用力轻重应根据需要灵活掌握,也可用单手拍打(见图 11-7)。

叩击法:叩击时双手握空拳,用拳的尺侧面进行交替叩击(见图 11-8)。

切击法:切击时,双手的手指伸直而并拢,用手的尺侧面进行切击(见图 11-9)。

图 11-7　拍打法

图 11-8　叩击法

图 11-9　切击法

手法在操作时用力应均匀,指关节和腕关节放松,主动发力在腕关节(拍打)或肘部(叩击和切击)。

(2)作用。促进血液循环,改善局部营养,消除疲劳和调节神经肌肉的兴奋性。

(3)应用。多用于肩、背、腰、臀、四肢等大块肌肉及肌肉肥厚部位。

8. 抖动

(1)手法。肢体抖动时,用双手握住肢体末端,微微用力做连续小幅度的上下快速抖动。肌肉抖动时用手轻轻抓住肌肉,进行短时间的快速振动。动作要连续,频率由慢而快,再由快而慢。抖动的幅度要小,频率一般较快,用力不要过大(见图 11-10、图 11-11)。

图 11-10　肢体抖动

图 11-11　肌肉抖动

(2)作用。使肌肉、关节放松。

(3)应用。多用于肌肉肥厚的部位和四肢关节,经常与搓法配合使用,是一种按摩的结束手法。

9. 运拉

(1)手法。按摩者一手握住关节远端肢体,另一手握住关节近端肢体,根据不同关节的活动范围进行被动的屈、伸、内收、外展、旋内、旋外和环转运动。

①肩关节运拉法。按摩者一手握住肘关节,另一手按在肩部上方,然后使肩关节做外展、内收、旋内、旋外及绕转运动(见图 11-12)。

②肘关节运拉法。按摩者一手按住前臂,另一手轻托住肘后,然后使肘关节屈伸及旋转摇动(见图 11-13)。

图 11-12　肩部运拉

图 11-13　肘关节运拉

③腕关节运拉法。按摩者一手握住腕关节上方,另一手握住手掌中部,然后使腕关节做屈、伸、内收、外展及旋转运动(见图 11-14)。

④髋关节运拉法。被按摩者仰卧,按摩者一手握住小腿下部,一手按在膝关节上,关节弯曲。然后做髋关节屈、伸、展、内收和环转运动(见图 11-15)。

图 11-14　腕关节运拉法

图 11-15　髋关节运拉法

⑤膝关节运拉法。被按摩者取仰卧位,按摩者一手握住踝部,另一手按于膝关节上方,然后使膝关节做屈伸与旋内旋外等运动(见图 11-16)。

⑥踝关节运拉法。被按摩者取坐位或仰卧位。按摩者一手握住小腿下部,另一手握住前足掌,然后使踝关节做屈伸、内收外展及旋转运动(见图 11-17)。

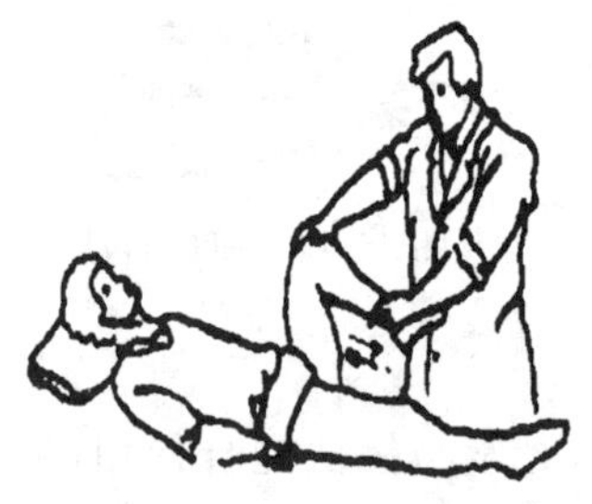

图 11-16　膝关节运拉法

图 11-17　踝关节运拉法

(2)作用。改善关节活动度,提高关节韧带的弹性、韧性。

(3)应用。多用于关节部位按摩结束时。

(二)身体各部位的按摩手法

1. 头部按摩

手法有推、揉、按压。

2. 颈部按摩

手法有推、揉、揉捏、拍打、运拉。

3. 腰背部按摩

手法有推、擦、揉、按压、拍击。

4. 上肢按摩

手法有擦、推、揉、搓及运拉等，主要分为以下四种按摩手法。

(1)腕关节按摩手法：推、擦、揉、按压和运拉。

(2)前臂按摩手法：推、揉捏、按压和搓。

(3)肘关节按摩手法：推、擦、揉、运拉。

(4)上臂和肩部按摩手法：推、揉、揉捏、叩击、抖动、运拉。

5. 下肢按摩

下肢按摩的手法主要分为以下五种。

(1)足、踝部按摩手法：推、擦、揉、运拉。

(2)小腿按摩手法：推、揉捏、抖动、拍击。

(3)膝关节按摩手法：推、擦、揉、搓、运拉。

(4)大腿按摩手法：推、揉、揉捏、搓、抖动、叩击。

(5)髋关节与臀部按摩手法：推、揉、揉捏、抖动、按压和拍打。

第二节　常见运动损伤的预防与处理

一、运动损伤概述

运动损伤是指在体育运动过程中所发生的各种损伤。它的发生与体育健身安排、运动项目与技术动作、体育锻炼水平、运动环境与条件等因素有关。

(一)运动损伤产生的原因

造成运动损伤的原因是多方面的，既与锻炼者的运动基础、体质水平有关，也与运动项目的特点、技术难度及运动环境等因素有关。

(1)运动前准备活动不充分，特别是缺乏有针对性的准备活动，致使运动器官、内脏器官机能没有达到运动状态，造成损伤。

(2)运动情绪低下，或在畏难、恐惧、害羞、犹豫以及过分紧张时发生伤害事故。有时因缺乏运动经验、缺乏自我保护能力致伤。例如，体操运动中由于紧张、恐惧发生落地时用肘部或直臂撑地，造成肘关节或尺、桡骨损伤。

(3)身体素质差，技术动作不正确。例如，短跑容易发生肌肉拉伤，原因就是下肢或腰部力量不足。此外，缺乏技术训练、动作要领掌握不好，很容易发生因错误动作引起的损伤，如篮球、排球运动中易引起手指关节挫伤。

(4)教学、训练中运动量安排不合理,组织方法不当。在组织教学、训练过程中,不遵守训练原则,不从实际出发,没有充分认识到不同年龄、性别、解剖生理及心理特点,健康状况及身体素质、运动能力等的差异,而是千篇一律对待。运动量安排没有遵循从小到大、从简单到复杂、循序渐进、逐步提高的原则。

(5)运动场地狭窄,地面不平坦,器械安置不当或不牢固,锻炼者拥挤或多种项目在一起活动,容易造成各种损伤。

(二)运动损伤的预防

(1)认真做好准备活动,对可能发生运动损伤的环节和易伤部位,及时采取预防措施。

(2)合理组织安排锻炼,合理安排运动量,防止局部运动器官负担过重。

(3)加强保护与帮助,特别要提高自我保护能力。例如,摔倒时,立即屈肘低头,团身滚动,切不可用直臂或肘部撑地。

(4)加强场地、器械安全监督。严格实施场地、设备卫生监督,场地、器械和防护用品要定期进行卫生及安全检查,及时维修。禁止穿不合适的服装(鞋)进行运动。

二、运动损伤的急救

(一)运动损伤的急救处理

发生运动损伤时,要及时进行合理而有效的急救,分秒必争地采取急救措施,然后把受伤者安全迅速地送到医院。运动损伤发生时,如果处理不当,轻则会加重损伤,导致感染,增加病人的痛苦,重则致残或危及生命。

(二)急救原则

现场急救比较复杂,必须抓住主要问题实施急救。如发现休克,应先抗休克,如针刺人中、内关穴,并及时进行人工呼吸。如伴有出血时,应同时施行止血,再做其他处理。

急救人员必须分工明确,并具有高度的责任感和救死扶伤的崇高品德;要临危不惧,判断正确,有条不紊地抢救;要有熟练、正确的抢救技术和丰富的临场经验。

(三)急救方法

1. 止血法

(1)冷敷法。冷敷可以使血管收缩,减少局部充血,降低组织温度,抑制神经感觉,从而达到止血、止痛和减轻局部肿胀的作用。冷敷止血法常用于急性闭合性软组织损伤。最简便的方法是用冷水冲洗或用冷毛巾敷于伤处,或将冰块装入热水袋(或塑料袋)内进行外敷,用冰块在治疗部位来回移动,每次20～30分钟。有条件的可使用氯乙烷喷雾剂。

(2)抬高伤肢法。将肢体抬高,使出血部位高于心脏,从而使出血部位的血压降低,减少出血。此法适用于四肢毛细血管及小静脉出血。

(3)压迫法。可分为止血带法、包扎法、指压法等。

①止血带法。常用的止血带有皮管、皮带、布条、毛巾等。采用此法止血时,应先将患肢

抬高，然后在患处上方缚扎止血。缚扎时应加柔软的布垫，以防缚扎太紧，造成肢体组织坏死。这种方法不能缚扎时间太长，每隔 40～60 分钟放松止血带 1～2 分钟，使用的总时间不能超过 3 个小时。

②包扎法。包扎器材包括三角巾、绷卷、四头带、干净的毛巾等。主要有绷卷包扎法，如环形包扎法（见图 11-18）、螺旋形包扎法（见图 11-19）、反折螺旋形包扎法（见图 11-20）、“8”字形包扎法（见图 11-21）。

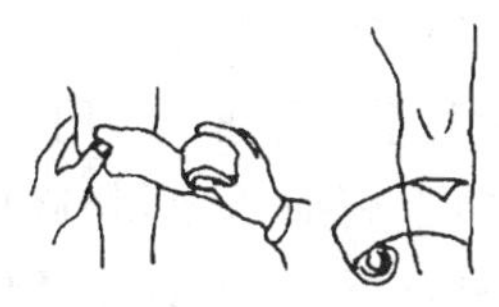

图 11-18　环形包扎法

图 11-19　螺旋形包扎法

图 11-20　反折螺旋形包扎法

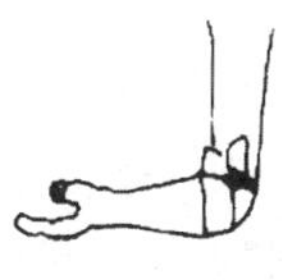

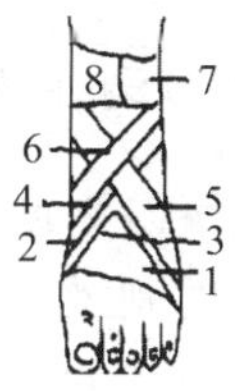

图 11-21　“8”字形包扎法

③指压法。分为直接指压法和间接指压法。直接指压法，即用指腹直接压迫出血部位，最好敷上消毒纱布后进行指压。间接指压法，即用指腹压迫在出血动脉近心端搏动的血管处，达到止血目的。又根据出血部位分为以下几种。头部出血，压迫点在耳屏前方，用手指摸到搏动后将该动脉压向颞骨面（见图 11-22）；面部出血，压迫点在下颌角前面约 1.5 厘米的地方，用手指摸到搏动后正对下颌压迫（见图 11-23）；肩部和上臂出血，压迫点在锁骨上方，用手指将该动脉向后内正对第一肋骨压迫（见图 11-24）。

前臂及手部出血，压迫点在上臂内侧下端肱动脉处（摸到有搏动处）（见图 11-25）；大腿、小腿部出血，压迫点在腹股沟皱纹中点搏动处股动脉，用手掌或拳向下方的股骨面压迫（见图 11-26）、胫骨前动脉压迫（见图 11-27）。

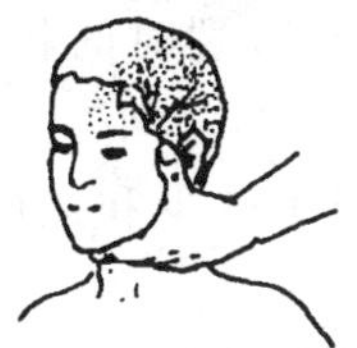

图 11-22　头部出血压迫

图 11-23　面部出血压迫

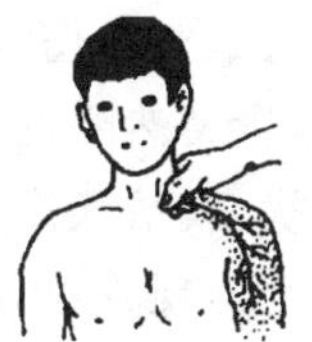

图 11-24　肩部和上臂出血压迫

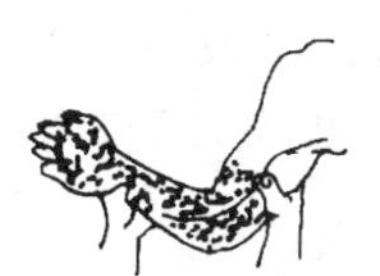

图 11-25　肱动脉压迫

图 11-26　股骨面压迫

图 11-27　胫骨前动脉压迫

2.人工呼吸法

人工呼吸法有口对口呼吸法和仰卧心脏胸外挤压法两种(见图11-28)。

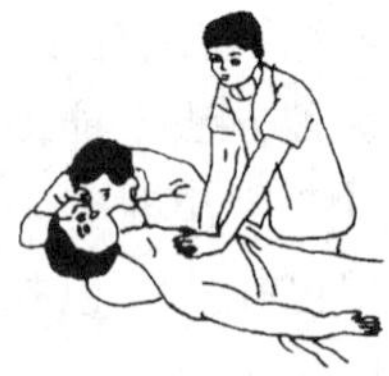

图 11-28 人工呼吸法

(1)口对口人工呼吸法。进行时,使患者仰卧,头部后仰,托起下颌,捏住鼻孔,压住环状软骨(即食道管),防止空气吹入胃中;急救者随即深吸一口气,两口相对,将大口空气吹入患者口中,吹气后将捏鼻子的手松开。如此反复进行,吹气频率每分钟16～18次,直至患者自主恢复呼吸为止。

(2)心脏胸外挤压法。进行时,使患者仰卧,急救者两手上下重叠,用掌根置于患者的胸骨下半段处,借助于体重和肩臂力量,均匀而有节律地向下施加压力,将胸壁下压3～4厘米为度,然后迅速地将手松开,使胸壁自然弹回。如此反复进行,每分钟以60～80次的节律进行,直至恢复心脏跳动为止。

(四)溺水及急救

从事游泳或其他水上运动易引发溺水,溺水时,水经口鼻进入肺内,造成呼吸道阻塞,或因吸水的刺激引起喉痉挛,使气体不能进出,引起窒息,时间稍长,就有生命危险。

急救步骤:

(1)立即将溺水者救到岸上,清除口腔中的分泌物和其他异物,并迅速进行倒水。急救者一腿跪地,另一腿屈膝而立,使溺水者匍匐在膝盖上,头部下垂,按压其腹、背部,使溺水者口、嘴及气管内的水排出(见图11-29)。

图 11-29

(2)立即进行人工呼吸。若心跳已停止,应同时施行人工呼吸和心脏胸外挤压。人工呼吸和心脏胸外挤压以1∶4的频率进行,急救者之间应密切配合,积极而尽心地抢救,必要时及时送医院。

(五)休克及急救

运动损伤中并发的休克多见于外伤性休克,主要是损伤引起剧烈疼痛所致,多见于脑脊髓损伤、骨折、睾丸挫伤等。另外,损伤引起大量出血,如腹部挫伤、肝脾破裂时的腹腔内出血,会使血容量突然降低。

主要症状:表情淡漠、反应迟钝、面色苍白、四肢冰冷、脉搏增快、尿量减少和血压下降。休克严重时可出现昏迷,甚至死亡。

遇到休克时应采取急救措施,使患者安静平卧或头低脚高仰卧(呼吸困难者不宜采用);保暖,但不要过热,以免皮肤血管扩张,影响生命器官的血液灌注量;保持呼吸道通畅,昏迷患者头应侧偏,并将其舌牵出口外,必要时可给氧或进行人工呼吸;针刺或按摩"人中""百会""涌泉""内关""合谷"等穴;如有外伤出血,应及时采用适当的方法止血,疑有内脏出血者应迅速送医院抢救。

三、运动损伤及处理

(一)软组织损伤

软组织损伤可分为开放性损伤和闭合性损伤两种。前者有擦伤、撕裂伤、刺伤、切伤等；后者有挫伤、肌肉拉伤、腱鞘炎等。

1. 擦伤

运动时皮肤受到粗糙物体相互摩擦而引起损伤，如跑步时摔倒，体操运动时身体磨擦器械受伤。擦伤后，皮肤会出血，或有组织液渗出。小面积擦伤，采用红药水涂抹伤口即可。大面积擦伤，应先用生理盐水洗净伤口，然后涂抹红药水，再用消毒布覆盖，最后用纱布包扎。

2. 撕裂伤

剧烈、紧张的运动，或突然受到强烈的撞击，会造成肌肉撕裂，其中包括开放性损伤和闭合性损伤。常见的有眉际撕裂、跟腱撕裂等。开放性损伤会出血，且伤口周围肿胀。闭合性损伤触及时会凹陷，剧烈疼痛。轻度开放性损伤，用红药水涂抹伤口即可。裂口大时，需止血和缝合伤口，必要时可注射破伤风抗毒血清，以防破伤风症。闭合性损伤如肌腱断裂，则需手术缝合。

3. 挫伤

因撞击器械或练习者之间相互碰撞而造成挫伤。单纯挫伤在损伤处出现红肿，皮下出血，并有疼痛。内脏器官损伤时，则出现头晕、脸色苍白、心慌气短、出虚汗、四肢发凉、烦躁不安，甚至休克。发生挫伤后，在 24 小时内，可冷敷或加压包扎，抬高患肢或外敷中药；24 小时后，可按摩或理疗。进入恢复期，可进行一些恢复性锻炼。如果怀疑内脏损伤，应迅速送医院检查和治疗。

4. 肌肉拉伤

通常在外力直接或间接作用下，肌肉过度主动收缩或被动拉长时会引起肌肉拉伤。肌肉拉伤对于准备活动不充分，动作不协调，以及肌肉弹性、伸展性、肌力差者更易发生。肌肉拉伤后，伤处肿胀、压痛、肌肉痉挛，触诊时可摸到硬块。严重的肌肉拉伤是肌肉撕裂。发生肌肉拉伤时，轻者应即刻冷敷，抬高患肢，局部加压包扎，24 小时以后以轻手法按摩及理疗。肌肉大部分或完全断裂者，在加压包扎急救后，应立即送医院手术治疗。

(二)关节扭伤

1. 踝关节扭伤

踝关节外侧副韧带最容易扭伤。在跑、跳练习中，运动者处于腾空阶段时，足部就自然有跖屈内翻的倾向。如果落地重心不稳，向一侧倾斜或踩在他人的脚上，或发生踩球、陷入坑内等情况，就会以足的前外侧着地、内翻，而导致外侧副韧带扭伤。

主要症状：伤后疼痛、肿胀，外侧副韧带明显有压痛，皮下瘀血，行走困难，严重者外侧韧带完全断裂，患肢不能持重，出现跳跃式跛行。

发生关节扭伤后，应立即冷敷，抬高伤肢，用绷带固定包扎，制动 4～7 天，配合用新伤药消肿、止痛。轻者 24 小时后可进行按摩；较重者，用石膏固定 3～4 周，并配合按摩、外敷与内服舒筋活络中药、针灸、理疗等治疗，但要加强功能锻炼，以免出现肌肉力量减弱。

2. 膝关节扭伤

常见的有膝关节侧副韧带扭伤及十字韧带扭伤。膝关节的稳定性主要靠两侧副韧带及前后十字韧带维持。当膝关节伸直时，两侧副韧带即紧张维护膝关节；当膝关节屈曲 130～150 度，小腿突然外展外旋，或者足部及小腿固定，大腿突然内收内旋时，会使内侧韧带扭伤。如踢足球时“二人对脚”，跳箱落地不正确使身体失去平衡，或关节外侧受到暴力冲击等，均可造成内侧韧带扭伤。当膝关节屈曲，小腿突然外旋时，可能发生外侧副韧带扭伤。

主要症状：膝关节疼痛、肿胀、压痛，严重者发生韧带断裂，患肢不能持重，不能行走，有可能伴有半月板撕裂，膝关节活动障碍、膝不稳、软弱无力，甚至倒在地上。

轻微扭伤者，疼痛、肿胀不明显，停止活动 2～3 天，外敷新伤药，24 小时后进行按摩。严重扭伤者，应制动 2～3 天，冷敷、加压包扎，抬高患肢休息 2～3 天，外敷新伤药，48 小时后进行按摩、理疗，加强托板固定。加强股四头肌静力收缩的练习，每日做 2～3 次。10 天后加强力度按摩手法，并做直腿抬练习。2～3 周以后解除托板固定，开始练习走路。

3. 急性腰扭伤

人体在负重活动或体位变换时，腰部肌肉、韧带、筋膜、滑膜等受到牵扭、扭转，或肌肉骤然收缩，使少数纤维被拉断、扭转或小关节微动错缝，被称为急性腰部扭伤。运动时，身体重心不稳定或肌肉收缩不协调引起的腰部扭伤，多数是因腰部负荷过重，脊柱运动时超过了正常生理范围，如挺身式跳远中展体过大，举重上挺时过分挺胸塌腰，技术动作错误，直膝弯腰提重物等。

主要症状：肌肉轻度扭伤，患处隐疼，随意运动受限，24～48 小时后疼痛达最高峰，棘上韧带与棘间韧带扭伤，受伤当时即感到局部突然撕裂样疼痛，过度前弯时疼痛加重，伸展时疼痛较轻。疼痛点比较表浅，在棘突之间。腰背筋膜扭伤，多发生在骶棘肌鞘部和髂脊上下缘，伤处有明显压痛点，弯腰和腰扭转时疼痛加重。

发生腰部急性扭伤后，应让患者平卧硬板床休息，但腰部要垫一薄枕放松腰肌。冷敷制动后，敷新伤药，24 小时后轻按摩，逐日按摩加重，进行理疗和针灸，轻者休息 2～3 天，较重者需休息一周左右。

4. 肘关节扭伤

前臂突然被迫外展、旋后，或屈手肌群和旋前圆肌突然收缩，使肘部肌肉、韧带受到牵拉，纤维断裂受伤，如投标枪、手榴弹、垒球时的“鞭打”动作易引起肘内侧副韧带扭伤，体操倒立支撑时肘关节易受伤。

主要症状：肘内侧疼痛，肘关节伸展活动受限，肘关节局部肿胀、皮下瘀血，前臂抗阻力疼痛加重。

发生肘关节扭伤后，应对患肢即刻冷敷，加压包扎，敷新伤药，24 小时后进行按摩、理疗。疼痛严重者，局部注射泼尼松治疗。

（三）关节脱位

关节脱位是指关节面失去正常的联系，俗称为脱臼。根据脱位的程度可分为半脱位和完全脱位，前者关节面部分错位，后者关节面完全脱离原来位置。运动中发生的关节脱位，一般是由间接外力所致，如摔倒时手撑地，俯卧式跳高时落地姿势不对，可引起肘关节脱位或肩关节脱位。

主要症状：受伤关节疼痛、压痛和肿胀，关节功能丧失、畸形；关节脱位时伴有软组织损伤、出血或周围神经受牵扯等。如肩脱位时呈“方肩”，同时伴有肢体缩短。

对伤者应立即用夹板和绷带在脱位所形成的姿势下固定伤肢，保持伤员安静，尽快送医院处理。肩关节脱位时，取三角巾两条，分别折成宽带，一条悬挂前臂，另一条绕过伤肢上臂，于肩侧腋下缚结。肘关节脱位时，将铁丝夹板弯成合适的角度，置于肘后，用绷带缠稳，再用小悬臂带挂起前臂。如无铁丝夹板，可直接用大悬臂带包扎固定。

（四）骨折

骨的完整性和连续性遭到破坏性损伤，称为骨折。骨折根据损伤处周围软组织的病理情况，可分闭合性骨折和开放性骨折。运动中发生的骨折大多为闭合性骨折。造成骨折的原因主要是身体某部位受到直接或间接的暴力撞击，如在踢足球时，小腿被踢造成胫骨骨折；摔倒或跪倒时，手臂直接撑地，引起尺骨、桡骨骨折或髌骨骨折等。常见的骨折有锁骨骨折、肱骨骨折、前臂骨折、手骨骨折、大腿骨折、小腿骨折、肋骨骨折、脊柱骨折等。

主要症状：患处立即出现肿胀，皮下瘀血，有剧烈疼痛（活动时加剧），肢体失去正常功能，肌肉产生痉挛。有时骨折部位发生变形。移动时，可听到骨摩擦声。严重骨折时，伴有出血和神经损伤、发烧、口渴、休克等全身性症状。

发生骨折后，为了避免骨折端造成新的损害（刺伤血管、神经及周围软组织），预防休克，减轻疼痛，便于转送，要对损伤部位做适当的固定。有休克症状者，应先抗休克。抗休克的措施是：取头低脚高平卧位，保暖；迅速请医务人员到现场给氧气或服镇痛药。休克期过去，用长短合适的夹板固定伤肢。

1. 锁骨骨折固定法

用3条三角巾折成宽带，两条做成环套于肩，另一条在背部将两环拉紧打结（见图11-30）。

2. 肱骨骨折固定法

取一合适夹板，置于伤肢外侧（最好内侧同时置放一块），用叠成带状的三角巾固定骨折的上下两端，再用小悬带将前臂吊起，最后用三角巾把伤肢绑在躯干上加以固定（见图11-31）。

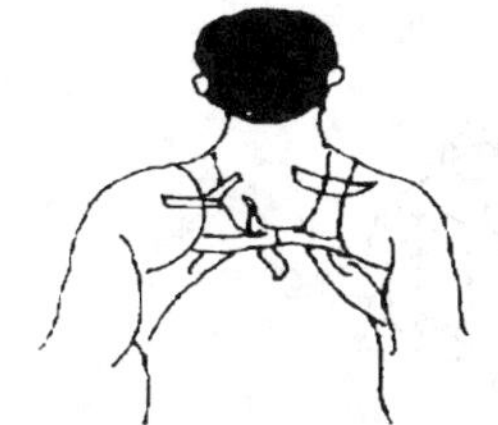

图11-30　锁骨骨折固定法

图11-31　肱骨骨折固定法

3. 前臂骨折固定法

伤员前臂掌心和掌背侧各放一块夹板，用三角巾宽带绑扎固定后，以大悬臂带悬挂胸前（见图 11-32）。

4. 股骨骨折固定法

用三角巾 5～8 条，折叠成宽带，分段放好。取长夹板两块，分别置于伤肢的外侧和内侧。外侧夹板自腋下至足底，内侧夹板自腹股沟至足底。放好后用上述宽带固定夹板，在外侧打结（见图 11-33）。

图 11-32　前臂骨折固定法

图 11-33　股骨骨折固定法

5. 小腿骨折固定法

夹板两块，一块在外侧，自大腿中部至足部，另一块在内侧，自腹股沟至足部，然后用宽带 4～5 条分段固定（见图 11-34）

6. 脊柱骨折的临时固定与搬运

由 3～4 人同时托住伤者头、肩、臀和下肢，把身体平托起来。放上平板担架，最好使伤员俯卧后搬运。绝对不能抱头、抬脚，以免脊柱极度弯曲，加重对脊髓的压迫和损伤（见图 11-35）。

图 11-34　小腿骨折固定法

图 11-35　脊柱骨折的临时固定与搬运

7. 颈椎骨折时的搬运

应由 3 人搬运，其中 1 人专管伤者头部牵拉固定，使头部与身体呈直线位置，将伤员仰放在硬板床上，在颈下放一小垫，不用枕头，头颈两侧用沙袋或衣服垫好，防止头部左右摇动（见图 11-36）。

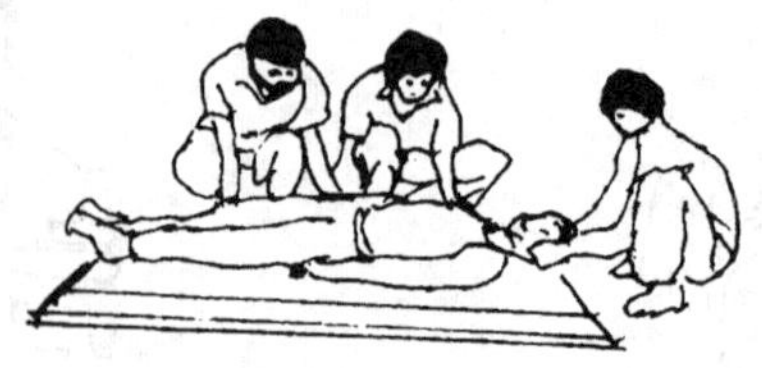

图 11-36　颈椎骨折时的搬运

(五)脑震荡

由于头部受到暴力直接打击或撞击,如在体育运动中头部被棒(垒)球棒击打,或从器械上摔倒时头部撞击地面时发生脑震荡。此外,头部遭受间接的冲击力,如从高处摔下时臂部先着地反作用力传到头部,也可发生脑震荡。

主要症状:伤后当即昏迷,病人出现短时间的意识丧失,轻者数秒钟,重者可达几分钟或半个小时。昏迷时,呼吸表浅,脉搏缓慢,四肢松弛无力,瞳孔稍扩大,皮肤和肌腱等神经反射减弱或消失。伤后数日内,可出现较明显的头痛、头晕现象,当情绪紧张、活动头部或变换体位时,症状加重,还会出现恶心、呕吐、情绪不稳、易激动、注意力不集中、耳鸣、失眠等一系列自主神经功能紊乱的症状,一般数日后消失。

发生脑震荡后,应立刻对伤者进行救治,让其平卧、安静,头部冷敷,身上保暖,对昏迷者可掐"人中""内关"穴。呼吸发生障碍时,可施行人工呼吸。

伤员昏迷时间超过 4 分钟以上,或两瞳孔大小不对称,或耳、鼻、口内出血及眼球青紫,或伤员清醒后剧烈头痛、呕吐,或再度昏迷者,损伤较严重,应该立即送医院进行处理。在转送医院时,伤员要平卧,头部两侧要用枕头、衣服垫起使之固定,避免颠簸振动。对意识不清醒者,要注意保持其呼吸道的通畅,使之侧卧,以防止呕吐物吸入气管或舌后坠而发生窒息,密切观察病情的变化。

参考文献

[1]郭才详,农然午.大学生体育与健康[M].武汉:华中师范大学出版社,2017.
[2]黄正喜.大学体育与健康教程[M].长沙:中南大学出版社,2017.
[3]蒋健保.大学体育与健康教程[M].上海:上海交通大学出版社,2016.
[4]李平,易招华,王斌.大学体育与健康教程[M].西安:西南电子科技大学出版社,2018.
[5]李文川.体育运动与科学健康[M].上海:上海交通大学出版社,2018.
[6]李兴林,于善安,刘国荣.新编高校体育与健康教程[M].上海:立信会计出版社,2017.
[7]刘春来,刘雪峰.体育与健康[M].北京:北京理工大学出版社,2011.
[8]骆红斌,凌昆.大学生体育健康与保健[M].北京:人民交通出版社,2017.
[9]张相安,杨建华.大学体育与健康[M].北京:北京邮电大学出版社,2017.
[10]赵岳峰,吴红胤,赵少雄.高职体育[M].北京:北京体育大学出版社,2011.